Correspondência com Fernando Pessoa

Mário de Sá-Carneiro

Correspondência com Fernando Pessoa

Edição

Teresa Sobral Cunha

Companhia Das Letras

Copyright © 2004 by Relógio d'Água Editores e Teresa Sobral Cunha

INSTITUTO PORTUGUÊS DO
LIVRO E DAS BIBLIOTECAS

Portugal em Acção

MINISTÉRIO DA CULTURA

Edição apoiada pelo Instituto Português do Livro e das Bibliotecas

Capa
Angelo Venosa *sobre* Fotografia de Jorge Molder, 1986

Revisão
Denise Pessoa

Tratamento de imagens
Tiago Cunha

A responsável pela edição agradece à Assírio & Alvim a autorização para publicar os textos de Fernando Pessoa e agradece a Marina Tavares Dias a reprodução do Café Restaurant Montanha a partir da Fotobiografia de Mário de Sá-Carneiro.

Os textos e fac-símiles de Fernando Pessoa têm copyright © by Assírio & Alvim e Herdeiros de Fernando Pessoa

Neste livro, foi mantida a ortografia vigente em Portugal

Dados Internacionais de Catalogação na Publicação (CIP)
(Câmara Brasileira do Livro, SP, Brasil)

Sá-Carneiro, Mário de, 1890-1916.
  Correspondência com Fernando Pessoa / Mário de Sá-Carneiro ; edição Teresa Sobral Cunha. — São Paulo : Companhia das Letras, 2004.

  ISBN 85-359-0508-1

  1. Cartas portuguesas 2. Pessoa, Fernando, 1888-1935 — Crítica e interpretação 3. Sá-Carneiro, Mário de, 1890-1916 — Crítica e interpretação I. Cunha, Teresa Sobral. II. Título.

04-2970   CDD - 869.6

Índice para catálogo sistemático:
1. Correspondência : Literatura portuguesa   869.6

[2004]
Todos os direitos desta edição reservados à
EDITORA SCHWARCZ LTDA.
Rua Bandeira Paulista 702 cj. 32
04532-002 — São Paulo — SP
Telefone: (11) 3707-3500
Fax (11) 3707-3501
www.companhiadasletras.com.br

SUMÁRIO

PREFÁCIO   11

CORRESPONDÊNCIA

Paris
16 de Outubro de 1912   31
   a
21 de Junho de 1913   152

Lisboa
26 de Agosto de 1913   152
   a
20 de Março de 1914   163

Paris
8 de Junho de 1914   164
   a
25 de Agosto de 1914   211

Cartas de Fernando Pessoa
     [Dezembro de 1913]   159
     [28 Julho de 1914]   199

Toulouse
26 de Agosto de 1914   212
Perpignan
27 de Agosto de 1914   213

Barcelona	
29 de Agosto de 1914	213
a	
7 de Setembro de 1914	222
Lisboa	
12 de Setembro de 1914	222
a	
21 de Junho de 1915	242
Pampilhosa	
11 de Julho de 1915	242
San Sebastian	
13 de Julho de 1915	243
Paris	
16 de Julho de 1915	245
a	
26 de Abril de 1916	382
Cartas de Fernando Pessoa	
6 de Dezembro de 1915	330
14 de Março de 1916	370
26 de Abril de 1916	383

POEMAS E UM TEXTO EM PROSA

Além	64, 94
Simplesmente… [Partida]	76
Bailado	91, 97
Dispersão	112
[Soneto/Escavação]	116
[Bebedeira]	119
Estátua falsa	120
Inter-sonho	125
Vontade de dormir	126
[Aquele que estiolou o génio] (frag.)	128

Rodopio	133
A queda	138
Quasi	146
Além-tédio	149
Como eu não possuo	150
Le trône d'Or de Moi-perdu	169
Apoteose	175
Distante melodia…	179
[Ângulo] (frag.)	191
Taciturno	207
Sugestão	209
Escala	253
A minh'Alma fugiu pela Torre Eiffel acima	284
Serradura	285
O Lord	295
[Campainhada]	317
[Caranguejola] (frag.)	322
O pajem	323
…De repente a minha vida	327
[Crise lamentável] (frag.)	344
Quando eu morrer batam em latas,	359
Feminina (frag.)	359
Ah, que te esquecesses sempre das horas (frag.)	379
A Batalha do Marne	339

IMAGENS

Arco do Triunfo	31
Café-Restaurant du Cardinal	47
Café Balthazard	57
Café Riche	69
Café-Restaurant de La Régence	80
Café Restaurant Montanha	154
Café de France	167
Toulouse (Le Canal du Midi)	212

Barcelona (Bar-Café El Diluvio)	221
Café Martinho da Arcada	223
Café Martinho (Largo D. João da Câmara)	231
A Brazileira do Chiado	237
San Sebastian (Llegada del Transbordador de Ulia)	244
Café Restaurant d'Orsay	319

Fac-símiles:

Postais manuscritos:

10 de Março de 1913	88
8 de Junho de 1914	164
25 de Agosto de 1914	211
28 de Outubro de 1914	229
18 de Novembro de 1914	233
28 de Setembro de 1915	295

Carta manuscrita de F. Pessoa	
[Dezembro de 1913]	160
Horóscopo de *Orpheu*	285
Último adeus	382
Sobrescrito da última carta de Fernando Pessoa	384

APÊNDICE

Duas cartas a Mado Minty	
e um excerto, traduzido, para Luís de Montalvor	389

Dois excertos traduzidos dos textos:	
Na Floresta do Alheamento, de F. Pessoa	395
O Fixador de Instantes, de M. de Sá-Carneiro	396

Fernando Pessoa:	
Horóscopo de Mário de Sá-Carneiro	398

[Na morte de Mário de Sá-Carneiro] 402
Dois poemas: Horae Subcessivae 404
Sá-Carneiro 405

NOTAS 407

PREFÁCIO

Viver não é preciso. Sentir é que é preciso.
(de um Manifesto para *Orpheu*)

O que nos interessa portanto artisticamente é saber se a expressão corresponde à emoção.
(de um fragmento sobre o
Sensacionismo)

Mário de Sá-Carneiro e Fernando Pessoa, nascidos um e outro em Lisboa e ambos sob o incandescente signo da literatura que lhes moldou a vida, contavam, respectivamente, 22 e 24 anos quando travaram conhecimento em 1912.

Ano pouco auspicioso no destino literário do primeiro, que, em trânsito de Coimbra, a "lusa-chatice", para o "Paris aristocrático" (onde devia concluir o curso de Direito na mítica Sorbonne que, afinal, apenas frequentou por breves dias desse Novembro), publicava duas obras: Amizade, *"peça original" que, por "imposição" do autor, o amigo nunca leu, e* Princípio, *quatro "novelas originais" que o mesmo havia de declarar que suprimiria de uma "publicação definitiva" ("por motivos artísticos, necessariamente incaracterísticos da sua fase de mera formação")[1] na* Tábua Bibliográfica *com que a re-*

---

1. Assim o justificava no esboço de um prefácio para as obras completas de Mário de Sá-Carneiro.

vista coimbrã Presença *deu início ao acolhimento das bibliografias dos "modernos escritores chamados* modernistas", *ainda então, em 1928, "considerados pelo grande público, mesmo culto, indignos de uma atenção séria".*

Mas ano auspicioso para o segundo, que também pela primeira vez vinha a público, mas como sociólogo cultural e literário, vaticinando, na revista portuense A Águia, *órgão da Renascença Portuguesa (movimento espiritual de cuja sociedade se demarcaria em fins de 1914), o advento de um período áureo para as letras pátrias (e de um poeta supremo, de um "supra-Camões") cuja acção se exerceria sobre o "psiquismo nacional" e, a mais longo prazo, sobre a consciência da humanidade.*

Se o movimento nortenho, liderado por Teixeira de Pascoais, não tivesse exacerbado o pendor nacionalista, refluindo num lusitanismo estético e místico ("tão espiritualmente idêntico ao Romantismo alemão", conforme notou Pessoa) sentido, por muitos, como demasiado epocal e até regionalista, talvez, a sul, os dois maiores inventores de Orpheu *não postulassem como axioma que à "Nova Arte" (ou nova "interpretação da vida"), além de síntese de todas as correntes havidas e de muitos dos processos de outras artes, convinha ser maximamente cosmopolita, desnacionalizada e, nessa medida,* imago mundi *dum espaço inaugurado pela aventura, decididamente portuguesa, das Descobertas. A essa mais ampla luz se conformaria, então, uma verdadeira renascença nacional, uma nova renascença, "com uma só disciplina: sentir tudo de todas as maneiras" e "cada um multiplicar-se por si próprio".*

"Vimos criar a literatura portuguesa", averbava Fernando Pessoa em um apontamento inédito para um manifesto paúlico quando Lusitania era o título do órgão do novo movimento,[2] *antes de* Europa[3] *lhe ter sucedido (acompanhando o ciclo que entretanto se revia no Interseccionismo) e, por fim, edificar em* Orpheu, *onde "o neo-simbolismo e o sensacionismo explodiram juntos", a "ponte" por onde a "alma" deles passaria para o futuro, segundo cria o seu principal*

---

2. Iniciado com o Paúlismo designado primeiro como "neo-simbolismo" e revelado, afinal, no número único da revista *Renascença*, editada em Lisboa em 1914, embora, nos começos de 1913, o poeta já compusesse sumários para *Lusitania*.

3. Para a qual Pessoa, em Fevereiro de 1915, um mês antes de *Orpheu*, ainda traçava sumários.

teorizador e, dos dois poetas, aquele que mais confiou na revista nunca tendo admitido, nem o escasso impacto que o "largo escárneo" não supria, nem o seu fim.

Luís de Montalvor, porém, regressara do Brasil e dele teria procedido "a ideia de se fazer uma revista literária" com aquele título, pouco consentâneo, aliás, com os mais vastos propósitos que se iam desenhando no íntimo dos seus dois decisivos protagonistas. A ele se deveu (enquanto um dos dois directores do primeiro número da revista) a "esquisita introdução", de teor simbolista, que as várias colaborações apenas mitigadamente sustentaram, não só pela conversão de alguns colaboradores ao primeiro sensacionismo, mas também pela estranha novidade dos poemas 16 de Mário de Sá-Carneiro, do "Opiário" e da "Ode Triunfal" (a "terrível Ode Triunfal", dedicada a Sá-Carneiro e depois dada já como expoente do "sensacionismo sucedentista", já como "absolutamente futurista"), "duas composições de Álvaro de Campos publicadas por Fernando Pessoa" que davam clamoroso início à plena fase do primeiro modernismo e conformavam uma nova consciência à literatura.

Do processo que revelou a Sá-Carneiro a sua condição de poeta maior que (inversamente à vocação intelectualista[4] do prosador) o impelia a compor "de dentro para fora", numa devassa íntima da sensibilidade com a qual, em pouco mais de três anos, forjou um lugar entre os consagrados, dá agora esta correspondência vasta notícia.

A restituição, que há tanto urgia, da verdade inicial deste extraordinário testemunho, faz assim reunir a totalidade dos documentos epistolares do corpo original e reinserir, nos respectivos lugares, os poemas (que o autor enviava à medida que os compunha e cuja sanção reclamava carta a carta para Lisboa) unanimemente irradiados do discurso epistolar pelos vários compiladores, salvo se nele entrelinhados, recuperando o texto maior a plena e consequente pujança de laboratório onde o grande motivo é a morfologia da criação literária.

E embora o desastroso extravio das cartas de Pessoa não permita

---

4. Acerca da qual dizia o fogoso e radical Santa-Rita Pintor: "Você, meu caro Sá-Carneiro, não tem entusiasmo, não tem instinto — é todo cérebro".

o resgate consequente do diálogo cultural e humano travado entre estes dois grandes criadores do século há pouco findo, ele vai-se precisando por quanto dele subsiste interpolado na correspondência enviada de Paris e, mais directamente, pelas cartas de sua própria mão, que são as que restam da vasta epistolografia que ele numerosamente lavrou em Lisboa e agora aparecem inseridas no corpus *desta edição no lugar que a respectiva cronologia institui.*

Com excepção de uma carta, fragmentária (condição comum a quatro das cinco de que hoje dispomos, dirigidas por Pessoa a Sá-Carneiro, inclusive a de 28 de Julho de 1914, até agora desconhecida e cuja recepção o destinatário acusava, entusiasmado, em 1º de Agosto, por entre a ansiedade do quadro iminente de "toda a Europa em armas"), de temática teosófica, que foi parcialmente transcrita por João Gaspar Simões na biografia de Fernando Pessoa e da geração orfeica e hoje em paradeiro ignorado, a preservação de tais cartas deve-se, ainda, ao zelo do autor. Ou porque ele as tenha copiado com uma finalidade literária extra-epistolar, ou por não ter chegado a enviá-las, como é o caso da primeira e da última a figurar nesta edição e que o destinatário não chegou a ler. E se a carta de Dezembro de 1913 a reteve o estádio embrionário e a expressão não de todo conforme ao género literário, aquela que é datada do mesmo dia em que Sá-Carneiro logrou dar-se fim e redigiu o "grande grande adeus" de despedida — em forma de bilhete[5] e não de carta e que, sendo o último escrito para o seu correspondente, é, portanto, termo natural do epistolário — tê-la-á retido o acto irreversível (cuja meditação atravessa toda a correspondência e a sua consumação se prepara) que Pessoa sabia inevitável[6] e do qual teria tomado conhecimento na própria hora, do mesmo modo que conhecera a "grande crise", que o precedeu, pelo sofrimento sentido "telepaticamente"[7] por "projecção astral". Mesmo se, em gesto de automatismo e de ânsia, tal carta,

5. Equívoco em que alguns estudiosos foram induzidos pelo equívoco de quem o enviou julgando-o uma carta, à semelhança das outras que igualmente enviava para Lisboa dentro dos respectivos sobrescritos e endereçados pelo autor.

6. "Claro está que a causa do suicídio foi o temperamento dele, que fatalmente o levaria àquilo" (de uma carta a Cortes-Rodrigues em 4 de Maio de 1916).

7. E não "telegraficamente", como, à revelia de qualquer plausibilidade textual ou contextual, o termo sempre tem sido transcrito nas várias publicações desta carta de 26 de Abril de 1916.

*sem uma conclusão, ou, sequer, uma mera assinatura final, foi intro-
duzida num sobrescrito, endereçado e colado, mas sem selo, que o
próprio redactor terá aberto mais tarde, rasgando-o no seu topo, tal
como hoje se encontra e se mostra em* fac-símile *nesta edição.*

*A conjugação dos abundantes ecos da voz ausente (entrelinhados
nas cartas de Sá-Carneiro e cuja mais ampla contextuação as notas finais desta edição intentam) com os que dela subsistiram, em forma
epistolar, até aos dias de hoje, permite, ainda, outras reconstituições.
Como, por exemplo, a justa exultação do destinatário ante os "magistrais estudos", alguns deles de "género psicológico", com que o espectador da diversidade de si mesmo correspondia ao febril introspectivo.
"Magnas cartas" ou "soberbos relatórios" que, em verdade, e como ele
disse, tanto lhe eram "garantia" dele próprio, quanto o era a sua compreensão pessoal, avalizada pelo autor, dos versos que ele lhe remetia
para Paris, ou quanto o era, ainda, a atenção deste aos comentários e
às sugestões que, sobre eles, o recente poeta adiantava.
Em Fevereiro de 1913 (pouco tempo antes de ocorrer o poema inaugural[8] de Sá-Carneiro, que integrava, segundo ele, a "melhor quadra
da [sua] vida literária"), Pessoa iniciava uma agenda aonde iriam
multiplicar-se as alusões ao numeroso correspondente: "Falámos [com
o Ponce de Leão] principalmente do Sá-Carneiro. Leu-me e deu-me a
ler curiosas e dolorosas cartas dele."[9] Poucos dias volvidos o motivo de
registo não era mais a apreciação do teor e tom epistolares, mas as afinidades vocacionais dos dois espíritos (já então votados a transformar
em poesia maior a "fons et origo" que os aproximava entre si e os distinguia dos demais) que um breve apontamento de então pode hoje
dar-se como metonímica denúncia: "a alteração da 'Voz de Deus' por
concordar com a crítica do Sá-Carneiro".
E, embora a rara autenticidade do atelier e dos gestos do artífice que
nele principalmente operou convertam este epistolário em matriz in-*

---

8. Descrito primeiro como "Coisa nova" que antecipava a previsível estranheza:
"Trata-se — pasme mas não se assuste muito — duma poesia". Intitulado "Simplesmente..." e que, depois de refeito, foi "Partida" e poema inicial de *Dispersão*, único livro
de versos publicado em vida do autor.

9. Comparando, depois, a "um raio de sol" a informação de que "gostava imenso"
dele quem, em fins do seu último Agosto, afirmou liminar: "Aqui como em Lisboa —
mas aqui mais intimamente — você é o meu único companheiro".

15

dispensável à publicação da respectiva obra,[10] *do mesmo modo o exegeta pessoano dele não pode prescindir tanta é a informação interpolada, chegando mesmo a reconstituir a data de muitos dos seus textos (poemáticos e outros, alguns deles ainda hoje inéditos), as envolvências da sua redacção ou a cronologia sucessiva da composição deles.*

Assim também, apesar de no espólio de Pessoa não serem escassas as notícias acerca do complexo fenómeno, é facto que, embora com as cartas perdidas esteja perdido o mais íntimo acompanhamento do processo de pluralização através de personalidades pseudónimas (cuja descrição e comentários se desprendem, a todo passo, das cartas de Paris — "Muito interessante o enredo Alberto Caeiro, Ricardo Reis e Álvaro de Campos" "e o sentir-se mais eles, às vezes, do que você"), esta correspondência, apesar de unilateral, constitui-se, contudo, documento não prescindível à compreensão do eu multiplicado em outros e criador (segundo o próprio admitia) de toda uma "época literária". Do mesmo modo tornando óbvio que a substanciação heteronímica e a própria fenomenologia do movimento, intrínsecas ao corpo teórico sensacionista, ganhariam acrescida dilucidação com o conhecimento integral do diálogo epistolar — já que nem uma nem outra se encontram circunscritas aos respectivos textos já conhecidos — e que, através dele, seria possível uma mais justa avaliação dos efeitos e da reciprocidade da pedagogia da sensação, diferenciada em cada um dos dois poetas, mas seminal dos respectivos rumos artísticos e do curso do mais destacado movimento fundador da consciência modernista depois do saudosismo ter criado "uma consciência definidamente portuguesa do Universo".

Num mesmo intuito de colmatar perdas que os dois epistolários assegurariam no natural dialogismo, aditam-se, em Apêndice, alguns documentos complementares. Como é o caso da espécie de retrato psico-astral, dado pelo horóscopo de Sá-Carneiro com breves trechos conexos sobre o génio e a morte, do qual decorre uma mais próxima noção do modo como, de dentro da ciência astrológica e instigado pelo correspondente,[11] *Pessoa seguiu a fatal conjunção, a in-*

---

10. E por isso a opção de editar, em simultâneo, a *Correspondência* e os *Poemas* que lhe estão dentro, ou apenas discutidos, ou transcritos em parte ou no todo.

11. "Não estou assustado pela astrologia" comentava algures, reiterando em 18 de Abril, uma semana antes de matar-se: "Veja o meu horóscopo. É agora, mais do que nunca, o momento. Diga. Não tenho medo".

terpretou e dela lhe terá dado conta por correio postal. Ou como ainda é o caso dos trechos em prosa, redigidos em francês ou traduzidos para essa língua pelo poeta desaparecido, ou como o são os trechos em prosa e em verso nos quais o poeta sobrevivo dá razões para aquele suicídio e evoca aquele que, em vida de ambos, ele disse o seu "maior e mais íntimo amigo" e, nesses mesmos termos, o lembrou pela vida fora.

Ocorrida num dos períodos mais decisivos da história da literatura portuguesa, esta correspondência é também precioso relato de significativas efemérides. Entre elas as que, suscitadas pelo novo regime político, se repercutiam nas letras e nas formas: a norte, no Porto, sob o signo da tradição sentimental e irracionalista que o movimento saudosista teorizava e a que dava expressão e, na capital, plasmando e conferindo voz própria às correntes literárias e artísticas (que na Europa, ainda em paz, já interfluíam, e, com a guerra, se radicalizavam em diversidade e transe) reportadas de Paris para Lisboa pelo jovem estudante, com espírito crítico e inventiva integradora. As consequências do processo em curso no coração da Europa, Pessoa longamente as exarou ao historiar a ruptura com uma sentimentalidade romântica (que cumulara de subjectivismo extremo a emoção clássica de vocação universal ou a "visão lúcida da vida" instruída pelo paganismo) em favor de uma experimentação sensível, mas sentida na inteligência, um "novo modo de expressão" cujo fito era o "Objectivismo Transcendente" e "a objectivação absoluta da emoção" a que chamaram Sensacionismo. No qual, conforme ainda ele futurava, residiria "todo o futuro da arte europeia".

E assim como esta correspondência redige largos parágrafos da história literária e congrega numerosas páginas sobre a arte e a cultura do princípio do século (que são ainda seminais dos dias nossos contemporâneos) ela também ilumina o percurso de dois destinos que, exaltados pelo génio próprio, foram actores principais dessa história. Seja através da intensa actividade oficinal onde estes criadores se "borda[va]m comentários" mútuos e, sabendo-se vanguarda, conheciam que a posteridade lhes reservava um tempo que já não seria o deles, seja pela prática da autognose — inscrita nos textos epistolares e na grande poesia que iam cruzando entre si — especular dos respectivos ciclos existenciais e das crises psíquicas e espirituais que a ambos conduziu ao suicídio: um "fácil e brutal" como já o referia, em fins de 1912, o único que levou o gesto até às últimas consequências (e o sobrevivente de si mesmo sancionou de imediato — "ele fez o que todo o artista devia fazer em Portugal"[12] —, embora devastado pela "enorme tragédia que nos aconteceu a todos"), o outro, "corpo exilado da minha alma", suicidando-se pela vida, a que se eximiu, na perscrutação do seu mundo interior através da dissipação própria, fingindo sempre sem nunca chegar a conhecer-se.

"Um dia belo da minha vida foi aquele em que travei conhecimento consigo. Eu ficara conhecendo alguém*" — confessava Sá-Carneiro em fins de 1912, pouco depois de ter chegado à "Capital das Ânsias", já então averbando a superioridade do espírito e da inteligência do seu correspondente e o seu natural magistério: "Tudo o que me entusiasma me influencia instintivamente", reportava em 21 de Abril de 1913 ao "crítico intemerato", admitindo, outrossim, a reversibilidade dos efeitos: "Só quem tem dentro de si* alguma coisa *pode ser influenciado".*

Não parece, em verdade, hipótese apenas teórica que o súbito fascínio por uma "arte tão diferente" — experimentada por quem sempre invocara a condição de "prosador" que a prática juvenil de rimas triviais não controvertia — se tivesse verificado assim, avassaladora e, em seu breve, mas indiscutível ciclo, inaugural do modernismo português, sem a deflagração das várias poéticas de Pessoa consequentes à dissociação do eu e desenvolvidas teoricamente no fluxo epistolar.

Um dos primeiros lemas, variamente glosado, dos desdobramentos que o inventor deles viria a designar por heteronímia — "Ter-me-ia volvido nação?" — derivava, até, da narrativa do novelista precisamente intitulada Eu-Próprio o Outro,[13] *que prece-*

---

12. Ou conforme havia de reiterar, sem o saber, Mário Cesariny de Vasconcelos muitos anos passados: "Lembro-me de ti, ora pois, para saudar-te,/ para dizer bravo e bravo, isso mesmo, tal qual!/ Fizeste bem, viva Mário!, antes a morte que isto" (*Louvor e Simplificação de Álvaro de Campos*).

13. No original da novela, a incluir numa *Antologia do Interseccionismo* que não houve, lê-se exactamente: "Serei uma nação? Ter-me-ia volvido um país?". Essa mesma noção iria intuí-la o jovem João Gaspar Simões em *Temas* (1929), segundo lhe asseverou Pessoa por ele lhe ter admitido a "existência como nação independente".

dia uma afirmação mais tardia: "Serei eu próprio toda uma literatura".

Mas também parece verosímil que a criação de Alberto Caeiro, "poeta bucólico de espécie complicada" inventado para "fazer uma partida a Sá-Carneiro",[14] não teria ocorrido tal como nos chegou no seu arco evolutivo, no seu desígnio de reconstrutor do "Objectivismo Absoluto que Kant destruiu" e até no seu destino "humano" encerrado por morte prematura[15] (que antecedeu, de perto, a do poeta de Dispersão), sem as marcas caracteriais de Sá-Carneiro: o seu alheamento da realidade natural, a sua exclusiva crença na plástica verdade dos sentidos,[16] o seu idealismo anti-metafísico e o particular uso da sensibilidade e da emoção que o impeliram a criar uma realidade diferente e, finalmente, o levaram a abandonar o mundo, de preferência a abandonar a infância.[17]

O destino humano de Caeiro historiou-o Álvaro de Campos, na década de 30, em sentidas notas (que, pela excelência da prosa e emoção, desvaneciam o "autor real") cerca de um lustro depois de Ricardo Reis ter longamente comentado a sua obra e a sua doutrina e de o ter mesmo cantado poeticamente. E foi glosando o mesmo verso de Menandro, "Morrem jovens os que os deuses amam"[18] (com o qual o autor de alguns outros iniciava, em fins de 1924, a página elegíaca[19] com que abria o nº 2 da revista Athena onde eram publicados Os Últimos Poemas de Mário de Sá-Carneiro) que, numa sentida ode, lhe chorou o fim quem então se nomeava, com temporária verdade, seu "único discípulo".

Como não parece despropositado que nos questionemos ainda quan-

14. Segundo confidencia o autor em carta a Casais Monteiro no início do último ano que viveu.

15. Embora depois tenha poetado até 1930.

16. "Pobre criança! Não tinha ao menos o poder do pensamento abstracto que ergue acima do indivíduo uma *realidade* exterior a ele", lamentou Pessoa em fragmento inédito sobre Sá-Carneiro.

17. "Pobre criança que qu'ria ter / Em toda a vida canções de ama", grafou o mesmo autor em outro fragmento inédito, mas então em verso, recordando "Elegia": "Ter amas pla vida inteira".

18. "Jovem morreste, porque regressaste, / Ó deus inconsciente, onde teus pares / De após Cronos te esperam", diz uma ode de Reis, dizendo o epitáfio que ele também compôs: "Morreste jovem como os deuses querem/ Quando amam".

19. Com a qual se introduzem os *Poemas*, neste ano de 2002, tal como Pessoa considerou num dos projectos para a antologia deles.

to à primeira autoria do cenário funambulesco que cada um dos poetas imaginou para os respectivos ritos funerários.

A espécie de pré-epitáfio: "Quando eu morrer batam em latas,/ Rompam aos berros e aos pinotes" — composto, em Fevereiro de 1916, por alguém determinado ao suicídio e prestes a cometê-lo — é crível que tenha antecipado o de Caeiro: "Podem rezar latim sobre o meu caixão, se quiserem./ Se quiserem podem dançar e cantar à roda dele", datado (porventura ficcionalmente) de Novembro de 1915 e que constitui a última estrofe do terceiro dos quatro poemas[20] finais, todos desse mesmo Novembro, nos quais Caeiro prevê a própria morte pelas imediações da Primavera que foi, efectivamente para Mário de Sá-Carneiro, estação letal.

Não é ainda de desconsiderar, por sua vez, a contemporaneidade dos ciclos criadores de Sá-Carneiro e de Vicente Guedes — e o desaparecimento deste último, no ano de 1916, "também e do mesmo modo falecido"[21] — primeiro heterónimo do "livro suave" (ou Livro do Desassossego inicial), poeta inferior e contista de Tales of Madness (tal como o semi-heterónimo Bernardo Soares) antes de ser chamado à redacção de numerosas páginas de prosa poética, de alguns "poemas em prosa"[22] e duma extensa deriva por entre as sensações, até Pessoa-em-si lhe ter tomado o lugar passando a dar ao Livro a forma de um diário obsessivo que partilhou, a partir da década de 20,[23] com o "ajudante de guarda-livros da cidade de Lisboa".

Por outro lado os vários fragmentos prefaciais que nos ficaram para apresentar aquele primeiro Livro e o seu autor fictício remetem, igualmente, a uma não menos reconhecível circunstancialidade histórica — "Nada o aproximou nunca nem de amigos nem de amantes". "Fui o único que, de alguma maneira, estive na intimidade de-

---

20. Integrados na posterior escolha de *Poemas Inconjuntos* para a revista *Athena*.

21. Como informava, acerca de Guedes e de Caeiro, um "Prefácio Geral" para *Aspectos*, quando *Ficções de Interlúdio* não era ainda o título da "obra complexa" da qual o *Livro do Desassossego* seria o vol. I.

22. Tal como designou os *Grandes Trechos* neo-simbolistas similares a *Na Floresta do Alheamento* quem de si mesmo disse: "Nunca pretendi ser senão um sonhador".

23. Proposta de leitura a que deu forma quem escreve estas linhas, nas três edições empreendidas posteriormente à 1ª edição (1982) do *Livro do Desassossego*, que realizou em colaboração com Maria Aliete Galhoz e com projecto organizativo de Jacinto Prado Coelho.

le" e "...percebi sempre que ele alguém havia de chamar a si para lhe deixar o livro que deixou."

Circunstancialidade que se prolonga quando, ainda na defesa do único biografismo possível do criador literário — "Este livro não é dele: é ele" —, o prefaciador de Vicente Guedes, ao compor-lhe o retrato, reconduz a quem levou o tempo que lhe coube a dispersar-se por indícios de ouro: "Dandy no espírito, passeou a arte de sonhar através do acaso de existir"; ou então: "ter consciência de si foi uma arte, uma moral; sonhar foi uma religião".

Mas, ao mesmo tempo que entre os dois poetas se desenrolava uma vasta teia analítica cuja matéria-prima era a sensação, as "maneiras de sentir" e o próprio sentimento ("De que cor será sentir?",[24] interrogava epistolarmente Pessoa, porventura já fascinado pelo exercício dos "coloured feelings"[25] que ele teve por um dos cumes da primeira poética de Sá-Carneiro) a cuja prática inteiramente se devotava aquele que, no exílio protector de Paris[26] e na apreensão dos "instantes espirituais"[27] tecidos na orla atlântica da Europa, se descobria poeta ao descobrir a mais alta poesia do seu tempo, não surpreende que, entretanto, se fosse configurando o corpo teórico duma escola (a "escola de Lisboa", ou "escola literária definitiva", que realizaria o "paganismo transcendental" ou "místico" perdido há muito) em cujo movimento, a que chamaram, por fim, Sensacionismo ou "arte última e definitiva", terá tido parte importante a pedagogia da sua obra ou vida. "Felizmente, em todo o sentido, de todos os sentidos, o Sá-Carneiro não teve biografia: teve só génio. O que disse foi o que viveu", pôde, com verdade, responder Pessoa a Gaspar Simões em 1930 quando interpelado sobre a circunstância biográfica do poeta suicida (muito depois de Ricardo Reis ter transposto, homologamen-

---

24. "Não sei sentir", "Não sei ser humano" são algumas exclamações de Álvaro de Campos.

25. Como Campos define no prefácio à *Anthology of Portuguese "Sensationist" Poetry*.

26. "Paris da minha ternura/ Onde estava a minha Obra" louvava o poeta em "Abrigo", de Set. de 1915.

27. Como "deliciosos instantes espirituais" classificou Sá-Carneiro, a dado passo, as epístolas pessoanas opondo, a essas "belas páginas", "as minhas horripilantes cartas, sem gramática nem lógica nem caligrafia...".

te, em palavras prefaciais destinadas à poesia do Mestre: "[...] na vida de Caeiro nada se passou, a não ser os versos que viveu").

E por isso Sá-Carneiro pudera reiterar, citando Pessoa, em 14 de Maio de 1913: *"Afinal estou em crer que em plena altura, pelo menos quanto a sentimento artístico, há em Portugal só nós dois"; e pôde Álvaro de Campos, "engenheiro sensacionista", historiar expressamente:* "Sensationism began with the friendship between Fernando Pessoa and Mário de Sá-Carneiro. It is probably difficult to separate the part each of them had in origine of the movement, and certainly quite useless to determinate it. The fact is they built up the beginnings between it", *no prefácio para* Anthology of Portuguese "Sensationist" Poetry, *pensada no mesmo ano da morte de um dos dois protagonistas orfeicos e em que aquele que se outrava para reunir-se acreditou que o nº 3 de* Orpheu, *"frustrado de cima", estaria prestes a vir a público.*

Regressando, ainda, a mimetismos bio-literários, não menos consequência, mas a contrario, *dos cenários oníricos, irreais ou fantásticos de muitos dos versos para* Dispersão *e de alguns para os* Indícios de Oiro, *terá sido, porventura, o bucolismo objectivista de raiz greco-latina de Caeiro, que o seu criador apresentou (pela voz do heterónimo A. Search) como um "poeta da Natureza que o é do espírito" ou fez dizer (pela voz dele) que "se os nossos sentidos fossem perfeitos, não precisávamos de inteligência".*

Na senda do Mestre (ainda então só pressentido nessa qualidade) já, outrossim, reagiria disciplinarmente Sá-Carneiro, demasiado tempo encandeado pelo Paúlismo e pelo Interseccionismo, ao sufragar, por sua vez, a realidade exterior e quotidiana com versos que constituem a última fase da sua poética, e a mais extremadamente mo-dernista, da qual "Manucure" pode ser tomada como retumbante afirmação. Embora imediatamente a desse à estampa nas páginas de Orpheu, *ele mesmo simulou reduzir a uma "intenção de blague" essa sua nova maneira e afectou desdenhar o poema como produto menor duma inspiração degradada. O próprio Pessoa, muito mais tarde, ainda o definia "não como arte", "mas simples curiosidade"*[28], *mesmo*

---

28. Opinião cujas inflexões se registam na nota a "Manucure" em *Poemas* (Companhia das Letras, 2004).

quando, tendo considerado ultrapassada "a penumbra do escândalo de Orpheu"[29] e, por isso mesmo, chegado o tempo da publicação da obra do poeta, ele pretendeu justificar a sua erradicação, na esteira do que fizera o próprio autor no "caderno de versos" remetido em vésperas do suicídio (num ano, porém, em que tal "penumbra" ainda fortemente pairava).

Atraído pelo mistério, melhor dizendo, pelo misterioso ("Porque a arte — escreveu talvez Pessoa-em-si — deve ser misteriosa para não errar a interpretação da Vida"), mas radicalmente céptico a qualquer crença transcendental (nomeadamente ao transcendentalismo panteísta de Pascoais, contra o qual também o caeirismo se gerou), Sá-Carneiro terá ainda inspirado a ideação do panteísmo essencial inventado para Caeiro. Mesmo se essa sua feição anti-espiritualista impeliu o correspondente a buscar outro interlocutor[30] e, como ele, "um espírito religioso", para discorrer acerca do "íntimo ser espiritual" do homem de génio, votado, por essa condição, à "terrível e religiosa missão" de agir sobre a humanidade. Acção igualmente prescrita, de resto (conquanto fossem outros os pressupostos), na carta até aqui inédita de Pessoa a Sá-Carneiro, ao incitar à primazia da Inteligência, ou ao recriminar, noutros lugares, a "futilidade literária", a mera "artisterie", a estética de ordem emocional, ou a "beleza errada" em que, por vezes, ele próprio incorria e era fonte de exaltação, central e consciente, na inspiração sá-carneirista.

"É o Cortes-Rodrigues quem, de todos, melhor e mais de dentro me compreende", resumia, mesmo, um turbulento fragmento epistolar de 1915, ainda por imprimir, muito pouco antes da explosão de Orpheu (e do pleno regresso ao que o epistológrafo classificara, em dias anteriores, como "plebeísmo artístico insuportável de querer épater"), onde se confessava até inclinado ao retorno à sociedade dos renascentes, pois "Daí é que se pode agir sobre a Pátria". Talvez que as mesmas idiossincrasias de índole espectacular desse "entusiasmo" plebeu, a sua intrínseca e ostensiva "grosseria", se lhe afigurassem, afinal, propícias à implosão da "corrente, conscientemente iniciada em Portugal" "para a intelectualização da imaginação", para "criar a abstrac-

29. Que foi uma das causas do precipitado regresso de Sá-Carneiro a Paris após o segundo número da revista.

30. Vejam-se as cartas a Armando Cortes-Rodrigues entre 1913 e 1916.

ção em movimento", para "elevar o pessoal ao universal" e não apenas ao "abstracto", como sucedia na ideação de Sá-Carneiro, segundo Pessoa consignou em outro lugar, consciente da espécie de fascínio suicidário dele pelo risco de que a imaginação lhe fosse a inteira vida.[31] Por demais conhecendo (não o enfatizou o próprio no limiar do irremediável silêncio: "Sou o que quero. O que quero ser"?) que ele levara até ao limite o papel de "ser o principal personagem de [si] próprio".

É que se "rien n'existe que pour aboutir à un livre", como proclamou Mallarmé, com o poète maudit convergiria o novelista e poeta na apologia de que só os frutos do "cérebro-escritor" podiam esconjurar a definitiva extinção, já que apenas a grande arquitectura literária, que lhe foi única prova real de vida, fixaria, duradouramente, a essência do contingente devir humano.

Não pretenderia o poeta preludiar, com a prática frequente, algo encantatória, de ouvir-se dizer em voz alta os seus textos, a felicidade com que a memória futura havia de escutar os sons da palavra poética imanente, posta a descoberto pelo artista glorioso? De algum modo assim o intuiu Hernâni Cidade[32] ao recordar em 1939: "Lembro-me da impressão que me fez, na leitura, aquela sua voz clara, vibrando numa grande altura. Parecia-me que todos os timbres, como no badalar de um carrilhão, se somavam num fio sonoro que longamente se ia desdobrando, por cima de palavras e frases [...]". Já então dos lados do porvir, e dois anos depois de terem finalmente vindo a lume os Indícios de Oiro, o ensaísta começava a dar expressão ao que Pessoa predissera ainda vergado pelo derradeiro gesto de quem, aparentemente, se eximiu à vida por a ter imaginado em excesso: "O Presente não o pode compreender. O Futuro amará a sua grande memória, velará com amor o seu aureolado nome".

31. Releia-se, a propósito, o que a respeito de Renée, "personagem feminina" dos seus últimos "sarilhos" (e, segundo ele, já antevista num poema de Agosto de 1915), o poeta escreveu a Pessoa numa das cartas de despedida, a de 17 de Abril.

32. Também evocador da "trémula e tímida voz de Fernando Pessoa" quando recitava, nas tertúlias dos cafés, os versos do "grande mago" Pessanha que se extinguia em Macau (Tendências do Lirismo Contemporâneo, Lisboa, 1939).

CRITÉRIOS EDITORIAIS

Esta correspondência apareceu em 1958 pela primeira vez, transcrita e anotada por Helena Cidade Moura e prefaciada por Urbano Tavares Rodrigues.[33] E nem ela ocorreu em 1970 — longínquo ano para o qual os seus autores imaginavam a "novidade literária sensacional" que seria a revelação da densa rede epistolar que eles iam entretecendo desde Outubro de 1912 (e duraria até ao último dia de quem o impôs a si próprio) —, nem se apresentou sob uma estrutura dialogal (visto estar desaparecida a quase totalidade das cartas de Fernando Pessoa desde o desaparecimento do destinatário), nem mesmo reuniu toda a correspondência assinada por Sá-Carneiro, já que a edição seleccionava 114 cartas de um total que excede as duas centenas.

À opção antológica, juntava-se uma outra, também não justificada: a eliminação, do corpo epistolar, dos textos literários, na sua maioria poéticos, que o autor incluía (geralmente em folha exclusiva,[34] como nesta edição se reproduz) a fim de que, o mais rapidamente possível, Fernando Pessoa pudesse aferir a sua valia artística e desse resposta a questões que lhe eram colocadas a propósito.

Em 1980 Arnaldo Saraiva reuniu em volume[35] 102 documentos epistolares, inéditos, que não constavam daquela primeira compilação, mas que, em conjunto com ela, constituem o inteiro acervo epistolar sediado na Biblioteca Nacional. Assim se encontrava formado um segundo corpo textual que urgia, desde então, conjugar com o primeiro, transcrevendo, necessariamente, dos manuscritos originais, e reintegrar ambos em sucessão cronológica, a fim de recuperar a primeira verdade textual da correspondência e o magnificente carácter oficial que lhe é próprio.

É desse estádio original que julgamos estar próxima esta edição, sujeita à disciplina de alguns outros critérios editoriais, de tipo ope-

33. *Cartas a Fernando Pessoa*, Edições Ática, Lisboa, 1958.

34. O que explica o extravio de alguns deles, como se regista caso a caso nas notas finais à *Correspondência...* e aos *Poemas* (Companhia das Letras, 2004).

35. *Correspondência Inédita de Mário de Sá-Carneiro a Fernando Pessoa*, Centro de Estudos Pessoanos, Porto, 1980.

rativo, adoptados com vista a conciliar a recomposição geral do grande texto epistolar com o melhor proveito dos leitores.

A ORTOGRAFIA E A PONTUAÇÃO

Tendo em conta o bom espírito com que o autor acolheu a reforma ortográfica de 1911 e a preocupação, é facto que nem sempre sistemática[36], de obedecer a essa actualização (contrariamente a Pessoa que em absoluto a recusava em favor duma grafia etimológica), foram adoptadas algumas regras com vista a concretizar a vontade autoral duma ortografia moderna sem, contudo, obnubilar o descaso característico desta escrita. São excluídos, no entanto, de actualização ortográfica, os textos literários, ou poéticos, incluindo a prosa poética, ou simples prosa, quer enviados com as cartas, quer transcritos no interior do discurso epistolar, e disponibilizados agora nessa primeira versão, o que os constitui fonte para trabalhos de natureza textológica e mostra expressiva da tipologia original da escrita do autor.

Quanto ao particular modo de Sá-Carneiro pontuar — cujas idiossincrasias Pessoa sempre censurou, mas que se propunha observar (e na publicação de poemas avulsos observou), dada a sua índole estilística, na preparação editorial da obra de Sá-Carneiro —, adoptaram-se alguns critérios que se discriminam:

● manteve-se o uso recorrente dos dois pontos, apesar de muitas vezes inadequado (excepto se prejudicava a concisão da mensagem), geralmente com abertura para um termo iniciado por letra maiúscula destinada a enfatizar a expressão dos conteúdos;

● manteve-se o uso (mesmo despropositado) de travessões no interior dos textos em obediência a uma particular respiração, excepto quando esse uso equivalia a uma particular sinalética paragráfica (ver em "Outros procedimentos"), à qual se obedece ainda ao abrir o parágrafo deslocando o travessão para o seu início, em procedimento análogo ao do autor nos casos em que ele mesmo fez abertura de parágrafo;

● reconhecida, pelo próprio autor, a sua dificuldade no uso consentâneo dos vários sinais de pontuação, apenas se interveio, contudo, naqueles casos evidentes em que a redacção precipitada não lhe per-

---

36. Excepções que Pessoa excelentemente justifica: "Ai dos que não podem compreender que o oiro é brilhante e o ouro baço".

mitiu ou completar uma pontuação já iniciada, ou rematar adequa-
damente o escrito;

• *o uso das aspas (de aplicação controversa para o autor, agrava-*
da pela aplicação controversa do itálico em palavras e expressões) foi
uniformizado quando se trate de diálogos ou de títulos de poemas,
não só para induzir a natureza dos textos e os distinguir de palavras
ou frases correntes frequentemente sublinhadas no original (e que,
quando impressas, aparecem, portanto, em itálico), mas também pa-
ra permitir a normalização da forma dos títulos das obras em prosa
cuja norma recomenda o uso do itálico;

• *os termos franceses, reproduzidos em redondo, foi uma constan-*
te autoral que se manteve também para alívio duma redacção em que
abundam as formas em itálico.

OUTROS PROCEDIMENTOS

O desdobramento dos termos abreviados (que o autor usava com
alguma inconsequência e sem norma) faz-se apenas quando o termo
surge pela primeira vez, ou quando só o desdobramento pode escla-
recer o leitor menos informado.

Os espaços que, no interior dos textos, formam pequenos blocos com
autonomia, correspondem a longos traços separadores no original.

A datação de textos, que dela careciam, aparece entre parênteses
rectos e é justificada nas notas finais correspondentes a cada docu-
mento, procurando a edição reproduzir o modo como o autor datava.

Quanto à mancha do texto a que a primeira edição nos habituou
e foi seguida até hoje, ela aparece alterada nas cartas, refeita pelo en-
tendimento de que muitos dos travessões que davam início à expo-
sição de novas ideias, sem, contudo, abrir parágrafo, se destinavam,
exactamente, a indicar essa intenção, em obediência à exortação de
economia que, de Paris, Sá-Carneiro fez ao correspondente quase de
início: "Toca a apertar a letra por causa da franquia". Nos bilhetes
postais, porém, a mancha aparece compacta, alinhada à esquerda e
prescindindo dos parágrafos, como acontece no original (excepto
quando a transcrição do reverso acompanha uma imagem inserida
no verso), tornando de imediato explícita ao leitor a sua diferente

*natureza documental e o proveito da opção adoptada para a genera-
lidade do corpo textual.*

*Os breves apontamentos que Fernando Pessoa grafou nos sobres-
critos, nas cartas ou nos postais, muitas vezes assinalando a data da
resposta, outras registando observações a introduzir ou perguntas a
fazer, outras ainda registando temas a desenvolver na resposta, são
reproduzidos em notas finais.*

A reunião desta totalidade epistolar faz-se em dois volumes para
permitir a plena conexão desta obra com as demais, sobretudo a poemática dela indissociável, numa ordem de coerência histórica e veraz.
A mesma preocupação em contextuar, mas agora textos e ambiên-
cias, foi motivo para a inserção de algumas imagens que restituem
cenários em que esta correspondência se construiu ou foram cenário
ocasional na existência do seu construtor. Quase todas elas reprodu-
zem as vinhetas dos papéis de carta timbrados, distribuídos pelos
"Cafés de grande vida" aos seus frequentadores, ou mostram lugares emblemáticos do autor.*

Teresa Sobral Cunha
Lisboa, Junho de 2002

---

*Referência à edição portuguesa, da Relógio D'Água, de 2003. (N. E.)

Correspondência com Fernando Pessoa

16 Out. 1912

Óptimo. Por hoje apenas um grande abraço do seu muito amigo

Sá-Carneiro

Hotel Richemond[1]
11, rue du Helder

Paris 20 Out. 1912

Querido amigo

    Francamente não tenho nada de interessante a dizer-lhe. Cá vou passeando pelos boulevards como aí pelo Rossio e rua do Ouro. Simplesmente não topo nem com o Castañé[1] das cartas amorosas nem com o eterno Ramos[2] da "quimera"...
    Que coisas interessantes tem você a dizer-me? Surgiram-lhe ultimamente ideias novas? Não se esqueça de mo escrever. E o inquérito da *República*?[3] Têm aparecido novos polemistas? Se tiver pachorra responda-me a isto e a mais esta

pergunta: O Santa-Rita[4] já voltou para Lisboa? Eu escrevi-lhe de cá para o Estoril.

Livros importantes não têm aparecido ultimamente. Nas montras das livrarias apenas se ostentam volumes que já havia aí e alguns novos romances policiais — literatura que há anos já é a preferida pelos leitores de todo o mundo...

Quanto a novidades literárias pessoais tenho uma a dar-lhe: Encontrei um belo episódio final para o *Gentil Amor*.[5] É um episódio doloroso, lamentável e perturbante que fechará muito bem o volume[6] — porque segundo se me afigura quase certo a novela estender-se-á a umas 3 horas de leitura. O que preciso é começar a escrevê-la. Fá-lo-ei logo após me ter instalado definitivamente, o que sucederá para a semana. É mesmo melhor você não me responder a esta carta senão depois de eu lhe enviar o meu novo endereço.

Por hoje, mais nada. Isto é: resta-me falar-lhe no tempo, coisa imprescindível numa carta destas: Tem havido muita bruma, ungida de quando em quando por alguns raios dourados do cálice de hóstia rubra... (sem espírito nem ofensa; você sabe muito bem quanto simpatizo e respeito a Renascença[7] e — antes de mais nada — o seu crítico).

Um grande abraço de sincero amigo

o

Sá-Carneiro

Como vai o folheto?[8]

Assim que receber o meu novo endereço, responda-me imediatamente!

Sá

22 Out. 1912
de Paris

Querido amigo

Afinal demoro-me mais no hotel do que imaginava. Se quiser ainda me pode escrever — o que para mim seria uma grande alegria — para o Hotel Richemond — 11, rue du Helder. *Mas só se escrever ainda hoje e deitar a carta ainda hoje até qualquer hora da noite;* visto que no começo da próxima semana mudarei com certeza de hotel.
Um grande abraço do seu

Sá-Carneiro

Paris, 28 Out. 1912

Querido amigo

Tenho andado muito com o Guilherme de Santa-Rita.[1]
É um tipo fantástico, não deixando no entanto de ser interessante.
Imagine você que a uma mesa do Bullier,[2] em frente duma laranjada — e tendo por horizonte o turbilhão dos pares dançando uma valsa austríaca — de súbito, a propósito já não sei de quê, me desfechou esta:
— ... porque eu, sabe você meu caro Sá-Carneiro, não sou filho da minha mãe...[3]
Julguei estar sonhando, mas ele continuou:
— O meu pai, querendo dar-me uma educação máscula e rude, mandou-me para fora de casa quando era muito pequeno. Fui para uma ama cujo marido era oleiro. Essa ama tinha um filho. Uma das crianças morreu. Ele disse que fora o seu filho. Entretanto a instância de minha mãe e devido a eu ter ido com uma companhia de saltimbancos tendo sido encontrado em Badajoz (eis os saltimbancos de Jaime Cortesão, coisa que aliás ele me confessara ser blague) voltei para casa

dos meus pais. Em 1906 porém a minha ama morreu e deixou uma carta para minha mãe em que lhe confessava que quem morrera fora o filho dela. Logo eu não era o filho da minha mãe mas sim da minha ama. É este o lamentável segredo, a tragédia da minha vida. Sou um intruso. Ah! mas hei-de dar uma satisfação à sociedade! É por isso que eu quero ser alguma coisa nesta vida! E abençoo a minha verdadeira mãe que, para eu ser mais feliz não teve hesitação em perder-me, em dar-me a outra mãe! Eu quando escrevo ao Augusto assino sempre, humildemente, Guilherme Pobre. E foi por isto que, quando estive em Lisboa não quis ir para minha casa, fiquei num hotel. (Diga-me você, Pessoa, se isto é verdade).

Depois desta longa tirada que me deixou boquiaberto eu sorri e comentei "que era muito interessante... um verdadeiro romance folhetim...". Saímos. E cá fora, ainda falando no caso, ele ria nervosamente, sinistramente, encostando-se a mim...

Que diz você a isto, Fernando? Peço-lhe que faça comentários e que, em todo o caso não divulgue a história, pois ele me pediu o *máximo segredo*... É espantoso! E de mais nessa mesma noite ele jurara-me que se deixara por completo de blagues.

Outra coisa interessante são as suas opiniões literárias e as suas ideias políticas: Em literatura, quer em prosa quer em verso, não admite a sombra duma ideia. Declarou-me quando eu lhe contei o *Homem dos Sonhos*:[4] Que era interessante sem dúvida, mas que só pelo facto de *se poder contar* perdia para ele todo o mérito. Enfim: só admite coisas que se não possam narrar, e citou-me o "Outono" do Carlos Parreira.[5]

Quanto a política é ultramonárquico, intitula-se mesmo imperialista e afirma que o artista tem a necessidade de se acolher sempre a um homem superior — a um rei, porque para ele todos os reis lhe são superiores. Em frente do próprio D. Manuel, conforme se declarou, ele se considera inferior. Eu respondi-lhe: "Meu caro, pois eu se me considerasse inferior ao D. Manuel dava um tiro na cabeça".

Que diz você a isto? Também se considera inferior a todos os reis e acha que o artista necessita — segundo a expressão do S. Rita — de ter um *senhor*? Fale sobre isto.

O Ramos? que é feito do Ramos? Sempre foi para o Brasil?[6] Fale-me da gente conhecida; suplico-lhe que me escreva longamente na volta do correio, dando novidades literárias, falando de si etc. Um grande abraço do seu muito amigo

Sá-Carneiro

Escreva para Grand Hôtel du Globe, 50, rue des Écoles

Meu caro,[7]

Acabo de ler a carta junta e vejo que está horrível; mal escrita, emaranhada. É talvez o ruído do boulevard que me entra pela janela aberta do hotel que me descarrilou a gramática. Perdoe-me, mas não lhe escrevo outra.

Ainda a respeito do Santa-Rita: Ele explica a sua habilidade e a sua tendência para a pintura por o seu pai ser oleiro...

Actualmente, disse-me, trabalha num quadro que representa "o silêncio num quarto sem móveis"...

Há pouco tempo pintou também — coisa que considera uma das suas melhores obras — um pequeno quadro que representa um W. C. Não posso julgar das obras porque não as vi. Ele mesmo afirma que as coisas que pinta só umas 10 pessoas, em todo o mundo, as podem não só compreender como *ver*...

Escreva!!

Sá-Carneiro

Não se esqueça de me dizer se tem visto o Ramos.
E o folheto? E a *Águia*?

Grand Hôtel du Globe 50, rue des Écoles

Paris 12-Nov.-1912

Querido amigo

Apenas por agora e na volta do correio um grande *obrigado* pela sua bela carta, que hoje às 8 h. me acordou espiritualmente.

Breve retribuirei.

Um grande abraço

do seu muito amigo

e grato

Sá-Carneiro

Paris 16 Novembro 1912

Meu caro amigo[1]

Com péssima disposição de espírito e num dia chuvoso, enervado, escuro como breu venho responder-lhe à sua longa carta. Começo por lhe pedir perdão de em troca lhe enviar poucas linhas — "poucas e mal alinhavadas linhas" lugar-comum que, neste caso, exprime bem a verdade.

Não tenho de forma alguma passado feliz nesta terra ideal. Tenho mesmo vivido ultimamente alguns dos dias piores da minha vida. Por quê? indagará você. Por coisa alguma — é a minha resposta. Ou antes: por mil pequeninas coisas que somam um total horrível e desolador. Olho para trás, e os tempos a que eu chamei desventurados, afiguram-se-me hoje áureos, suaves e benéficos. Diante de mim, a estrada vai pouco a pouco estreitando-se, emaranhando-se, perdendo o arvoredo frondoso que a abrigava do sol e do vento. E eu cada vez mais me convenço de que não saberei resistir ao temporal desfeito — à Vida, em suma, onde nunca terei um lugar.

Vê Você, eu sofro porque sinto próxima a hora em que o recreio vai acabar, em que é forçoso entrar para as aulas. Talvez não me compreenda nestas palavras, mas eu não tenho paciência nem força para lhe falar mais detalhadamente: Em suma não creio em mim, nem no meu curso,[2] nem no meu futuro. Já tomei várias decisões desde que aqui estou e um dia senti, na verdade senti cheio de orgulho, que me chegara finalmente a força necessária para desaparecer. Ilusão dourada! Na manhã seguinte essa força remediável tinha desaparecido. E então resolvi voltar para Lisboa, sepultar dentro de mim ambições e orgulhos. Mas não tive também força para o fazer. Sorria-me Paris e, lá ao longe, um fiozinho de esperança que todas as aspirações dentro de mim me fizeram ver como um facho resplandecente. Desembriagado hoje, porém, observo desolado quanto esse fio é ténue. Mais uma vez fui fraco em resumo — adiei, e sempre boiando cá vou vivendo.

Depois, no meio da minha angústia, pequeninas coisas se precipitam a exacerbá-la: A saudade de todas as coisas que vivi, as pessoas desaparecidas que estimei e foram carinhosas para mim. Mas não é isto só: sofro pelos golpes que tenho a certeza hei-de vir a sofrer, como por exemplo a morte fatal e próxima de algumas pessoas que estimo profundamente e são idosas. E sofro ainda também, meu querido amigo, por coisas mais estranhas e requintadas — *pelas coisas que não foram*. De forma que numa tortura constante tenho vivido estes últimos dias e cheguei mesmo a chorar uma noite — o que há tanto, desde os 15 anos, não me acontecia.

Depois o que há de mais doloroso nisto tudo é que os outros não podem compreender a minha infelicidade porque, em suma, eu outro dia estabeleci o seguinte quadro[3]

Estou em Paris	Estou aborrecidíssimo.
Tenho saúde	Sinto-me infeliz
Tenho dinheiro	em extremo.
Posso fazer o que quiser	Vivo numa tortura constante.
Não tenho preocupações	Sofro muito.
Não tenho desgostos	A minha desolação é ilimitada.

É isto uma puerilidade, bem sei, mas outro dia escrevi a sério este quadro num papel e, perante ele, é que justamente eu pude bem medir a minha desventura.

Não o quero maçar mais com os meus queixumes. Perdoe-mos e acredite-me — é só o que lhe peço.

Li os inquéritos da *República* que fez o favor de me mandar. Achei na verdade interessantíssima a exposição do tenente[4] e um amontoado de disparates a prosa do tipógrafo católico.[5] O próprio Santa-Rita, que ao princípio começou entusiasmado por o homem se mostrar talassa e beato, concordou neste ponto.

Sobre o Santa-Rita tenho a fazer uma pequena rectificação. O quadro não é o "silêncio num quarto sem móveis", mas o "ruído num quarto sem móveis". Tenho continuado a andar com ele, mas vou procurar afastar-me, porque se vai tornando cada vez mais intolerável em pequeninas coisas que só de boca se podem esmiuçar. Rogo-lhe porém que não aluda a isto que eu aqui lhe digo. É vaidoso insuportavelmente, calcando a gente com a sua pretendida superioridade — chegando a ofender e a ferir. Depois tem coisas como estas: Num Café apresenta-me a um conhecido como "operário futurista". Ele diz-se pintor futurista e conta ao seu interlocutor que os futuristas não pintam, que quem faz os quadros são operários como eu!!! Outra vez apresenta-me a uma polaca horrivelmente feia e diz-lhe que eu sou homossexualista! A polaca replica que simpatiza muito com os degenerados!! Finalmente ontem à noite, às 11 $^1/_2$, aparece-me no quarto, quando eu já estava deitado, com um patusco francês, cujo nome ele ignora, e pespega-lhe que eu sou um jesuíta português emigrado político!!!!...

No entanto, continuo a dizer, que nos seus períodos normais é um espírito interessante.

Por hoje vou terminar, embora o meu desejo fosse escrever-lhe um caderno de papel. Mas é-me impossível completamente.

Rogo-lhe de novo perdão e peço-lhe que me escreva o mais breve possível, respondendo a esta carta (isto é, fazendo comentários sobre o que nela digo) e dando notícias interessantes.

Grande abraço do seu verdadeiro amigo
muito obrigado

Mário de Sá-Carneiro.

P.S. A sua poesia é belíssima, — embora não superior a outras produções suas. Gosto imenso da 1ª e da última quadra. Mande mais versos que tenha feito

o

Sá-Carneiro.

[Nov. 1912][1]

Meu caro amigo

Recebi a sua quase-carta que muito agradeço. Nada de interessante para lhe narrar. Sempre aborrecido. Diga novidades literárias. Fale da gente conhecida. O Lacerda[2] ainda anda sarnoso? O Mário Beirão[3] está em Lisboa? Tem visto o Santa-Rita? Que pensa sobre o livro[4] dele? Ele ofereceu-lho? Quando lhe falar diga-lhe que eu pergunto se recebeu as minhas cartas e por que não respondeu. Que disse a imprensa sobre o livro dele? Escreva. Abraça-o o seu

Sá-Carneiro

Paris — Dezembro de 1912
Dia 2

Meu querido amigo,[1]

Recebi ontem a sua carta de 28 que muito e muito agradeço.

Como sempre sucede com a sua correspondência foram alguns deliciosos instantes espirituais que lhe fiquei devendo.

E depois a sua carta confortou-me. Porque a sua carta define maravilhosamente aquilo que eu sinto. É o médico expondo ao cliente toda a engrenagem minuciosa da sua enfermidade. E como nos conforta sempre sabermo-nos compreendidos, a sua carta me confortou. Feriu sobretudo o meu amigo notas que eu nunca esquecerei. E esta especialmente: "a família, para essa doença, não é o antídoto, mas a causa". Como isto é bem verdade, como tantas vezes, sem o exprimir, o tenho sentido!... Que eu por mim, no "seio da família" foi seio aonde nunca me agitei...

No entanto, ultimamente, vou passando um pouco melhor, muito pouco aliás. Por quê? Sem motivos, como sem motivos as crises se agravam. São talvez influências subconscientes, e a atmosfera, o perfume do ar, a cor do céu, as pessoas que em redor de nós circulam — têm talvez império sobre o nosso estado. Assim, eu ontem, sem motivos, passei um dia razoável. Havia pouco sol e muito frio. Vagueei solitário pelo meio-dia nos boulevards. E como fosse domingo e eles corressem vazios de gente, o cenário foi-me grato; o ar cheirava bem: senti-me confortado.

No "desaparecer" da minha carta havia, é certo, um revólver apontado aos ouvidos; mas havia também outra coisa. É que eu, quando busco, acho duas formas de desaparecer: Uma fácil e brutal — a água profunda, o estampido de uma pistola — outra suave e difícil: O sufocamento de todos os ideais, de todas as ânsias — o despojo de tudo quanto de belo, de precioso existe em nós. Ah! quantas vezes eu tenho um desejo violento de conseguir este "desaparecimento"! Mas como? Como?... E a dor, a raiva concentrada, despedaçadora e uivante que se me encapelaria em todo o ser, na hora do triunfo!...

E o outro desaparecimento é horrível, e ambos eles são *egoístas* — torpe um, cobarde o outro.

Depois, coisa interessante, quando eu medito horas no suicídio, o que trago disso é um doloroso pesar de *ter de morrer forçosamente um dia* mesmo que não me suicide. (Aliás eu tenho a certeza que esse não será o meu fim. Como digo no *Incesto*:[2] "Os meus amigos podem estar perfeitamente sossegados".)

Mas não falemos mais destas "complicações doentias". (Nos bons tempos de 80, quando Bourget[3] florescia, nos rapazes de 20 anos o que se estudava eram as "complicações sentimentais" — quer dizer "amorosas". A nossa geração é mais complicada, creio, e mais infeliz. A iluminar as suas *complicações* não existe mesmo uma boca de mulher. Porque somos uma geração superior.)

Quanto a novas ideias, interessantes, têm surgido raríssimas. Falo-lhe apenas duma — que não sei mesmo se já narrei ao meu amigo.

É a seguinte: Contar a tragédia do ar, as dores e as alegrias do ar — o ar como ser, como indivíduo. E falar-se-ia dos comboios gigantescos que o rompem brutalmente, e das mãos brancas que o acariciam, de todos os *deslocamentos*, em suma, que no oceano aéreo se dão.

É esta uma ideia *longínqua* muito difícil de explicar em poucas palavras. Mas creio que o meu amigo a compreenderá. Diga-me o que pensa dela. Eu pela minha parte, por enquanto pelo menos, não lhe dou grande importância.

Outras coisas episódicas me têm surgido mas sem valor. Duma só lhe falo, que incluirei no *Gentil Amor*. São pensamentos em face dum carroussel do Jardim do Luxemburgo onde crianças giram batendo as palmas, doidas de alegria, cavalgando leões, camelos, elefantes, coelhos, formigas, todos iguais no tamanho, estes animalejos. E dir-se-á: São aqueles os futuros corredores de ideal, mas ai, na infância eles cavalgam facilmente, corajosos, despreocupados e sorridentes, elefantes e coelhos, hienas e formigas. *Cavalgam o que querem* — para eles, existe o que querem... Mas depois, na vida, quanto sangue não verterão os seus membros para enfim poderem correr livremente, triunfantes, no dorso áureo de um leão selvagem... Nesse carroussel ver-se-á a "miniatura do ideal". É também difícil de exprimir isto e eu disse-lho mesmo muito mal e incompletamente. Você desculpará.

Só ontem recebi os números da *Águia* 10 e 11. Entusiasmaram-me os versos do Mário Beirão quer o soneto "Ausente",[4] quer a poesia "Sintra".[5] Diga-me você o que pensa acerca destas duas produções. Na "Sintra" acho belo de plasticidade o começo, a evocação da Pena; soberba de entusiasmo a última parte. E pensamentos como estes: "Vou ausente de mim por mim andar" são na verdade coisas grandes. Sabe? Achei o soneto "Ausente" e certos versos da "Sintra" "à maneira de Fernando Pessoa". Por ex., o verso atrás citado.

Li o seu artigo.[6] Esplêndido de clareza, de justeza, de inteligência. Apenas lastimo que para o público você seja por enquanto apenas o "crítico F. Pessoa" e não o Artista.

Havia mais coisas a dizer-lhe. Falar-lhe do Santa-Rita etc. Mas para a próxima carta ficará, rogando-lhe eu que me escreva amiudadas vezes, e longamente, como até hoje tem feito.

Abraça-o o seu muito sincero amigo e admirador

Mário de Sá-Carneiro

50, rue des Écoles.

Paris — Dezembro de 1912
Dia 3

Meu caro Pessoa,

Este postal é o *post-scriptum* da minha carta de ontem. E tem por fim juntar o seguinte:

1º O *Mercúrio de França*, desde que aqui estou, ainda não trouxe "lettres portugaises".[1] Logo que aparecer com elas lho enviarei para você ler o artigo do Lebèsgue sobre o meu livro.

2º Rogava-lhe encarecidamente que me enviasse, para mostrar ao Santa-Rita, os "Violoncelos"[2] do Pessanha e o soneto sobre a mãe[3] — e mesmo mais alguns se para isso estivesse. Era um favor que muito lhe agradeceria. Tem apanhado mais versos dele? Um grande abraço. O seu muito amigo

Sá-Carneiro

Recebi hoje carta e livro do Augusto Santa-Rita.

Paris, 10 Dezembro 1912

Meu caro amigo,[1]

Recebi a sua carta de cinco que muito agradeço.

Achei descabidas as linhas finais. De forma alguma concordo com você em que possa ser dúbia a maneira como fala da publicação do *Homem dos Sonhos*.[2] Aliás com o máximo prazer satisfarei esse pedido, estimando mesmo ver o conto publicado na *Águia*. É claro que nada me sensibilizarei se, por qualquer motivo, ele não for inserido. Até ao fim do mês, por conseguinte, lho enviarei terminado e, como diz, o meu amigo depois reverá as provas. E por tudo isto, os meus agradecimentos.

Quanto à "defesa" de imitação do Mário, ela é na verdade descabida. Nem por sombras, durante um segundo, me passou pela cabeça semelhante ideia! Aliás como podia mesmo ela passar se os seus versos são tão característicos, são duma maneira tão sua, e compostos antes dos dele!... E depois, meu caro Pessoa, você não é dos que podem fazer coisas à "maneira dos outros". Os outros é que podem "fazê-las à sua maneira". Porque, acima de tudo, o meu amigo é uma "individualidade". E de resto parece-me que a alguns dos artistas da Renascença, mesmo dos de valor, falta essa primacial qualidade. Evidentemente não incluo nestes o Mário Beirão — que não considero em todo o caso uma grande individualidade — embora o considere um alto poeta, um soberbo artista.

A minha convivência com o Santa-Rita prossegue quotidianamente, interessante, sem dúvida, mas por vezes muito fatigante.

Devo-lhe dizer que o Santa-Rita apenas tem admiração por um artista da nova geração: o Carlos Parreira. Mas esse é para ele um génio, valendo já a sua obra impressa por tudo quanto a gente nova — e mesmo a velha — tem escrito. Para o Santa-Rita esta frase dum escrito do Parreira vale uma literatura: "... com momices de gata e apelos sujantes de cadela". A frase é interessante, denota "alguém", mas daí a gritá-la a cada instante e a pô-la acima dos versos do Teixeira de Pascoais, do Mário Beirão e tantos outros, vai muito... Aliás o Santa-Rita não aprecia na prosa ideias, nem belezas — apenas quer música: "Escreva-me você, por exemplo, a descrição de um serrador serrando onde os *rr* se precipitem raspantes, e eu não terei dúvida em proclamá-lo um artista". Mas só admite esta arte. Ora se na verdade eu admiro prosa e verso desta espécie (por exemplo, os "Violoncelos" em que se ouvem as cordas "gemerem", ou a sua "Flauta")[3] acho avançar muito querer reduzir a isto somente toda a literatura e amordaçar a ideia. Que diz a isto você?

Outra grande admiração literária do nosso homem é, imagine quem, o Homem Cristo (pai)![4] Mas o Homem Cristo literato! Chama-lhe génio, cita entusiasmado frases dele e devora o *Povo de Aveiro no Exílio*, que aqui se publica hebdomadariamente!... Você compreende o que pode haver de *fatigante* na conversa com semelhante individualidade. No entanto, sempre em desacordo, largas horas palestramos. Mas se porventura se chega a qualquer ponto de discussão literária ele põe termo à conversa: "Não quer *abastardar* as suas opiniões" — diz... Ele a discutir a obra dum artista, só a poderia discutir profundamente, com veneração... Compreende bem a onda nervosa que me sobe pela espinha acima ouvindo tais petulâncias que dão a entender que o interlocutor não merece as honras duma discussão literária. Mas eu sou delicado... delicadamente protesto. Mas que ventura se nestes momentos eu pudesse ser um Ponce de Leão!!...[5]

Santa-Rita diz conhecer toda a literatura, e ler Platão, Homero, Sófocles, Comte, Nietzsche, Darwin etc. e etc.... Eu creio aliás muito pouco nos seus largos conhecimentos literários... não creio mesmo nada, meu amigo... Por isso talvez ele não discute... Dos artistas de hoje, a par do Parreira, apenas tem culto por um literato cubista, Max Jacob[6], que ninguém conhece e publicou dois livros em tiragens de cem exemplares. A primeira pessoa que não leu esses livros é ele... aliás cada volume custa 65 frs. Mas é genial!... porque é cubista... Picturalmente a sua grande admiração vai para o chefe da escola *Picasso*. Pasme: tendo eu tido na mão uma carta do Picasso, fui encontrar na letra do pintor espanhol profundas semelhanças com os arabescos Santarritinos...* A cada passo o Guilherme Pobre diz: "...porque você, Sá-Carneiro, bem vê o artista hoje faz isto, aquilo, aqueloutro, tem tais ideias" etc. etc. Das suas palavras depreende-se que só é artista quem assim procede — *e só por proceder assim*. De forma que ele, adoptando essas ideias, parece tê-las adoptado unicamente para ser como os artistas — para ser artista. Não sei se compreende esta embaraçada explicação. Em resumo: No artista o que menos lhe parece importante é a obra. O que acima de tudo lhe importa são os seus gestos, os seus fatos, as suas atitudes. Assim não usa *relógio* porque os artistas não usam relógio...

Falando das suas ânsias, refere-se sobretudo à sede que tem de *dominar*. Mas não artisticamente, socialmente. Tenciona quando a monarquia voltar para aí (muito breve, dentro de 3 meses, garante ele) surgir como conferente, director de museus etc. etc. E uma das suas primeiras medidas será fechar a Academia das Belas-Artes. Nas suas conferências fará sobre-

---

* O Santa-Rita decerto largas horas estuda a caligrafia do seu mestre para até nisso se lhe assemelhar...

tudo a apologia da Inquisição que ele acha da maior utilidade e urgência fazer reviver...

"Para *dominar* entregou-se — diz — aos jesuítas que o protegem e lhe dão 50 000 réis por mês... Um dos seus ídolos é o imperador da Alemanha; o seu sonho, fazer de Paris a capital do Mundo sob o domínio do Kaiser... Para a exposição das Belas-Artes daí vai enviar, para escândalo, um quadro intitulado *Portugal* (que eu não vi nem está concluído) e que me descreveu assim: "Uma cabana de pescador. Um velho sentado. Uma janela aberta. No parapeito um vaso com um manjerico e um cravo de papel tendo uma bandeira de papel azul e branco com a coroa real... Há uma cabeça de gato reduplicada e vê-se uma mulher olhar pela janela pensando no filho que partiu. Mas não se vê essa mulher nem os olhos dessa mulher. Mas sabe-se que ela olha...". No quadro aliás, diz ele, a única coisa que salta à vista e se compreende é a bandeira monárquica. Isto por conveniência própria além do escândalo: para agradar aos realistas a cuja sombra se acolheu e de quem espera o triunfo...

Que me responde você a isto tudo? Não acha um caso curioso de "intoxicação ansiosa"; de pessoa que se *perde* na ânsia do triunfo? Ou isto tudo será *razoável* — será a verdadeira maneira de *conseguir*? Não o creio, porquanto me parece ter-se arrimado a árvores fracas, anémicas mesmo. Um grande "gajo" — desculpe o termo — ou um triste produto? A menos que isto tudo não seja *fumisterie.*

Narro-lhe estas coisas, não por dar importância à personagem mas por as achar interessantes. Rogo-lhe que me dê a sua opinião na próxima carta que me escreva e que eu lhe peço me seja enviada brevemente. As suas cartas são para mim momentos de deliciosa palestra que eu aqui não posso ter senão por escrito. E creia que do fundo da alma lhe agradeço reconhecidíssimo o tempo que comigo gasta.

Abraça-o num grande abraço de sincera amizade o seu muito amigo e obrigado

Sá-Carneiro

De ideias novas?

Escrita entre fumo e barulho de bons burgueses jogando o dominó ou o écarté, a presente vai desarticulada e infame. Mas o meu amigo perdoará.

Peço-lhe não divulgue a história do quadro Santa-Rita adiante narrada; nem fale ao irmão sobre tudo o que acerca do Guilherme conto.

Paris — Natal de 1912[1]

Recebi ontem a sua carta que profundamente agradeço. Não com um agradecimento banal, porque ela vale por uma prova de amizade, de confiança. Obrigado.
Brevemente, dentro dum máximo de 6 dias responderei.
Por hoje apenas um grande abraço de sincero amigo.

o
Sá-Carneiro

Paris, Ano de 1912
Último Dia

Meu querido amigo,[1]

Você vai-me perdoar. À sua admirável carta, à sua longa carta, eu vou-lhe responder brevemente, desarticuladamente. É que no instante actual atravesso um período de "anestesiamento" que me impede de explanar ideias. Este anestesiamento resume-se em levar uma vida oca, inerte, humilhante — e doce contudo. Outros obtêm essa beatitude morfinizando-se, ingerindo álcool. Eu não; procedo doutro modo: saio de manhã, dou longos passeios, vou aos teatros, passo horas nos Cafés. Consigo expulsar a alma. E a vida não me dói. Acordo momentos, mas logo ergo os lençóis sobre a cabeça e de novo adormeço. No entanto quero que esta letargia acabe. E fixei-lhe o termo para justamente de hoje a uma semana...

O estudo de si próprio é magistral — um documento que eu preciosamente guardarei, do fundo da alma agradecendo-lhe a prova de amizade e de consideração que com ele me deu. Creia que as minhas palavras não podem traduzir a minha gratidão. Um dia belo da minha vida foi aquele em que travei conhecimento consigo — Eu ficara conhecendo *alguém* — E não só uma grande alma; também um grande coração. Deixe-me dar-lhe um abraço, um desses abraços onde vai toda a nossa alma e que selam uma amizade leal e forte.

Respeitantemente ao Santa-Rita a minha opinião difere muito da sua e da do Veiga Simões:[2] Não me parece um caso de Hospital mas — vai talvez pasmar — um caso de Limoeiro...[3] Pequeninas janelas abertas na sua vida, nos seus pensamentos, fazem-me ver unicamente: hipocrisia, mentira, egoísmo e cálculo cujo somatório é este: todos os meios são bons para se chegar ao fim. No entanto creio que foi pouco feliz na escolha desses meios: o cubismo e a monarquia...
É na verdade uma personagem interessante, mas lamentável e desprezível.[4]

O *Homem dos Sonhos* está em meio. Mas ultimamente não tenho mexido nele. Há lá uma frase nova. Diga-me o que pensa dela: *"Decididamente na vida anda tudo aos pares, como os sexos. Diga-me: Conhece alguma coisa mais desoladora do que isto de só haver dois sexos?"* (a frase é pouco mais ou menos esta). Depois o Homem descreverá a voluptuosidade de um país em que há um número infinito de sexos,[5] podendo-se possuir ao *mesmo tempo* os vários corpos.

Por todo este mês terminá-lo-ei. Rogo-lhe porém que me diga se devo incluir esta nova ideia da diversidade dos sexos ou não. *Não se esqueça disto na sua próxima carta.*

Afinal o Ph. Lebèsgue,[6] depois de me enviar o livro dele com a amável dedicatória que você viu aonde se lia que do *Princípio*[7] se falaria pormenorizadamente no *Mercúrio*, limitou-se a acusar a recepção do volume... Aliás, este último número do *Mercúrio*[8] fala de você e por isso vou-lho enviar amanhã.

Brevemente escreverei uma verdadeira carta. De novo lhe suplico perdão e lhe agradeço profundamente todas as suas amabilidades.

Um grande abraço.

o

Sá-Carneiro

Sublime ainda que "porca" a frase do Pascoais!...

Ano Novo[1]
1913.

Ideias e Venturas.

o

Sá-Carneiro
(Paris)

49

2 Jan. 1913
Paris

Meu caro amigo,

Pelo correio de hoje segue o número do *Mercúrio de França* que não enviei ontem, como dissera na minha carta, por estar a acabar de lê-lo.
Um grande abraço.

o seu

Sá-Carneiro

Paris — Janeiro de 1913
Dia 7

Meu querido amigo,[1]

Apresso-me a responder à sua carta hoje recebida.

O que nela diz, alegrou-me e entristeceu-me. Alegrou-me a sua colaboração nessa revista inglesa.[2] Acho uma coisa óptima, um trabalho sobretudo útil e uma boa acção, qual é a de tornar conhecidos no mundo os poetas portugueses de hoje, fazer saber que num canto amargurado e esquecido da Europa, uma poesia grande e nova se começa a desenvolver rasgando horizontes desconhecidos, perturbadores e belíssimos. Não desanime nesse trabalho!

Acho muito feliz o novo plano de publicação dos seus versos. O título *Gládio*[3] é, quanto a mim, um verdadeiro achado, uma coisa muito bela. Não o deve é revelar a ninguém, não vá surgir nas montras das livrarias qualquer plaquette anémica e imbecil com esse nome.

A "Sinfonia em X"[4] não poderia ser incluída neste volume? Eu lembro-me que talvez pudesse ser e por isto: Nela, há com efeito um combate — O poeta esgrime, brande o *gládio* contra o desconhecido, o infinito, que quer abraçar, compreender, sintetizar. Que lhe parece? Mas isto da inclusão duma poesia neste ou naquele volume é coisa de somenos importância e que o não deve torturar.

O que na sua carta me entristeceu foi o que de *si* diz. Ainda bem que no "suplemento" escreve que um pouco de energia regressou. Creia que compreendo e, melhor, *sinto* muito bem a tragédia que me descreve, tragédia em que eu tanta vez ando embrenhado. É uma coisa horrível! Um abatimento enorme nos esmaga, o pensamento foge-nos e nós sentimos que nos faltam as forças para o acorrentar. Pior ainda: *sentimos que se nos dessem essas forças, mesmo assim, não o acorrentaríamos.* E vamos dormindo o Tempo. Intimamente sabemos que a crise passará. Fixaremos a ideia, e *realizaremos.* Mas embora o saibamos firmemente, não o *cremos.* Eu por mim, meu caro amigo, embora saiba muito bem que hei-de escrever mais livros, não o acredito nestes períodos de aniquilamento. A este respeito devo-lhe dizer que me parece aproximar-se uma época de energia — após tantos meses de passivismo. Veremos... Que outro tanto lhe suceda, eis o que do coração desejo e acredito.

Ah! como eu compreendo e sinto as linhas que você escreve: "Ainda assim eu não trocaria o que em mim causa esse sofrimento pela felicidade de entusiasmo que têm homens como o Pascoais. Isto — que ambos sentimos — é do artista em "nós"(?) misteriosamente. Os entusiasmados e felizes pelo entusiasmo, mesmo o Pascoais, sofrem de *pouca arte".*

Como isto é verdadeiro e bem dito! E como eu me revolto quando aventando o ar, de narinas abertas, olhar olhando ao alto, e voz altissonante o eterno Santa-Rita me *lecciona:* "Creia, meu querido Sá-Carneiro, em arte o entusiasmo é tudo! Como eu amo as pessoas que são todas entusiasmos! Que se curvam em face de alguém, ou de alguma ideia, sem reflectir, sem admitir meios-termos nem raciocínios. São estas as individualidades, as *criaturas de raça.* Ah! e eu sou uma destas criaturas de *raça,* toda de *raça!...* Sou mouro, espanhol... Você, meu caro Sá-Carneiro, não tem entusiasmos, não tem instinto — é todo cérebro... E note, eu admiro as individualidades sejam elas o que forem. Conhece em Lisboa o Veríssimo Amigo da papelaria do Camões? Como eu admiro esse homem... Todo papeleiro... E religioso, muito talassa..." Etc. E por aqui fora canta o contra-senso, a impetuosidade... o disparate, a desordem, em resumo, que nunca são o génio (ou quando muito são génios falidos) porque esse, é certo, pode ser e é *loucura*, mas não loucura barata e mesquinha, sim loucura grande, resplandecente. Não imagina você como me incomodam, me arrepanham e torturam as conversas com este personagem de quem procuro afastar-me o mais possível. Actualmente há 15 dias que o não vejo. Ver que alguém não tem razão, e que triunfantemente, a cada passo, brama que a razão está do lado dele, é para mim uma coisa insuportável.

As suas cartas, meu caro Fernando, essas são, pelo contrário, alguma coisa de profundamente bom que me conforta, *anima*, delicia — elas fazem-me por instantes feliz. Como é bom termos alguém que nos fale e que nos compreende e é bom e sincero, lúcido, inteligente — Grande.

O prazer com que eu o abraçarei daqui a um semestre! As longas, deliciosas conversas que teremos...

Acerca de ideias novas, esta nascida ontem à noite:

Um artista busca a perfeição — é esta a sua tortura máxima — e desfaz e refaz a sua obra. Vence: Atinge a perfeição e continua a ansiar [?] fazer maior: porém a tela em que trabalha evola-se por fim, dilui-se, torna-se espírito, desaparece. *Esse artista ultrapassou a perfeição*. É possível que em vez dum pintor faça dele um músico.

Não dou a isto, por enquanto, grande importância. *Diga você a sua opinião*. E muito obrigado pelo que escreve acerca da nova ideia do *Homem dos Sonhos*.

Como já aí tencionava, mandei o meu livro[5] acompanhado duma carta ao redactor da *Comœdia* G. de Pawlowski. Ele deu-me esta resposta interessante (ler um papelinho junto). Não acha curioso? Na "Semana Literária" da *Comœdia* noticiou o recebimento do livro dizendo que era um volume de novelas publicado em português. Bem mais delicado que o Lebèsgue, porquanto eu não enviei o livro sequer à redacção, mas só a ele e para o seu domicílio particular.

Em aditamento devo-lhe dizer que outro título que me agrada muito é o de *Ascensão* aonde, talvez melhor (com certeza melhor, a não ser por causa do tamanho grande do "Orfeu"[6]) cabe a "Sinfonia em X". Quero destacar aqui um admirável, um enorme verso seu, este:

"Quanto mais desço em mim mais subo em Deus".

E como eu compreendo bem, profundamente bem, essa quadra soberba pelo que diz nas palavras e no *som*: "Alma que..." etc.... A crença maior, a verdadeira crença nobre e pura, é a descrita nela!

E um grande abraço, meu querido, meu muito querido Fernando

o seu

Sá-Carneiro

escreva sempre!...

Como todas as minhas cartas esta é infame na prosa e na caligrafia. Mil perdões. É que tocam a *Martinica* aqui ao pé de mim...[7]

Paris 21 Janeiro 1913

Meu querido amigo,[1]

Vai sendo relativamente longo o seu silêncio — apenas relativamente, sublinho.

E como à minha disposição de espírito apetecem neste instante alguns minutos de palestra com um amigo duplamente querido — pela amizade e pelas "ideias" — lembrei-me de lhe escrever esta carta banal, desinteressante e rápida.

Vou vivendo como sempre, olhando muito para mim, sonhando além para logo, cepticamente, encolher os ombros e prosseguir sonhando... A eterna dobadoura... símbolo mesquinho, mas ai, bem real da existência. Pelo menos da minha existência. Dobadoura ou catavento? Não sei. E tudo isto é tão triste, tão triste...

O Ramos — ignoro se já lho disse — escreveu-me do Rio e vai voltar a Lisboa por Fevereiro.

Sabe que o Santa-Rita descobriu um Fernando Pessoa aqui? E eu concordei com a descoberta. Ainda ontem se assentou junto de nós num Café do bairro latino. Aliás não o conhecemos. Porque este Fernando Pessoa se resume num rapaz que o faz lembrar, a você. Faz mesmo lembrar muito. Não tanto nos traços fisionómicos detalhados como no "ar", na expressão, em certo gesto-tique de atitude imóvel, rosto encostado ao braço, muito característico em você. Compreende? E assim eu estimo vê-lo. Porque fluidos simpáticos e saudosos flutuam envolvendo-o — porque a sua presença me faz recordar, enfim, um amigo querido. E estas evocações, ninharias, são muito doces, creia, no entanto.

Que se passa renascentemente por aí?

A Grande Ave quebraria as asas ungidas de mistério, bêbeda de luz? Desculpe o palavreado, que esse, na verdade, é que é dum bêbedo. Mas bem sabe que abomino o álcool. É talvez da chuva — excesso de água. Porque chove muito hoje. Um horror.

A *grande ave* em questão, decerto percebeu, é *A ÁGUIA*, que segundo julgo, está paralisada. Os porquês?

E essa gente? Lacerdas, Beirões, Santas-Ritas, Ponces, Ferros...?[2] (heterogénea mistura!...) Castañés & Cia. caricatural? Diga coisas.

Abomino o álcool. Não fumo. Não jogo. Não me inoculo de morfina ou cocaína. O absinto sabe-me mal. Janto todos os dias a horas diferentes em restaurantes diversos. Como pratos variados. Ora me deito às 3 da manhã, ora às 9 da noite. *Sou incapaz de ter horas para coisa alguma, de ter hábitos.* E é por isto que não fumo, que não jogo etc. Os vícios são *hábitos*, apenas são maus hábitos. Eu sou tão renitente aos hábitos que estou couraçado de aço fantástico para os vícios. Nunca poderei ser um vicioso da mesma forma que nunca serei um homem regrado...[3]

Mas francamente, ao escrever esta carta, pareço abismado num Atlântico de carrascão!...

Na minha psicologia deveras emeandrada há coisas interessantes que lhe detalharei de vez em quando, muito por alto, em paga dos seus estudos. Olhe, por exemplo: a impossibilidade de renunciar. Escute:

Eu decido correr a uma provável desilusão. E uma manhã, recebo na alma mais uma vergastada — prova real dessa desilusão. Era o momento de recuar. Mas eu não recuo. Sei já, positivamente sei, que só há ruínas no termo do beco, e continuo a correr para ele até que os braços se me partem de encontro ao muro espesso do beco sem saída. E você não imagina, meu querido Fernando, aonde me tem conduzido esta maneira de ser!... Há na minha vida um bem lamentável episódio que só se explica assim. Aqueles que o conhecem, no momento que o vivi, chamaram-lhe loucura e disparate inexplicável. Mas não era, não era. É que eu se começo a beber um copo de fel, hei-de forçosamente bebê-lo até ao fim. Porque — coisa estranha! — sofro menos esgotando-o até à última gota, do que lançando-o apenas encetado. *Eu sou daqueles que vão até ao fim.* Esta impossibilidade de renúncia, eu acho-a bela artisticamente, hei-de mesmo tratá-la num dos meus contos, mas na vida é uma triste coisa. Os actos da minha existência íntima, um deles quase trágico, são resultantes directos desse triste fardo. E coisas que parecem inexplicáveis, explicam-se assim. Mas ninguém as compreende. Ou tão raros...

Se fui levado a estas divagações é que presentemente numa circunstância análoga me encontro. Lancei-me na carreira a uma ilusão dourada — pobre ilusão! — Ela podia entretanto ser uma realidade. Mas antes de ontem lá recebi, mais uma vez, a vergastada na alma. E continuo a correr...

Depois sinto-me tão pequeno, tão fraco, tão pouca coisa...

E sempre um calafrio na espinha, arrepiante, esterilizante...

E é nestes momentos ainda assim que — ó miséria! — encontro um pouco de cor-de-rosa na vida...

Literatura... literatura...

Não! Eu não tenho culpa de ser assim!

"Triste produto" me chamava uma noite chuvosa deste Outono um amigo querido — hoje bem longe.

E tinha razão...

Quanto a mim, em todas as almas há coisas secretas cujo segredo é guardado até à morte delas. E são guardadas, mesmo nos momentos mais sinceros, quando nos abrimos, nos expomos, todos doloridos, num lance de angústia, em face dos amigos mais queridos — *porque as palavras que as poderiam traduzir seriam ridículas, mesquinhas, incompreensíveis ao mais perspicaz*. Estas coisas são materialmente impossíveis de serem ditas. A própria Natureza as encerrou — não permitindo que a garganta humana pudesse arranjar sons para as exprimir, apenas sons para as caricaturar. E como essas ideias-entranha são as coisas que mais estimamos, falta-nos sempre a coragem de as caricaturar. Daqui os "isolados" que todos nós, os homens, somos. Duas almas que se compreendam inteiramente, que se *conheçam*, que saibam mutuamente tudo quanto nelas vive — não existem. Nem poderiam existir. No dia em que se compreendessem totalmente — ó ideal dos amorosos! — eu tenho a certeza que se fundiriam numa só. E os corpos morreriam.

Literatura!... Eis a ideia de mais um conto...[4]

É curiosa esta função do cérebro-escritor. De tudo quanto em si descobre e pensa faz novelas ou poesias. Mais feliz que os outros para quem as horas de meditação sobre si próprios são horas perdidas. Para nós, elas são ganhas. Menos nobres só. O desperdício é nobre. O interesse vil. E o artista é mais interesseiro do que o judeu. Tudo — cenários, pensamentos, dores, alegrias — se lhe transforma em matéria de arte!... Ganha sempre!

Tristes coisas!

Grandes coisas!...

Que orgulho! Que orgulho!...

Perdoe-me este caos, perdoe-me do coração e escreva-me *depressa,* muito depressa, sim? Fale do que lhe digo, faça referências a esta bebedeira.
Um grande abraço.

o seu muito, muito amigo
Sá-Carneiro

Grand Hôtel du Globe, 50, rue des Écoles

Escreva!...
Recebeu o *Mercúrio*?

Paris 21 de Janeiro de 1913[1]
às 10 horas da noite

Meu querido amigo,[2]

Esta tarde escrevi-lhe uma carta e agora, à noite, venho-lhe escrever outra... É que num lapso de cinco horas nasceram coisas que não posso resistir a confiar-lhe — a maçá-lo e a pedir-lhe a sua opinião sobre elas. Trata-se de projectos literários. Mas se abriu esta carta primeiro, peço-lhe que leia a outra antes.

E perdoe-me...

Começo (a carta vai sair longa; você perdoará?).

Andava ultimamente muito desolado por ver o tempo ir passando e as forças me faltarem para escrever o livro que *quero* publicar cada ano — isto é, para escrever o meu volume de 1913. Não que — santa modéstia! — as ideias me faltassem ou o cérebro me andasse vazio. Pelo contrário. Tensões novas até me tumultuavam nele, material mais vago e intenso — superior portanto. Mas para o que eu me sentia castrado neste período que ameaçava prolongar-se era para o trabalho material de grandes composições — novelas extensas, quero dizer, como as que eu tinha tenção de manufacturar para o *Perturbadoramente*: *A Confissão de Lúcio* e *Gentil Amor*.

Ora hoje revelou-se-me uma maneira de "arranjar as coisas" — perdoe o lugar-comum. É a organização dum pequeno livro que me parece deveras interessante e original reunindo a essas qualidades a de pequena extensão material. É um livro muito mais a fazer com o *pensamento* do que com a *mão*. É livro que levará meses a ser trabalhado na *rua* e semanas a ser escrito. Justamente o "ideal" para o período que atravesso. Com efeito eu vou vivendo com uma "tensão" muito elevada que não me permite fixidez. Mas "fixidez" para escrever esse volume arranjá-la-ei facilmente porque, em números positivos, é coisa para, no total, não exceder 30 dias de trabalho de banca.

Agora oiça o plano do livro e a sua descrição. E desde já lhe digo que lhe peço toda a sua atenção espiritual, toda a sua compreensão, toda a sua sinceridade para me dizer o que pensa acerca do que lhe vou expor e para me dar os conselhos que lhe vou pedir.

O volume será publicado sobre a forma — talvez — duma plaquette — o mais elegante possível, é claro. Compor-se-á de 7 pedaços de prosa cada um pouco mais ou menos das dimensões do *Homem dos Sonhos*. Isto é: narrativa de 10 minutos a $^1/_4$ de hora. Frontispício:

Além[3]
— sonhos —

Composição:[4]

O Homem do Ar, O Homem dos Sonhos, A Orgia das Sedas, O Fixador de Instantes, Asas, Mistério, Além.

Cada uma destas narrativas cabe no *Além* como vai ver. *O Homem dos Sonhos,* que conhece, é evidentemente uma história de *além*-vida, de além-terra; desenvolve-se noutros mundos, noutros sentimentos. *O Fixador de Instantes* é um amoroso do "além" — quer *prolongar* os momentos bons que fixa além do instante em que os viveu: é a história do além-tempo. A sua ideia é, por outro lado, além-humana, visto que a gente normal a não pode compreender. Quanto às outras narrativas, é preciso falar-lhe mais detalhadamente visto que as desconhece ou mal conhece. (*Além*, mesmo abrange o livro todo, porque as histórias que ele encerra são todas vagas, *sonhadas*, além-realidade.)

A Orgia das Sedas — Trata-se dum esteta que descobriu a maneira de *ampliar* a voluptuosidade e mesmo o simples prazer da emoção artística que até aqui apenas era recebida pelos ouvidos (música) e olhos; bem como a voluptuosidade só era sorvida pelo paladar (comidas) pelos órgãos sexuais e, muito imperfeita e distraidamente, pelo olfacto (perfumes). Ora, enquanto o ouvido, o olhar, o paladar e o olfacto apenas existem cada um localizado no seu órgão, um sentido há que, concentrado nas mãos, vive entretanto em todo o nosso corpo — o *tacto*. Tirar todo o partido deste sentido eis o segredo principal do grande esteta. E assim se descreve a espantosa "orgia das sedas". Um palácio carregado de perfumes e músicas, e sumptuosidades e mulheres nuas para os olhos. Mas tudo isto apenas acessórios. O importante: As sedas que passam sobre os corpos, sedas e veludos fantásticos de cores e desenhos e contexturas que *tocam* ao roçar na pele como o arco dos violinistas toca ao passar nas cordas do instrumento. As sedas rolam sobre a pele e há sensações estranhas e deliciosas, voluptuosidades ignoradas e fulvas, espasmos supremos — delícias irreais cujo cenário são os perfumes e as músicas e as mulheres. O segredo consiste na maneira de fazer passar as sedas sobre os corpos nus e na de lhes dar a sua contextura.

A ideia deste conto é descrever as regiões inexploradas da voluptuosidade — o além-voluptuosidade. Há nele uma *ampliação*, como ampliação do universo há no *Homem dos Sonhos* e de momento no *Fixador de Instantes*. Que pensa desta ideia da qual julgo ainda não lhe ter falado?

Asas — É a história do artista que busca a perfeição e a ultrapassa sem a conseguir atingir (Além-perfeição). Eu dava a este conto — cuja ideia lhe expus outro dia — o título de *Asas* querendo simbolizar a perfeição que se não pode atingir porque ao atingi-la bate asas — evola-se. Receio porém que o título seja vago demais. Conviria melhor unicamente *A Perfeição*? Peço-lhe que me responda.

O Homem do Ar — É a narrativa da tragédia do ar em que lhe falei. Mas este título agrada-me mediocremente. Também se podia chamar: *O Amoroso do Ar, Tragédia Azul, A Tragédia do Ar*. Dê a sua opinião. Devo-lhe dizer que esta ideia é uma das que mais estimo e que atingiu no meu cérebro já a sua completa maturação. O homem do ar, morrerá vítima dele: *Morrerá de amor e de piedade pela atmosfera, e ascenderá no azul.*

Mistério — É a ideia que lhe expus na minha carta anterior assim encenada: Dois noivos que vieram passar a lua-de-mel numa casa de campo são encontrados mortos inexplicavelmente, sem feridas nem sinais de violências. Um doido, antigo poeta, que vive em face da habitação deles, clama que viu de noite uma janela abrir-se e uma forma toda luminosa saltar, ascendendo na atmosfera num halo de luz doirada. O narrador, em face do que conhecia dos ideais dos seus amigos, *sugere* (não explica, apenas sugere vagamente) que a morte seria devida à *compreensão* daquelas duas almas que se materializaram num ser doutra região — ou mesmo só numa alma imaterial. Esta ideia, ainda pouco madura, seduz-me bastante, vendo nela um grande alcance. Fale sobre ela, diga o que pensa.

Além — É o fecho do livro. A empresa mais difícil, mais audaciosa, em que até hoje tenho pensado. Não é uma ideia que se possa expor. A narrativa resume-se no seguinte: dar por frases a ideia do Além — o *Além*, o vago, os desequilíbrios do espírito, os voos da imaginação.

Isso dar-se-á por meio de mistura de coisas raciocinadas, coerentes, com súbitos mergulhos no azul, tempestades de palavras que se emaranhem e assanhem, se entredevorem e precipitem. Quando sonhamos, escapam-nos pormenores; os acontecimentos que se desenrolam nos sonhos por vezes não têm ligação, sucedem-se *invertidos, não estão certos* em suma. Faça um esforço para me compreender: *Surgem-nos como uma soma de parcelas de espécie diferente.*

Pois o que é preciso é que esta narrativa dê ao leitor a mesma sensação. Ela desenrolar-se-á como a descrição duma viagem. Mas toda infixada, irreal. Diga-me se compreende bem isto. E creia que sei medir a dificuldade da empresa. Mas estou decidido a tentá-la.

Esta narrativa fechará o livro. O próprio *Além* terminando as variações do além.

Eu julgo uma ideia feliz esta do subtítulo: *Sonhos*, em vez de contos, narrativas, prosas, banais e com pouco cabimento neste livro. *Diga o que pensa.* Não se esqueça. E tenho um favor muito grande a pedir-lhe. Há uma epígrafe que é a sonhada para este livro e que eu teria uma grande pena de não imprimir no frontispício. Ora essa epígrafe é um verso inédito seu: "O que eu sonhei, morri-o".[5] Você vê optimamente como ela se casa com o volume e decerto me permitirá imprimi-la, pondo por baixo (se ainda estiver inédita) esta legenda: "duma Canção inédita de Fernando Pessoa". Rogo-lhe que me dê resposta a tudo quanto lhe pergunto e peço, resposta larga e breve. Assim auxiliar-me-á poderosamente na minha tarefa; incutir-me-á entusiasmo e força. Este pequeno livro escrevê-lo-ei até Julho, levando-o pronto para Lisboa aonde o burilarei, entretanto, publicando-o em Outubro próximo unicamente. Bem vê que em face de mim tenho tempo de sobra pois é um trabalho materialmente pequeníssimo. E é preciso contar que *O Homem dos Sonhos* está por assim dizer já escrito.

Ainda um conselho: eu penso pôr esta dedicatória no livro: "*À gente lúcida*" (mas por "ironia" porque a "gente lúcida" condenará as minhas narrativas). Receio entretanto que se lhe possa dar outra interpretação: à gente lúcida, inteligente, porque só ela pode compreender este livro. Responda a isto. A dedicatória: "À gente tranquila — estas páginas de alucinação e de ânsia", iria melhor? Ou nem uma nem outra prestam para o efeito? É outra coisa a que tem que responder.

Suplico-lhe que me perdoe a maçada que lhe "prego" e que me dê sobre tudo a sua opinião. Ela é o melhor incentivo para o meu trabalho, o melhor guia. E quase lhe poderei chamar o meu colaborador.

Responda breve!!...

O seu muito amigo e obrigado

Sá-Carneiro

P.S. — Uma destas narrativas há-de levar o seu nome à frente. Prefere *O Homem dos Sonhos*, como estava assente, ou agrada-lhe mais que eu lhe dedique uma das outras?[6] À sua escolha... Não se esqueça de responder também a isto.

Responda breve!

Paris — Fevereiro de 1913
Dia 3

Meu querido amigo,[1]

Recebi a sua carta anteontem. Não sei como agradecer-lhe. E só lhe digo que ela me causou uma grande alegria porque nos dá sempre grande prazer sabermos que temos quem nos estima e nos *compreende*. Obrigado.

Em primeiro lugar quero-lhe falar das suas poesias. Elas são admiráveis, já se sabe, mas o que mais aprecio nelas é a sua qualidade. Eu me explico. Os seus versos são cada vez mais *seus*. O meu amigo vai criando uma nova linguagem, uma nova expressão poética e — veja se compreende o que eu quero significar — conseguiu uma notável força de *sugerir* que é a beleza máxima das suas poesias *sonhadas*. É muito difícil dizer o que quero exprimir: *Entre os seus versos correm nuvens*, e essas nuvens é que encerram a beleza máxima. Dos versos que me escreve na sua carta os que eu coloco mais alto, por serem aqueles aonde mais frisantemente isto se observa, são os tercetos de "O Manibus date lilia plenis..."[2] e — sobretudo — as sextilhas do "Abismo".[3] Esta poesia é quanto a mim uma coisa sublime. De tudo o que conheço seu talvez a que mais fico estimando. Toda ela é uma orquestração de bruma — o poeta manuseia o mistério, interroga o além. E que coisa maravilhosa a 2ª estrofe!... Como é bem descrito o estado da alma que interroga: "O que é ser-se rio? e correr? O que é está-lo eu a ver?" E neste verso: "Tudo de repente é oco" passou uma asa de génio. Sabe bem que não estou a "elogiar" que estou apenas a dizer sinceramente o que penso da sua obra. Peço que me acredite e que acredite também nisto: *Que eu compreendo os seus versos.*

Quantas vezes em frente dum espelho — e isto já em criança — eu não perguntava olhando a minha imagem: "Mas o que é ser-se eu; o que sou eu?". E sempre, nestas ocasiões, de súbito *me desconheci,* não acreditando que eu fosse eu, tendo a sensação de sair de mim próprio. Concebe isto?

O soneto composto numa fuga ao raio[4] é muito belo também. Gosto menos do "Dobre"[5] e pouco do "Fio d'água".[6] "Uma Melodia"[7] é outra coisa soberba. E eu compreendo muito bem o horror da sua tortura que nela descreve.

O que é preciso, meu querido Fernando, é reunir, concluir os seus versos e publicá-los não perdendo energias em longos artigos de crítica nem tão-pouco escrevendo fragmentos admiráveis de obras admiráveis mas nunca terminadas. É preciso que se conheça o poeta Fernando Pessoa, o artista Fernando Pessoa — e não o Crítico só — por lúcido e brilhante que ele seja.

Atenda bem nas minhas palavras.

Eu reputo mesmo um perigo para o seu triunfo a sua demora em aparecer como poeta. Habituado a ser considerado como o belo crítico os "outros" terão estúpida mas instintivamente repugnância em o aceitar como poeta. E você pode encontrar-se o crítico-poeta e não o poeta-crítico. Por isso, embora, em princípio, eu concorde com a sua resolução de não publicar versos senão em livro, achava preferível — se não vê possibilidade de o fazer sair num espaço breve — a inserção de algumas das suas poesias (ainda que poucas) na *Águia*. Seria "pour prendre date" como poeta.[8]

Mas isto não são conselhos sequer — não tenho essa petulância. É apenas o que eu faria no seu caso. Perdoe-me mesmo ter-lhe dito isto. Seja em paga da ofensa que você me fez pedindo desculpa por me dar a sua opinião sobre um ponto em que eu não o consultava directamente.

Concordo com tudo quanto você me diz acerca de títulos e dedicatória etc. A dedicatória não é mesmo preciso que exista. O título *Asas* conservá-lo-ei provavelmente. E para *O Homem do Ar* adoptarei com certeza *O Ar* que você sugere ou unicamente *Ar*. Diga o que pensa.

As recomendações que faz acerca da "materialização" são perfeitamente justas. E eu terei o máximo cuidado de não cair nesse escolho.

Junto, vão umas linhas que tenho escrito ultimamente. Elas não se aparentam, em coisa alguma, com o que até hoje tenho composto.

São coisas que me têm surgido bizarramente, não sei bem como. Serão do *Além*. São ainda frases soltas, não certas. Peço que as medite bem, profunda, demoradamente, palavra a palavra *e que me diga com a máxima sinceridade o que pensa delas*. Presta-me assim o maior dos serviços. E eu creio que não me negará este favor. Mas sinceridade absoluta. Elas aí vão (considere-as apenas como excertos ainda não polidos):

— 1º fragmento[9] —

Erravam pelo ar naquela tarde loira efluvios roxos d'alma e ansias de não ser.
Mãos santas de rainha, loucas de esmeraldas, davam aroma e rócio á brisa do crepusculo.
O ar naquela tarde era belesa e paz; o ar naquela tarde era saudade e além...

....

E as asas duma quimera, longinquamente batendo, a ungi-lo de irreal...

....

Lufadas de folhas mortas, todas cheirosas a
sombra...

....

Um ar que sabia a luz e que rangia a cristal...

....

E muito ao longe... muito ao longe... as casas brancas...

⁘

Na grande alcova da victoria, toda nua e toda ruiva, eu
tinha-a finalmente estiraçada sobre o leito fantastico da
côr.
Linda espiral de carne agreste, a mais formosa enchia
para mim os olhos de misterio sabendo que eu amava as
ondas de estranhesa.
E os seus braços, de nervosos, eram corsas...
E os seus labios, de rubros, eram dôr...

....

No jardim os girasois não olhavam para o sol...

....

Verguei-me todo para ela...
A hora esmaeceu...
O ar tornou-se mais irreal...
Houve um cortejo de estrelas...

....

Em face daquela gloria que me sorria tão perto, que me
ia sagrar enfim — os meus olhos eram chama e a
minh'alma um disco d'ouro...

Até aqui isto é na sua essência o começo dum todo. Agora é que escreverei apenas frases soltas. Mas primeiro deixe-me dizer-lhe o meu plano: A beleza vai-se agora desfazer

da forma que verá. Morta a beleza, sobrevém o abatimento. Mas o poeta quer-se ainda enganar:

"A tristesa das coisas que não foram, descera-me na alma. Eu era agora uma esfinge sem misterio — e os raios dourados do meu olhar, apenas reflexos de ouro falso".

Mas juntando toda a sua sede de beleza e de ideal consegue ainda ascender num espasmo de azul. Mas de novo a desilusão. E é aqui que se dará a queda, através do espaço que será a "viagem" a que eu me referia na minha última carta.

No final de cada capítulo, de cada *cristalização*, haverá sempre frases como estas:

"E ao longe sempre as casas brancas".
"As casas brancas não perdoam."

Com esta imagem quero eu significar a impossibilidade da evasão completa no *Além* porque ao longe se vê sempre a fita monótona e bem real e bem sólida da casaria branca — seja o ar misterioso, carregado de cor e de irrealidade, seja a beleza morta, seja a beleza resplandecente.

Isto vai emaranhadíssimo. Mas você compreende. Eu vou desenrolando ideias que no meu cérebro ainda estão emaranhadas e por isso não poderia ser lúcido. Faça no entanto um esforço por perceber neste caos.

E prosseguindo agora:

....
Um pouco mais e brotar-me-iam asas...

....
A louca acerava as pontas dos seios para os tornar mais acres, p'ra me ferir melhor.
E os meus labios d'ansia, sofriam já da saudade dos beijos que lhe iam dar.

....

Agora deixe-me expor-lhe como a beleza se desfaz: A beleza à força de grandiosa volve em espaço os olhos do poeta. Este *compreende* o espaço, vê-o. E então detém-se aterrado diante "da cavalgada medonha dos ângulos agudos que se lança de tropel sobre o seu corpo ideal* a materializá-lo escarninhamente, zombando das curvas e dos redemoinhos". Depois "uma gaiola picaresca de losangos" põe-se a girar vertiginosamente em volta do seu corpo. No ar haverá "palmas de espadas, derrocadas de gomos, ondulações pavorosas de sons humidos". E em face disto toda a beleza cairá em estilhaços.

Você compreende que tudo isto é muito estranho. No entanto eu sinto-o. E diga-me: Não seria horrível ver a girar em volta dum corpo lindo e nu uma gaiola de losangos de ar, tão desgraciosos e bojudos? E os ângulos agudos saltando sobre essa carne? Já num verso diz Cesário que odeia "os ácidos, os gumes e os ângulos agudos".[10] Espadas batendo palmas acho que dão um som esbatido, especial e frio pelo ar que põem em movimento. Derrocadas de gomos tem para mim um "som-mudo" e argentino e uma coisa horrível: os "sons-húmidos".

No que lhe escrevo há frases de que gosto deveras: "Os meus lábios de ânsia sofriam já da saudade dos beijos que lhe iam dar". É a ideia da saudade antes da posse que eu acho qualquer coisa de trágico e grande — "ter saudade já do futuro". "A minha alma era um disco de ouro" agrada-me também pois me dá bem a impressão duma grande alegria e entusiasmo. Gosto da nota dos girassóis e depois da expressão "Verguei-me" que estabelece uma *ligação indefinida* entre as duas frases porque é das flores que se diz que elas "se vergam". Compreende?

Enfim, atenda nisto tudo e com a maior brevidade diga-me sinceramente o que pensa do que lhe exponho. Com a maior brevidade porque eu fico ansioso de saber a sua opinião.

E muitas desculpas por esta enorme estopada! e borrada!...[11]

---

* O corpo da amante nua.

Você tem muita razão no que diz acerca da influência perniciosa que o Vila-Moura pode ter sobre o Mário Beirão. Gosto pouco do título do livro,[12] que acho um pouco "doce" demais.

Impagável o espanhol do Ramos!

O Santa-Rita apresentou-me hoje a um escultor, Henrique Franco,[13] pensionista do Estado. Julgo que você o conhece.

Perdoe esta carta tão extensa e os meus pedidos. Mas satisfaça-mos, sim?

Resposta sincera e o mais breve possível.

Um grande abraço do seu muito amigo e

agradecido

M. de Sá-Carneiro

Perdoe a caligrafia horrenda!

Só a sua muita bondade perdoará a infâmia destes borrões mas a pena e tinta com que escrevo são horríveis.

Bem sabe que não há aqui menos consideração.

Paris 20 Fev. 1913[1]

Não teria o meu amigo recebido uma carta longa que lhe escrevi no princípio deste mês, a 3 salvo erro? Digo isto visto não ter ainda recebido a sua resposta. E como as suas respostas costumam ser breves...

Abraça-o afectuosamente o seu amigo muito grato

o

Sá-Carneiro

50, rue des Écoles

Paris — Fev. 1913
Dia 22

Meu querido amigo

Recebi hoje a sua carta que muito e muito agradeço. Só responderei dentro de uma semana porque lhe tenho muito a dizer e especialmente porque lhe quero enviar Completa uma coisa Nova que estou prestes a concluir. Trata-se — pasme mas não se assuste muito — duma poesia!!!
Não se assuste muito, torno a pedir. Não julgue que se trata de "postes telegráficos"...[1]

o
Sá-Carneiro

Paris — Fevereiro de 1913
Dia 26

Meu querido amigo,[1]

Eu aviso-o de antemão que isto vai ser uma catástrofe! Uma carta sem fim, quero dizer. Toca a apertar a letra por causa da franquia.

Vai junta uma poesia.[2] Peço-lhe que a leia ao chegar a este ponto, avisando-o unicamente que não se assuste nem com o título nem com as primeiras quadras *naturais*. A poesia, ao meio, vira em parábola para outras regiões. Peço-lhe que a leia já porque é mais fácil depois ler o que sobre ela escrevo agora. Mesmo para não tomar conhecimento dela já desflorada pelas citações que vou fazer.

Aqui é que é a *leitura*..
....

Eu gosto dos versos que o meu amigo teve a pachorra de acabar de ler. Não lhes dou importância, não os amo — gosto, apenas — porque, por razoáveis que sejam, não são versos escritos por um poeta. Logo, são maus versos.

Se gosto deles é por o seguinte — encontro-os verdadeiros. Os crepúsculos que ainda nos prendem à terra — àqueles que sonhamos — e nos fazem sentir um vago pesar pela *facilidade* — porque é fácil e quente e cariciosa: "Naquela vida faz calor e amor". Mas logo a reacção em face do triunfo maior — a carreira ao ideal. Mais alto, sempre mais alto. Vida e arte no artista confundem-se, indistinguem-se. Daí a última quadra "A tristeza de nunca sermos dois" que é a expressão *materializada*, da agonia da nossa glória, dada por *comparação*. Eu explico melhor. A minha vida "desprendida", livre, orgulhosa, "farouche", diferente muito da normal, apraz-me e envaidece-me. No entanto, em face dos que têm família e amor banalmente, simplesmente, diariamente, em face dos que conduzem pelo braço uma companheira gentil e cavalgam os carrousséis, eu sinto muita vez uma saudade. Mas olho para mim. Acho-me mais belo. E a minha vida continua.

Pois bem *esses*, são a arte da vida, da natureza. Não cultivar a arte diária é fulvamente radioso e grande e belo; mas custa uma coisa semelhante ao que custa não viver a vida diária: — "A tristeza de nunca sermos dois". Compreende bem o que eu quero dizer? Eis pelo que fechei a poesia com essa quadra aparentemente frouxa e imprópria.

Há versos que me agradam muito, porque me encontro neles. Assim "viajar outros sentidos, outras vidas, numa extrema-unção d'alma ampliada" é simplesmente *O Homem dos Sonhos*. Não acha? (Está-me a achar é muito pouco modesto. Perdoe.) E pelo orgulho desmedido gosto deste verso: "Vem-me saudades de ter sido Deus". Isto é: em face do turbilhão de maravilhas em que o meu espírito se lança eu quase julgo que um dia fui Deus — e desse meu estado me vêm saudades — como se na verdade O tivesse sido. Peço-lhe que leia com a atenção máxima as quadras da 2ª parte. Todas as palavras foram "pesadas". Não há lá "verbos de encher". Assim este verso: "Sou labirinto, sou licorne e acanto" aparentemente disparatado, não é, atendendo que licorne é um animal heráldico e fantástico, acanto (a folha de acanto) o motivo característico dum estilo arquitectónico — isto é beleza plástica — labirinto, emaranhamento. Logo eu quero tratar, entendo que se devem tratar, coisas emaranhadas, erguidas e infinitas, fantásticas e ao mesmo tempo esculpir beleza plástica nas frases. Não trabalhar só com ideias — trabalhar também com o som das frases. Não escrever só — edificar. Mas calo-me pois sei que um espírito como o seu compreende melhor tudo isto do que o próprio que as escreveu. E mesmo para não ser como o nosso Ramos...

Repito: Não dou importância alguma aos meus versos. Como há escritores que nas suas horas vagas são pintores eu, nas minhas horas vagas sou poeta — na expressão de escrever rimadamente, apenas. Eis tudo. Se não desgosto destas quadras é pelo que elas *dizem*, não pelo que elas cantam.

Logo a sua opinião inteira e rude — despida de perífrases, de todas as perífrases, visto tratar-se dum mero diletantismo.

Felizmente ando agora com forças literárias. Muito brevemente lhe enviarei *O Homem dos Sonhos* (dentro de semanas ou um mês, entanto). A seguir concluirei o "Além".

As suas notas sobre os trechos que lhe enviei são justificadíssimas e elas vêm-me bem provar a agudeza genial do seu espírito. Desagradava-me, não sabia por quê, a frase: "O ar naquela tarde era beleza e paz". Você explicou-me por quê. Cortei-a simplesmente. Quanto à frase "que me sorria tão perto" —

já a emendara para "que tumultuava tão perto". "Um pouco mais e brotar-me-iam asas" é que eu ainda estimo um pouco. Mas você está de fora, e deve ter razão. Entretanto não vejo bem o prosaísmo dela, achando interessante ainda esta maneira de exprimir uma alegria infinita, um entusiasmo dourado.

Você, peço-lhe de joelhos, nunca faça "cerimónias" comigo; diga-me sempre o que pensa sem medo. É isso que eu quero e da alma lhe agradeço. É o maior serviço que me pode prestar.

Se soubesse como eu estimo o seu espírito, como erguidamente o coloco... Hoje, meu querido Fernando, você é uma das pessoas que mais estimo — não que mais estimo espiritualmente — que *mais estimo*, dum bloco. Portanto, fale-me como a si próprio. Do "Além" já tenho outro trecho — o começo da queda — que me agrada muito mas não envio hoje por ainda não estar convenientemente desbravado e o assunto hoje abundar. Dos seus admiráveis versos falo mais longe pois tendo que dar breve um intervalo a esta carta, é preferível falar de coisas menos importantes aqui. Logo o espírito estará mais descansado.

Seguem-se umas constatações interessantes.

Pela 1ª vez na minha vida tive ocasião de experimentar temperaturas muito baixas 0° a -4°. E quer saber? A sensação que tive foi de não ter frio. Mas simplesmente de o *ver*, de sentir dentro de mim um elemento novo que seria o frio — o Frio — mas que não me esfriava a carne. E no ar, eu via o frio — como aliás nos dias de grande calor, em Lisboa, tenho visto o calor — embora o sinta bem como calor, e não dentro de mim como "coisa" — segundo constatei com o frio.

A respeito destas "coisas" que sentem em nós devo-lhe dizer que por vezes me parece que dentro de mim falta uma coisa, uma coisa que os outros têm. E daí talvez as minhas horas descorajadas (*sic*), abomináveis. Inexplicavelmente, essa coisa que me falta parece-me ser — *um ponto de referência*, sem propriamente saber explicar o que quero exprimir com esta frase.

Vi outra noite na Comédia Francesa o célebre *Antony*[3] do Al. Dumas — marco do ultra-romantismo. Foi bizarra a impressão que trouxe desse espectáculo. Naquela turbamulta de tiradas grandíloquas, na "demasiada" cena final, no decantado "Esta mulher resistia-me, assassinei-a" em tudo isso que faz assomar um sorriso ao espectador de hoje e que outrora provocava torrentes de lágrimas desde o galinheiro à orquestra — em tudo isso, de longe em longe, eu entrevi *beleza* — uma beleza parelha daquela que nós amamos — uma ampliação, um lançamento no infinito, no azul, na irrealidade — logo, no além — pela exageração última da realidade. E assim, um remoto elo de parentesco entre o *ultra-romantismo* e nós (não entre o simples romantismo e nós). Apenas *nós construímos irreal com irreal* e eles só se serviam do *real*. Procediam do exterior. Nós[4] vivemos no interior, no *foco*. Isto parece disparatado, não é verdade? Entanto eu creio não divagar. Se você assistisse à representação (a simples leitura não basta) desta obra — que hoje só vale como "história retrospectiva" do teatro — eu julgo que você me compreenderia.

Já que entramos na Comédia Francesa, sempre o levo ao Odéon para lhe contar uma ideia muito bela que encontrei numa peça dum estreante, André Fernet, intitulada *La Maison Divisée* e dada ao público exclusivamente literário das matinées de sábado.

Trata-se do seguinte: Dois adversários combatem por dois ideais totalmente opostos. Vencedor e vencido, ei-los em frente. O vencido pode agora esmagar o vencedor; o vencedor desprezar o vencido. E pouco a pouco vêem que não têm esse direito: Eles estão muito próximos um do outro — *são os que estão mais próximos*. Eles lutaram com a mesma unção, o mesmo vigor, a mesma consciência. E, no fundo, o objecto que perseguiam era o mesmo — o bem, a beleza, o futuro. Logo... A ideia é outra... Mas positivamente outra? Mais exteriormente apenas outra... As ideias, no fundo, diferem pouco... Para quê? Para quê?... E uma desolação horrível nos invade ao constatarmos que o mais próximo, o mais semelhante a nós — é o nosso adversário. Não acha isto belo [?] — aliás pessimamente explicado por mim.

Aqui agora existe o intervalo

2 horas após, tendo jantado

Acerca dos seus versos[5] eu tenho medo de falar. Por dois motivos estreitamente parentes. É que precisava de lhe escrever tais coisas, tais palavras que o meu amigo — à força de grandes — poderia, na sua modéstia, julgar exageradas ou então, paga dos seus elogios que eu creio muito sinceros. E isto seria horrível.

Os seus versos meu querido Fernando são uma maravilha, acredite-me, creia-me, por amor de Deus faça-me a justiça de acreditar que os atinjo e, sobretudo que sou sincero. O "Braço sem corpo",[6] é uma das coisas maiores, mais perturbadoras, extra-humanas — infinitas, ampliadas que eu conheço. É bem o que nos meus versos eu quero que o artista seja. Os dois 1os versos das duas 1as quadras são coisas estranhamente admiráveis mas sobretudo a última estrofe fez-me tremer num calafrio alucinador de beleza e de mistério. Eu creio que dificilmente se pode devassar em mais profundeza o desconhecido, dar melhor a ânsia, a perturbação. Coisas como essas não se apreciam, veneram-se.

Devo-lhe dizer que a "Voz de Deus"[7] me agrada muito menos e que, se cabe na classificação em que o englobei com o "Braço sem corpo", é, quanto a mim, por causa desse verso magistral:

"Ó universo eu sou-te".

As três últimas estrofes acho-as muito inferiores ao restante, mesmo levando em conta a beleza do "sermente em ti eu sou-me". A interrogação sobre "Que é este archote, que mão tem e o guia" é muito pouco, quase nada em face do resto.

O resto nunca se viu. Archotes a fulgurar em mão desconhecida já há quem os tenha visto. Em resumo: genial, maravilha completa, sem uma queda é o "Braço sem corpo"; poesia de valor com dois versos admiráveis e um genial a segunda. Em ambas as poesias Você faz o que eu exprimo duramente e num verso feio quanto à forma: "Forçar os turbilhões aladamente".

Eis meu caro amigo a minha opinião sincera, completa. Só lhe rogo que as palavras que eu escrevo não o façam ser indulgente para os meus escritos. Eu tenho um medo horrível do elogio mútuo.

Ainda acerca da minha poesia lhe quero dizer o seguinte:
Eu sei que você condena a 1ª parte e eu mesmo reprovo a maneira em que ela é talhada. Mas não podia deixar de ser assim. Com efeito o que eu sobretudo quis dar foi a antítese entre a arte real (1ª parte) e o idealismo (2ª). Daí propositadamente suscitei o choque. Linearmente a minha poesia pode-se representar assim:

 Isto é: Vem do real, tem uma inflexão perturbada e fugitiva para o irreal, tendo longinquamente nova inflexão para o real, impossível porém já de a atrair.

Uma nota: O meu livro (*Princípio*) cabe na arte que eu aconselho. Apesar do erro das digressões e da *realidade* da forma, explora, não infinito, mas loucura — que é um outro infinito. É "asa longínqua a sacudir loucura, nuvem precoce de subtil vapor" se não viaja outros sentidos. Aliás, ampliação completa há numa das coisas menos valorosas do livro *Página dum Suicida*. É justamente alguém que à força quer partir para o desconhecido — a morte. Esta "justificação" é uma coquetterie que você perdoará. Mas não acha que é verdade o que eu digo? Mesmo o Mário Beirão observou-me isto quando me disse as suas impressões sobre o meu volume.

Rogo encarecidamente que me responda muito breve, mesmo resumidamente, sobretudo a impressão sobre os versos. Faz-me isto, sim? É que fico ansioso pela sua opinião.

Ir para o Algarve,[8] olhe que talvez lhe fizesse bem. Mas se for não se esqueça de mo dizer para eu saber aonde lhe dirigir as minhas cartas. O Ramos já surgiu por Lisboa?

Desculpe-me, creia na minha estima e admiração por si e pelas suas obras, e conte-me no número dos seus maiores amigos.

Um grande, grande abraço

o
Sá-Carneiro

Responda breve!!...
50, rue des Écoles.

Simplesmente...

Em frente dos meus olhos, ela passa
Toda negra de crépes lutuosos.
Os seus passos são leves, vigorosos;
No seu perfil ha distinção, ha raça.

Paris. Inverno e sol. Tarde gentil.
Crianças chilreantes deslisando...
Eu perco o meu olhar de quando em quando,
Olhando o azul, sorvendo o ar de abril.

...Agora sigo a sua silhueta
Até desapar'cer no boulevard,
E eu que não sou nem nunca fui poeta,
Estes versos começo a meditar.

Perfil perdido... Imaginariamente,
Vou conhecendo a sua vida inteira.
Sei que é honesta, sã, trabalhadeira,
E que o pai lhe morreu recentemente.

(Ah! como nesse instante a invejei,
Olhando a minha vida deploravel —
A ela, que era energica e prestavel,
Eu, que até hoje nunca trabalhei!...)

A dôr foi muito, muito grande. Entanto
Ela e a mãe souberam resistir.
Nunca devemos sucumbir ao pranto;
É preciso ter força e reagir.

Ai daqueles — os fracos — que sentindo
Perdido o seu amparo, o seu amor,
Caem por terra, escravos duma dôr
Que é apenas o fim dum sonho lindo.

Elas trabalham. Têem confiança.
Se ás vezes o seu pranto é mal retido,
Em breve seca, e volta-lhes a esp'rança
Com a alegria do dever cumprido.

Assim vou suscitando, em fantasia,
Uma existencia calma e santa e nobre.
Toda a ventura duma vida pobre
Eu compreendo neste fim de dia:

Para um bairro longinquo e salutar,
Uma casa modesta e socegada;
Seis divisões (a renda é limitada),
Mas que gentil salinha de jantar...

Alegre, confortavel e pequena;
Moveis uteis, sensatos e garridos...
Pela janela são jardins floridos
E a serpente aquatica do Sena.

Respira-se um aroma a gentilesa
No jarro das flores, sobre o fogão.
Quem as dispôs em tanta devoção,
Foram dedos de noiva, com certeza.

Ai que bem-estar, ai que serenidade...
A fé robusta dispersou a dôr...
Naquela vida faz calor e amor,
E tudo nela é paz, simplicidade!

————

Sinto quasi desejos de fugir
Ao misterio que é meu e me seduz.
Contenho-me porem. A sua luz,
Não ha muitos que a saibam reflectir.

A minh'alma nostalgica de alem,
Cheia de orgulho, ensombra-se entretanto.
Aos meus olhos ungidos sobe um pranto
Que tenho a força de evitar tambem.

Sei reagir. A vida, a natureza,
Que valem p'ro artista? Coisa alguma.
O que devemos é saltar na bruma,
Correr no azul á busca da beleza.

É subir, é subir alem dos ceus
Que as nossas almas só acumularam,
E prostrados rezar, em sonho, ao Deus
Que as nossas mãos d'aureola lá douraram.

É partir sem temor contra a montanha,
Cingidos de quimera e d'irreal;
Brandir a espada fulva e medieval,
A cada aurora acastelando em Espanha.

É suscitar as cor's endoidecidas,
É ser garra imp'rial enclavinhada,
E numa extrema-unção d'alma ampliada,
Viajar outros sentidos, outras vidas.

Ser coluna de fumo, astro perdido,
Forçar os turbilhões aladamente,
Ser ramo de palmeira, agua nascente,
E arco d'ouro e chama distendido...

Asa longinqua a sacudir loucura,
Nuvem precoce de subtil vapor,
Ansia revôlta de misterio e olor,
Sombra, vertigem, ascenção — Altura!

E eu dou-me todo neste fim de tarde
Á espira aerea que me ascende aos cumes.
Doido d'esfinges, o horizonte arde,
Mas fico ileso entre clarões e gumes!...

Miragem roxa de nimbado encanto —
Sinto os meus olhos a volver-se em espaço!
Alastro, venço, chego e ultrapasso,
Sou labirinto, sou licorne e acanto!

Sei a Distancia, compreendo o ar;
Sou chuva d'ouro e sou espasmo de luz;
Sou taça de cristal lançada ao mar,
Diadema e timbre, elmo real e cruz!...

....
....

O bando das quimeras longe assoma...
Que apoteose imensa pelos ceus!...
A côr já não é côr — é som e aroma!
Vem-me saudades de ter sido Deus...

———

Ao triunfo maior, àvante pois!
O meu destino é outro — é alto e é raro.
Unicamente custa muito caro:
A tristeza de nunca sermos dois...

                        Paris — fevereiro de 1913.

Mário de Sá-Carneiro

                        Paris — Fevereiro de 1913
                              Dia 28

Meu querido amigo,

Recebi a sua nova carta, que muito e muito agradeço. As suas 1as linhas, imerecidas é claro, muito me sensibilizaram entretanto. Elas provam-me isto, que é muito — A amizade de você e do Ponce; pois ela só os podia levar a tamanho exagero. Por isso me foram carinhosas; por isso as agradeço. Como anteontem lhe escrevi uma grande carta e como gosto mais de acumular matéria, fico hoje

por este postal, esperando a resposta à minha carta acima referida que peço muito, muito breve — sobretudo no que diz respeito à sua apreciação sobre o que lá ia *simplesmente*...
Um grande abraço
    do seu muito amigo
          Sá-Carneiro

[Paris 9. 3. 1913][1]

Amanhã mando-lhe *com certeza* uma carta — talvez registada — contendo o *Homem dos Sonhos*.
Peço-lhe instantemente que me avise no *mesmo dia* da sua recepção por um simples postal.
Vi o *Teatro* e o seu artigo.[2] Amanhã falaremos.
Muitas saudades
         o seu
         Sá-Carneiro

Paris — Março de 1913
Dia 10

Meu querido Fernando Pessoa,[1]

Recebi hoje a sua carta e o número do *Teatro* que já vira pois o meu pai mo enviara. A primeira coisa que fiz, é claro, foi mostrar a página cubista ao Santa-Rita que deu pouca sorte, embora ficasse triste, no fundo. Tanto mais que gosta muito da Ester[2] — gostar de amor — e ela vinha na capa... Atribuiu a vingança do Eduardo de Freitas[3] por causa de questões antigas — biberons do Freitas; cena de trem no Bosque e mulher descompondo, dele, Santa-Rita, ao Freitas. Eu não sei sequer se isto é verdade. Interrogue o Freitas sobre o caso. O meu amigo fez bem em fornecer o meu informe.[4] Entanto, gostava pouco que o dissesse ao irmão, vindo assim a sabê-lo o Guilherme. Porque o quadro do *ruído* existe. Tenho-o mesmo no meu quarto aonde ele outro dia o deixou para o mandar emoldurar oferecido ao Homem Cristo, filho.[5]

Pormenor curioso: O Santa-Rita reconheceu imediatamente que se tratava duma obra do Picabia.[6] Disse até que ia mostrar a Coisa ao seu autor para este mover um processo à revista. É claro que isto tudo são faroleiras...[7] No entanto, confesso-lhe, meu caro Pessoa, que *sem estar doido*, eu acredito no cubismo. Quero dizer: acredito no cubismo, mas não nos quadros cubistas até hoje executados. Mas não me podem deixar de ser simpáticos aqueles que, num esforço, tentam, em vez de reproduzir vaquinhas a pastar e caras de madamas mais ou menos nuas, antes, interpretar *um sonho, um som, um estado de alma, uma deslocação do ar* etc. Simplesmente levados a exageros de escola, lutando com as dificuldades duma ânsia que, se fosse satisfeita, seria genial, as suas obras derrotam, espantam, fazem rir os levianos. Entretanto, meu caro, tão estranhos e incompreensíveis são muitos dos sonetos admiráveis de Mallarmé. *E nós* compreendemo-los. Por quê? Porque o artista foi genial e realizou a sua intenção. Os cubistas talvez ainda não a realizassem. Eis tudo.

Depois, eu não posso crer que os artistas desta escola sejam pura e simplesmente blagueurs, falidos que deitam mão desses meios para esconderem o seu cretinismo. O mais célebre, o mais incompreensível destes pintores, é o espanhol Picasso, de quem tenho visto imensos trabalhos e que é o fundador da escola. Pois bem, nos seus trabalhos antecubistas, esse homem realizou maravilhas — admiráveis desenhos e águas-fortes que nos causam por vezes — *com os meios mais simples* — os calafrios geniais de Edgar Poe.

Eu não posso crer que este grande artista hoje se transformasse num simples blagueur que borra curvas picarescas e por baixo escreve: *O violinista*. Não; isto não pode ser assim. É claro que entre os sinceros e valerosos, fumistas[8] se podem introduzir. Como por exemplo aconteceu com o simbolismo na poesia (*As Deliquescências*[9] de Adoré Floupette que eram um *pastiche* e que ingénuos tomaram como um livro real).

Resumindo: eu creio nas intenções dos cubistas; simplesmente os considero artistas que não realizaram aquilo que pretendem.

Vai junto *O Homem dos Sonhos*[10] que você então mandará para a *Águia*. *É claro que se não o publicarem por qualquer motivo eu não ficarei ofendido*.

Entanto deixe-me dizer-lhe que a realização final do conto me agrada bastante. As poucas linhas consagradas ao país onde não há só dois sexos estimo-as muito pois me parece darem bem a impressão do prazer que muitos sexos diferentes, embaraçados, proporcionariam. Frases novas me agradam também: "E todo aquele silêncio *se reunia em música. Os boulevards sempre ascendendo. Montanhas mais altas, planícies mais planas, isto é, mais sensíveis*. Etc. Rogo-lhe que me diga a sua impressão total apontando os defeitos que é claro existem. Mas julgo-o entanto suficientemente amadurecido. Como vê modifiquei inteiramente o final tornando-o o mais vago que pude. Enfim, uma das suas admiráveis críticas — *mas sem desculpas*. Fale-me das frases que aponto e outras que destaque. As provas, o meu amigo as verá como ofereceu. *A pontuação fica ao seu arbítrio*. Modifique-a como melhor entender e sem receio. O mesmo com as frases em itálico. *O sempre ascenden-*

do, que vai sublinhado, é talvez melhor não o imprimir em itálico. Disso tudo será o meu amigo o melhor juiz.

Quanto à ortografia, deve-se conservar a do original; mas é possível que lá vá algum disparate — algum o por u, ç por ss. Se assim for, emende, atendendo unicamente a que *lugar* e *ânsia* estão bem respectivamente com *u* e *s*. *Emmaranhar* deixe ir com 2 mm. (*Igual*, é com *i*.) Se porventura as provas viessem com muita antecedência podia-mas enviar após as ter revisto. Mas isto é inteiramente desnecessário pois muito melhor que eu o meu querido amigo as corrigirá. Para a assinatura vai junto um bilhete de visita e um papel. Não sei o que será mais conveniente. O melhor é enviar o conto já para a *Águia*. Pode lê-lo ao Ponce de Leão.[11] Ao Ponce de Leão peço-lhe que diga sempre o que vai nas minhas cartas. E das minhas coisas *já escritas* pode falar a toda a gente. (Já escritas, entende-se completas.) E por estas maçadas todas, os meus agradecimentos mais sinceros.

Mais dois sonhos incluirei no *Além*: *Bailado* e *Aquele que Estiolou o Génio*.

Bailado é apenas a descrição sonora e "pintada" do bailado duma dançarina. Foi em face da dança admirável duma dançarina "Mado Minty"[12] que a ideia me surgiu. Eu tenho lido muita vez que a dança é uma arte sublime, toda emoção, que nos liberta da terra e nos amplia a alma etc. Muitas dançarinas nuas perseguidas pelos tribunais daqui têm evocado a ARTE em face dos conspícuos juízes pouco dados a concordarem com as Phrynées.[13] Eu por mim, até hoje, não pude longinquamente deixar de ir um pouco com os jurados. Damas... damas... Arte... arte... Por amor de Deus, eu serei então um bárbaro? Pareciam-me apenas inteiramente indecentes, para esquentar os "vieux messieurs" da orquestra. Esta mesma Mado Minty já a vira dançar e a mesma impressão trouxera do seu corpo esplêndido e sem véus. (Esta dançarina é das mais consideradas artisticamente por uma reprodução célebre que em tempos fez dos bailados do Egipto antigo). Pois bem pela 1ª vez antes de ontem eu vi uma *dança* de arte pura e compreendi, na verdade compreendi, os argumentos tantas vezes evocados nos tribunais. E fui muito feliz ao fazer tal constatação. Eu não era o bárbaro que receara. Apenas, pela vez 1ª, via uma dança-Arte. E tinha nascido o *Bailado* que, se o conseguir realizar, ficará uma coisa bela.

A ideia *Aquele que Estiolou o Génio* — essa agrada-me muito. É porém difícil de explicar. Trata-se dum artista que vai constatando a pouco e pouco o nascimento do seu génio, e que maravilhado, inerte, o vai vendo crescer enternecidamente como uma mãe extremosíssima. Acarinhando-o, embelezando-o. Mas um dia — horror! — verá que à força de o acariciar, de o ter encerrado em casa (como as mães que não querem que os filhos saiam para não adoecer) ele se estiolou e vai morrendo aos poucos até à ruína definitiva — à morte. Será então o desespero, a ânsia ilimitada. Foi como uma mãe louca que sufocou o filho querido.

O meu amigo poderá não atingir por esta horrível explicação a beleza que encontro nisto. Mas ela existe, asseguro-lhe. É uma ideia recente mas já bem amadurecida e que eu espero realizar com facilidade e felicidade. Não sei se haverá outro título melhor.

Actualmente atravesso talvez a melhor quadra da minha vida literária. Uma enorme facilidade de trabalho, como nunca senti. *O Homem dos Sonhos* apurei-o em poucas horas. É aproveitar a onda e brevemente lhe enviarei Coisas Novas. Não creia que me precipito. Eu mesmo não posso trabalhar senão precipitadamente. Meios-termos, não existem para mim.

O Fixador de Instantes está completamente amadurecido e orientado para o vago, como convém. Será uma narrativa alucinada do próprio protagonista.

A ordem dos meus trabalhos vai ser esta: *Além* (ou *Bailado*), *A Orgia das Sedas* (inteiramente madura), *O Fixador de Instantes* e *Aquele que Estiolou o Génio*. Os outros sonhos escrevê-los-ei após pois ainda não chegaram à completa maturação. Rogo-lhe que me dê opinião sobre as ideias novas que lhe exponho.

Concordo plenamente com a sua crítica à minha poesia menos em dois pontos secundários: O verso

"A cada aurora acastelando em Espanha"[14]
agrada-me não pelo que diz mas pela sua cor que acho muito
intensa e vermelha, cor dada pelas palavras aurora, acastelando e Espanha.

Coisa curiosa! A quadra foi feita para este verso. Os
dois primeiros, que o meu amigo estima, são uma consequência deste que surgiu isolado.

O outro ponto sobre o qual não concordo é com a su-
pressão dos apóstrofes em cor's e imp'rial. Bem sei que os
tratados de poética condenam as elisões e que o apóstrofe é
muito desagradável à vista. Entanto acho que no verso, em
casos como este, há toda a conveniência em exactamente di-
ligenciarmos fazer a elisão, porque a verdade é esta: ninguém
pronuncia *co-res* ou im-*pe*-ri-al. Fazendo o verso para ser lido
assim, acho a sua leitura pretensiosa e forçada. Apenas há o
remédio, para evitar o apóstrofe, de conservar as letras, deixando ao leitor o naturalmente não as pronunciar.

Ainda o *saltar* me sugere uma objecção. O meu amigo
diz bem. Mas eu também digo bem. Este *saltar* é na acepção
do tigre que se lança sobre a presa — é o *bondir* francês que infelizmente não é propriamente traduzido em português por
saltar.

Quanto ao resto tem o meu amigo mil vezes razão. Entanto poucas emendas farei na poesia. É que, como muitos
pais, a estimo pelos seus defeitos — defeitos que ela não podia deixar de ter em virtude da forma como foi feita. Eu não
tinha plano algum quando a comecei. Esperava o Santa-Rita
na terrasse dum Café. Passou uma rapariga de preto. Eis tudo. E o que nunca supus foi que a concluísse e, muito menos,
que ela saltasse para o vago. Foi um divertimento, em suma.
E a imitação de Cesário Verde[15] — como se tratava na ocasião
dum puro divertimento sem amanhã — foi propositada! Mau
gosto é claro. Mas eu estava a brincar. Simplesmente da brin-
cadeira nasceu uma coisa com algumas belezas. E aprovei-
tei-a. Não lhe dando importância, apenas estimando-a.

Da *Ilustração Portuguesa* (aonde não gosto nada de publicar) o António Maria de Freitas andava sempre a pedir ao
meu pai coisas minhas. Assim satisfiz o seu pedido mandan-

do-lhe os versos.[16] Verei as provas e nessa ocasião, entanto, farei algumas das emendas que me aconselha. Se se tratasse duma obra em prosa, nunca, é claro, eu procederia assim. Mas são os versos que não surgirão em volume algum, que se perderão. E por isso deixo-lhe os defeitos pelos motivos expostos. Do *Repas du Lion* do Curel diz o E. Faguet que é um tecido maravilhoso trazendo preso um farrapo imundo. A minha poesia será um farrapo que traz preso um pedaço de seda, alguma coisa brilhante. E já é muito para um prosador ter conseguido isto. Enfim, para mim, entre a poesia e a "literatura" há a mesma diferença que entre estas duas artes e a pintura, por exemplo. As minhas horas de ócio são ocupadas, não a pintar, como o Bataille, mas a fazer versos. Puro diletantismo.

As poesias que me envia são outras maravilhas. Acho a "Voz de Deus"[17] *completa* e genialmente completa na sua nova versão. Entendo que não deve hesitar em raspar os *seus* aos últimos versos do "Passou...".[18] O "Poente"[19] é das coisas maiores que sei de você. Quanto à ideia que frisa no final da "Queda"[20] não encontro palavras para exprimir a sua grandeza!

Meu querido Fernando, é impossível que um talento como o seu não *ilumine* algum dia! Um abraço aonde vai toda a minha admiração, todo o meu culto pelo genial artista que o meu amigo é. E creia na minha sinceridade. Eu já lhe disse que tenho um pavor sem fim do "elogio pelo elogio". Não faz ideia como me orgulho de ser estimado por si como sou, como do fundo de alma lhe agradeço as suas cartas que para mim são actualmente as maiores alegrias, como me orgulho de merecer a sua atenção. Enfim, estas coisas não se podem exprimir.

Na "Voz de Deus" há, esquecia-me de lhe dizer, uma coisa que eu achava preferível modificar, é:

Deste pavor, do archote se apagar que me guia.

Esta transposição do *que* encontro-a dura, deselegante, destruindo beleza. Por que não abstrair simplesmente da rima, tão dispensável, e escrever: "Deste pavor do archote que me guia se apagar". Eu não estou falando em nome da gramática — é claro — apenas por uma questão de plasticidade. E é muito possível que não tenha razão.

Efectivamente o meu amigo tinha-me falado da volta à ideia de publicar a sua obra num só volume. Acho mais belo, sem dúvida. Apenas mais difícil de realização prática. E por amor de Deus, razões de modéstia não o vão coibir de utilizar esse formosíssimo e grandioso título de *Auréola*!![21] Não é fácil de encontrar outro mais belo. Um certo orgulho entendo que vai mesmo bem ao artista (não ao homem).

O seu artigo sobre o Lopes Vieira[22] agradou-me extremamente pelas maravilhosas frases agressivas que contém. Mas é preciso que o poeta apareça!

Este estendal vai terminar.

Peço-lhe que logo que receber esta carta me avise em simples postal da sua recepção e que me dê, com a *brevidade máxima*, a sua opinião sobre o *Homem dos Sonhos* guardando para depois as respostas aos outros pontos da minha carta. Suplico-lhe que proceda assim pois não sossego enquanto não tenho a sua opinião sobre os meus trabalhos.

Ainda sobre o "Simplesmente": O verso "Que as nossas almas só acumularam" deve-se entender assim: que as nossas almas só construíram. Mas céus são nuvens — por isso acumulam-se.

Renovo os meus pedidos.
E mil agradecimentos e muitos abraços.

o seu

Sá-Carneiro

50, rue des Écoles
Grand Hôtel du Globe.

Vai uma coisa do Pawlowski na *Comœdia* que acho interessante e verdadeira. Que lhe parece?

Peço-lhe atenção (nas provas) para os espaços entre certos parágrafos.

10 Março 1913

Homem e carta (Homem incluído na carta) seguem pelo mesmo correio *registadamente*.
Avise simples postal logo que receber.
O seu

Sá-Carneiro

Paris — Março de 1913
Dia 16

Meu querido amigo,

Recebi o seu postal que muito agradeço, ficando ansioso à espera da sua carta.
O *Teatro* eu disse ao meu pai que mo enviasse sempre que saísse. Muito obrigado pelo número que me mandou mas que hoje não recebi. Talvez chegue amanhã ou mesmo não chegue nunca porque

o serviço de impressos é abominável. Vou emendar a 1ª quadra da 2ª parte do "Simplesmente" assim:

Afronta-me um desejo de fugir
Ao misterio que é meu e me seduz;
Mas logo me triunfo: a sua luz
Não ha muitos que a saibam reflectir.

Actualmente trabalho no "Além" que dentro de 3 semanas deve estar concluído. Escreva-me longamente, dando muitas novas literário-pessoais e seja para mim, além de amigo, crítico intemerato! Muitos abraços do seu

Sá-Carneiro

Escreva breve!!

Paris, 25 Março 1913

Meu querido Fernando Pessoa,

Recebi hoje a sua carta que muito e muito agradeço. Eu não sei mesmo como agradecer-lhe todas as suas gentilezas. Percorrendo a sua carta eis o que tenho a dizer-lhe sobre cada um dos seus parágrafos:

— É muito verdadeiro e lúcido o que você diz acerca do cubismo. Plenamente de acordo. Desse Amadeu Cardoso[1] tenho ouvido falar muito elogiosamente ao Santa-Rita e vi uns quadros dele, sem importância e disparatados, no Salão de Outono. Tratava-se duma turbamulta de bonecos — era um inferno, um purgatório ou qualquer coisa assim. Sei que é um tipo blagueur, snob, vaidoso, intolerável etc. etc. Parece que não se pode ser cubista sem se ser impertinente e blagueur...

— Muito obrigado pelas coisas demasiadas que me diz a respeito do *Homem dos Sonhos*. Mande pois o conto para o número de *Maio* e com a antecedência necessária, se for possível, para eu poder ver as provas. Agradeço-lhe muito as indicações que me der para possíveis retoques. Não tenho nada a desculpar-lhe! Repito: nunca me peça desculpas por coisas destas. Só lhe tenho a agradecer o interesse que mostra pelos meus escritos.

— Acerca de *Aquele que Estiolou o Génio* é certo o que você diz. Entanto esse conto está-me completamente amadurecido e julgo realizá-lo satisfatoriamente. Sabe que durante um segundo me passou a ideia de fazer do homem uma mulher? Digo-lhe isto apenas por pormenor curioso pois pus a ideia de parte. Que lhe parece? Sobre o *Bailado*, é claro que só da realização se pode dizer. Vão em separata alguns excertos desse "sonho". Tome-os apenas como frases soltas, não corrigidas e ainda longe do total — apenas esboços a carvão.

— Lastimo o que me diz acerca de "actividades literárias".[2] O que é preciso é reagir... e vencer. Mas a vitória é dificílima, sobretudo quando as pequenas circunstâncias nos "raspam".

— Gostava que lesse o *Homem dos Sonhos* ao Ponce se quando o encontrar ainda o tiver.

— Apraz-me muito o surgimento desse folheto *Jogo Franco*[3] de você e Pulido. Faz-se muito sentir a necessidade duma publicação dessas. Mas estimaria que saíssem de vez em quando da política para a Arte. E sairão com certeza. Escuso de lhe dizer que concordo inteiramente sobre o que o Pulido lhe disse sobre você e o Pascoais.[4] A "repetição", ainda que em frases, pensamentos, geniais, é flagrante na gente da Renascença e mesmo dentro do mesmo poeta. Noto isto mesmo no Mário Beirão e daí achar inteiramente justificado o seu receio sobre a possível monotonidade de *O Último Lusíada*. Coisa que nunca se pode dar com os seus versos, tão grandes, tão variados.

— Belíssimas as poesias que me manda, mas admiro sobretudo a primeira, simplesmente maravilhosa.

— Como Você tem razão quando diz: o que precisávamos era podermos conversar! Que saudades, que saudades eu tenho das nossas palestras. Nem o meu querido amigo imagina! Como nos desforraremos este Verão!

— É profundamente verdadeiro o que diz sobre a "grande angústia" e as pequenas coisas que só ralam. Avanço mais: numa grande angústia, às vezes, pode até um artista ir buscar, ainda que dolorosamente, material e vontade para uma obra de génio. A dor, quanto a mim, pode ser fecunda. Mas nunca a contrariedade. Essa, mesquinha, enervante e torpe, esmaga as maiores energias: é a eterna fábula do leão e do mosquito.

— Sempre que no *Teatro* vierem artigos seus mande-mo. Porque o meu pai no começo de Abril vai para Tancos (Escola Prática de Engenharia) aonde se demorará até Julho e não poderá por consequência enviar-mo.

Numa folha junta vão pois coisas do *Bailado* — sem ordem e incompletas, em bruto, não desbastadas, repito. Mas dê-me a sua opinião sobre elas.

Por mim há alguns pedaços que gosto. É difícil talvez de compreender a orquestração que reside no meu espírito — a música, os passos do bailado, em suma.

Ajunto também mais um pedaço do *Além*. Sobre ele lhe rogo da mesma forma a sua opinião detalhada. E *o mais breve possível*. Sobretudo sem piedade nem desculpas.

Adeus, meu querido Fernando. Receba um grande, grande abraço do seu

muito saudoso

Sá-Carneiro

P.S. — Quando ler o *H. dos Sonhos* ao G. Pulido não se esqueça de me dizer a opinião dele.

E do *Ramos* não se sabe nada?

o

Sá

Escreva breve!

Olhe que não mudei de hotel. Sempre 50, rue des Écoles. Isto é um Café[5] aonde por sinal estou à espera do Santa-Rita.

— Bailado —

Tudo horizonte... só horizonte...

....

Ruido brusco de silencio...
O horizonte é forma que rocía!

Puseram na minha febre compressas de madrugada...

Agua fria! Agua fria!

....

Como o silencio range e tine... e tine... em listas d'ouro
fulgurante, serpentinas...

Efemero ouro que se volve em labareda a perverter...

Apoteose:
Cisnes de brasa em mar de som, arfam o mar zebradamente...

O mar é um seio a vibrar...
(E o seio golfa endoidecido).

Oriente! Oriente!

Lá longe ha elmos...
Singram castelos de miragem...

Ascendem espiras, vertiginam helices...
Grifam-se timbres de cristal...

E o mar sossobra em luz que sente...

(Luz singular! é luz que eu oiço...)

.. ..

A grande esfinge platinada, da luz do sol faz sombra
ungida...

Desce-me a alma...

Agora é noite perdida de medo azul e longe intenso...

....

Retinem perfumes dum país longinquo...
Em volta da esfinge tudo é inconstancia...
Abismam-se garras...
Sepulcram-se gumes
E quebram-se espadas...

....

De subito esvai-se um meteoro a silvar...

....

Olha o carro do triunfo ascendendo o Capitólio...

Olha o rastro leonino...

Olha o clarim da victoria...

Olha o bergantim real...

....

Olha a ogiva, olha o pórtico...

Olha a cruz da catedral...

....
....

(Estes dois pedaços divididos por ∴ devem ser considerados como futuros excertos ligados.) Agora ponho aqui esta
frase isolada:

Conheço todas as côres...
E vivo em rôxo e morro em som.

(e ainda mais isto):

Em jorros de asas a crescer, alteia-se o órgão santo...
O altar-mór vibra de lindo...

O turibulo inunda o som...
Ergue-se o cálice-aureola...
E a hóstia da comunhão comunga nos seios doidos...

— Além —

...E foi então quando eu já me sentia entrelaçado de ouro, sagrado d'alem-côr, quando era todo encanto em laivos de infinito — que o instante abateu e me desencantei.

Sobre o seu corpo de equilibrio — uivos d'horror! uivos de horror! — cabriolante se elançara a teoria arrepiadora dos angulos agudos, zombando estridentemente dos redemoinhos e das curvas... Gumes brutais, turbilhões silvantes, linhas quebradas destruidoras, tudo sulcavam, tudo sugavam, tudo *sujavam*! A limpidez! A limpidez! A limpidez!...

Pavor sem nome!...

E uma gaiola picaresca de losangos veio descendo guturalmente a desnudar-lhe a carne nua — de toda a côr, de todo o som, de todo o aroma; encerrando-a a girar em volta dela numa vertigem monstruosa de circulos *aguçados*, enclavinhados, impossiveis!...
Toda a beleza em estilhaços, gritava-me que lha salvasse...

E o meu olhar — que saudade! — não lhe podia valer porque eu via as Casas brancas!

A posse da côr total fôra mais um sonho morto...

....

As casas brancas não perdôam!
As casas brancas não perdôam!...

....

(Post-Scriptum)

Meu caro amigo

Você decerto já reparou que estes pedaços "Além" e "Bailado" são quase verso[6], quanto à sua estrutura.

E diga-me. Mau ou bom não acha que estas composições, no seu corte, na sua expressão, na sua ideia — em suma, no seu todo — têm qualquer coisa de *novo*? Eu, parece-me que sim; pelo menos nada conheço que se lhe aparente. Diga você a sua opinião a este respeito.

Quanto ao "Bailado" devo-lhe dizer que as transformações são a tradução dos gestos da bailadeira e por palavras e mesmo por ideias se procura dar a visão plástica e a sensação dos saltos da dançarina bem como o ritmo da dança.

"Água fria! Água fria!" (e as compressas) agrada-me porque é para dar a sensação da frescura e bem-estar e aroma que se desprende dos 1os passos.

"O mar é um seio a vibrar; e o seio golfa endoidecido": Sim o corpo mal vendado, o seio a transparecer, são o mar e, na verdade, o seio, num momento, surge livre de todos os véus, "golfa".

"Olha o carro do triunfo" etc., porque a bailadeira exprime agora um passo de vitória, deixa um rastro, parece ser um corpo sonoro (clarim de vitória) e logo esbelta como um barco de ouro... Mas depois, meramente visão plástica: uma ogiva, um pórtico — e visão ao mesmo tempo sagrada: a cruz da catedral. Isto não é explicação é apenas palestra para melhor lhe exprimir o que pretendo fazer.

o

Sá-Carneiro

Paris — Março de 1913
Dia 29

Meu querido amigo,[1]

Envio-lhe juntamente o "Bailado" que concluí ontem. Peço-lhe, é sabido, a sua opinião inteira sobre ele.

Como vê, trata-se mais duma poesia do que de um trecho de prosa. Mas em escritos como estes o ritmo parece-me imprescindível pois ajuda muito a sugestão. Empreguei mesmo em certos pedaços uma rima longínqua para dar a *harmonia* que existe nos passos da dança. Há partes que me agradam e — sobretudo — o final onde passa a ideia perturbante do "já-visto" dada longinquamente, como longínqua é essa ideia, chamando por último a "saudade transmigradora" para fixar o instante.

Enfim, você dirá o que pensa.

Produções como esta julgo que, mesmo com algum valor, pouca gente, pouquíssima, as "aceitará" (não digo *apreciará*; digo *aceitará*). Que lhe parece a você? Mas isso é coisa secundária se o *valor* existe.

Rogo-lhe pois que, o mais brevemente possível me envie a sua opinião detalhada destacando as coisas que lhe não agradam e frisando as partes que lhe agradem mais. Peço-lhe desculpa por estas contínuas estopadas. Mas você perdoará, atendendo a que eu aqui, conhecendo tanta gente, vivo isolado. Coisa horrível!

Vivo isolado, falando a imensa gente. Isto é que é horrível, porque no isolamento ainda acho doçura. Quando chegar a Lisboa nem você calcula a alegria com que o abraçarei a si e mais uma meia dúzia de amigos, intelectuais e não intelectuais, exclamando:

— Enfim, um homem!...[2]

Como o árabe sedento ao descobrir enfim um oásis!...

Só lhe poderia fazer compreender bem isto estabelecendo a "fiche" de cada um dos indivíduos com quem eu aqui trato. Chiça! que colecção!... (Desculpe o "chiça" mas é o único termo que exprime sinteticamente a multidão de coisas que sobre os meus "amigos" de cá eu quereria gritar...)

Enfim...

Nada lhe tenho a dizer — só por curiosidade isto: Do meu livro venderam-se até hoje em Lisboa 91 exemplares e na província 120 (não havendo ainda notícias de todas as partes).

Para o nosso meio atendendo ainda à pouca propaganda e à má época de publicação e à ignorância do nome do autor não é de todo mau.

Curioso isto de se venderem mais livros na província que na capital. Coisa aliás que sempre sucede, conforme na Livraria disseram ao meu pai.

E ponto final.

Não deixe pois de me dizer tudo quanto pensa acerca do "Bailado" e o *mais brevemente possível*.

De novo, muitos perdões.

E um grande abraço.

o seu muito amigo
muito obrigado

Sá-Carneiro

Uma verdadeira tortura na disposição das frases do "Bailado". Você pode-me mesmo indicar mudanças sobre este ponto.

É claro que pode mostrar o "Bailado" a quem entender, visto ser coisa feita.

— Bailado —

1.

Tudo horizonte... só horizonte...

....

Ruido brusco de silêncio...
O horizonte é forma que rocía!

Puseram na minha febre compressas de madrugada...

Agua fria! Agua fria!

_____

Como o silêncio range e tine... e tine... em listas d'ouro
fustigante, serpentinas...

Efemero ouro que se volve em labareda a perverter...

Apoteose!
Cisnes de brasa em mar de som, arfam o mar zebradamente...

O mar é um seio a vibrar...
(E o seio golfa endoidecido.)

Oriente! Oriente!

Lá longe ha elmos...
Singram castelos de miragem...
Ascendem espiras... Vertiginam helices...
Grifam-se timbres de cristal...

...E o mar sossobra em luz que sente...

(Luz singular!
É luz que eu oiço!...)

...A bruma inspira-me, vidente, que toda a Côr tem direcção!...

A maravilha vincou-me! A maravilha vincou-me!...

2.

A grande esfinge platinada, da luz do sol faz sombra
ungida...

Desce-me a alma...

...Agora é noite perdida de medo azul e longe intenso...

Retinem perfumes dum país longinquo...
Em volta da esfinge tudo é inconstancia...
Abismam-se garras...
Sepulcram-se gumes...
E quebram-se espadas...

....

De subito esvai-se um meteoro a silvar...

....

Olha o carro do triunfo ascendendo o Capitólio...

Olha o rastro leonino...

Olha o clarim da vitoria...

Olha o bergantim real...
....

Olha a ogiva... olha o pórtico...

Olha a cruz da Catedral...

....

(— Aonde pasma a Grande Fera?
— A fera já não ilude.)

Em jorros de asas a crescer, alteia-se o órgão santo...
O altar-mór vibra de lindo...
O turibulo inunda o som...

Nossa Senhora da Côr!

A nave sagra-se em ansia...
Ergue-se o cálice-auréola...
E a hostia da comunhão comunga nos seios doidos...

....

O Imperador foi coroado! O Imperador foi coroado!...

3.

Guinchos de luz
— Luz maquilada —
Asas perdidas no Sol-posto...

...Depois é tudo paz e os ramos de palmeira, baloiçam
loiramente a musica e o ar...

Oasis...
Laivos fugazes...
Madeixas insidiosas...

4.

Lá volta o oiro fustigante, todo tigrado de orgulho...

A chama subtiliza-me e o crepusculo é um espelho...

(Victoria!
O gelo não me condensa!)

....

Longinquamente vermelho, vem-me um ressaibo a combate...

Nevoeiro... nevoeiro...
Baptismo de dôr-Astral...

....

...E a neblina começa a encrespar-se em flocos...
A neblina volteia...
A neblina é caudal...

A neblina não oculta! A neblina desvenda!...

5.

Indicios de alma lá longe sobre o oiro fustigante...
Mãos postas... Ressurreição...

....

E agora desço a escadaria toda a ascender em
alem-sombra...
Mas a descida só me exalça...
Sou eu, um-Só, e difusão!

....

Numa incerta nostalgia,
Tenho saudades de mim —
Reminiscencias d'Aonde.

Pressinto um grande intervalo...
Deliro todas as côres...
Vivo em rôxo e morro em som!...

....

Mas ai, o sonho é real: exprime-se em nitidez! E como
existe... passou!...

....
....

...Saudade transmigradora, vem fixar-me o instante!

....

A minha alma é sonora! A minha alma é sonora!...

Paris — Março de 1913.

Mário de Sá-Carneiro

Paris, 1º Abril 1913

Meu querido Fernando Pessoa,

Pelo mesmo correio envio-lhe um número do *Mercúrio*[1] de hoje aonde o Ph. Lebèsgue fala do meu livro. Saiu pois certa a profecia de você. Curiosa a evocação do nome do António Patrício, ao lado do meu, e do António Patrício[2] autor do *Homem das Fontes...* Peço-lhe que na sua próxima carta me acuse a recepção do número do *Mercúrio*.

Actualmente trabalho na conclusão daquela peça *Irmãos* que você conhece em esboço. O nome porém de forma alguma se pode conservar pelas razões que lhe vou expor:

A peça é, no seu foco, o estudo do carácter do "Irmão" e, sobretudo, desta circunstância psíquica: um homem cometeu um crime; demonstram-lhe que se enganou. E ele que se torturava por o ter cometido, mais desoladoramente torturado fica ao saber-se inocente. Porque tudo então foi inútil, todos os seus combates de alma, toda a sua vida, numa palavra. E depois, sobretudo, vê-se despojado da beleza —beleza dolorosa, mas em todo o caso beleza — que a tanta ânsia amarga suscitara na sua vida. A anedota dos irmãos que não são irmãos, o amor incestuoso, apenas servem de armadura ao caso psicológico que se pretende evidenciar e, mais importantemente, para estabelecer a atmosfera torturada, perturbadora. Logo chamar ao trabalho *Irmãos* seria um erro. O leitor imaginaria sem dúvida que o fim principal do artista fora estudar um drama de família e um caso passional, um mero caso passional. E eis do que se não trata. O título muitas vezes pode ter importância sobre a obra. E é este um dos casos, em que a deturparia, obscureceria — erraria.

De dois títulos me lembrei e ambos me agradam optando entanto pelo primeiro

1º — *Um estudo a ruivo*

2º — *Crime perdido*

Crime Perdido é um belo título mas peca talvez por defeito contrário ao primeiro: Ilumina, aclara em demasiado o pensamento do autor e restringe demasiadamente também. Enquanto que o outro, estranho, bárbaro na consonância, não localiza nem obscurece — é lato, envolve toda a acção. Com efeito não se deve de forma alguma desprezar o carácter da irmã e o caso destes dois moços que se esquentam a imaginação numa hiperintelectualização e resvalam para o abismo.

Estudo a Ruivo — ruivo simbolizando na sua cor indecisa, artificial e perturbadora, as almas dos dois protagonistas.

Diga-me você o que pensa deste título que à primeira vista pode chocar, mas que me parece não só próprio como belo. E diga também se prefere porventura o *Crime Perdido*.

Devo-lhe dizer que espero muito deste meu trabalho. Muitas alterações tenho feito e farei no já escrito. O 3º acto já em rascunho o compus de novo muito a meu contento. O 2º em que actualmente trabalho parece-me, quanto à forma, uma das coisas mais belas que tenho escrito.

Esta peça, infelizmente, nenhum teatro português a poria em cena. Como sabe ela é destinada a completar, com *A Confissão de Lúcio* e *Gentil Amor*, o meu volume

— *Perturbadoramente* —
duas novelas e um episódio

Mais uma vez lhe peço desculpa das contínuas estopadas que lhe dou.

Até breve e responda depressa, sim, contando muitas coisas e em muitas páginas!

Obrigado por tudo!

E um grande abraço.

o seu muito muito amigo

o

Sá-Carneiro

Paris 16 Abril 1913

Você perdoa a minha impertinência? É também porque o correio daqui oferece muito pouca segurança. Não se esqueça pois, se ainda o não fez, de me responder às minhas 3 cartas, a última das quais, enviada no dia 1º deste mês, acompanhava um número do *Mercúrio de França*. Na anterior ia o "Bailado" completo. Recebeu isto tudo? Diga, sim? Um grande abraço do seu muito amigo e obrigado

Sá-Carneiro

Paris — Abril de 1913
Dia 21

Meu querido amigo,

Recebi ontem a sua carta e mais uma vez lhe peço perdão de outro dia lhe ter enviado um postal. O meu amigo é tão amável, escreve-me cartas tão longas que na verdade é exorbitar ainda em cima lhe escrever postais a pedir resposta! Mas perdoa-me, não é verdade? Claramente que lhe agradeço não só a sua carta, mera carta, como, duplamente, aquilo que ela contém — a sua opinião inteligente e franca. Muito obrigado.

Tenho a sua carta aberta diante de mim. Vou-a percorrendo ao mesmo tempo que lhe escreverei esta, respondendo àquilo que resposta me sugerir.

Diz você que na sua opinião, do Ponce e Correia de Oliveira, no "Bailado" eu *transbordei*. Eu acho preferível outro termo: *transviei*. E daí a falência da obra. Já o receava — e a sua carta veio-mo confirmar. Com efeito eu recitava o "Bailado", e achava bela a melodia, mesmo o conjunto. Achava beleza, mas essa beleza não me satisfazia de forma alguma. E eu esquecia-me até dessa obra que tanto me agradava ao recitá-la. Esquecia-me de que a tinha concluído — isto é: instintivamente não a considerava, não cria na sua existência — porque em verdade ela não existe. E no entanto, veja, ainda hoje creio na sua beleza — simplesmente essa beleza é *uma beleza errada*. Não é uma falsa beleza, é uma beleza errada. Daí eu aceitar a conclusão da sua crítica, condenar o meu trabalho, condená-lo mesmo à morte, e no entanto estimá-lo. Isto é muito difícil de fazer compreender.

Deixe-me explanar imodestamente: no "Bailado", eu acumulei beleza em volta de nenhuma armadura, acumulei beleza à toa, uma sobre a outra, e assim o total, composto de coisas belas, ficou inexpressivo, nada atraente — sem valor numa palavra. Quanto a mim o defeito primordial da obra é, como eu já pensava, o título ser indiferente: tanto importaria: "Bailado" como "Sonho d'Ópio", "Música" etc.

(O "Bailado" não será no entanto um simples bailado de palavras? Ir-se-ia embora toda a significação material, para ser só a do ritmo de sons e *ideias*? (Isto sou eu ainda a querer salvar-me num esforço, aliás inútil. Diga entanto o que pensa sobre este "remédio".)

No princípio e especialmente as 1ªs linhas, acha-as você belas. E sabe por quê? É que eu aí comecei compondo *apoiado*; lembrando-me do baile, procurando-o traduzir artisticamente. "Tudo horizonte, só horizonte" porque o pano se erguia sob um cenário maravilhoso de cor, onde tudo era silêncio, e ao longe horizonte crepuscular e vermelho. Mas em breve um ruído brusco de silêncio — o voar dos pés nus da dançarina — vinha animar o quadro.

Ainda me apoiei algumas linhas, mas em breve atacado da bebedeira de palavras — o que não é o mais grave: o pior é que essa bebedeira é também de *ideias*, sobretudo no final — me transviei. Não mais me lembrei da dançarina; só me lembrei de sons falsos, de ideias que saíam do quadro. E daí a ruína.

Por isso muita razão tem você quando diz que as minhas frases nenhuma impressão lhe dão de *bailado* (a não ser talvez, relembro, na acepção de bailado, de rodopio, de ideias e palavras).

Contra um pormenor mínimo da sua crítica me insurjo. É quando diz que "sombra ungida" não quer dizer nada. Quer, olhando toda a frase: "A grande esfinge platinada da luz do sol faz sombra ungida". Sim. Um outro obstáculo faria simplesmente *sombra*; mas a esfinge, a grande esfinge misteriosa e simbólica, faz "sombra ungida", sombra *sagrada,* por ser feita pela esfinge. É um detalhe mínimo, que nem belo chega a ser, mas que é significativo. Parece que isto se não pode negar. Eu não empreguei o *ungido* simplesmente por ser uma palavra bonita e em moda. Mas isto, nenhuma importância tem.

Não concordo com a condenação que faz das linhas a partir de "Olha o carro do triunfo". Elas não serão belas, mas são das raras que eu julgo traduzirem o bailado. Não serem belas, mas estarem certas.

"Aonde pasme a grande fera" é tão mau que eu já cortara.

Vê-se bem que eu realizei tão mal — isto é, *não realizei* o que pretendi — que é exactamente quando mais fujo, mais divago que atinjo beleza. Assim, segundo você (e eu concordo plenamente) atingi beleza em 3 e em 5. Em 4, no nevoeiro, sou incompreensível. Ora aqui, foi um dos instantes aonde de novo me quis apoiar. *Nevoeiro* eram simplesmente as gazes que envolviam a dançarina numa neblina dourada, que tumultuava em flocos em volta da sua carne, mas que não *ocultava,* como acontece com a neblina real, ao contrário *desvendava;* visto que os véus só eram neblina ao voltear, e volteando descobriam a carne.

Quanto às maneiras que você diz poderem ser aplicadas à tradução dum "Bailado" devo-lhe dizer que segundo o meu intento foi a terceira maneira que eu quis empregar. Mas nem mesmo ela. Eu decidi, como princípio fundamental, nem por sombras falar na bailadeira. Pôr de parte o instrumento, para só realizar a sua obra. A empresa, concorde, era difícil. Eu desejei executar, com palavras, o mesmo que a dançarina executava com o seu corpo, auxiliado pela música, pela cor (o cenário), pela luz. Sucumbi, é claro. Isso não oferece a mínima dúvida; sou eu como já disse o primeiro a reconhecer.

Entretanto — e é isto o que mais me penaliza — há no "Bailado" algumas frases que sinceramente eu acho muito, muito belas. São as mesmas que você destaca, é sobretudo a parte que antecede o final: "Numa incerta nostalgia" até "Vivo em roxo e morro em som". E é esta a tortura: como salvar essa beleza? Porque o bailado, como bailado, está inteiramente, mesmo mais do que inteiramente, falhado. Não é uma obra a emendar, a corrigir. É uma obra a *fazer*. E sendo assim dificilmente se poderão aproveitar frases deste escrito, porque só a preocupação de as aproveitar iria perniciosamente influir sobre a nova composição. Que diz você a isto?

(Cabe-me felicitá-lo entre parênteses pela maravilha de inteligência e arte que são as páginas em que você analisa a maneira de realizar um "Bailado" e de lhe repetir os meus agradecimentos; ou melhor, meu querido amigo: a minha gratidão! Há uma nuance...)

Quanto ao "Além".

O *sujavam* deve-se na verdade eliminar. Sabe por que eu o empreguei? Vai ver: é curioso e infantil. Foi para ter a impressão de coisas a correr sobre o corpo pelo abrandamento sucessivo da gutural: sulcavam, sugavam, sujavam. Mas em verdade sonicamente não dá a impressão desejada e a palavra é imprópria e, sobretudo, feia.

Os *círculos aguçados*, é simplesmente um disparate e um disparate inútil (dando de barato que existam disparates úteis...). Com efeito para dar a impressão de círculos fantásticos, lá estão os dois termos *enclavinhados*, impossíveis, que me parecem fortes e *possíveis*. Tem razão no que diz a seguir sobre o fim do parágrafo. Mas ele ainda não está na sua forma definitiva.

Aceito a "explicação psicológica".

Ela é bem real e inteligentemente esboçada. Abstraia entanto da influência de Paris. Ela não existe, parece-me. E daí talvez exista insensivelmente... Compreendo perfeitamente o que quer dizer com as influências da sua obra.[1] Elas mesmo não podiam deixar de existir em mim. Tudo o que me entusiasma, me influencia instintivamente. E só me orgulho por isso. Só quem tem dentro de si *alguma coisa* pode ser influenciado. Quando este Verão nos encontrarmos muito lhe falarei do meu *eu* artístico; das minhas qualidades, dos meus defeitos. E tudo se reduz nisto, dito sem modéstia: uma imaginação admirável, bom material para a "realização"; mas um mau operário — pelo menos um operário deficiente — que se distrai, se esquece e enivereda. Uma falta de equilíbrio, em suma.

Não acha que tenho razão? *Não se esqueça de mo dizer sinceramente, rudemente.* (A falta de equilíbrio vem, sem dúvida, de que eu sou um "desequilibrado", e o fui sempre desde criança.) (Quando acima escrevo "imaginação" não me refiro só à *ideia* duma obra, à pura imaginação, mas também à *imaginação* da sua realização que se encontra em simples frases, não só no total da narrativa. É possível que não me compreenda aqui, mas não lhe sei dizer doutra forma.)

Tomo nota do que você diz por último do "Bailado", acerca da sua música e que é muito elogioso.

Zango-me por o meu caro amigo me dizer que não me ofenda por ir compor um "Bailado". Só me alegro por isso, unicamente lhe pedindo que assim que o execute mo envie bem como o do Correia de Oliveira a quem peço que transmita o que digo nestas linhas, com os meus cumprimentos.

Vi as linhas da *Águia* e achei também imensa graça. Aquilo deve ser do Álvaro Pinto.

O número do *Teatro* com o artigo sobre o S. Pinto,[2] recebi-o e tenho quase a certeza que lhe falei sobre o assunto numa das minhas cartas, referindo-me até entusiasmado às frases fustigantes que você tinha escrito. Mas talvez esteja em erro. Não se esqueça de me enviar o nº 3 quando puder.

Banido o *Estudo a Ruivo*, especialmente pelo Sherlock Holmes.

Sobre o Gomes Leal[3] com todo o gosto concorrerei com alguma coisa. Darei ordem ao meu pai. Mas como fazer-lhe chegar o dinheiro às mãos, a si? Indo buscá-lo a minha casa? Diga-me e na volta do correio eu lhe direi quando pode ir a minha casa, se for este processo que escolher.

As provas do *Homem dos Sonhos* se não chegarem a tempo de eu as rever não faz mal, pois confio inteiramente em Fernando Pessoa, o revisor.

Duas ideias novas que aqui lhe escrevo, copiando textualmente o apontamento telegráfico que tenho num prospecto:

— "Fixa na rua um homem que lhe lembra outro já morto (o seu professor alemão) pois se parece muito com ele. E o desconhecido fixa-o também. *Parece que também o reconhece.* De novo se encontram num Café. E falam. O desconhecido é alemão... E conta-lhe que o fixou por se parecer imenso com um seu discípulo morto já...

— Disto, dar a ideia das coisas *incertas* que na vida por vezes vivemos, das zonas claro-escuro que nela existem (como às vezes, ainda acordados, como que começamos a sonhar, despertando, logo, porém, desse vago sonho, que não temos a certeza se existiu). Fazer passar a incerteza do próprio encontro, do episódio".

— "A estranha obsessão de um homem que ama uma mulher que se lhe entrega toda mas que ele não pode possuir inteiramente porque a sua beleza se lhe afigura móvel, nunca fixada. Assim, um dia mata-a. A beleza finalmente deixa de correr, pára. Ele possui-a toda nesse corpo morto e pálido, lavado pelo luar. (Obteve a alma da beleza; mas o próprio corpo se transforma em alma. E ele chora a alma e a carne perdida. Porque em face dos seus olhos delirantes, a carne se esvai na noite.)"

Estas duas ideias não são muito importantes; entretanto diga-me o que pensa delas.

O Ramos continua no Brasil, aonde parece fixar-se visto que manda para lá ir a mulher. Soube-o por uma carta que escrevi a esta e à qual uma tia me respondeu... Que "complicações familiares...".

Meu querido Fernando, mais uma vez lhe quero exprimir toda a minha gratidão pelos serviços que lhe devo. Nunca lho poderei agradecer. Só lhe peço que continue estimando-me e falando-me, de si e de mim, com o máximo desassombro.
Um grande abraço.

o seu
Sá-Carneiro

Atrevo-me a pedir-lhe que me responda o mais breve que puder!
E pergunte ao Ponce, da minha parte, se está bom de saúde...
Mais um abraço

o Sá

Paris — Maio de 1913
Dia 3
Meu querido Fernando Pessoa,[1]

Cá estou de novo a maçá-lo. Mas você tem que ter pena de mim. Escrevo uma coisa, e logo tenho ânsia de saber o que o meu querido amigo pensa dela. É um entusiasmo, uma ansiedade... Tenha paciência. Nós estamos no mundo para termos paciência e para nos aturarmos uns aos outros.
De resto o que aí vai não tem importância. Eu pelo menos não sei se tem importância. Mas o curioso é como esses versos nasceram. Não nasceram de coisa alguma. Eu lhe conto:
Antes de ontem 5ª feira de Ascensão, dia de Santo cá na República, à tarde, quase a dormir, num aborrecimento atroz, alheio, com a cabeça esvaída (dormira muito pouco na noite antecedente) eu estava sentado na terrasse dum Café no Boul.

dos Italianos. Sem saber como havia de passar o tempo pus-me a fazer bonecos num papel... e de súbito comecei a escrever versos, mas como que automaticamente. Coisa para rasgar, pensei logo. Se havia disposição má para escrever, era aquela em que eu estava.

A seguir compus, sem uma rasura, mais de metade das quadras que lhe envio — coisa única em mim que, como sabe, não tenho o trabalho rápido. Li o que escrevera por desfastio e achei-lhe um sabor especial, monótono, quebrado (pela repetição da palavra na rima), boa tradução do estado sonolento, maquinal, em que escrevera esses versos. E ontem,[2] em vista disso, juntei o resto das quadras, mas num estado normal e reflectidamente. Acho isto interessante. E sobretudo, esses versos, eu, ao lê-los, sinto que marcam bem o ritmo amarfanhado da minha alma, o sono (não o sonho — o sono) em que muitos dias vivo. Sono da alma, bem entendido. Mas que nessa tarde coincidia com sono físico... Francamente, rudemente, diga-me você o que isso vale.

Afirmo-lhe que não o sei. Mas pressinto que é ou uma coisa muito valiosa, ou uma série de banalidades. Espero ansiosamente a sua resposta. Peço-lhe que perdoe "o domingo de Paris". Não o corto, porque essas duas quadras pertencem ao número das que nasceram num estado subconsciente, com as melhores, aliás. (Domingo, porque, sendo dia de santo, o aspecto da cidade é o mesmo que o de Domingo.) Rogo-lhe também que atenda particularmente às quadras 3ª, 9ª, 14ª, 15ª, 20ª e aos dois versos isolados finais que julgo ser o melhor da poesia. A quadra 15ª não tem beleza, se lha indico é porque acho muito singular o tê-la escrito. Que quer dizer isso? Parece uma profecia... Por que a escrevi eu? Como é que de súbito me surgiu essa ideia do Norte, duma cidade do Norte que eu depois, procurando, vejo que não pode ser outra senão S. Petersburgo?...[3] (Escuso de lhe dizer que esta quadra pertence ao número das que escrevi primeiro, por isso mesmo é que ela se torna interessante.) Do final da poesia gosto muito, muitíssimo, por a terminar quebradamente, em desalento de orgulho: Leões que são mais que leões pois têm asas e aos quais no en-

111

tanto arrancaram as jubas, a nobreza mais alta, toda a beleza das grandes feras douradas.

Nas quadras que escrevi dum jacto raras emendas fiz: Mudei um — Tristeza! — para "Sequinha" por exemplo, e tudo o mais, muito pouco, é meras substituições de palavras. Em resumo, essa poesia pouco mais tempo levou a compor do que o tempo material para a escrever. Como digo, isto em mim é extraordinário.

Repito: Ignoro se isso é alguma coisa ou não é nada. Você mo dirá. A você, ao seu alto espírito, à sua maravilhosa clarividência, me confio, só lhe rogando que me responda o mais breve possível e me perdoe estas constantes maçadas.

E não se esqueça também de responder à minha última carta, se é que ainda o não fez.

Repetindo-lhe os meus agradecimentos e enviando-lhe um grande abraço, sou

o seu muito amigo

Sá-Carneiro

P.S. — Depois de composta a poesia, vi que ela era *sincera*, que encerra talvez um canto do meu estado de alma. Pelo menos, creio-o.

— Dispersão —

Perdi-me dentro de mim
Porque eu era labirinto,
E hoje, quando me sinto,
É com saudades de mim.

Passei pela minha vida
Um astro doido a sonhar.
Na ansia de ultrapassar,
Nem olhei prá minha vida...

Para mim é sempre ontem,
Não tenho amanhã nem hoje:

O tempo que aos outros foge,
Cai sobre mim feito ontem.

(O Domingo de Paris
Lembra-me o desaparcido
Que sentia comovido
Os Domingos de Paris.

Porque um Domingo é família,
É bem-estar, é singeleza,
E os que olham a beleza
Não tem bem-estar nem família.)

O pobre moço das ansias...
Tu, sim, tu eras alguem!
E foi por isso tambem
Que te abismaste nas ansias.

A grande ave dourada
Bateu asas para os céus,
Mas fechou-as saciada
Ao ver que ganhava os céus.

Como se chora um amante,
Assim me choro a mim mesmo.
Eu fui amante inconstante
Que se traiu a si mesmo.

Não sinto o espaço que encerro
Nem as linhas que projecto:
Se me olho a um espelho, érro —
Não me acho no que projecto.

Passeio dentro de mim,
Mas nada me fala, nada!
Tenho a alma amortalhada,
Sequinha, dentro de mim.

Não perdi a minha alma,
Fiquei com ela, perdida.
Assim eu choro, da vida,
A morte da minha alma.

Saudosamente recordo
Uma gentil companheira
Que na minha vida inteira
Eu nunca vi... Mas recordo

A sua bôca doirada
E o seu corpo esmaecido,
Em um hálito perdido
Que vem na tarde doirada.

(As minhas grandes saudades
São do que nunca enlacei.
Ai, como eu tenho saudades
Dos sonhos que não sonhei!...)

E sinto que a minha morte
— Minha dispersão total —
Existe lá longe, ao norte,
Numa grande capital.

Vejo o meu ultimo dia
Pintado em rolos de fumo,
E todo azul-de-agonia
Em sombra e alem me sumo.

Ternura feita saudade,
Eu beijo as minhas mãos brancas...
Sou amor e piedade
Em face dessas mãos brancas...

Tristes mãos longas e lindas
Que eram feitas pra se dar...
Ninguem mas quís apertar...
Tristes mãos longas e lindas...

E tenho pena de mim,
Pobre menino ideal...
Que me faltou afinal?
Um elo? Um rastro?... Ai de mim!...

Desceu-me nalma o crepusculo;
Eu fui alguem que passou.
Serei, mas já não me sou;
Não vivo, durmo o crepusculo.

Alcool dum sôno outonal
Me penetrou vagamente
A difundir-me dormente
Em uma bruma outonal.

Perdi a morte e a vida,
E, louco, não enlouqueço...
A hora foge vivida,
Eu sigo-a, mas permaneço!

....
....

Castelos desmantelados,
Leões alados sem juba...

....
....
....

Mário de Sá-Carneiro   Paris, Maio de 1913.

[Paris 4. 5. 1913][1]

São 9 e meia da noite. Acabo de fazer isto[2] num
Café. Diga o que vem a ser isto:

Numa ansia de ter alguma cousa,
Divago por mim mesmo a procurar.
Desço-me todo em vão, sem nada achar,
E a minh'alma perdida não repousa.

Nada tendo, decido-me a criar:
Brando a espada, sou luz harmoniosa
E chama genial que tudo ousa
Á força unicamente de sonhar.

Mas a vitoria fulva esvai-se logo,
E cinzas... cinzas só, em vez do fôgo...
Onde existo, que não existo em mim?...

....

Um cemiterio falso sem ossadas,
Noites de amor sem bôcas esmagadas —
Tudo outro espasmo que principio ou fim...

3 Maio 1913 — Paris   M. de Sá-Carneiro

Pelo mesmo correio vai uma carta.

Paris — Maio de 1913
Dia 4

Meu querido Fernando,[1]

Aí vai outra poesia. Fi-la, vamos lá, em 3 horas, neste Café, com barulho, e um militar reformado, gagá, ao meu lado que fala só e implica com os circunstantes...

Nesta tenho muita confiança; julgo-a mesmo muito bela, pasmo de a ter feito.

É muito interessante o que se passa comigo actualmente. Como é que de súbito eu me virgulo para outra arte tão diferente? E sem esforço, antes naturalmente.

Depois há isto. Eu que sou sempre inteligência, que componho sempre de fora para dentro, pela 1ª vez acho-me a compor de dentro para fora. Estes versos, antes de os sentir, pressinto-os, pesam-me dentro de mim; o trabalho é só de os arrancar dentre o meu espírito. Sinto mesmo uma ou duas poesias mais dentro de mim. Não lhe posso dizer o que elas são; mas sinto-as. Qualquer dia as escreverei.

É preciso notar que o soneto que ontem lhe enviei, bem como esta poesia e essa outra ou outras ainda não escritas se englobam em *Dispersão*[2] e entrevejo mesmo uma plaquette aonde, sob esse título, elas se reúnam sem títulos; separadas unicamente por números. É preciso notar que só farei essa publicação se o meu amigo me disser que efectivamente estes versos valem alguma coisa — não muita coisa — entanto alguma coisa. Mesmo eu gostava muito de publicar um feixe de versos entre as minhas prosas. Diga-me pois francamente.

O "Bailado" aboli-o. Logo não se admire do "desce-me a alma", que aproveitei na "Bebedeira",[3] como outras coisas do "Bailado" aproveitarei. Aliás o verso

"Desce-me a alma, sangram-me os sentidos",

parece-me muito belo. Que diz você?

É verdade. Resolvi substituir toda a 1ª parte do "Simplesmente" por esta única quadra

Ao ver passar a vida mansamente
Nas suas cores serenas, eu hesito,
E detenho-me às vezes na torrente
Das coisas geniais em que medito.

Faço bem? Diga.

Quanto às elisões (imp'rial etc.) quando publicar os versos não as faço tipograficamente. O leitor maquinalmente as fará. O mesmo sucede com um "crepúsculo" da "Bebedeira".

Diga-me também: Seria melhor escrever a 1ª quadra do soneto de ontem assim (foi como primeiro a escrevi)

Numa ânsia de ter alguma coisa,
Divago por mim mesmo a procurar.
Desço-me todo, e em vão... Sem nada achar,
A minh'alma perdida não repousa.

Na "Bebedeira" será melhor

"Um disco d'ouro *nasce* a voltear"

do que

"Um disco d'ouro *surge* a voltear"?

Desculpe todas estas coisas sem importância. É claro mesmo que pequenos retoques ainda presumivelmente darei a todos estes versos até à hora da sua publicação.

Suplico-lhe, suplico-lhe que me diga *o mais depressa possível* o valor destes versos. Com toda a rudeza. Pode-os mostrar a quem entender.

E perdão de novo pelas minhas maçadas!

o seu muito grato

Sá-Carneiro

Responda logo que possa!
Perdoe-me!...

Destas 4 poesias: 2ª parte do "Simplesmente", "Dispersão", "Soneto" e "Bebedeira" diga-me qual é a melhor (eu julgo a última).

— Bebedeira —

Guilhotinas, pelouros e castelos
Resvalam longemente em procissão;
Volteiam-me crepusculos amarelos,
Mordidos, doentios de roxidão.

Batem asas d'aureola aos meus ouvidos,
Grifam-me sons de côr e de perfumes,
Ferem-me os olhos turbilhões de gumes,
Desce-me a alma, sangram-me os sentidos.

Respiro-me no ar que ao longe vem,
Da luz que m'ilumina participo;
Quero reunir-me, e todo me dissipo,
Luto, estrebucho... Em vão! Silvo p'ra alem...

Corro em volta de mim sem me encontrar...
Tudo oscila e se abate como espuma...
Um disco d'ouro surge a voltear...
Fecho os meus olhos com pavor da bruma...

Que droga foi a que m'inoculei?
Opio de inferno em vez de paraíso?...
Que sortilegio a mim proprio lancei?
Como é que em dôr genial eu m'eterizo?...

Nem opio nem morfina... O que me ardeu,
Foi alcool mais raro e penetrante:
É só de mim que eu ando delirante —
Manhã tão loira que se anoiteceu...

Paris — 4 de Maio de 1913.

Mário de Sá-Carneiro

[Paris 6. 5. 1913][1]

Aí vai outro número da *Dispersão* acabado agora:

— Estátua falsa —

Só d'ouro falso os meus olhos se douram;
Sou esfinge sem misterio no poente.
A tristeza das coisas que não foram
Na minh'alma desceu veladamente.

Na minha dôr quebram-se espadas d'ansia;
Gomos de luz em treva se misturam.
As sombras que eu dimano não perduram;
Como Hontem, para mim Hoje é distancia.

Já não estremeço em face do segredo;
Nada me aloira já, nada me aterra:
A vida corre sobre mim em guerra,
E nem sequer um arrepio de medo!

Sou estrela ebria que perdeu os ceus,
Sereia louca que deixou o mar;
Sou templo prestes a ruir sem deus,
Estátua falsa ainda erguida ao ar...

Paris — 5 de Maio 1913

Nota — A 1ª quadra é a orquestração duma frase
em prosa que eu lhe enviei como sendo do "Além".
Abraços e desculpas do

Sá-Carneiro

Paris — Maio de 1913
Dia 6

Meu querido amigo,

Agora são cartas quotidianas!
Mas hoje é porque recebi a sua, embora vão juntamen-
te mais versos.
Você é um santo!...

Muito interessante e subtil o que diz sobre o Beirão. Concordo plenamente com a necessidade de mais de um estilo.

Quanto aos "Pauis".[1] Como pede, vou-lhe falar com franqueza. E peço-lhe que me acredite. É uma vaidade realmente,
mas peço-lhe que me acredite.
Eu sinto-os; *eu compreendo-os* e acho-os simplesmente
uma coisa maravilhosa; uma das coisas mais geniais que de
você conheço. É álcool doirado, é chama louca, perfume de
ilhas misteriosas o que você pôs nesse excerto admirável, aonde abundam as garras.
Assim, além do sublime primeiro verso que lista fogo,
há estes magistrais que destaco:

Ó que mudo grito de ânsias põe garras na hora.[2]
Que pasmo de mim anseia por outra coisa que o que chora?

Fluido de auréola, transparente de foi,[3] oco de ter-se...
O mistério sabe a eu ser outro... Luar sobre o não-conter-se.

e isto que me faz medo, não sei por quê:

A sentinela é hirta e a lança que fixa (?) no chão[4]
É mais alta do que ela

para lhe não copiar toda a poesia.
Há unicamente um pedaço que me parece transviado;
que pelo menos eu não adivinho; em suma que não acho belo. São os dois versos e meio que começam em "Onda de recuo" e terminam em "me sinto esquecer".

O que eu acho falhado é o conjunto pois o verso

"E recordar tanto o Eu próprio que me sinto esquecer"[5]

é admirável e até evidente. O que não atinjo é ligação da "Onda de recuo que uivada" com os dois versos que lhe seguem. Em suma: a única coisa que não sinto são essas 4 palavras.

Devo-lhe também dizer que gosto pouco da frase final: "tão de ferro". Não acho suficientemente louca nem bela, para a desculpar da sua rudeza raspante.

E abstraindo o que digo (que não é nada) todo o conjunto é sublime. Quem escreve coisas como esses versos, é que tem razão para andar bêbado de si. Desculpe-me não me alargar mais em considerações. Confesso-lhe que isso é uma maravilha; pormenores trocaremos este Verão, logo no começo de Julho (isto dentro de apenas 2 meses) aí em Lisboa.

Suplico-lhe que me acredite. Eu posso errar, mas digo-lhe o que penso, só o que penso. E sabe: Eu não acho os "Pauis" tão nebulosos[6] como você quer; acho-os mesmo muito mais claros do que outras poesias suas. Talvez por uma circunstância física.

(O Ferro em carta de ontem falava-me nos "Pauis", dizendo-mos muito belos, mas encontrando-lhe no entanto "enigmas" — a palavra é dele — a mais.)

Curioso o que diz sobre as recitações. E acho especialmente significativo e confortador para você o caso do Ponce. É que há Arte que se aprecia melhor antes de se procurar compreendê-la. Pressentir é mais do que sentir.

Junto vão duas pequenas poesias, números da *Dispersão*. No "Inter-Sonho" emoldurei três frases do "Bailado" que eu reputo das coisas mais belas que tenho escrito e que de forma alguma quereria perder. Gosto, afecciono estas duas poesias embora das menos importantes da *Dispersão*. Já tenho o plano completo do conjunto. Além dos versos que você tem, que são os feitos até hoje, haverá os seguintes números: "Mentira", "Rodopio", "Como eu não possuo", "A Queda" e, talvez (quase certamente) "Aquele que estiolou o génio", volvido poema.

"Mentira" — Não é nas outras pessoas só que eu me engano, é também em mim próprio. Corro para uma aventura. Tudo está certo. E ela não me acontece... O mesmo sucede comigo próprio, dentro de mim. Olho para as coisas que crio, julgo-me príncipe. Mas olho-as mais de perto: todas se dispersam, não "são" também; pelo menos não creio nelas (isto não se pode explicar, só executar). Não só não me *acontece* a realidade, como também me não *acontece* a fantasia.

"Rodopio" — Volteiam dentro de mim as coisas mais heterogéneas:

Volteiam dentro de mim
Num rodopio, em novelos,
Milagres, uivos, castelos,
Forcas de luz, pesadelos,
Altas torres de marfim...

Descrever a angústia de apanhar tudo quanto possa; o que é impossível. Cansaço, mãos feridas. (A seguir a este número, grifando-se nele, virá a "Vontade de dormir".)

"Como eu não possuo" — O que eu desejo, nunca o posso obter nem possuir, porque só o possuiria *sendo-o*. Não é a boca daquela rapariga que eu quisera beijar; o que me satisfaria era sentir-me, *ser-me* aquela boca, ser-me toda a gentileza do seu corpo agreste (gosto muito deste número).

"A Queda" — A descrição duma queda fantástica, aonde enfim jazo *esmagado sobre mim próprio*.

Estas poesias seriam todas curtas, um pouco mais longa talvez "Aquele que estiolou o génio", que no entanto eu ainda posso renunciar a incluir nesta série. É uma questão do momento em que o principiar a compor.

Parece-me que afinal publicarei a série, numerada, mas com títulos. Ela abrirá por um pedaço não numerado "Partida" que é a 2ª parte do "Simplesmente", e que será como que um prefácio, uma "razão" do que se segue. O soneto que lhe enviei terá o título de "Escavação" e a "Dispersão" passará a chamar-se "Sono". Diga-me você o que pensa sobre tudo isto e se entende preferível só numerar as poesias. E por amor de Deus, diga-me *rudemente* o que pensa de cada uma delas destacando as melhores. Suplico-lhe à sua amizade! *E o mais brevemente possível!!*

O conjunto de *Dispersão* ficará talvez um pouco monótono. Mas essa monotonidade dar-lhe-á um sabor especial. E é preciso atender a que o folheto se lerá em menos de meia hora.

Os metros que emprego são de talhe clássico. Não é que eu os prefira. Simplesmente as poesias têm-me saído assim — talvez porque a toada certa facilita o trabalho.

Pode ir a minha casa desde terça-feira próxima para o caso Gomes Leal. Isto porque o meu pai está em Tancos, vindo porém a Lisboa, mas só aos domingos-segundas. Só pois nestes dias poderá dar a ordem necessária. Eu digo que você vá a partir de 3ª para haver certeza completa.

Como é bem certo, magnificamente exprimido, o que você diz sobre a "ânsia transbordante de outro, que é como que uma tortura física". Oh! não há dúvida, é uma tortura física — quantas vezes o tenho pensado.

Recebi o *Teatro.*[7] Gostei muito do seu artigo e sobretudo do "novo género de caricatura".

Renovo-lhe todos os meus perdões, todos os meus abraços pelos seus versos geniais e, infantilmente, lhe rogo que faça um esforço e me responda o mais breve possível.

o seu
Sá-Carneiro

Quanto ao *H. dos Sonhos*, faça-o sair como está que eu no livro lhe farei as pequenas emendas.

Na "Vontade de Dormir", seria preferível em vez de

"quero dormir... sossegar..."

"quero dormir... ancorar..."?

Diga!

Parece-me melhor o *ancorar*, que emendei na poesia, riscando o *sossegar*. Diga no entanto.

— Inter-sonho —

Numa incerta melodia
Toda a minh'alma se esconde;
Reminiscencias d'Aonde
Perturbam-me em nostalgia...

Manhã d'armas! Manhã d'armas!
Romaria! Romaria!...

....

Tacteio... dobro... resvalo...

....

Princesas de fantasia,
Desencantam-se das flores...

....

Que pesadelo tão bom...

....

Pressinto um grande intervalo,
Deliro todas as côres,

Vivo em rôxo e morro em som...

6 Maio 1913 — Paris.

M. de Sá-Carneiro

— Vontade de dormir —

Fios d'ouro puxam por mim
A soerguer-me na poeira,
Cada um para o seu fim,
Cada um para o seu norte...

....

— Ai que saudades da morte...

....

Quero dormir... ancorar...

....

Arranquem-me esta grandeza!
— P'ra que me sonha a Beleza,
Se a não posso transmigrar?...

Paris — 6 de Maio. 1913

M. de Sá-Carneiro

Paris — Maio de 1913
Dia 10

Meu querido amigo,

Cá estou outra vez!

E foi já antes de ontem que eu copiei os versos, que vão junto, para lhos mandar — o que afinal só hoje venho a fazer. Oiça:

No "Rodopio" o que eu quis dar foi a loucura, a incoerência das coisas que volteiam — daí a junção bizarra de coisas que aparentemente não têm relação alguma. Quis dar também o *rodopio* pela abundância, pelo movimento. Há versos de que gosto bastante, por exemplo

"Chovem garras, manchas, laços...
Planos, quebras e espaços
Vertiginam em segredo".

As duas quintilhas que se seguem.

A antepenúltima.

Sobre a 8ª (Há incensos de esponsais etc.) é que tenho dúvidas. Escrevi-a na seguinte intenção: dar a nota da incoerência, no meio do singular turbilhão, das coisas esplêndidas e bizarras, vêm-se grifar também coisas vulgares da vida, ou antes — a nostalgia das coisas vulgares da vida; muita, muita ternura. Traduz essa quintilha, no meio das outras, uma coisa muito muito verdadeira da minha alma. Mas receio no entanto que ela venha destruir o equilíbrio do desequilíbrio artístico da composição. Meti-a entre parêntesis, por isso mesmo. Gostaria muito de a conservar. Entanto hesito, e, em última instância, recorro a você. Mas seja imparcial. E diga se ela pode ficar. Se apenas for preferível eliminá-la, deixá-la-ei. Mas se for *preciso* condená-la, condená-la-ei. Você mo dirá.

A seguir ao "Rodopio" vem a "Queda" fazendo conjunto com ele. Gosto bastante desta poesia e muito do seu final.

Para a *Dispersão* faltam pois só duas poesias porquanto aquela "Mentira" não a comporei. O assunto não é, depois de o pensar melhor, o que eu julgava. E, como é, não entra pelo menos no quadro. Ainda sobre o próprio "Aquele que estiolou o génio" tenho dúvidas. O que farei decerto é "Como eu não possuo" que se grifará nesta ideia: Não é só em mim que me disperso — é sobre as Coisas: Assim como me não posso reunir, também não posso reunir, possuir as Coisas.

Sobre "Aquele que estiolou o génio".

Esta ideia de conto, tratado até cientificamente, volveu-se-me, duma forma bizarra, poética. No meu conto o protagonista havia de ter sensações como esta: uma mulher passava e, casualmente, o acariciava. Ele ficava com uma ternura infinita por essa mulher porque ela tinha tocado nele — mas não pelo que ela lhe tinha feito — sim pelo que ela tinha feito a si própria, mexendo nele — mexendo no génio. E, em exaltações, ao ver as maravilhas subirem dentro de si, nos jardins abraçaria as árvores — *para lhes fazer bem*. Olhar-se-ia ao espelho, pasmado de admiração em frente de si, mas não pelo seu físico, sim pelo que havia *dentro* dele. E com ternuras especiais olharia para o seu génio. Às vezes procuraria adormecê-lo, receante de o fatigar etc. Você vai ver pelo excerto que adiante mando como poeticamente eu pretendo traduzir estas coisas que, no conto, seriam tratadas de fora. Peço muito que me diga o que antevê, pelos excertos, da poesia total e se acha que a deva executar ou não. A executá-la há-de ser assim neste corte, nesta maneira, nesta orientação. Caso contrário renunciarei a tratar o assunto em poesia. Os seus conselhos mo ensinarão. Aí vai o que fiz:

— Não vibres tanto, meu amor,
Toma cuidado, olha que vais quebrar...

Se queres ungir, vem cá, ó minha luz, ó meu tesouro,
Vamos beijar os plátanos...

Fecha os olhinhos — não te cegue o ouro,
Cobre-te bem que podes esfriar...

....

Lindo passeio, não foi?
Mas tu nem um instante sabes estar socegado...

Como tu és agil... como tu saltaste...
Como tu correste... como te afogueaste...

E a rapariguinha que te beijou?
Mal sabe ela que ha de ser rainha...
Viverá cem anos
Porque te afagou...

....

O sol já se vai a pôr
É tempo de adormecer...

Queres que te conte uma historia?...

Não sonhes tanta gloria
Que podes entontecer...

Vamos, ouve a minha historia:

Era uma vez uma princesa,
Filha dum grande imperador,
Que se morria da tristeza
De não saber vibrar de amor...

....

É só isto que tenho feito. Deixe-me explanar-lhe o meu
plano. A história contará que esta princesa era infeliz por não
poder sentir o amor e passar fechada no seu quarto de ouro,
tecendo maravilhas no seu tear de marfim... Mas um dia, certo pajem galante, finalmente, soube fazê-la vibrar de amor.
Ela então desceu do seu quarto, deixou o seu tear e é feliz. Isto indica pois, e sempre, a mesma ideia da vida fácil, natural,
que passa. Mas o "menino" de olhos perdidos não ouve a his-

tória, aborrece-se escutando-a mas não adormece — prossegue ansiando, subindo; como no "passeio" não descansou, sempre correndo, saltando.

Outras partes da poesia serão levar o "menino" em frente do espelho, embalá-lo etc. até ao fim, o estiolamento à força de cuidados.

A poesia é voluntariamente maternal, terna, com os diminutivos e as carícias que as mães têm para com os filhos. Ficaria assim dum corte e tom original. Seria como que um simbolismo às avessas: em vez de traduzir coisas reais por símbolos, traduziria símbolos por coisas reais. A palavra "génio" não entraria mesmo na composição.

Tudo isto por vezes me parece muito belo. Mas outras receio de ser uma beleza errada. Peço pois o seu conselho. Tanto mais que desta ideia em conto, eu tenho a certeza de tirar uma bela coisa (mesmo a poesia não me impediria de o escrever). No caso de o incluir na série *Dispersão* será essa poesia a que encerrará o folheto — pois marcará o "fim" de tudo.

Sobre isto, a sua opinião inteira, e breve, meu querido amigo.

Ansiosamente espero a sua resposta a esta e às outras minhas cartas. Mais uma vez lhe suplico que me responda logo que puder!

Ainda sobre a sua última carta:
Não vi o livro do Aquilino.[1]
Concordo inteiramente com o que diz sobre o E. de Castro.
Muitos abraços e de novo mil perdões e rogos de resposta breve

do seu maçador amigo

Sá-Carneiro

Peço-lhe que coloque em ordem de preferência todas as poesias que lhe tenho enviado.
O 4º verso da 2ª quadra do "Sono" é

"Nem dei pela minha vida!"

Não sei se já lho tinha dito.

Post-Scriptum

Modifiquei da seguinte forma a quadra que substitui a 1ª parte do "Simplesmente":

Ao ver escoar-se[2] a vida humanamente
Em suas aguas certas, eu hesito,
E detenho-me ás vezes na torrente
Das coisas geniais em que medito.

Estes geniais não é hipervaidade. As coisas são geniais porque o são elas próprias — coisas. Não por eu pensar nelas.

Como tenho tempo a mais vou-lhe contar uma cena patusca acontecida com o Santa-Rita há bastantes semanas já. Li-lhe o "Bailado" e ele (que achara uma coisa muito má o *Homem dos Sonhos*, mas que já gostara muito da 2ª parte do "Simplesmente") ficou entusiasmado. Fez-mo repetir e de súbito, na onda dos elogios, deteve-se...

— Que é, homem, perguntei eu, acabe...

E ele confessou.

— Vou-lhe dizer uma coisa desagradável. "É que você não tem valor para fazer coisas tão belas como essas."

Eu lhe explico o que isto quer dizer, meu caro Pessoa: É que segundo o Santa-Rita confessa, para ele vale muito mais o Artista do que as suas obras, isto é: o aspecto exterior do artista, os seus cabelos, os seus fatos, a sua conversa, as suas blagues — o seu eu, em suma, como coisa primordial — a sua obra, como coisa secundária. Isto é espantoso, mas é assim. De forma que a minha obra *cubista*, não era digna de mim... É claro que lhe agradeci a frase, pois ela (para mim que só dou importância à Obra) era um simples elogio...

Depois o S. Rita, sempre entusiasmado, pediu-me uma cópia do escrito pois queria ilustrá-lo. E fantasiou logo uma publicação em plaquette "que marcasse bem Paris", e que, como ilustrações, conteria, além das águas-fortes que sobre o "Bailado" ele comporia, o nosso retrato — mas o nosso retrato confundido num só retrato... que aliás ninguém perceberia que era um retrato.

Mas o melhor ainda você não sabe. No dia seguinte, aparece-me em casa às 7 horas da manhã (!!) e vem-me mostrar, não desenhos que tivesse já feito, mas frases que juntava ao "Bailado", para o enlouquecer mais, dizia!... Tanta petulância e ingenuidade desculpa-se, pois é certamente irresponsabilidade. Vou-lhe citar algumas dessas frases de que ainda me recordo.

A baleia a balar...
O Clarim da *Mimoira*...
Tenho saudades de Y

e, no meio, uma frase em espanhol do Goya!!!!!... E dizia que era conveniente meter uma frase em francês e noutras línguas...

Eu pude por isto ver o que é a arte do S. Rita (não digo dos cubistas) pois ele me dizia que estas coisas eram só para marcar Paris, para não se perceberem. E acrescentou mesmo que eu devia arrancar do "Bailado" *tudo quanto se percebesse*. Em face de tudo isto eu não fiz mais do que sorrir. Não valia a pena indignar-me. E é claro que nunca mais se falou nem em plaquettes, nem em bailados, nem em ilustrações...

(Ele ainda achava muito conveniente pôr na capa as *armas reais portuguesas!*...)

Mas olhe que tudo isto era a sério o mais possível, pois se tratava, em suma, duma obra a que o seu nome viria ligado!

Adeus. Diga se não acha isto "óptimo". No entanto escusa de divulgar muito esta piada, peço-lhe.

o seu
Sá-Carneiro.

Vai junto um apontamento interessante do Pawlowski.[3]

— Rodopio —

Volteiam dentro de mim,
Em rodopio, em novelos,
Milagres, uivos, castelos,
Forcas de luz, pesadelos,
Altas torres de marfim.

Ascendem helices, rastros...
Mais longe coam-me soes,
Ha promontorios, faroes,
Upam-se estatuas d'heroes,
Ondeiam lanças e mastros.

Zebram-se armadas de côr,
Singram cortejos de luz,
Ruem-se braços de cruz,
E um espelho reproduz
Em treva, todo o explendor...

Cristais retinem de medo,
Precipitam-se estilhaços,
Chovem garras, manchas, laços...
Planos, quebras e espaços
Vertiginam em segredo.

Luas d'oiro se embebedam,
Rainhas desfolham lirios,
Contorcionam-se cirios,
Enclavinham-se delirios,
Listas de som enveredam...

Virgulam-se aspas em vozes,
Letras de fogo e punhaes;
Há missas e bacanaes,
Execuções capitaes,
Regressos, apoteoses.

Silvam madeixas ondeantes,
Pungem labios esmagados,
Ha corpos emaranhados,
Seios mordidos, golfados,
Sexos mortos de anseantes...

(Ha incenso de esponsaes,
Ha mãos brancas e sagradas,
Ha velhas cartas rasgadas,
Ha pobres coisas guardadas:
Um lenço, fitas, dedaes...)

Ha elmos, trofeus, mortalhas;
Emanações fugidias,
Referencias, nostalgias,
Obsessões d'harmonias,
Vertigens, erros e falhas.

Ha vislumbres de não-ser;
Rangem, de vago, neblinas;
Fulcram-se poços e minas,
Meandros, paues, ravinas
Que não ouso percorrer...

Ha vacuos, ha bolhas d'ar,
Perfumes de longes-ilhas,
Amarras, lemes e quilhas —
Tantas, tantas maravilhas
Que se não podem sonhar...

Paris — 7 Maio 1913

— A queda —

E eu que sou o rei de toda esta incoerencia,
Eu proprio, turbilhão, anseio por fixa-la
E giro até partir... Mas tudo me resvala
Em bruma e sonolencia.

Se acaso em minhas mãos fica um pedaço d'ouro,
Volve-se logo falso... ao longe o arremesso...
Eu morro de desdem em frente dum tesouro:
Morro á mingua, d'excesso.

Alteio-me na côr á força de quebranto,
Estendo os braços d'alma — e nem um espasmo venço!
Peneiro-me na sombra — em nada me condenso...
Agonias de luz eu vibro ainda entanto.

Não me pude vencer, mas posso-me esmagar,
— Vencer, ás vezes, é o mesmo que tombar —
E como inda sou luz, num grande retrocesso,
Em raivas ideaes, ascendo até ao fim:
Olho do alto o gelo; ao gelo me arremesso...
....
Tombei...

E fico só esmagado sobre mim!...

Mário de Sá-Carneiro

Paris — Maio, 8. 1913.

Paris – Maio de 1913
Dia 14

Meu querido Fernando Pessoa,

Foi uma bela surpresa a sua carta recebida ontem porquanto não a esperava tão breve por não ser esse o costume. E pelo o que ela contém e pela sua extensão os meus mais sinceros e fundos agradecimentos. Você tem que me desculpar estas minhas horripilantes cartas sem gramática, nem lógica, nem caligrafia em resposta às suas belas páginas. Perdoe-me.
E posto isto, percorrendo a sua carta lhe vou responder.

Das três poesias que me envia, destaco como soberba o "Cortejo fúnebre".[1] É cheia de maravilhas e sem uma única quebra. São verdadeiras garras de génio faíscas como estas:

Tenho uma auréola de névoa em meu olhar

(Dobra a finados sem sinos
Nos meus ócios peregrinos)

Passam asas de soslaio na minha atenção

Um invisível bafo falha um beijo

(Lá vai lento e lento o enterro
Do que eu tinha áureo no erro)

e toda a última estrofe. Digo-lhe mesmo que dos seus versos, este "Cortejo Fúnebre" é uma das composições que mais estimo, que mais sinto. Os fins das estrofes são admiráveis e maravilhosa a expressão da ideia relativamente banal, pelo menos pouco subtil em relação às expressas nos outros versos, contida no 1º verso da última estrofe. Aí (como aliás em mil outros pontos dos seus versos) se evidencia exuberantemente que você é não só o grande, o admirável, o estranho pensador, mas, com ele — e acima dele — o maravilhoso artista. Isto endereçado àqueles (àqueles = Mário Beirão) que admirando-o (pelo menos dizendo que o admiram) como poeta ajuntam entanto que você intelectualiza tudo — é todo "intelectual". Como se a intelectualidade se não pudesse conter na arte! Meios-artistas aqueles que manufacturam, é certo, beleza mas são incapazes de a pensar — de a descer.

Não é o pensamento que deve servir a arte — a arte é que deve servir o pensamento, fazendo-o vibrar, resplandecer — ser luz, além de espírito. Mesmo, na sua expressão máxima, a Arte é Pensamento. E quando por vezes é grande arte e não é pensamento, é-o no entanto porque suscita o pensamento — o arrepio que uma obra plástica de maravilha pode provocar naquele que a contempla.

Ah! como eu amo a Ideia! E como você, o admirável ideólogo, é o magnífico estatuário! Como me enraiveço que tantos não estremeçam os seus versos e encolham até os ombros desdenhosamente. Há que lamentá-los, só. São os anquilosados da chama; incapazes de fremirem em frente do que não está catalogado dentro deles — que não compreendem uma língua, só porque ignoram que ela existe quando, se reparassem um pouco mais, breve veriam que essa língua era bem sua conhecida; apenas ampliada e mais brônzea, mais sonora e mais de fogo...

Mas não há senão que ter paciência...

Das suas duas outras poesias acho ainda admirável a "Hora morta"[2] (onde você dá excelentemente a hora que nos morre de tédio) estimando menos a "Espuma" onde entretanto há isto muito belo:

> Que alma minha chora
> Tão perdida e alheia?

e ainda a expressão

> Espuma de morrer.

Você vê que em face das suas poesias eu me limito a distinguir o que acho mais belo — a dar simples impressão de leitura. É que o meu espírito não é como o de você um espírito crítico; não podendo assim analisá-las mais profundamente, desmembrá-las como desejaria (o que num esforço — nestas nossas cartas desnecessário — eu conseguiria entanto pelo menos incompletamente).

A 1ª poesia de tal carta a que você se refere era a que começa

Braço sem corpo...

Mesmo a carta em questão só continha, além dessa, a "Primavera".[4]

Muito interessante e significativo o que me narra do Jaime Cortesão. O caso contado por ele acerca do Dr. Fernando Lopes[5] é simplesmente lamentável. Não sei como um poeta, em todo o caso um poeta, pode achar estranho que se goste de Camilo Pessanha!... Se não conhecesse versos do Cortesão, e me viessem contar isso, eu ficaria fazendo a pior das ideias de semelhante poeta.

É claro que nas nossas cartas falamos "como a um irmão". Escusado portanto abrirmos parêntesis para evocarmos a modéstia. É tão difícil e tão belo, tão belo, encontrar *quem nos entenda* que não devemos em tais casos embaraçarmo-nos com falsos pejos. Duma vez para sempre, meu querido amigo, acabemos os dois com os "permita-me que..." ou "você bem sabe que..." e outros parêntesis!...

Concordo absolutamente (e muita vez o tenho pensado) com o que você diz sobre a Renascença e que belamente está resumido na frase: que ela é "uma corrente funda, rápida, mas estreita".

Agradeço-lhe entranhadamente (mas não num agradecimento de coração, num agradecimento comovido e orgulhoso aonde vai toda a minha alma) o que você diz na parte da sua carta: "Afinal estou em crer que em plena altura, pelo menos quanto a sentimento artístico, há em Portugal só nós dois". E, muito especialmente, nas linhas em que fala da minha compreensão em face dos seus versos. É esse um dos cumprimentos que mais me lisonjeiam — porque é, para mim, a melhor das "garantias" de mim-próprio.

Segue-se uma outra "desculpa": "Você acha que tudo isto é de um orgulho indecente". Só renovo aqui com maior energia o que atrás deixo escrito. *Falemos!...*

Aqui encerra-se um estudo mais detalhado da Renascença com o qual estou inteiramente de acordo e em que destaco esta frase que é uma monumental verdade: "O que é preciso é ter um pouco de Europa na alma". Muito gostava de desenvolver aqui ideias sobre o que você escreve, mas por escrito não tenho coragem... e como estamos a mês e meio de vista...

Sim, tenho toda a razão no que desde que o conheço lhe digo: é preciso surgir como poeta!... e sobretudo, deixar de ser "O Crítico" (o que de forma alguma significa que deixe de publicar artigos de crítica).

Agradeço-lhe muito o que me diz sobre os versos. E depois de pensar, concordo que a "Dispersão" é a melhor das composições que lhe enviei.

Quanto aos seus reparos: Tem razão sobre o *Passeio*, mudá-lo-ei para Procuro ou para o Vagueio que você sugere. Diga o que acha melhor levando em conta que nuns versos que vão junto há a expressão "Vagueio-me".

Quanto aos hiatos de minha alma eu simpatizo até com eles, pois me dão a impressão de sono, e são de resto hiatos naturais, que se fazem na conversa corrente. Não me preocuparei por consequência a emendá-los. Se me surgir por acaso qualquer coisa melhor que os evite, empregá-la-ei.

O verso "Serei mas já me não sou" (que no fim da carta você aceita melhor) não o emendarei, e a significação que lhe dou é até bem simples: Serei, continuarei vivendo; mas o certo é que já me não sou, já não *me* vivo — vivo apenas.

O verso final do soneto, embora concorde com o que você diz sobre ele, conservá-lo-ei porque o *sinto* muito e porque quis dar precisamente com ele a sensação de qualquer coisa que longinquamente se cinge, mas no entanto escapa confusa. Foi depois um verso que me apareceu dentro de mim, subitamente — sem o pensar.

Aliás de todas as minhas últimas composições é este soneto a que estimo menos e estou mesmo hesitante em se o arrancarei da série *Dispersão*, por isto: Há talvez uma incoerência *material* (não uma incoerência espiritual, mas uma incoerência material) entre ele e o "Rodopio" e todo o sentido da *Dispersão*. Nessa série de poesias *há muito Ouro* que se perde. E nesse soneto, *não há coisa alguma*; há apenas instantaneamente à força de sonho. Isto, no meu espírito, casa-se muito bem, mas receio que materialmente venha destruir o equilíbrio da série. De resto, o que se diz no último terceto contém-se na última quadra da "Estátua falsa". *Rogo-lhe que me diga o que pensa sobre este assunto* — se devo ou não excluir o soneto da série.

Sobre a "Bebedeira" — O título, embora goste dele, como lhe acho muita razão modificá-lo-ei. Avento-lhe este "Ópio". Com o que não concordo absolutamente nada é com os reparos que o meu amigo fez sobre o "silvo p'ra além" e o "corro à volta de mim". São duas das coisas [da] poesia que eu estimo exactamente mais. No *silvo* acho muito bem dada a violência da *dispersão*. "Luto, estrebucho" mas tudo debalde... Lá me vou pelos ares fora, silvando. O meu espírito é o foco da ventania em que eu me perco. O "corro à volta de mim", acho também bom para mostrar pela palavra "corro" a ânsia de me ver, de me encontrar.

Já percebi que você tem uma fobia pelos termos que recordam brinquedos de infância (o saltar do "Simplesmente").

Sobre a *droga* — Aparentemente você tem razão e eu já esperava o seu reparo. Mas oiça-me: Os franceses chamam aos narcóticos, e especialmente ao ópio, "A droga" (não droga como abstracto, mas droga como concreto). Assim se diz de Maupassant: "foi a droga que conduziu o artista à paralisia geral". Acho interessante esta expressão, daí o tê-la empregado. Para melhor exemplificar, copio dum artigo do *Matin* de hoje, justamente acerca do ópio que invade a Marinha francesa, as seguintes linhas:

"Ah! mon cher Farrère vous n'êtes pas tendre pour ceux qui dans les ports français, poussent un cri d'alarme et supplient qu'on arrête la marche envahissante de *la drogue... la drogue*, la revanche du jaune sur le blanc". Eis pelo que conservarei o termo.

Sobre o *loira* do último verso. Diga-me se acha preferível substituir a palavra por *fulva* ou *ruiva* ou então modificar o verso assim

Manhã tão forte que me anoiteceu

(repare que vai *me* em vez de *se*). É claro que mesmo conservando o *se* se pode trocar o loira por forte. Este *forte* não o acho mau pela ideia de álcool que encerra em si. Diga-me pois qual deve ser a versão final deste verso segundo o que lhe exponho. *Não se esqueça.*

Interessante (e de resto coisa vulgar) os encontros de mim e Cortes-Rodrigues[6] e de mim e você — sobretudo este último, que bem mostra, como você frisa, o nosso parentesco.

Percorrendo o labirinto, mas o grato labirinto, do que me expõe sobre a publicação dos seus livros, aqui tem o que penso em poucas palavras:

(Em 1º lugar — e entre parêntesis — condeno a ideia da publicação dum livro de sonetos, como primeiro livro a publicar.) Os "Pauis"[7] devem, mas absolutamente devem, ser incluídos num volume "paúlico" — e portanto deve assentar naquilo que, no decorrer do que me escrevia, se lhe sugeriu: "4 livros projectados — um pronto já, dois já adiantados, outro começado". A respeito dos títulos, sobretudo, acho que a solução que indica é a melhor de todas e não deve hesitar na sua publicação.

Agora quer ver o que eu faria se fosse a você? Isto: Em virtude de ter tantas coisas belas de vários conjuntos, de vários géneros e atendendo por outro lado à dificuldade relativa de publicação de livros de versos e ainda ao tempo que um artista precisa para concluir um conjunto, eu, se fosse a você, publicava como obra de estreia uma *Antologia* de mim mesmo aonde reunia simplesmente as coisas mais belas dentre os meus versos. A beleza, o valor das obras, seria o único critério da escolha. Esse livro seria volumoso, genial — marcaria. E depois, sossegadamente, então publicaria à medida das circunstâncias espirituais e materiais os livros de conjunto. Havia assim a vantagem do poeta aparecer todo duma vez — na sua inteira grandeza.

(É curioso que depois de escrever isto uma dúvida me assalta: Isto que eu lhe digo será unicamente um antigo projecto de você; ou uma coisa que eu já lhe teria lembrado?)

Você provavelmente não gosta desta solução. Entanto eu achava-a poética e original — interessantíssima. (O título *Exílio* é muito bom embora no presente momento político possa recordar algum volume do Joaquim Leitão[8] ou Álvaro Chagas.[9] Mas isto é claro não é razão para o condenar.)

As duas obras-unas (*Fausto*)[10] entendo que devem ser publicadas em separado.

A sua ideia sobre a revista entusiasma-me simplesmente. É, nas condições que indica, perfeitamente realizável (materialmente) disso mesmo eu me responsabilizo. Claro que não será uma revista perdurável. Mas para *marcar* e *agitar* basta fazer sair uma meia dúzia de números. O título *Esfinge*[11] é óptimo. O que é preciso é arranjar mais colaboração do que a que indica. O *Além* terminá-lo-ei em Paris. E sobre a revista, que há-de sair, não vale a pena falarmos de longe visto que eu chego a Lisboa nos primeiros dias de Julho, logo daqui a mês e meio. E imediatamente a lançaremos. Vá pensando pois no assunto.

Mais uma vez lhe agradeço o que me diz sobre eu-poeta.

Quanto à "Queda". É claro que o que eu queria dizer, o que eu quis sempre dizer, foi *sob mim*; foi apenas uma confusão que me fez escrever *sobre* mesmo na poesia executada pois o escrevia sempre com a ideia de *debaixo*. Entanto agora vejo que talvez fosse interessante conservar o *sobre* — assim haveria como que um desdobramento; eu-alma, viria estatelar-me, esmagar-me, não sobre o gelo, mas *sobre* o meu corpo. Diga, depois de bem pensar, se é preferível conservar o *sobre* ou mudá-lo para *sob*. (O verso fica mais correcto e belo com *sobre* — *sob* é uma palavra de que eu gosto muito pouco. Mas tudo isto são razões secundárias.)

Não deixe de me dizer o que pensa sobre isto. São pequenas torturas por cuja solução anseio. E outra tortura é a ordem em que hei-de inserir as poesias. *Assim rogo-lhe que mas numere.*

Foi tempo perdido o que você gastou a explicar-me os versos dos "Pauis" que eu dissera não abranger. É de morrer a rir! Eu lera o *invade* como *uivada*. Assim tínhamos

Onda de recuo que uivada etc.

que de forma alguma ligava com o resto. Aliás os seus *invade* são muito semelhantes a *uivada* pois na poesia "Hora Morta", eu também li um *invade* por *uivada* só depois reparando no lapso. Peço-lhe desculpa do tempo que lhe fiz perder...

Conservarei à "Dispersão" o seu título.

Concordo após o que me diz com o "tão de ferro". Aliás já pensando melhor na frase eu modificara a minha opinião.

Sobre meus livros
Este Outono — Uma plaquette de versos *Dispersão*[12] que conterá o que já está feito (e poderia mesmo conter só o que já está feito) e o que de belo e dentro do quadro for surgindo (como o "Quasi" que hoje lhe envio).

Em 1914 com certeza (ou na Primavera ou no Outono, entanto dentro de 1914) publicarei o volume *Além*, sonhos.

Queria também muito escrever uma peça — *A Força* (que é um estudo da "Desilusão" em que em tempos lhe falei) colaborando com o Ponce que tem belas qualidades de autor dramático. Esta peça sai do quadro das coisas em que actualmente trabalho; mas nem por isso deixará de ser uma obra literária e mesmo uma obra artística. Confesso-lhe que, infantilmente talvez, gostava muito de ver uma obra minha num palco. É que eu, no fundo, amo a vida.

> Morada Ramos (que não me tem escrito).
> 508, Rua de S. Clemente
> Rio de Janeiro.

Endereço Rola

> Gilb. Rola Pereira do Nascimento
> na Inspecção da Fazenda de
> Lourenço Marques.

Respondida infamemente a sua carta, só me resta falar-lhe dos versos que ajunto:

Gosto muito da sua ideia que define bem o meu eu. Muitas vezes sinto que para atingir uma coisa que anseio (isto em todos os campos) falta-me só um pequeno esforço. Entanto não o faço. E sinto bem a agonia de *ser-quase*. Mais valia não ser nada. É a perda, vendo-se a vitória; a morte, prestes a encontrar a vida, já ao longe avistando-a.

Várias dúvidas:

Será melhor "permanecera" em vez de "permanecesse" (pelo menos na última quadra)?

Em vez de "mãos acobardadas" seria preferível "degeneradas"?

Em vez de "puseram grades", "lançar grades"? (É preciso notar que isto significa: eu nem sequer posso cair nos precipícios que existem dentro de mim, porque mãos, ainda que de heróis, cheias de medo, ou degeneradas, cobriram os abismos com grades). *Lançar* é mais bonito que *pôr*. Mas para o caso (justamente por ser mais feio) parece-me preferível por mais propriedade o verbo pôr. Diga o que pensa sobre estas ninharias e as outras poesias sobre as quais lhe peço opinião. Só depois de saber a sua resposta estabelecerei as versões definitivas.

Há no "Quasi" um verso talvez feio: "Ai a dor de ser-quasi... dor sem fim". Mas não o modificarei porque ele exprime concisamente e justamente umas das coisas que eu quero bem vincar na poesia. Note que o verso: "falhei-me entre os mais; falhei em mim" conduz a ideia da "Mentira" que eu decidira abandonar.

E termino aqui, pedindo-lhe mil desculpas por todas as minhas maçadas e uma resposta urgente. E a sua opinião sobre o "Quasi".

Um grande abraço.

o seu

Sá-Carneiro

Post-Scriptum[13]

Na "Dispersão" parece-me que ficaria muito bem, em vez do que avento atrás, isto:

Regresso dentro de mim
Mas nada me fala, nada... etc.

A poesia portuguesa está em Paris. Com feito nos boulevards passeia o poeta Sevilha[14] do Longo Queixo!... Vi-o agora mesmo passar.

Apareceu-me à venda ontem aqui um volume, editora Ferreira, Camões, *Sonetos*, tradução francesa em verso de A. de Azevedo.[15]

Não se esqueça de me numerar as poesias em vista da sua ordem de publicação.

Nas provas *Homem dos Sonhos* emendo: ... "a sair no Outono" para "a sair em 1914".

Mais abraços.

Responda depressa!

o

Sá-Carneiro

Atenda bem a versão

"Manhã tão forte que me anoiteceu".

Não se esqueça de me responder a cada uma das minhas dúvidas!...

— Quasi —

Um pouco mais de sol — eu era brasa,
Um pouco mais de asul — eu era alem.
Para atingir faltou-me um golpe d'asa...
Se ao menos eu permanecesse aquem...

Assombro ou paz? Em vão... tudo esvaído
Num baixo mar enganador d'espuma;
E o grande sonho despertado em bruma,
O grande sonho — ó dôr! — quasi vivido...

Quasi o amor, quasi o triunfo e a chama,
Quasi o princípio e o fim, quasi a expansão...
Mas na minh'alma tudo se derrama...
Entanto nada foi só ilusão!

De tudo houve um começo... e tudo errou...
— Ai a dôr de ser-quasi, dôr sem fim... —
Eu falhei-me entre os mais, falhei em mim,
Asa que se elançou mas não vôou...

Momentos d'alma que desbaratei...
Templos aonde nunca pus um altar...
Rios que perdi sem os levar ao mar...
Ansias que foram mas que não fixei...

Se me vagueio, encontro só indicios...
Ogivas para o sol — vejo-as cerradas;
E mãos d'heroe, sem fé, acobardadas,
Puseram grades sobre os precipicios...

Num impeto difuso de quebranto,
Tudo encetei e nada possuí...
Hoje, de mim, só resta o desencanto
Das coisas que beijei mas não vivi...
....

Um pouco mais de sol — e fôra brasa,
Um pouco mais de asul — e fôra alem!
Para atingir, faltou-me um golpe d'asa...
Se ao menos eu permanecesse aquem...

Mário de Sá-Carneiro

Paris — 13 de Maio de 1913.

Paris — Maio de 1913
Último Dia

Meu querido amigo,

Perdoe-me. Você está-se atrasando um bocadinho desta vez... Aqui me tem pois a maçá-lo... E de caminho envio-lhe as duas últimas poesias da *Dispersão* que é obra completa agora, pois decididamente, mesmo que o tratasse em verso, não incluiria nesta série "Aquele que estiolou o génio". O que porém — apesar do que lhe disse numa das minhas cartas — incluirei nesta série é o soneto "Escavação" pois, dentro de mim, sinto-o em verdade um número. Assim teremos 12 poesias.

As duas que hoje lhe envio — uma das quais talvez já conheça pelo Ponce de Leão — afiguram-se-me menos artisticamente valiosas mas estimo-as entre as mais pelas ideias que encerram: No "Além-tédio" sobretudo estes versos "De as não ter e de nunca vir a tê-las, fartam-me até as coisas que não tive".

No "Como eu não possuo" a ideia geral é esta quadra "Não sou amigo de ninguém etc."... onde está condensada a ideia duma das minhas futuras novelas *A Confissão de Lúcio*. (Perdoe o "Pró" desta quadra tanto mais que será o único da plaquette pois o do "Simplesmente" — hoje "Partida" — foi emendado.) Há outra quadra que pela sua violência me agrada muito nesta poesia, a que começa: "Eu vibraria só agonizante etc." Agrada-me a expressão "aglutinante" e "seios transtornados" bem como na quadra antecedente a "carne estiliza-da". Esta poesia tem talvez uma certa falta de unidade. Entan-to julgo-a assim bem. É torturada, contorcida — como tortu-rado e contorcido é o que ela pretende esboçar. Peço-lhe que me estabeleça a ordem em que todas as 12 poesias devem ser publicadas e, se tiver pachorra, a sua ordem de preferência conforme a opinião do meu querido amigo.

A "Bebedeira" intitulei-a definitivamente "Álcool". Não lhe parece bem este título?

Outra pergunta: Na capa do livro quer pôr abaixo de *Dispersão*, versos, poemas, poesias, 12 poemas de M. de S. C., 12 poesias de M. de S. C.? E se se fizesse isto: 344 versos de M. de S. C., (344 ou o número deles, quero dizer). Isto porém, que seria novidade, é talvez (quase com certeza) de mau gosto. In-dicar por fora que o livro é em verso, é forçoso pois eu sou co-nhecido como prosador. Ainda outro subtítulo: Série em verso. Diga o que pensa sobre isto e que pouca importância tem.

(Diga-me: Seria melhor em vez de: "De embate ao meu *amor* todo me ruo"; "De embate ao meu *ansiar* todo me ruo"?) Sobre estas pequeninas coisas de viva voz me aconselharei consigo.

Uma ideia nova: um indivíduo cuja ânsia é de criar *mis-térios* só pelo perturbador que um mistério é. Assim cometerá crimes só para ter a glória de todo o mundo andar ansiante por descobrir o mistério. (Crimes dum género especial: Supo-nhamos: o roubo da Jucunda[1] — isto para exemplificar gros-seiramente qual a minha ideia.) Este homem por fim será mor-to, despedaçado, pelo mais grandioso mistério que conseguiu criar. Não se entrevê o meu fim, nisto tão mal explicado.

Diga, não se esqueça.

E mais uma vez perdão pelas minhas contínuas estopa-das e, mais uma vez, mil súplicas para que me diga o que pen-sa dos versos que hoje lhe envio e que me escreva o mais bre-vemente, o mais longamente que lhe for possível!...

Sem mais, envia-lhe um grande abraço de sincera ami-zade o seu saudoso amigo muito obrigado

o

Sá-Carneiro

50, rue des Écoles = Hôtel du Globe

— Além-tédio —

Nada me expira já, nada me vive —
Nem a tristeza nem as horas belas.
De as não ter e de nunca vir a tê-las,
Fartam-me até as coisas que não tive.

Como eu quisera, enfim d'alma esquecida,
Dormir em paz num leito d'hospital...
Cansei dentro de mim, cansei a vida
De tanto a divagar em luz irreal.

Outróra imaginei escalar os ceus
Á força de ambição e nostalgia,
E, doente-de-Novo, fui-me Deus
No grande rastro fulvo que me ardia.

Parti. Mas logo regressei á dôr
Pois tudo me ruiu... Tudo era igual:
A quimera, cingida, era real,
A propria maravilha tinha côr!

Ecoando-me em silencio, a noite escura
Baixou-me assim na queda sem remedio;
Eu proprio me traguei na profundura,
Me sequei todo, endureci de tédio.

E só me resta hoje uma alegria:
É que de tão iguais e tão vazios,
Os instantes m'esvoam dia a dia
Cada vez mais velozes, mais esguios.

— Como eu não possuo —

Olho em volta de mim. Todos possuem —
Um afecto, um sorriso ou um abraço.
Só para mim as ansias se diluem
E não possuo mesmo quando enlaço.

Roça por mim, em longe, a teoria
Dos espasmos golfados ruivamente;
São extases da côr que eu fremiria,
Mas a minh'alma para e não os sente!

Quero sentir. Não sei... perco-me todo:
Não posso afeiçoar-me nem ser eu...
Falta-me egoismo pra ascender ao ceu,
Falta-me unção pra me afundar no lodo...

Não sou amigo de ninguem. Pró ser
Forçoso me era antes possuir
Quem eu estimasse — ou homem ou mulher,
E eu não logro nunca possuir!...

Castrado d'alma e sem saber fixar-me,
Tarde a tarde na minha dôr me afundo...
— Serei um emigrado doutro mundo,
Que nem na minha dôr posso encontrar-me?...

∵

Como eu desejo a que ali vai na rua,
Tão agil, tão agreste, tão de amor!
Como eu quisera emmaranha-la nua,
Bebe-la em espasmos d'harmonia e côr...

Desejo errado... Se a tivera um dia,
Toda sem veus, a carne estilisada
Sob o meu corpo arfando transbordada,
Nem mesmo assim — ó ansia! — eu a teria!...

Eu vibraria só agonisante
Sobre o seu corpo d'extases dourados,
Se fosse aqueles seios transtornados,
Se fosse aquele sexo aglutinante...

De embate ao meu amor todo me rúo,
E vejo-me em destroço até vencendo:
É que eu teria só, sentindo e sendo
Aquilo que estrebucho e não possuo.

Mário de Sá-Carneiro

Paris 1913 — Maio

19 Junho 1913

Meu querido amigo

Chego a Lisboa na próxima 2ª feira 23 de Junho
(vinte e três de Junho). Gostava muito de o ver na
estação. O comboio, o Sud-Express, chega às 22.52
(ou seja 10.52 da noite). Logo até 2ª.
                          O seu
                                Sá-Carneiro
                          (com um grande abraço)

[Paris 19. 6. 1913]

Meu caro amigo,

Chego a Lisboa pelo Sud-Express na próxima 2ª
feira 23. Gostava de o ver na estação.
Mil abraços do
                                Sá-Carneiro

O comboio chega às 10.52 da noite·

[Paris 21. VI. 1913]

Meu querido amigo

Para a hipótese do meu bilhete de ontem se ter perdido: Chego a Lisboa 2ª feira 23 de Junho pelo Sud-Express (estação do Rossio às *10.52* da noite). Gostava muito de o ver na estação. Estará Você zangado comigo? Nunca mais me escreveu...
Grande abraço do

Sá-Carneiro

Você recebe este postal exactamente no dia em que eu chego.

Lisboa — Ag. 1913
Dia 26

Outro erro:
Você *viu* o automóvel transportando a "chegada do Ramos".[1] Pois bem: Às 4 $^1/_2$ recebi um telegrama da titi assim:
Luís não chegou.
Hein?
! ! ! !

Abraços do

Sá-Carneiro

5ª feira 2 Out. 1913

Sabe? Amanhã às 3 horas (3) em minha casa, se quiser aparecer, encontrar-me-ia e o Guisado[1] que teria muito prazer em estar consigo.

Um grande abraço do

Sá-C.

Lisboa — Outubro de 1913
Dia 8

Meu querido amigo,

Perdoe-me!
Era um grande, enorme favor se me aparecesse
amanhã 5ª feira 9 em minha casa para o que sabe:
provas![1] Encontra-me em casa desde as *2* às *6 horas*.
Era uma gigantesca amabilidade da sua parte se
aparecesse. Ficava-lhe infinitamente agradecido.
Perdoe-me!
Perdoe-me!!

o

Sá-Carneiro
(certo)

11 Out. 1913
Em Plena Rua.

Mártir S. Fernando (Pessoa)
das Provas!

Ver as provas de máquina
— Tragédia! —
Será *segunda-feira* às
4 e meia!...

Mas você se não puder aparecer
— motivos escritórios —
Não apareça. Verei eu só!
Entretanto

Encontra-me em minha casa
Até às *4 e meia*
Adeus. Muitos Perdões. Não se
transtorne por mim.

Mário de Sá-Carneiro

[Lisboa, 17. 10. 1913]

Se você logo às 8 ¹/₂ 9 horas pudesse aparecer no Martinho?...
Mas só *podendo*!
Hein? Só *podendo*.

o
Sá-Carneiro

Lisboa — Outubro 1913
Dia 20

Meu querido amigo,

Se quiser e lhe for possível, agradecia-lhe muito que aparecesse esta noite — conforme lhe vou telegrafar — no *Montanha* às 8 ¹/₂ 9 h. para o que sabe. Mas não se prejudique por minha causa. Só se *puder* e *quiser*

o seu
Sá-Carneiro
(no Montanha!)

[Lisboa 20. Out. 13]

aparece podendo montanha noite = Sá

[Lisboa 23. Out. 13]

favor inaudito aparecesse café montanha noite = sá

24 - 10 - 1913[1]

Ó Fernando Pessoa — você, por amor de Deus, não esteja zangado com o Sá-Carneiro por ele ter saído da Brasileira com o Cortes-Rodrigues. Ele há que tempos estava para sair. Lembra-se?... Bem. Então perdoe-lhe, sim, coitado!...

Adeus! Um grande abraço!...

Eu-próprio eu-mesmo[2]

Mário de Sá-Carneiro

[28(?) 10. 1913]

Meu caro Pessoa

Sabe? Já estou instalado em minha casa.[1]
Se lhe fosse possível dar lá uma saltada esta tarde? (eu só saio às 4 $^1/_2$).
Era para lhe ler o artigo ungido.[2] Você crê?...

155

Adeus.
Então, se lhe for possível!...

o

Sá-Carneiro

Lisboa — Outubro de 1913
Dia 30

Meu querido amigo,

— Você sabe que os verdadeiros mártires levam a sua cruz até ao fim... sobem todo o calvário?...
Muito bem.
Então oiça:
Por amor de Deus, e pensando Você na salvação Eterna — veja se lhe será possível sem grave transtorno aparecer-me cá amanhã *31* a qualquer hora ou de manhã ou à tarde.
Já desconfia por quê, não é verdade?
É por isso mesmo.
Amanhã tenho provas dispersas da

Dispersão

que, se você lhe não vale, é claro, então positivamente se dimanará em gralhas tipográficas!
Vamos, cinja mais uma coroa de Espinhos

S. Fernando
(pessoa revisora de provas)

Ao que estão condenadas as almas Geniais!...
Valha-me, meu amigo!
Socorro! Socorro! Socorro!...

Posso contar consigo, não é verdade?...

Um grande, grande abraço do

Sá-Carneiro

P. S. — Em todo o caso se lhe não for possível aparecer... paciência... Nem por isso perderá o céu — que de há muito, pelo que me tem feito, o ganhou, você, meu querido amigo.

P.S. — Conforme carta deixada Brasileira já estou de novo instalado em casa e assim podem recomeçar as suas visitas a qualquer hora.

Lisboa 9 Dezembro de 1913

Meu querido Fernando Pessoa,

Como a *Dispersão* é de dificílimo transporte e tenho portador, em compensação fácil (mesmo duma cajadada matando dois coelhos: Você e o engenheiro do Mário-Beirão-pior-do-que-o-Kant) aí lhe ficam juntamente os meus versos.
Adeus, até logo
     o seu muito amigo e obrigado
Mário de Sá-Carneiro

Lisboa — Dezembro de 1913
Dia 22

Meu querido amigo,

Gostava muito de falar amanhã com você. Tanto que perdi hoje o dia à sua procura! É sobretudo por causa de S. Exª o Sr. Prof. Antena.[1] Há muitas ideias e antes de o começar a fazer gostava muito muito de falar consigo.
Ficava-lhe pois, meu querido Fernando Pessoa, muito grato se a qualquer hora você amanhã *3ª feira* passasse por minha casa a qualquer hora. Eu es-

tarei até às 4 $^1/_2$ horas. Tenho mais coisas interessantes a dizer-lhe. Rogo-lhe pois que faça o possível por não faltar. Será mais uma gentileza que lhe
ficarei devendo.
Até amanhã. Abraços

do seu muito seu

Sá-Carneiro

[Dezembro de 1913?][1]

O que você foi fazer, Sá-Carneiro! O que você foi fazer...!

Pois você não vê que para esta gente o perceber você precisava escrever como o Dantas, como o Alfredo da Cunha, como (...)?

Pois você não vê que para esta gente o apreciar você precisava ou fazer conferências ou viagens como o João de Barros, asnear na capital como o Manso que veio de Coimbra, (...)

Pois você não vê que para esta gente o elogiar você teria que andar a bajulá-los nas ruas e nos cafés, como fazem os Dantas, os Cunhas, os Sousas Pintos?

Já o Mário Beirão caíu em escrever, e agora até vem você e publica-se.[2]

Depois — pior ainda — você escreve europeiamente! Você escreve sem ver a pátria e a sua obra, que eu creio genial, esbarra com o provincianismo constante da nossa atitude. Para nós o universo está entre Mesão e Vila Real de Santo António...

Ó desgraçado, ó desgraçado...! Isso é bom para França, para Inglaterra, para a Alemanha... Lá os Joões de Barros escrevem à máquina nos escritórios comerciais, os Júlios Dantas estão por detrás dos balcões das lojas dos retrozeiros, e os Ruis Chiancas, ao mais que ascendem, é a vender bilhetes aos guichets de teatros...

Ah desgraçado! desgraçado!

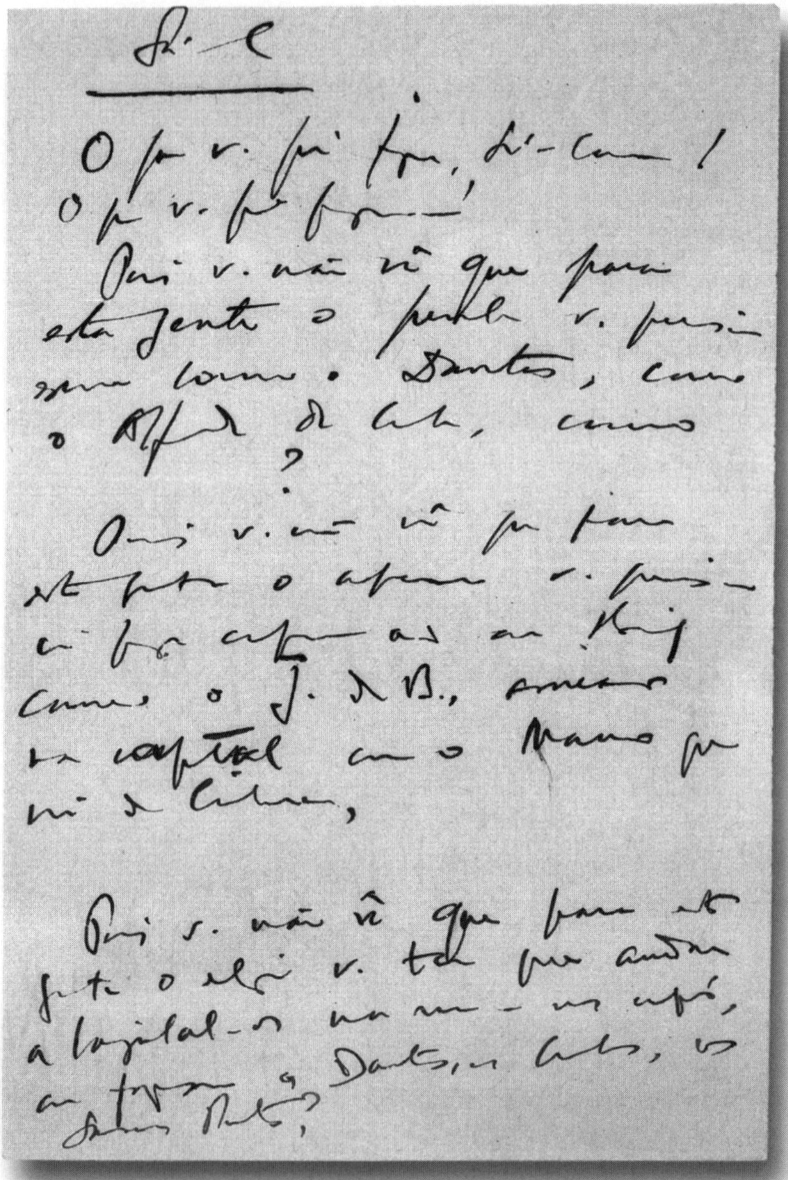

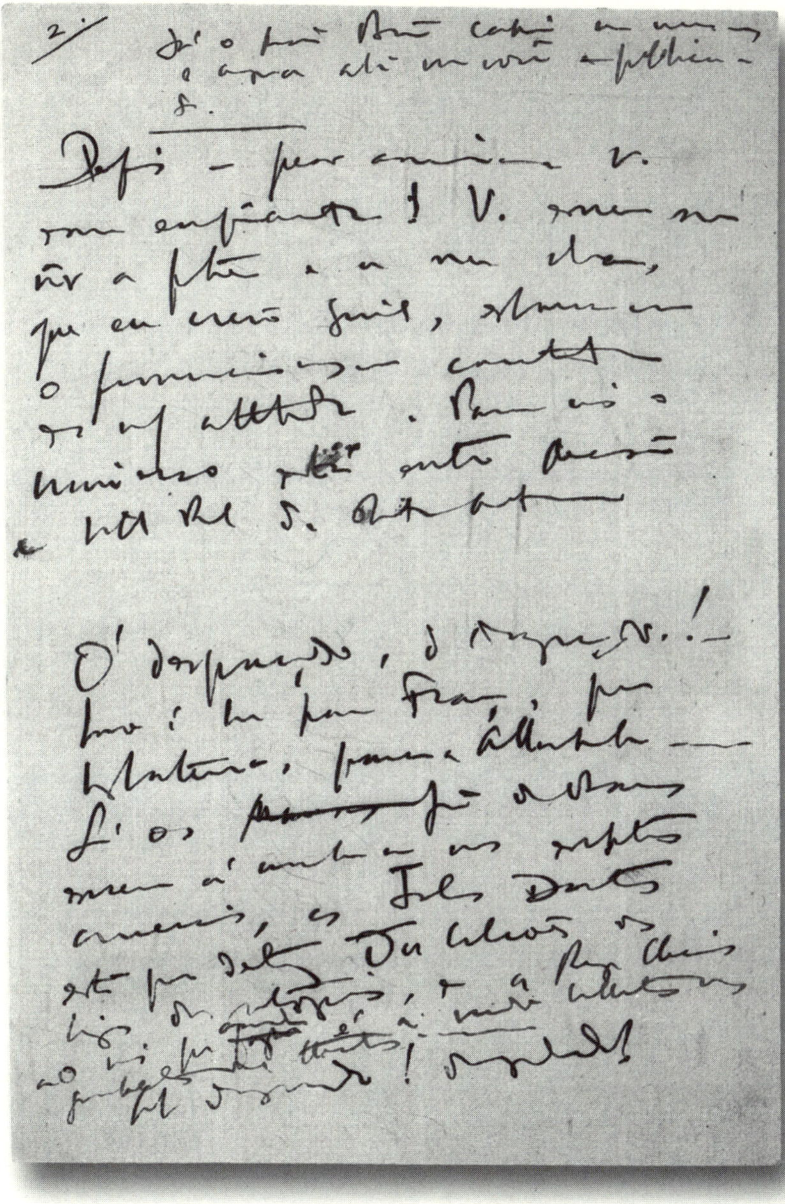

Domingo — 8 de Fevereiro de 1914

Vá lá mais uma vez, meu querido Fernando Pessoa, desculpe a maçada!... Agradecia-lhe muito se amanhã à tarde você aparecesse em minha casa com a conferência maúlica,[1] porque o editor mandou dizer que tinha uma certa pressa nas provas. Mas eu não quero que você se constipe. Logo se estiver a chover torrencialmente como agora, às 8 da noite de domingo, não se molhe... Mas caso contrário, venha cá à tarde, sim, meu querido amigo? Demais falar-lhe-ei de Mlle. Marfa Ivanovna Zagoriansky.[2] Não conhece?... Então, não é verdade, até amanhã *2ª feira* à tarde, em minha casa. (Eu só saio às 4 e $^1/_2$.) Adeus. Um grande abraço
do Mário de Sá-Carneiro

Viva o PAÚLISMO!...[3]

Lisboa — Fevereiro de 1914.
Dia 25 (4ª feira de Cinzas)
às 9.45 m.

Meu querido Amigo,

Recebi agora um postal do Álvaro Pinto que me diz que vem amanhã 5ª feira a Lisboa. Eu aviso-o, a você, pois talvez lhe queira falar e ignoro se ele o preveniria.

Mas há mais, quer ver? O secretário da *Águia* (para não repetir o seu nome, beneficiando o estilo — compreende?) diz-me que lhe deixe eu as minhas ordens, de tarde, na Livraria Ferreira, ao Carlos Alberto. E eu não só ignoro quem seja este senhor, como não vou à Livraria Ferreira...

— Olhe, esta noite, se não tiver coisa mais interessante e mais útil a fazer — porque não aparece em minha casa?... Isso é lá consigo, claro. Em todo o caso até às 10 horas encontra-me a pé, por via da *Ressurreição*.[1]

(De resto eu não sei se esta carta lhe chegará ainda hoje.)
Mas provavelmente, à noite, está a chover...
Não se constipe. Adeus.

o

Mário de Sá-Carneiro

Lisboa, Último de Fevereiro de 1914
(ano não bissexto)

Agradeço-lhe, saudando-o em Áureo, Sucesso da citação amiélica.[1] Você tem genialmente razão. Grande abraço. Do seu confrade em "Além"

o

Mário de Sá-Carneiro

Lisboa — Março de 1914
Dia 20

leitura ressurreição vitoriano braga[1] amanhã sábado 21 à noite 9 horas 9 e meia não falte você querido fernando pessoa por consequência esperá-lo-ei em ânsia dourada sá-carneiro

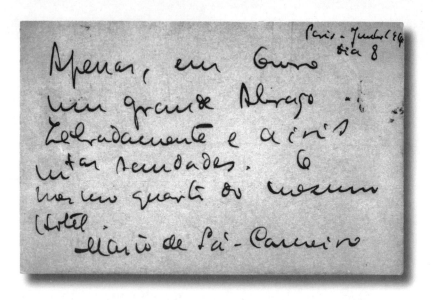

Paris — Junho 1914
Dia 8

Apenas, em Ouro um grande Abraço. Zebradamente e a íris muitas saudades. O mesmo quarto do mesmo Hotel.[1]

Mário de Sá-Carneiro

Paris — 12 Junho 1914

Em ouro, meu caro Amigo, Paris! — em Ouro!
Então o Santa-Rita, sabe, foi hoje não obstante procurar-me ao Hotel — mas poucas palavras trocámos entrando eu com o meu Pai. O mesmo fato e boné — como o Pacheco[1] outro dia contava — todo esculpido em trapo — e a voz a mesma e todo o corpo tremia — mas numa tremura onde havia o seu quê de bamboleamento. Enfim dar-lhe-ei novidades.
Ó Pessoa dizia-me, é verdade, o número da porta da Renascença para eu mandar o dinheiro ao Álvaro Pinto. Bem e

escreva. Adeus com um grande abraço d'alma — a íris roxo e lume, roçagantemente a cristal

o

Sá-Carneiro

Muitos parabéns pelas 26 primaveras amanhã!

Paris — Junho de 1914
Dia 15

Refugio-me da chuva, meu querido Fernando Pessoa, num Café lepidóptero[1] em face da Avenida da Ópera. São 3 horas da tarde e às 3 $1/2$ devo estar no Riche com o José Pacheco. Entanto esperemos que a chuva passe. É verdade, antes de mais nada, recebi hoje a sua 1ª carta que muito me interessou e acima de tudo agradeço.

Estado moral e físico: Preocupa-me sobretudo o estado físico neste instante — enervado, meu caro amigo, por uma audaz constipação. Sobre o moral — deixemo-lo para outra carta. Mesmo não há nada de interessante — apenas hoje — sozinho, o meu pai tendo partido às 12.16, começo a instalar-me em Paris. Mas a glória de [de] novo o encontrar e vibrar, laivada de cinzento no entretanto pela atmosfera sempre dolorosa do meu mundo interior, tem-me dispersado todos estes dias. Vivendo em verdade até hoje só em metade de mim — como até raciocinei esta manhã ao almoço em que verdadeiramente, lucidamente me senti meio só, (Agora houve um trovão!...) embora o estofo do banco se amarfanhasse sob uma inteira pessoa nutrida...

Gente conhecida — Estive antes de ontem chamado pelo Pacheco na Closerie à meia-noite.
Que horror meu amigo! Que horror!... Perto de nós havia um grupo português... Ah! mas portugueses carbonários,

da Brasileira, meu amigo, da Brasileira! Castañés! Castañés!...
Roguei logo ao Pacheco que não me apresentasse!

E que provincianos até no aspecto físico!... Mas "artistas". Chiça, meu amigo! Chiça!

Desculpe — e é para não empregar outra palavra! Entre eles ondulava o Fonseca — que já dissera mal de mim ao Pacheco (pudera!) e me apertou a mão ultrageladamente. Eu enquanto falava ao Pacheco — (sempre dos nossos, europeu e intenso — um óptimo companheiro)* fazia jogos malabares com a voz...

Lepidópteros! Lepidópteros! Mereciam que os ungissem de bosta-de-boi!... E não haver uma lei que proíba a exportação de semelhantes mariolas!... Sujam, enchem Paris de escarros verdes! Castañés! Castañés!... Assim raras vezes voltarei à Closerie. Para tanto, mais valia então ficar por Lisboa! Hoje hei-de voltar, à noite, tendo encontro com o Santa-Rita...

Eis-me à espera dele — não à espera propriamente, pois estou a escrever ao meu querido Fernando Pessoa na Closerie. Acidentadíssima portanto esta carta — pois foi escrita em 2 Cafés e a 2 horas diversas. Estive toda a tarde com o Pacheco que lhe manda muitas recomendações — insultando os lepidópteros daí e daqui. (Iniciei o Pacheco neste nosso termo paúlico — é claro.)

Petite-Semaine: Mando-lhe um artigo do último número, que acho uma verdadeira trouvaille.

Por hoje nada mais lhe digo — eu próprio muito lepidóptero em vista da constipação já anunciada — apenas lhe digo que hoje não quereria você estar em Paris, pois fez à tarde uma estrondosa trovoada[2] — de resto a primeira a que assisto nesta terra.

Adeus, meu querido, querido Amigo. Escreva sempre. Dê-me novidades daí e mande-me sobretudo, se lhe for possível, a crítica do Cayola sobre a *Distância*.[3]

Um grande abraço do seu,

Mário de Sá-Carneiro

* Cessou a chuva. Estou no Café Riche.

Saudades ao nosso Alb. Caeiro.⁴ Muito interessante a *Ode* do M. da Veiga.⁵ Adeus.

P. S. — Apareceu agora o Santa-Rita — muito amável. Mas estava com o irmão do H. Franco, isto é: Fonseca nº 2. Assim pediu desculpa e marcámos rendez-vous para depois de amanhã.

Paris, 23 Junho 1914

Muito obrigado meu querido Amigo por todas as suas amabilidades: uma carta, um postal e o número da *Águia*. As minhas sinceras felicitações pelo nascimento do Exmo. Sr. Ricardo Reis¹ por quem fico ansioso de conhecer as obras que segundo me conta na carta repousam sobre ideias tão novas, tão interessantes e originais — e sobretudo grandes, porque são muito simplesmente do Fernando Pessoa. Fico ansioso.

— Pêsames pela queda do paúl-humano: queda física que não pode atingir tal semideus.

— Lepidopteria —

Engraçadíssimos de inferioridade os dizeres da *Águia*,²

que mesmo não percebi bem quanto aos versos — ficando sem saber se a redacção aplaude a singularidade dos versos ou se a acentuação dessa singularidade "fez um livro singular" é uma ironia. Sobretudo aquelas clássicas duas ou três noites febris da *C. de Lúcio* marcam bem o lepidopterismo do crítico...

— O Pascoais desatou a chamar grandes poetas a todos os lepidópteros da França (*vide* Ph. Lebèsgue). O Nicolas Beauduin,[3] futurista — porque o que há de novo e interessante no paroxismo é no fundo do Marinetti — receava eu, tinha a certeza, embora nada dele conhecesse, que também roçasse as borboletas. Ora ontem justamente descobri numa revista *Le Parthenon* uma poesia dele *Music-halls* (lembre-se como os futuristas acham beleza nos music-halls e gritam que os devemos cantar). A poesia é má, lepidóptera como burro. De resto comprei o número da revista para você ver. Simplesmente me esqueci ontem dele no restaurante, mas hoje ao jantar reclamá-lo-ei porque decerto o guardaram e assim dentro de poucos dias lho enviarei.

— Gente-conhecida —

Não vi mais o Santa-Rita. O Pacheco e o Franco mandam-lhe muitas saudades agradecendo as suas. O Pacheco vai-se embora breve para aí dentro de 15 ou 20 dias.

— Outro dia encontrei no meu quarto debaixo da porta o seguinte cartão:

Grand Hôtel Globe, quarto 27
Júlio M. do Nascimento Trigo
Médico

apresenta os seus respeitosos cumprimentos ao seu Exmo. Colega, não o tendo feito há mais tempo por ignorar a sua presença neste mesmo Hotel Porto.

Isto para catalogar nas "Noções de Erro". Supus que este homem me quisesse pedir dinheiro emprestado mas até hoje não tive mais novas dele, limitando-me a deixar-lhe um bilhe-

te meu escrevendo por baixo do meu nome em grandes letras
sublinhadas: "estudante de Direito".

— Literatura —

Você viu um postal em que iam uns versos em francês?[4]
Que demónio era aquilo? A propósito — aí vão outros — uma
poesia talvez, mas por enquanto incompleta. Diga o que lhe
parecem abstraindo de erros de ortografia possíveis:

> Le trône d'Or de Moi-perdu,
> S'est écroulé.
> Mais le vainqueur est disparu
> Dans le Palais...
>
> En vain je cherche son armure,
> Ses oriflammes...
> (Je ne Me suis plus aux dorures:
> — Ai-je égorgé mes aigles d'Ame?...)
>
> Tout s'est terni autour de moi
> Dans la gloire.
> — Ailleures, sanglant, mon émoi
> Était d'Ivoire.
>
> Tous les échos vibraient Couleur
> Dans mon Silence,
> Et comme un astre qui s'élance
> Je montais — Aile de ma douleur...
>
> J'étais la coupe de l'Empereur,
> J'étais le poignard de la Reine...
> ....
> ....
>
> Je me revais aux heures brodées
> Avec des tendresses de Page.
> J'étais le roux d'Autres mirages

Pendant mes fièvres affilées...

....

....

....

Eu em verdade não sei bem o que isto é? Paúlismo, lepidopterismo ou outra coisa qualquer? Em suma — apontamentos...

É possível, meu querido Amigo, que tivesse mais coisas a dizer-lhe. Tinha decerto. Mas não me lembro e, de resto, hoje estou muito estúpido.

Escreva sempre, mande as Obras de Ricardo Reis e receba um grande, um gigantesco abraço d'Alma a Íris-Norte e... o que você quiser

do seu confrade em paúlismo
e lugar-tenente interseccionista

o
Mário de Sá-Carneiro

Sossegue, não iniciei Pacheco Caeiro.[5]

Saudades a todos os conhecidos e em especial ao C. Rodrigues.

Como você me escreveu do Café de France[6] — eu faço o mesmo...

Paris, 27 Junho 1914
Meu Querido Amigo,

Recebi a sua grande carta que muito do coração agradeço — mas em áurea sinceridade. Antes de lhe responder, dizer de mim, e patentear a minha admiração pelas odes do nosso Ricardo Reis, tenho, meu amigo, com muito pesar que o atropelar com um

"Grande e Importante Pedido"

Meu Amigo tendo muito pouco dinheiro até o meu Pai mo enviar de África o que só sucede por meios de Julho (vindo eu assim a receber apenas em Agosto) escrevi hoje ao Bordalo e à Livraria Ferreira. Àquele para que entregasse a você todas as *Confissões de Lúcio* e *Dispersões* que tiver no estabelecimento — à Livraria Ferreira para que lhe entregassem todos os *Princípios*.

Estes volumes todos o meu Amigo terá a bondade de os fazer transportar a pau e corda para a Livraria Universal (de Armando Joaquim Tavares) 30, Calçada do Combro. O preço por que lá compram a *C. de Lúcio* e *Dispersão* é respectivamente de 50 réis e 20 réis. Pelo *Princípio* mandei pedir em carta que segue pelo mesmo correio 70 réis por exemplar — mas se ele não quiser dar mais de 60 (ou mesmo 50) não faz mal. Entanto estou certo que dará os 70 réis.

O meu amigo guarde em sua casa aí uns 10 (dez) exemplares do *Princípio*. Peço-lhe para ir tratar deste assunto no dia seguinte à recepção da minha carta — sobretudo à Livraria Ferreira, que é o mais importante pois têm lá cerca de 250 a 300 exemplares o que a 70 réis cada sobe a 20 000 réis.

Agora oiça, para seu entendimento: Eu escrevi à Livraria Ferreira pedindo para me enviarem a minha conta em débito a fim de eu a satisfazer, e para fazerem a primeira liquidação dos meus livros lá em consignação: A *C. de Lúcio* e *Dispersão* (cujas sobras devem lá permanecer) e ao mesmo tempo prevenindo que o meu Amigo Sr. F. Pessoa iria lá requisitar os exemplares existentes em depósito do *Princípio*.

Peço muito a você para levar a bem toda esta trapalhada — assegurando-lhe que só tomo a decisão de lhe dar tantos incómodos porque muito preciso de dinheiro. Vão juntos dois cartões meus para com eles você se apresentar na Livraria Ferreira e no Bordalo. O Dono da Livraria Universal também está prevenido. O dinheiro, deduzindo as despesas dos fretes e outras (e mesmo alguma pequena quantia que você de momento necessitar e que eu muito gosto terei em lhe emprestar) deve você enviar-mo em carta registada e em notas francesas, inglesas ou portuguesas. Evite o mais possível o va-

le — emitindo-o apenas se a importância não fosse aproxima-
damente reduzível a notas (podem mesmo vir notas francesas
e portuguesas: por exemplo se tudo desse 15 ou 25 mil réis).
Enfim deixo tudo ao seu cuidado. Quando me enviar o dinheiro
rogo-lhe que ao mesmo tempo me avise telegraficamente:
"Agora 75" (o número de francos que enviar). O endereço, ponha este: Carneiro 50 rue des Écoles Paris.

Para liquidar o assunto repito-lhe todas as minhas desculpas e creia que lhe ficarei muito grato pelo grande serviço
que me vai prestar. Perdoe, sim? Você é um santo. (E po-
nha-me a par de todas as suas démarches.)

Literatura — Admiráveis, meu querido Poeta, as odes[1]
do Ricardo Reis. Conseguiu realizar uma "novidade" clássica,
horaciana. Pois tal é a impressão que elas me deixaram. Não
sei por quê, contêm elementos novos — entanto são clássicas,
pagãs. E deixe-me dizer-lhe: uma maravilha de impessoalida-
de pois se no Caeiro ainda ressumava de vez em quando Mestre Fernando Pessoa, o mesmo não sucede nos versos do Reis
— Eles, sendo Seus na beleza, no Génio — são bem dele no
conjunto. A primeira estrofe, logo, na 1ª ode[2] é qualquer coisa
de muito grande, de muito nova — na sua simplicidade e no
seu classicismo. Horácio multiplicado por alma. Não poderíamos chamar ao Ricardinho Reis?[3] Percorrendo as outras odes
a cada passo surgem coisas admiráveis. De todas as odes,
além da 1ª, destaco a segunda,[4]

> ... deuses que o destroná-los
> tornou espirituais

a 8ª, a 6ª, a 11ª e essa tão pequenina, tão graciosa 3ª...[5] enfim —
todas!... A ouro, todas as minhas felicitações. (Não estou de
acordo em que a 1ª ode tenha muito a alterar. Acho-a belíssima como está e justamente uma das mais modernas e clássicas, das mais Horácio-multiplicado-por-alma. Mas nisso, o último e melhor juiz é claro você.)

Muito interessante o enredo Alberto Caeiro, Ricardo

Reis e Álvaro de Campos (devo dizer-lhe que simpatizo singularmente com este cavalheiro). Acho-a perfeitamente maquinada, soberba — mas entretanto será bom não nos esquecermos que toda essa gente é um só: tão grande, tão grande... que, a bem dizer, talvez não precisasse de pseudónimos... Mas em suma tudo quanto há de mais lúcido, mais interessante, mais natural. Que bela página de história literária!...

Por mim, literariamente inactivo estes últimos dias. O número do *Parthenon* não mo guardaram no restaurante!... Também a poesia de Nicolas era tão lepidóptera que não faz mal...

Que eu saiba não sou redactor-principal da *Flama*. Colaborarei literariamente entretanto e paúlicamente — tanto mais que o D. Tomás,[6] segundo aí me disse, na parte artística quer introduzir o maior avanço, mesmo para explorar o snobismo.

(É verdade: embora ache justo, confesso-lhe que tenho pena que o Caeiro não entre para o paúlismo).

Desculpe a desordem e o pouco interesse desta carta — tanto mais imperdoável quanto começo por lhe ferrar uma medonha estopada pela qual renovo todos os meus perdões e agradecimentos.

Perdoe-me — mas está um calor enorme e eu com uma camisola grossa de lã!... Perdoe-me. Adeus. Adeus!

Um grande abraço d'Alma!

o seu

Mário de Sá-Carneiro

Ansioso pelas Obras do A. de Campos.

Esta carta não vai atrasada quanto à sua — pois apenas a recebi ontem devido à greve dos sub-gentes (digo: sub-agentes) cá da terra. Também recebi um postal pela não inclusão do eco, que em verdade gostaria de ver.

Saudades, muitas, do Franco e Pacheco.

Não tornei a ver o Santa-Rita.

Sá

Perdão!...
Mil agradecimentos!
Escreva *muito* breve!
Tenha paciência na estopada que lhe prego!...
Vai uma nota dos livros Bordalo. Mais tarde o meu amigo terá também a bondade de ir lá liquidar a venda na província e Brasil. Fale nisso ao homem.

Paris — Junho de 1914
Dia 28

Meu Querido Amigo,

Perdoe. E muito obrigado por tudo — sim? Não sei se ontem, na minha carta, destaquei a 9ª ode.[1] Se o não fiz — faço-o agora pois, numa outra leitura, foi justamente ela que achei uma das mais formosas e das mais perfeitas. Simplesmente uma maravilha, impregnada esbatidamente de suavidade azul. Pelo mesmo correio segue a *Comœdia* de hoje, Domingo, e rogo-lhe muitas desculpas por ser esta a 1ª que lhe envio tendo-me esquecido os domingos passados. Torno-lhe a pedir mais desculpas e a recomendar-lhe o pedido de ontem. Se por qualquer motivo se não puderem realizar as *C. de Lúcio, Dispersão* ou os *Princípios* — o meu amigo realizará o que for possível enviando-me a importância. Desculpe tudo isto, de joelhos perdão!... O Pacheco vai para Lisboa muito breve (mas não diga a ninguém) e já combinámos para arreliar os carbonários contar muitas blagues a meu respeito e, sobretudo, dizer que nado em dinheiro. Você gozará. Sem mais, com todas as minhas súplicas de perdão, apesar de ele ser impossível, um grande, grande abraço do seu

Mário de Sá-Carneiro

[Paris 29. 6. 14][1]

— Apoteose —

Mastros quebrados, singro num mar d'Ouro
Dormindo fogo, incerto, longemente...
Tudo se me egualou num sonho rente,
E em metade de mim hoje só móro...

São tristezas de bronze as que inda chóro —
Pilastras mortas, marmores ao Poente...
Lagearam-se-me as ansias brancamente
Por claustros falsos onde nunca óro...

Desci de Mim. Dobrei o manto d'Astro,
Quebrei a taça de cristal e espanto,
Talhei em sombra o Oiro do meu rastro...

Findei... Horas-platina... Olor-brocado...
Luar-ansia... Luz-perdão... Orquideas-pranto...
....
— Ó pantanos de Mim, jardim estagnado...

Paris Junho 28 - 1914

Mário de Sá-Carneiro

Paris, 30 Junho 1914[1]

Meu querido Fernando Pessoa,

Não sei em verdade como dizer-lhe todo o meu entusiasmo pela ode[2] do Al. de Campos que ontem recebi. É uma
coisa enorme, genial, das maiores entre a sua obra — deixe-me

dizer-lhe imodesta mas muito sinceramente: do alto do meu orgulho, esses versos, são daqueles que me indicam bem a distância que, em todo o caso, há entre mim e você. E Eu já me considero tão grande, já olho em desprezo tanta coisa à minha volta... Perdoe-me. Mas só assim eu posso indicar-lhe a justa medida da minha admiração. Não se pode ser maior, mais belo, mais intenso de esforço — mais sublime: manufacturando enfim Arte, arte luminosa e comovente e grácil e perturbante, arrepiadora com material futurista, bem de hoje — todo prosa.

Não tenho dúvida em assegurá-lo meu Amigo, você acaba de escrever a obra-prima do Futurismo. Porque, apesar talvez de não pura, escolarmente futurista,* o conjunto da ode é absolutamente futurista.[3] Meu amigo, pelo menos a partir de agora o Marinetti é um grande homem... porque todos o reconhecem como o fundador do futurismo e essa escola produziu a sua maravilha. Depois de escrita a sua ode, meu querido Fernando Pessoa, eu creio que nada mais de novo se pode escrever para cantar a nossa época — serão tudo mais especializações sobre cada assunto, cada objecto, cada emoção que o meu amigo focou genialmente. Em suma: variações sobre o mesmo tema.

Eu quero percorrendo a ode destacar-lhe alguns dos versos que mais me abateram de admiração. Este verso fechando a 1ª parte é uma fulgurância genial

(Ah! como eu desejaria ser o souteneur d'isto tudo!)

Podia a ode não conter mais beleza alguma que só isto, quanto a mim, a imortalizaria.

Depois, como é belo e — de resto — de acordo com as teorias futuristas:

(Um orçamento é tão natural como uma árvore,
E um parlamento tão belo como uma borboleta)

Outra coisa enorme, duma emoção clara, e feminina, gentil

---

* ref. a citação de Platão e o parêntesis do burro puxando a nora. etc.[4]

Up-la-ho jockey que ganhaste o Derby,
Morder entre dentes o teu cap de duas cores!

Ainda lhe cito como admirável entre muitas outras, a passagem:

A fúria de estar indo ao mesmo tempo dentro de todos
os comboios etc.

Outra maravilha o final com as suas onomatopeias.

Do que até hoje eu conheço futurista — a sua ode não é só a maior — é a única coisa admirável. O lê-la, creia, meu querido Amigo, foi um dos maiores prazeres da minha vida — pois fica sendo uma das peças literárias que mais sinto, amo e admiro. Rogo-lhe só que acredite nas minhas palavras e que elas estão longe ainda de traduzir todo o meu entusiasmo. A minha pena, confesso-lhe, é só uma: que não seja o nome de Fernando Pessoa que se escreva debaixo dela — isto apesar de todas as considerações.

Não acho a ode um excerto (ou *excerptu*). Acho-a pelo contrário — tal como está — um todo completo, perfeito em extremo, em extremo equilibrado. Depois de tudo isto, meu Amigo, mais do que nunca urge a Europa!...[5]

Mando-lhe junto uma poesia minha. É bastante esquisita, não é verdade? Creia que traduz bem o meu estado de alma actual — indeciso não sei de quê, "artificial" — morto — mas vivo "por velocidade adquirida" — capaz de esforços, mas sem os sentir: artificiais, numa palavra*. Cada vez, meu querido amigo, mais me convenço de que escreverei dois livros: *Céu em Fogo* e *Indícios de Ouro*... Depois...? ...Não me "vejo" nesse depois...

O Pacheco vai-se embora, coitado, é claro, por causa da falta de dinheiro (não lhe diga que lhe disse isto). Ele fez ul-

---

* Isto muito mais sobre o soneto "Apoteose" do que sobre a poesia de hoje.

timamente umas sanguíneas sobre a Duncan[6] que são muito belas.

Peço-lhe a você que escreva, fale dos meus versos e *não se esqueça do meu pedido* pelo qual torno a pedir ainda muitas desculpas.

Dê muitas saudades ao Vitoriano Braga de quem em vão tenho esperado a prometida carta.

Admirável a poesia do Guisado que ontem também recebi. Admirável.

Um grande, grande abraço do seu

Mário de Sá-Carneiro

O Franco[7] e Pacheco agradecem as suas saudades e enviam-lhas de novo.

P.S. — Os versos que lhe envio hoje parecem-me a coisa minha que, em parte, mais poderia ter sido escrita por você. Não lhe parece? Diga. E diga detalhadamente do valor da poesia, pois eu ignoro-o. Não se esqueça!

— Distante melodia... —

Num sonho d'Iris, morto a ouro e brasa,
Vem-me lembranças d'outro Tempo asul
Que me oscilava entre véus de tule —
Um tempo esguio e leve, um tempo-Asa.

Então os meus sentidos eram Côres,
Nasciam num jardim as minhas ansias,
Havia na minh'alma Outras Distancias —
Distancias que o segui-las era flôres...

Caia Ouro se pensava Estrelas,
O luar batia sobre o meu alhear-me...
Noites-lagôas, como éreis belas
Sob terraços-liz de recordar-Me!...

Idade acorde d'inter-sonho e lua
Onde as horas corriam sempre jade,
Onde a neblina era uma saudade,
E a luz — deboches de Princeza nua...

Balaústras de som... arcos de Amar...
Pontes de brilho... ogivas de perfume...
Dominio inexprimivel d'Ópio e lume
Que nunca mais, em Côr, hei-de habitar...

Tapetes d'outras Persias mais Oriente,
Cortinados de Chinas mais marfim,
Aureos templos de ritos de setim,
Fontes correndo sombra, mansamente...

Zimbórios-panthéons de nostalgias,
Catedrais de Ser-Eu por sobre o mar...
Escadas de honra, escadas só, ao ar...
Novas Byzancios-Alma, outras Turquias...

Lembranças fluidas... cinza de brocado...
Irrealidade anil que em Mim ondeia...
— Ao meu redor eu sou Rei exilado,
Vagabundo dum sonho de sereia...

Paris 1914 — Junho 30

Mário de Sá-Carneiro

Paris, 3 Julho[1] 1914

Meu Querido Amigo,

Você vai-me perdoar tanta repetição!

Recebi hoje uma carta da Livraria Ferreira na qual acusam a recepção da minha e me dizem terem ficado cientes do seu conteúdo e esperarem as minhas ordens. Assim, se por qualquer razão você ainda lá não foi, suplico-lhe que vá lá *hoje mesmo** requisitar os *Princípios* e hoje mesmo os venda, enviando-me a importância — sobretudo não se esquecendo de me telegrafar para meu sossego. Não se preocupe se por acaso não tiver dinheiro para pagar os fretes adiantados. Faça como eu fiz muitas vezes: diga ao livreiro da C. do Combro que não tem troco. Ele paga — e depois desconta no dinheiro que lhe tiver a entregar. Eu faço-lhe todas estas recomendações porque receio que você se prenda com pequeninas coisas. E é claro que, de joelhos, lhe imploro perdão por tudo isto — por todas estas recomendações, estas insistências tolas. Mas veja

---

* Este *hoje* é o dia em que você recebe esta carta, ou seja segunda-feira 6.

que procedo para si como um verdadeiro Amigo — isto é: com a franqueza máxima. Compreenda bem e perdoe-me. É só por estar preocupado com o pouco dinheiro que tenho que tanto disparate lhe digo.

Perdoe-me. Se por acaso você estiver à espera, suponhamos, que o Bordalo lhe dê os livros para vender tudo junto, telegrafe-me dizendo-me para eu ficar tranquilo. Desde o momento que o dinheiro chegue até *10* tudo está bem. Agora se for impossível, previna-me sem demora para eu a *7* o mais tardar pedir que mo enviem de Lisboa. E repito-lhe: se só puder realizar as *C. de Lúcio, Dispersão,* mande-me o dinheiro, *por pouco que seja,* de qualquer forma, mas não me deixe de avisar telegraficamente em nenhum dos casos.

Coro de vergonha a pedir-lhe que me desculpe tudo isto — pois em verdade é abusar — e abusar inutilmente porque decerto amanhã ou depois me chega carta sua com todas as explicações e assim tudo quanto lhe digo nesta fica sem efeito. Devo-lhe dizer de resto que escrevi hoje ao meu pai, mandando-lhe a conta da Livraria Ferreira a fim dele a pagar.

— Não tenho nada de interessante a dizer-lhe. Mesmo esta carta é tão infame que falar nela doutra coisa, de alma ou literatura, seria engordurar uma coisa ou outra. Apenas lhe direi que o Craven[2] faz proximamente uma conferência em seu benefício aonde, para exemplificar as suas teorias, dançará e boxará. É absolutamente *Petite Semaine*, não acha?

— Bem, adeus, meu querido e Santo amigo. Perdoe-me! Perdoe-me! Não se esqueça do que lhe rogo — e escreva-me!...

Um grande, grande Abraço do seu

Mário de Sá-Carneiro

Rasgue esta carta da sua alma!

Post-Scriptum[3]

Suponhamos que você não tinha recebido a carta em que lhe fazia o meu pedido e que assim ficava às aranhas ao receber esta: o que eu lhe pedi foi que fosse ao Bordalo requisitar todas as *C. de Lúcio* e *Dispersão* que lá tivesse e à Liv. Ferreira requisitar todos os *Princípios*. (Escrevi a ambas as casas nesse sentido.) Depois que fosse à Livraria Universal 30, Calçada do Combro, vender tudo isso onde devem pagar as *C. de Lúcio* a 50 réis as *Dispersão* a 20 réis e os *Pr.* a 70 réis. E que me enviasse sem demora o dinheiro recebido. Desculpe ainda mais esta madureza.

Adeus. Outro grande abraço.

o

Sá-Carneiro

Perdão! Perdão!

Paris, 5 Julho 1914

Meu Querido Amigo,

Recebi hoje a sua carta registada. Francamente cada dia ignoro mais como lhe hei-de agradecer tanta gentileza. Magnífica ideia a de me enviar os 40 francos argelianamente.

Agora oiça: fiquei zangado com que você pagasse os fretes. Ainda por cima! O meu Amigo diz que me deve dinheiro. Contesto! Eu é que lhe devo muitos e muitos favores! Não repita a gracinha se vender os *Princípios*. Mande-me (se forem o número que ontem indiquei) 50 francos ou 10 000 réis. E para acabar com a parte comercial: Rogo-lhe que não se esqueça do meu pedido de ontem: ir à Livraria Ferreira, para onde escrevi e onde lhe devem dar os *Princípios*. Se negarem ainda, entregar a carta que ia dentro ao P. Moreira e, sobretudo, *telegrafar-me*!

(A propósito de telegramas: tinha sido mesmo desnecessário enviar-me um telegrama anunciando os 40 francos, visto que já me escrevera dando parte da conclusão do negócio.) Agora desta vez é que lhe peço muito que não olvide o telegrama, *mas descontando a importância bem como a dos fretes.*

Demasiadamente meço, creia, as infâmias das minhas

repetições, desassossegos etc. etc. com um amigo como você em quem se pode ter a maior confiança — tanta confiança como em nós mesmos. Nem você calcula como lhe estou grato, não lho posso exprimir. Porque embora lhe pareça insignificante o que tem feito tem uma grande significação. É tão raro encontrarmos quem nos sirva assim diligentemente... Muito obrigado, de todo o coração muito obrigado, meu querido Fernando Pessoa.

Literatura — Admirável o que hoje me chegou do Álvaro Campos. Não me entusiasma tanto como a 1ª ode mas isso será apenas um factor da minha vibratilidade. (Entretanto, por enormes que ache os excertos de hoje,[1] mesmo em inteligência creio maior, mais significativa e marcante a 1ª ode.) A ode de hoje é admirável, portanto, belíssima — e um tudo nada paúlica — e um tudo nada, vamos lá, Fernando Pessoa. De resto, nota-se também evidentemente pela sua leitura, que o Campos conhece bem a obra do Ricardo Reis e do Caeiro dos quais ressumam influências. Continuo a dizer meu amigo, que as produções do Alvarozinho vão ser das coisas maiores do... Pessoa. Europa! Europa (revista) é que é preciso sobretudo!

Pela minha parte tenho estado inactivo estes últimos dias. Conto ir trabalhando na *Grande Sombra,* mas sem pressa alguma, para a ter concluída definitivamente apenas em Setembro.

Diversos assuntos — Escrevi hoje ao Guisado para a Galiza.[2] Se porventura ele ainda não tiver partido, peço-lhe que o informe.

Eu preferia, é claro, que o Mourão[3] não soubesse o meu endereço para não me maçar com cartas e prefácios etc. No entanto, como para ele não é plausível que o meu amigo ignore o meu endereço — diga-lho se não tiver outro remédio.

Pelo mesmo correio segue a *Comœdia* de hoje. Vai sem cordel. Chegará? Você diga, apesar da pouca importância do caso. É verdade: se por acaso o Tavares já não quisesse comprar os *Princípios,* você negociava-os em outra casa, por qualquer preço.

Bem meu amigo, termino sem nada mais ter a dizer-lhe. Renovo-lhe todos os meus agradecimentos e, de joelhos, todos os meus perdões.

Escreva sempre o mais possível — sim? Cada vez mais me orgulho e acarinho da sua amizade.

Adeus, Fernando Pessoa. Um grande, grande abraço do

Mário de Sá-Carneiro
(muito amigo e obrigado)

Pergunte ao Almada Negreiros se afinal não vem.

P.S. — Esqueci-me de dizer-lhe que nos excertos de hoje a passagem que mais me impressionou foi aquela: "Apanha-me do solo malmequer esquecido"[4] e a parte aonde se refere ao Oriente dizendo que talvez ainda por lá exista Cristo.[5] É uma passagem admirável esta — das tais "grifando sombra e além".

o

Sá-Carneiro

11 Julho 1914

Em Ouro, Saúde — interseccionadamente!... Recebi a sua carta que muito agradeço — e de joelhos lhe peço de novo perdão por toda a maçada que lhe tenho dado. Perdão e mil emboras!... Estupores, lepidópteros os livreiros! Mas em todo o caso os 50 francos eram para supérfluos: livros, teatro... e ceroulas... Paciência, será para o mês que vem! Vou escrever ao meu Pai pedindo que não pague a conta, expondo-lhe o assunto dos *Princípios*. Quem fica assim tramado são eles a quem pelo mesmo correio escrevo este postal: "Exmo. Sr. Ferreira, limitada: Tenho o vivo pesar de comunicar a V. Exas. que antes de entregarem os meus volumes também aí não será saldada a minha conta. Com efeito previno pelo mesmo correio o meu Pai do interessante episódio... Sem mais, sou com toda a consideração de V. Exas. at. vene. criado muito grato Mário de Sá-Carneiro".

Novidades, nem meia. Um calor horrível e um hediondo ar de festança popular: o 5 de Outubro cá da terra. Eu literariamente inactivo, reservo-me para quando estiver mais fresco... O Pacheco está em Lisboa quando você receber este postal. Deve ter aí chegado na terça-feira. Mando-lhe um abraço grande por ele — e já agora peço-lhe que lhe dê outro meu — em última hora... O Guisado afinal quando vai para a Galiza? Dê-lhe muitas saudades minhas! E o Cortes-Rodrigues, sabe dele?... Bem, meu Querido Amigo, até breve — e perdoe ir hoje só um postal. Adeus! Agradecimentos repetidos e um gigantesco abraço!...

Escreva sempre

o seu

Mário de Sá-Carneiro

Paris, 13 Julho 1914

Meu Querido Amigo,

Vou-lhe hoje escrever uma carta grande, parece-me. (grande=extensão). Um tempo em extremo lepidóptero: calor (e ontem trovoada), mas sobretudo as impossíveis festas nacionais: balões, bailaricos, guitarras — como aí, tal e qual. Atravessando a rua Mazarine ontem eu e o Carlos Franco ficámos arrepiados, semiloucos, pois vimo-nos de súbito em pleno Bairro Alto. Simplesmente, concentrando melhor o nosso espírito, concluímos o nosso erro e sossegámos só porque não era o fado o que as guitarras raspavam...

a) Sua carta — Recebi hoje a sua carta de 10 que, mais do que nenhuma outra muito, muito agradeço. É interessantíssimo o que nela me conta de Si.

Compreendo optimamente o seu estado de "suspenso", de "boiar", estado de alma que, de resto, noutro sentido (quero dizer: noutra inflexão) eu já tenho experimentado. O que me diz sobre o seu "exílio", embora na verdade a minha vibratilidade o não possa aceitar com extrema simpatia, é quanto a mim um curiosíssimo fenómeno, mas um "admirável fenómeno" (perdoe-se a expressão estrambótica) no autor da "Ode" do Álvaro de Campos. Meu amigo, seja como for, desdobre-se você como se desdobrar, sinta-de-fora como quiser, o certo é que quem pode escrever essas páginas se não sente *sabe* genialmente sentir aquilo de que me confessa mais e mais cada dia se exilar. Saber sentir e sentir, meu Amigo, afigura-se-me qualquer coisa de muito próximo — pondo de parte todas as complicações. E o que eu, da minha vibratilidade lastimaria em você — que tão genialmente admiro e tão sinceramente como posso estimo — era apenas, talvez, que não pudesse fremir, que não *soubesse imaginar fremir* com aquilo que a minha alma oscila acima de tudo mais em leonino. De resto meu Amigo, repare bem no complicado e misterioso fenómeno: eu, eu que pelo contrário cada vez vou vendo que a única coisa que me poderia fazer sair de mim, comover em alheamentos de verdadeiro Artista é aquilo a que englobadamente chamo Europa — eu, sinto que nunca poderia ter escrito a ode do Álvaro de Campos porque em todo o caso não amo tudo que ele canta suficientemente para assim o fixar... "Sinto" menos do que ele, "amo" menos do que ele, "estrebucho" menos do que ele as avenidas da ópera, os automóveis, os derbys, as cocottes, os grandes boulevards... E eu amo isso tudo portanto de tal ânsia a brasa!...

Quer ver, eu encontro uma explicação fácil para o facto de justamente após o caso Al. de Campos você se sentir mais afastado do mundo. Oiça:

Eu amo incomparavelmente mais Paris, eu vejo-o bem mais nitidamente e compreendo-o em bem maior lucidez longe dele, por Lisboa, do que aqui, nos seus boulevards onde até, confesso-lhe meu Amigo, por vezes eu lhe sou infiel e, em vislumbres, me lembro até da sua desnecessidade para a minha alma, para a minha emoção... Assim em você, meu Amigo, é isto só: não sente já ânsia de conhecer cidades, europa, progresso, porque tudo isso você viajou, hiperviajou, hiperconhece, hiperpossuiu ao escrever a sua admirável obra — uma das coisas suas maiores, repito, mais geniais e daquelas de que eu menos duvido, das que mais garanto! Tudo isto vem apenas aumentar — e você deve ao medi-lo embebedar-se de si — a sua grandeza divina, perturbadora, secular! Meu querido Amigo juro-lhe que não exagero, que não literatizo, que não deixo a minha pena seguir inadvertidamente: eu a cada linha mais sua que leio sinto crescer o meu orgulho: o meu orgulho por ser, em todo o caso, aquele cuja obra mais perto está da sua — perto como a terra do sol — por o contar no número dos meus íntimos e em suma: *porque o Fernando Pessoa gosta do que eu escrevo.*

Não são declarações de amor: mas tudo isto, toda esta sumptuosidade e depois a grande alma que você é, fazem-me ser tão seu amigo quanto eu posso ser de alguém: encher-me de ternuras, gostar, como ao meu pai, de encostar a minha cabeça ao seu braço — e de o ter aqui, ao pé de mim, como gostaria de ter o meu Pai, a minha Ama ou qualquer objecto, qualquer bicho querido da minha infância...!

Só lhe peço que me desculpe a maneira como me exprimo — mas a única como me posso exprimir em inteira sinceridade. E lastime-me um pouco também...

Creia, meu querido Fernando Pessoa, perdamos por completo as ilusões: eu toco o fim — um fim embandeirado, mas em todo o caso um limite. Acabei já — acabei após a minha chegada aqui. Hoje sou o embalsamamento de mim próprio. Não tenho estados de alma, nem os posso ter já porque dentro de mim há algodão em rama (o algodão em rama que há dentro de animais naturalizados)... Estados de alma, ânsias, tristezas, ideais, grandes torturas de que saíam os meus livros tudo isso acabou... Ilusões de glória, de "espanto" já não existem em mim. Entusiasmos do que eu sou, tão pouco, porque demais sei o que sou. *Sou o que quero* — o que quereria Ser; mas sei que o sou. Logo...

Meu Amigo eu na vida andei sempre para "gozar", para ser o principal personagem de mim próprio, o personagem principal da minha vida — mas hoje já o não posso ser, porque sei o papel de cor — e desempenhar-me só me pode fazer bocejar no grande tablado hoje para mim coberto de serapilheiras — serapilheiras em que se volveram tapetes roxos que na verdade nunca existiram mas que eu podia, sabia imaginar... Depois eu sou uma criança — tantas vezes lho gritei — e a criança hoje vê a sua idade terminada, bem terminada — terminada há muito mas só hoje, depois da partida do meu Pai para a África, da casa desfeita, terminada em ilusão. Para trás de mim existe o irremediável; o que nunca mais, nunca mais se pode repetir mesmo em miragem.

Meu Amigo: nunca mais terei quem arrume a minha roupa nas gavetas, e quem de noite me aconchegue a roupa... alguém que me faça isto e *tenha assistido à minha infância*... Estou só — dos outros — só de mim para sempre. E as minhas saudades, as minhas lágrimas que unicamente assomam — vão, longinquamente, para as ruas da minha quinta quando eu tinha cinco anos, e o leito pequeno de ferro em que eu dormia então, e certa manhã em que, quando acordei, andava um pássaro no meu quarto, e os passeios às tardes tristes em Lisboa, com a minha Ama — em que eu era já o que hoje sou quase... e mais modernamente as últimas ilusões da minha infância: aquele cãozito [...] que você ainda conheceu e corria a buscar as pedras que eu lhe atirava... e o meu escritório da Travessa do Carmo[1] onde eu lhe lia, a Si, as minhas coisas, onde outrora tanto sonhei com o meu primeiro livro, onde tanto projecto, tanto amigo passou — e onde ainda este ano, no dia 1º de Janeiro, eu e o Pacheco e o Franco bebemos champanhe, com o fogão aceso, "fomos" Paris!...

Vê: é toda esta futilidade, estas "mariquices" meu amigo que eu lamento numa grande dor — mas não em uma dor arrependida: Consegui, à força talvez só de o querer, obter o que ambicionava: Paris. Simplesmente era essa a última maravilha, — o fim, a Apoteose (e foi neste estado de espírito que eu escrevi o soneto "Apoteose"[2] e assim o denominei). Quanto a pessoas, as minhas saudades vão àqueles que compuseram a minha infância — e vão a si, ao Rola,[3] ao Cabreira:[4] os dois últimos como precursores de si, você como o amigo, o companheiro dos brinquedos do meu génio — e aquele que assistiu ao seu nascimento, à sua infância, que arrumou a sua roupa, lhe aconchegou os cobertores — aquele a quem sempre confiadamente recorri e corri mostrando as minhas obras — como corria à minha ama para me deitar — e, antes de adormecer, não queria que ela se fosse embora de ao pé de mim com medo dos ladrões... Perdoe-me! Perdoe-me todas estas digressões, estas inferioridades aparentes — mas repito só assim posso exprimir-me em franqueza completa!

É este todo o descalabro da minha alma. O meu futuro literário é este: a conclusão da *Grande Sombra*, a composição de mais alguns contos para o volume *Céu em Fogo* (talvez mesmo só das *Asas)* possivelmente alguma outra novela importante — só uma — e várias poesias. Não quero fazer mais. *E não posso fazer mais*. E tudo quanto mais farei sê-lo-á feito automaticamente, melhor — *já está feito*. Foi feito em alma antes do fim — mas "no fim" sê-lo-á executado materialmente.

Meu Amigo, creia-me, tudo quanto doravante eu hoje escrever são escritos póstumos. Infelizmente não me engano — como não me enganei na minha volta a Paris. Não lhe dizia tanta vez que não "me via" com uma obra muito longa? Entretanto qual será o meu fim real? Não sei. Mas, mais do que nunca acredito, o suicídio... pelo menos o suicídio moral... Acabarei talvez em corpo exilado da minha alma! Mas creio menos nesta hipótese. Nas páginas psicológicas da *Ressurreição* está bem descrito o meu estado de alma actual. Apenas não seguirei liberto na vitória maior, possuindo Paris, a executar a minha obra — justamente porque estou liberto e tenho Paris!

Meu Amigo, deixe-me dizer-lhe imodestamente — a razão de tudo isto está naquela quadra da "Dispersão":

> A grande ave dourada
> Bateu asas para o céu,
> Mas fechou-as saciada
> Ao ver que ganhava o céu...

O céu da minha obra não quero dizer que seja grande — não sei se na verdade o será. Entretanto estou bem certo que é pesadamente dourado (talvez de ouro falso, mas em todo o caso dourado) com muitas luzes de cor, e lantejoulas, todas a girar, fumos polícromos, aromas, maquilhagens, lagos de água, dançarinas nuas, actrizes de Paris, salas de restaurantes, densos tapetes... E isso me basta. Passei na vida literária, creio, uma rapariga estrangeira, esguia, pintada, viciosa, com muito gosto para se vestir bizarramente — pelo menos — e para dispor orquídeas em jarras misteriosas, em esquisitas talhas do Japão — gulosa de morangos e champanhe, fumando ópios, debochada — ardendo loucamente. E se assim é, se não me engano: eu fui o que quis: a minha obra representa zebradamente entre luas amarelas aquilo que eu quisera ser fisicamente: essa rapariga estrangeira de unhas polidas, doida e milionária...

Perdoe-me mais uma vez tomar-lhe tempo com tudo isto, tão mal exprimido — e já agora, peço-lhe, fale longamente de tudo quanto lhe digo de mim... Assim me dará uma *ilusão*: a ilusão da sua companhia e, não lhe sei explicar por quê, a ilusão de que ainda me interesso por mim...

— Fico muito satisfeito pelo que me diz sobre a sua evolução — que hoje atingiu enfim o período completo da sua maturidade intelectual. Essa certeza dar-lhe-á por certo no seu entusiasmo horas intensas de criação, horas intensas, tenho a certeza, de execução material.

— É claro que teria sido melhor não falar do Caeiro ao Lopes. Mas o que não tem remédio, remediado está! Nunca devemos ter confidências com quem "não é dos nossos", não nos compreende... Por mim, confio-me a toda a gente. Logo...

— Fez é claro muito bem em distribuir os exemplares dos meus livros. Você é de resto o proprietário deles...

b) Literatura — Esqueceu-me outro dia, no postal, de me referir aos excertos que concluem a ode do Al. de Campos. São admiráveis, genialmente completando essa obra. E emocionou-me acima de tudo, encarando como das coisas mais belas de todo o trabalho, a ideia que nas correias de transmissão andam já pedaços do Alexandre Magno do século 50, do Shakespeare do século 100.[5]

Tenho uma ideia para uma novela, que não escreverei talvez, *Novela Burguesa* de que lhe darei conta noutra carta pois já estou fatigado de escrever. Essa novela, que não me interessa demasiadamente por interessante que seja, seria uma parelha da novela errada. Depois contarei.

— Fiz outro dia estas duas quadras lepidópteras[6] de nenhuma poesia mas que no entanto aqui transcrevo:

Barcaças dos meus impetos tigrados,
Que oceanos vos sumiram de segredo?
— Partiste-vos, transportes encantados,
De encontro em alma ao rôxo, a que rochedo?

Ó nau perdida, ó ruiva de aventura
Onde em Champanhe a minha ansia ia,
Perdeste-vos também ou, por ventura,
Fundeastes a Oiro em portos d'alquimia?

c) Santarritana:[7] Pela segunda vez depois que aqui estou estive hoje com o Santa-Rita que foi ao meu hotel. Uma notícia sensacional: O Santa-Rita vai para (não *a*) Lisboa em Setembro próximo! É claro que, como tem de ir, ele se mostra satisfeito por isso mesmo (quando o ano passado me dizia ser essa a maior tragédia). Disse: "Compreende: vou lá para baixo *fazer* a minha obra, impor-me socialmente. De resto é muito duro Paris durante tanto tempo, esgota-nos!". Veio-me pedir para eu arranjar um editor para a tradução portuguesa dos manifestos do Marinetti (livro *Le Futurisme* e os últimos trabalhos). Pedido — disse — feito em nome do Marinetti. Para ser amável escreverei a qualquer livreiro daí que dirá que não...

Adeus, meu querido Fernando Pessoa. Perdoe-me tudo, tudo.

E um grande, grande abraço
do seu pobre

Mário de Sá-Carneiro

Saudades do Carlos Franco!
Escreva breve!

Paris — Julho de 1914
Dia 18

Meu Querido Amigo,

Recebi ontem a sua carta que muito agradeço.

Gostaria muito, se fosse possível, conhecer o que sobre mim (e sobretudo o interseccionismo e Caeiro R. & Cia.) o mano Reis[1] escreveu. Mas sei bem que isso não será possível.

Antes de mais nada uma importante e próspera novidade literária: Acabei ontem *A Grande Sombra* (em rascunho, bem entendido). Fiquei muito satisfeito com o que escrevi e li logo ao Carlos Franco. Apareceram alguns detalhes novos que, sem serem primordiais, são contudo interessantes. Dentro de mês e meio deverá você receber aí o manuscrito definitivo e dir-me-á depois a sua opinião.

Já que estou com a mão na massa, vai aqui a ideia da tal *Novela Burguesa,* que, muito provavelmente, não escreverei — porque, interessante, não está bem na minha maneira.

Um artista conta a seguinte aventura: ele frequenta (ou conhece apenas) uma família burguesa, mulher, marido, uma petiza. Gente modesta. O marido oficial do ministério das finanças. Mas vivem bem. E o artista descreve esse interior — não o compreendendo: não compreendendo que a dona da casa queira, mesmo de Inverno, a casa de jantar esfregada todos os sábados etc. E descreve a vida deles: mas segundo o seu modo de ver de artista, ingenuamente (humoristicamente — segundo a acepção do Pawlowski, um pouco, talvez) tendo enormes espantos por saber que ao Domingo vão passear ao campo, que o marido tem uma opinião política, é sócio dum clube, vota, vai todas as noites ao mesmo café jogar o dominó. Que a mulher faz as contas à criada, determina o jantar, tem as suas pequenas jóias em vez de gastar todo o dinheiro que lhe vem às mãos etc.

Não sei se você atinge bem a minha ideia: Suponhamos um burguês não compreendendo — por exemplo: não vamos mais longe: a minha e a sua vida — porque ele é a regra geral, o inferior: enquanto que nós somos superiores: a excepção. Pois bem este artista olha os burgueses, não os entende, como se a gente como ele fosse a generalidade e os burgueses a excepção — como se *sinceramente* estivesse convicto disso!

Assim admirar-se-ia de tudo isto (colocava-se aqui como subentendidamente o elogio dos medíocres de que eu uma vez lhe falei etc). E acharei sublime, por exemplo, eles irem passar um dia de Verão ao campo porque iam sofrer o calor, a poeira do comboio, o cansaço das longas caminhadas, as dores nos pés das botas apertadas etc.

Ora essa gente tem um amigo que muita vez os acompanha e os visita: um colega do marido. Este (o marido) por pequeninas coisas desconfia que alguma coisa há entre ele e a mulher. Começa — embora não goste até muito da mulher, nem mesmo sexualmente — a ter cenas com ela. Um dia, provocadoramente, ela diz-lhe: pois bem, é verdade... Mas o marido, depois dum acesso de cólera, lembra-se das virtudes burguesas... Vem-lhe o raciocínio... Vai desgraçar-se... Perder o seu lugar (ele que está prestes a ser nomeado 2º oficial) depois a filha... E, mesmo, no fundo, talvez mesmo só por cobardia — como a mulher lhe disse aquilo talvez por despeito — vai-se calando. Apenas esfria de relações com o amigo. No ministério um dia porém vê-o a escrever uma carta que começa: Minha Amélia (o nome da mulher)... Desfecha-lhe um revólver. É preso... Vem-se a saber depois que ele viu mal: a carta começava Minha Amiga — e era dirigida a outra mulher... O julgamento: ele conta o ciúme acumulado que o levou ao crime: mesmo que a sua filha, inocentemente, lhe dissera que o amigo uma vez viera ver a mamã, quando o pai não estava... A mulher interrogada diz que nunca foi amante do outro nem gostava dele... Mas lhe aceitava a corte por não gostar do marido... E o júri absolve o herói desta "tragédia".

Não sei se você, repito, compreende os intuitos, humorísticos em verdade, de ver a inferioridade da sub-gente normal — mas fazer ressaltar as dúvidas, se isto não será afinal, na sua banalidade, no seu "primitivismo" não será interessante, e comparável às complicadas tragédias dos espíritos superiores (por exemplo: *A Confissão de Lúcio*) tão inexplicável, destrambelhado como elas. E sempre acentuando a incompreensão do Artista narrador. Enfim: pretenderia fazer a inversa disto: *A Confissão de Lúcio* ser contada por um burguês. Atinge bem?

É claro que não escreverei isto, repito, porque em verdade, não vale a pena. Diga em todo o caso você a sua opinião. (E se percebeu).

O meu estado de alma é o mesmo: entretanto como vê vou trabalhando, que é o principal. De resto as minhas dores são, em verdade, apenas "dores esquecidas" de que me lembro às vezes, apenas às vezes. E sofro então, tenho vontade de chorar — mas não por elas próprias que nunca existiram sinceramente — apenas pela sua recordação: *pela recordação da possibilidade delas existirem!* Eis tudo. Isto assim é que é pôr as coisas nos devidos termos — deixemo-nos de ilusões!

Termino por hoje, meu querido Fernando Pessoa, com muitos abraços, muitas saudades d'Alma. Adeus.

o

Mário de Sá-Carneiro

Diga ao Pacheco que me escreva!

Admiráveis, geniais os sonetos do Guisado que ontem recebi. Especialmente o segundo da "Elegia do meu ser".

Muitas saudades do seu Carlos Franco.[2]

Paris — Julho de 1914
Dia 20

Meu Querido Amigo,

Recebi hoje a sua carta que muito agradeço. Era desnecessário repetir-me a sua sinceridade dentro dela, por causa da literatura com que a ungiu. Eu nunca duvido dela em Você — e foi-me mesmo deveras grato esse paúlismo intermediário... Você deve talvez ter razão no que me diz sobre o meu estado de alma. Explicando melhor: eu hoje já não tenho estados de alma: isto é: sei apenas lembrar-me dos estados de alma que deveria ter em certos momentos e do respectivo género de sofrimento que esse estado de alma me devia provocar. Daí o eu ter-lhe falado do meu "embalsamamento" que, creia, é a melhor palavra para descrever o meu *Eu* actual.

Quanto à minha vida artística, nada sei. Entretanto esta mesma artificialização, este mesmo embalsamamento a salva, porque a fixa. Assim apenas o que poderia era não aparecer nada de novo — apenas ideias novas. É bom pôr de parte talvez os pessimismos. Há apenas como factores contrários o meu egoísmo, a minha infantilidade que me fazem só trabalhar a prémio... Daí o perigo que um dia o "prémio" já não me pareça suficiente... Mas o certo é que terminei justamente agora, e dum jacto quase, *A Grande Sombra* — a qual principiarei a apurar amanhã. Logo...

Meu Amigo até hoje sonetos seus apenas recebi dois a que já me referi, tenho a certeza, numa carta dizendo-lhe (em resposta à sua classificação de lepidópteros) que eram maravilhosos — e só não admiráveis por serem do Fernando Pessoa. Esses sonetos de resto chegaram já há muito tempo e não com a carta que trouxe o fim da ode do Campos. Nem nessa carta, que reli, você nem fala de sonetos. Veja pois que noção de erro: acrescentada nisto: há uns 8 dias o meu avô escreveu-me um postal em que me dizia que sobre o soneto nada podia dizer pois ele não tinha lá aparecido... Tratar-se-á dos sonetos que você não me enviou?... (em pleno erro!...).

Você tem razão, que novidade literária sensacional o aparecimento em 1970 da Correspondência inédita de Fernando Pessoa e Mário de Sá-Carneiro — publicada e anotada por... (perturbador mistério!).

Que tal é a *Labareda*[1] como aspecto? E como apresentação (queria dizer: colaboração)? Você é claro que faz muito bem em mandar para lá ultrapaúlismo, mas bem ultra!

Hoje francamente o assunto escasseia. Fico ansioso por conhecer as novas produções do simpático Ricardo Reis.

Extremamente curioso o que me diz sobre o seu desdobramento em vários personagens — e o sentir-se mais eles, às vezes, do que você próprio. Efectivamente descreve bem talvez esse estado o: "ter-me-ia volvido nação?". E é verdade, de toda a alma lhe agradeço as suas palavras sobre mim. Elas são o meu maior orgulho.

Não me lembro de mais nada para lhe dizer senão que, se vir o José Pacheco, lhe dê muitas saudades minhas e lhe diga que eu levarei muito a mal se ele continua no silêncio de até hoje — a ponto que nem eu ou o Franco sabemos se ele aí chegou...

E para você, com todos os agradecimentos repetidos, mil abraços interseccionados em Ouro e Alma

o seu

Mário de Sá-Carneiro

O Franco agradece as suas saudades e retribui.

Paris — Julho 1914
Dia 27

B. postal — P. S. — à carta de hoje[1]

Esqueceu-me de lhe citar entre os títulos possíveis para o novo volume, este — talvez o melhor, senão ele próprio, o bom — *Novelas Falsas*. Diga a sua opinião. — Lembrou-me agora, de súbito, ao entrar para casa que, nesse volume, cabe também, pode ser, *O Mundo Interior*[2] tratado doutra maneira: o narrador conhece um homem (o narrador aqui aparentemente "burguês" isto é: criatura sem complicações psicológicas — talvez um "professor" de matemática ou de física) trava conhecimento no Café com um homem que lhe fala só da sua alma e lhe conta como viaja no seu mundo interior. Um dia esse homem desaparece (como por exemplo desapareceu aquele meu amigo a que aludo na *Grande Sombra*) e a única explicação que o seu companheiro encontra em vista das buscas da polícia improfícuas, é esta: que ele terá desaparecido no seu *mundo interior*. Donde o inconveniente de ser complicado demais, de ter psicologia a mais, de pensar demais sobre si próprio... Não é verdade que esta novela podia caber no livro? Que lhe parece? — Tenho trabalhado todos os dias na *Grande Sombra* que deve estar concluída pelos fins de Agosto. Começarei logo a tirar a cópia que você deve receber aí por 10 de Setembro, 15, o mais tardar. — E agora parece-me que não lhe tenho mais nada a dizer... Um grande abraço a mais em Alma e Ouro do seu, seu

Mário de Sá-Carneiro

Saudades do Carlos Franco.

Paris, 28 de Julho 1914

Bilhete-postal-resposta-à-Carta-Pessoal de 23-25 Julho[1]

Máxima noção de erro o paúlismo SANTOS, com a ideia, sem dúvida bela e do mais puro intersec-cionismo[2], da sonâmbula da vida — mas franca-mente ainda me assombrou mais num espanto de incoerência a aparição das quadras Férreas...[3] Es-ses bebés mandar-me-ão o livro? Diga-lhe o que aqui vai — pelo menos era para eu ver o meu paúlismo a par [de] J. de Barros!...[4] Os sonetos que eu recebi foram aqueles que você cita. E ago-ra me recordo: eu escrevi o que lhe dizia na car-ta... mas numa carta que não lhe enviei e substi-tuí por outra. Pelo menos deve ser assim, pois lembro-me, lucidamente me lembro, de ter escri-to a frase que lhe citei. Pasmoso o lepidopterismo do M. N. de Melo.[5] E julgam-se artistas singula-res, incompreendidos, tais malandros!... A propó-sito do Pessanha: logo que puder, mas logo, ro-go-lhe muito, que me envie os versos a que alude. Fico ansioso por eles. E pedia-lhe, mais uma vez abusando, que, quando tiver vagar, me envie uma cópia do soneto à mãe — e mesmo doutras coisas que eu já conheço — pois é para mim um grande prazer reler esses admiráveis poemas! Eia *Europa*! a *Europa*! como ela seria necessária!... Fico também ansioso, sôfrego, pelas obras literárias suas e dos seus "manos" que me anuncia. Por tu-do lhe peço que não as demore!... (Você tem ra-zão: o paúlismo é qualquer coisa de enorme em face do fenómeno do Santos!) Dê saudades mi-nhas a toda essa gente que está para me escrever: Carlos de Oliveira,[6] Vitoriano e Cortes-Rodrigues. Aos dois últimos, vincadamente. Interessantíssi-mo o que de psicológico me diz de Si nesta carta.

Apenas doloroso — por isso lamento essas linhas. De resto compreendo muito bem o "estado" que descreve e que tanta vez eu sinto. Peço-lhe desculpa de o estar sempre a incomodar com pedidos de cópias das suas obras, do Pessanha etc. Mas creio que você me desculpa... E repito que espero em ânsia dourada tudo isso... E francamente não sei que mais lhe diga... Abraços ao Pacheco de quem hoje recebi carta. Até breve, largamente — espero: em resposta às suas obras. Mil abraços. O seu, muito seu

M. de Sá-Carneiro

(Saudades do Franco!...)

[28 de Julho de 1914]

(Extracto de carta para S-C)[1]

Consiste (essa teoria) na sua linha geral (o interessante, é claro, é os detalhes, e os processos, porque consegue o que quer) numa utilização das forças, dos sentimentos e dos processos democráticos para a fixação fluida e elevada de uma aristocracia — considerando eu uma nítida aristocracia, isto é, uma aristocracia nitidamente tal (sempre não-de-sangue, é claro) como o único modo de se obter o progresso dentro de um país.

O que nos interessa agora é estabelecer quais os processos intelectuais que irão contribuindo para criar uma atitude aristocrática. São três pelo que diz respeito à parte cultural do caso:

1) estabelecimento de uma corrente ou várias correntes literárias e artísticas, todas elas superpopulares;

2) estabelecimento de uma quantidade de culturas em conflito umas com as outras, assim (a) agitando e cosmopolitizando o meio aristocrático e (b) desviando para esse conflito as forças de combatividade humana que, nos superiores, poderiam tender — porque a alguma coisa hão-de tender — a ir agredir os elementos populares —

o que é inútil e prejudicial, visto que só as aristocracias inferiores, anticosmopolitas e incultas, é que brigam *com o povo (as outras, as verdadeiras,* pairam-lhe *acima).*

3) criação gradual de uma necessária subordinação de todas as atitudes sociais a uma orientação intelectual, *dando assim à Inteligência o seu papel de dominadora.*

Este plano é um plano político. No esboço acima feito da sua inicial atitude — literária e artística, porque por aí deve começar a aristocrarização — v. nota isto claramente. Ora o nosso plano literário — feito, aliás, sem pensarmos em nada disto — vem a coincidir, o mais perfeitamente possível, com este plano político. Sinal para mim evidente de que estávamos instintivamente seguindo uma direcção da Raça; e que a minha constatação dessa atitude como fundamentalmente política é apenas a útil e oportuna consciencialização dessa corrente.

(Excuso quase de lhe explicar que, tendo eu por representativo de um máximo período de vida nacional o aparecimento de um fenómeno aristocrático como lhe expus, a constatação de que caminhamos para lá é altamente satisfatória e profundamente de acordo, em Ouro e Europa, com as conclusões — que, salvo quanto ao papel do Saudosismo nessa Nova Renascença, absolutamente mantenho — dos meus artigos n'A Águia.)

Depois, note isto: dado que, a meu ver, a aristocracia equivale à consciência e inteligência na vida social, muito mais aristocrático é isto assim conscientemente e dominadamente feito, do que do modo meramente instintivo e puramente literário que antes tínhamos. Agora estamos completos para agir; e como essa acção é literária, a nossa atitude decidida nada muda: Interseccionismo, Caeiro, etc. — tudo isso fica de pé, fica mais de pé (absurdamente falando), e ganha um íntimo sentido.

Tenho um grande prazer em ter chegado a isto, a este ponto de consciência e de orientação. Tenho a impressão de estar chegando ao fim da construção *de um poema em ponto grande, que tem realidades por versos, e correntes sociais por episódios ligados ao seu âmago de poema. E depois que intersecção de política e de literatura!*

Repare agora em como a nossa atitude literária coincide com aquela atitude de preparação para a atitude aristocrática política que, em pura especulação sociológica, descobri. Repare para os três pontos que acima estabeleci como necessários. E veja como os podemos ir obtendo, realizando:

1) O paúlismo é o mais superpopular possível. Também o é o Caeirismo. E o saudosismo, ainda que (especialmente pelas tendências) menos, já o era.

2) Lançando a Europa *abrimos* (1) *um conflito entre o Caeirismo e o paúlismo;* (2) *um conflito entre estes dois cosmopolitismos e o saudosismo;* (3) *um conflito entre estas três correntes, literatura grande, e a tacanha literatura literatura representativa do nosso actual período — Dantas-príncipe etc.*

3) Com os estudos sociológicos que tenciono fazer irei tratando disto.

(...)

Paris — Agosto de 1914
Dia 1º

Escrevo-lhe numa hora terrível — meu querido Amigo. Para o mundo — para a Europa — e mesmo, pessoalmente, para mim: para nós todos... O que se irá passar? Ninguém o sabe. Mas neste momento a guerra parece inevitável. Toda a Europa em armas — lê-se nas manchettes. E mesmo de Lisboa, telegramas: Portugal mobilizará 10 mil homens em vista da Aliança inglesa.[1] Por mim estou ansioso e desoladíssimo neste momento. O meu Pai já ontem me telegrafou de L. Marques a dizer-me que era melhor voltar para Lisboa. Respondi-lhe que valia ainda esperar. A cada passo entretanto receio ter que partir por ordem dele — ou mesmo forçado pelas circunstâncias. Isso para mim, por 10 mil razões, é uma catástrofe!... Pode pois bem compreender o meu estado de espírito nesta ocasião. Seja como for só partirei em último caso. Estou muito triste! De resto, embora os perigos, eu gostaria veementemente de viver esta guerra de Europa em Paris. Mas não sei, nada, nada...

— Recebi hoje a sua carta de 28 que muito agradeço e achei interessantíssima. Parece impossível que você receie maçar-me com o que nela diz!... Sobretudo entusiasmou-me a sua teoria da *República Aristocrática*[2] — que creio ter perfeitamente compreendido. E entusiasmou-me muito alto — por o "paúlismo" lhe ser um forte apoio. Cada vez mais me vanglorio de pertencer a essa escola — e mais creio nela: mais creio em você — mais creio em mim. Que belíssima coisa seria agora com essa orientação "total" a nossa revista — *Europa*!

— Curiosíssima a atmosfera de Paris entre estes acontecimentos. Toda a gente passa na rua, sombria, preocupada: e a mesma compreensão do perigo todos sobressalta. Há, sinto em verdade — não apenas por literatura — qualquer coisa a mais no ambiente tremulante (devido em "racional" por certo, aos meus nervos de inquietação), o movimento dos veículos parece outro, *mais contínuo* — mais soturno... Enfim, qualquer fluido ondeia na atmosfera além do ar — tenho, em sinceridade, essa impressão. E lembro-me — agora por literatura — que em verdade a força psíquica de toda a gente pensando na mesma coisa — de tanto cérebro com a mesma preocupação profunda, de igual sentido, de iguais inflexões — poderia, deveria presumivelmente criar na atmosfera envolvente qualquer coisa de subtil...

Isto seria uma crónica interessante a desenvolver... uma crónica, é sabido, laivada de interseccionismo.

Recebi também carta do Guisado com as duas poesias a que você se refere. Magníficas. Mas concordo muito com o que o meu Amigo diz na sua carta sobre as deficiências, ainda, do Guisado. Também ontem me chegaram versos do C. Rodrigues: "Odes proféticas" que, por belas, — entanto muito menos as senti do que os, a maioria dos seus versos.

— Desculpe não prolongar esta carta mais. Mas o meu terrível estado de espírito não mo permite, nesta onda de calor que, de mais a mais, hoje caiu sobre Paris. E oxalá não seja esta a última vez que eu lhe escreva daqui.

Mil abraços — mil agradecimentos pela sua carta, também.

o seu

Mário de Sá-Carneiro

Saudades do Franco.

Paris da Guerra[1] — Agosto de 1914
Dia 6

Por agora isto só meu Querido Amigo:
Imediatamente após receber esta carta vai ao Correio
Geral e expede-me *em vale telegráfico* os 30 000 réis juntos. Isto
pela impossibilidade de se trocarem notas aqui. Ao mesmo
tempo envia um telegrama anunciando o vale. Não deixe de
fazer isto para meu sossego. Desconte — *mas desconte sem falta* — o preço do telegrama e do vale. Zangar-me-ei se assim
não o fizer. Mas vá já imediatamente enviar-me o vale telegráfico e o telegrama! Siga à risca as minhas instruções. Mil desculpas, mil agradecimentos — mil abraços. Logo devo escrever carta.
Adeus! Fico em cuidado! Telegrafe imediatamente des-
pacho e vale. Não sei se partirei. Por agora não posso. Não há
nenhuns comboios. Mas prefiro ficar. Conto mesmo ficar, mal-
gré tout. Abraços. Abraços! O seu

Mário de Sá-Carneiro

Paris, 6 Agosto 1914
Meu Querido Amigo,

Estou muito triste. Desoladora e comovidamente triste.
É uma tristeza de silêncio, macerada a tons de platina — du-

ma parte; e doutra: um arrepio de angústia, um não-querer apavorado. Se eu lhe disser que toda esta minha tristeza a motiva a guerra — talvez sorria você, e entanto é ela que, na verdade, a provoca pelas complicações horríveis que pode trazer à minha vida. Nem o meu amigo as calcula — nem eu lhas posso explicar. E não é tudo: é uma saudade, uma saudade tão grande e piedosa do meu Paris de Europa,[1] atónito, apavorado e deserto.

Sim, sem literatura, eu lamento as grandes lojas fechadas, os Cafés apagados — todo o conforto perdido! teatros, pequeninos quartos de hotéis, os salões dos grandes costureiros... Tanta pena, tanta pena... Eu sinto-me em verdade a amante pequenina dum rapaz loiro de vinte anos que partiu para a guerra e não voltou... Doutra forma não posso explicar por que a esta hora sinto uma tristeza de beijos que nunca dei... uma saudade de mãos que não enlaçaram, talvez, as minhas — e tudo isto apenas suscitado pela devastação que me rodeia... Por que sentirei tão estranhamente?

Meu Amigo, como uma vez você avisava numa sua carta — perdoe-me a literatura, e não duvide da sinceridade da minha tristeza. Estou horrivelmente desgraçado de alma — num nervosismo constante, vibrante e aniquilador. Horas de inquietação ziguezagueada as que vivo — mas de inquietação de mim próprio. Entanto talvez de mim próprio *como um pedaço de Europa*.

— Queria-lhe dizer muita coisa interessante, mas não posso. É-me um suplício físico cada letra que a minha vontade arrepiada, *debotada*, escreve. Apenas isto, muito por alto: lembrei-me longinquamente de escrever um livro intitulado: *Paris da Guerra* aonde iria anotando as impressões diárias: mas interseccionadamente: falando dos fluidos a que me referi na minha última carta, da tristeza de que lhe falo nesta etc. Compreende? Tenho de resto muitos episódios a tratar assim. Diga o que pensa.

— Agora isto meu amigo — recorde-se: eu disse-lhe em Lisboa, no Café da Arcada: tenho a impressão que me sucede qualquer coisa em Paris, que *"há"* qualquer coisa em Paris, este Verão, por Agosto ou Setembro. Recorda-se? É fantástico, não é verdade? Mas bem longe estava de supor uma guerra!...

— Recebi o livro do Ferro e Cunha[2] que está na verdade muito bem apresentado e me deixou uma bela impressão. Transmita isto a esses rapazes, pois não tenho forças para lhes escrever. Leia esta carta ao José Pacheco que é também para ele, em pensamento. E que me desculpe o não lhe escrever neste instante. Não posso! Não posso! Atravesso uma crise sem fim de tristeza dilacerada (não dilacerante: dilacerada). Eu bem sei. Mais de que nunca me vem a sensação do Fim. Meu Amigo, aperte-me nos seus braços! Meus Amigos apertem-me estreitamente nos vossos braços. Adeus.

o
Mário de Sá-Carneiro

Pelo mesmo correio seguiu uma carta registada com 30 000 réis dentro para o meu querido Fernando Pessoa imediatamente mos enviar por vale telegráfico pois aqui não trocam notas estrangeiras.

Paris da Guerra — Agosto de 1914
Dia 10

Meu Querido Amigo, tenho recebido correspondência de Lisboa e até do Guisado. Mas nada seu! Creio que se teria perdido alguma carta sua! Outro dia mandei-lhe uma registada com 30 000 réis para você mos telegrafar. Se quando receber este ainda ela não tiver lá chegado telegrafe-me imediatamente. Espero ansioso notícias suas! E escreva. Saudades do Franco, aqui ao meu lado!... Adeus! Escreva!... Milhões de abraços!

o seu
Mário de Sá-Carneiro

[Lisboa 15. 8. 1914]

avez reçu argent = carneiro

Paris — Agosto de 1914
Dia 17

Meu Querido Amigo,

Estou muito preocupado, muito enervado com o seu inexplicável silêncio de há mais de 15 dias! Ter-lhe-ia acontecido alguma coisa de gravidade? Não sei — e isso ainda mais me preocupa. Em todo o caso, sabendo o meu querido Pessoa como a incerteza é dolorosa para mim, parece impossível que não me escrevesse ainda — nem me telegrafasse acusando a recepção da minha carta registada. Creia que fez muito mal em proceder assim — fossem quais fossem as circunstâncias. Eu não me zango com você por ainda não ter recebido o dinheiro apesar da falta que ele me faz. Zango-me apenas — *e muito* — pela sua inadmissível falta de notícias. Tenho recebido cartas de Lisboa apenas com 1 dia de atraso — e ainda há 4 dias recebi uma carta do Guisado, também quase sem atraso. Assim não lhe posso desculpar o seu silêncio. Creia que o meu querido Amigo me tem feito mal — e, sobretudo, tem sido *injusto* para comigo. De resto o meu afecto por si é grande em demasia para eu não esquecer tudo isto. Mas, por amor de Deus, em nome justamente desse afecto — dê-me notícias suas (se possível por telégrafo) logo que receber esta carta. Imploro-lhe como um dever. Ofender-me-ia muito se continuasse sem me dar notícias suas. Imploro-lhe!...

Vai juntamente uma poesia que ontem concluí "Taciturno"[1] (numa acepção paralela à dos "nocturnos" em música ou poesia). Diga-me a sua impressão — e o que é preferível: se manter o verso

Veladas d'armas ainda em arraiais d'olvido

um tanto incorrecto quanto a metrificação pois é preciso contar o *ainda* como 2 sílabas — ou trocá-lo por este, certo

Manhãs d'armas ainda em arraiais d'olvido

De resto o 1º soa-me bem e acho-o talvez mais belo. Mas você dirá!

É muito possível, mesmo certa, a minha próxima partida para Lisboa! Escrevo ao mesmo tempo a pedir dinheiro para o meu regresso imediato — e, para Lourenço Marques, ao meu Pai, pedindo-lhe para ir para o pé dele. Vê, as minhas resoluções...
Estou muito triste, muito triste! Tenha dó de mim! Dê-me notícias suas com a maior urgência. E receba mil abraços, mil saudades do seu,

muito seu

Mário de Sá-Carneiro

Em todo o caso não conto chegar a Lisboa antes dos primeiros dias de Setembro.
Dê-me notícias suas!...
Enviei-lhe um telegrama no dia 15.

— Taciturno —

Ha Oiro marchetado em mim, a pedras raras,
Oiro sinistro em sons de bronzes medievais —
Joia profunda a minha Alma a luzes caras,
Cibório triangular de ritos infernais.

No meu mundo interior cerraram-se armaduras,
Capacetes de ferro esmagaram Princezas.
Toda uma estirpe rial d'herois d'Outras bravuras
Em Mim se despojou dos seus brazões e presas.

Heraldicas-luar sobre impetos de rubro,

Humilhações a liz, desforços de brocado,
Bazilicas de tédio, arnezes de crispado,
Insignias de Ilusão, troféus de jaspe e Outubro...

A ponte levadiça e baça de Eu-ter-sido,
Enferrujou — embalde a tentarão descer...
Sobre fossos de Vago, ameias d'inda querer —
Veladas d'armas ainda em arraiais d'olvido...

Percorro-me em salões sem janelas nem portas,
Longas salas de trono a espessas densidades,
Onde os pânos de Arrás são esgarçadas saudades,
E os divans, em redór, ansias lassas, absortas...

Ha rôxos fins d'Imperio em meu renunciar —
Caprichos de setim do meu desdem astral...
Ha exéquias de herois na minha dôr feudal —
E os meus remorsos são terraços sobre o Mar...

Paris, Agosto de 1914.

Mário de Sá-Carneiro

Paris — Agosto 1914
Dia 20

Meu Querido Amigo,

Recebi hoje o seu mandado telegráfico que muito agradeço. Assim peço-lhe desculpa da minha última carta, pois que a
demora na recepção foi apenas devida aos serviços postais de-
sorganizados, e por forma alguma a descuidos da sua parte.

Afinal — você sabe bem como as minhas decisões on-
dulam — mandei hoje um telegrama a dizer que ficava anu-
lada a carta em que pedia dinheiro para me ir embora. Fico
portanto em Paris até nova ordem... Sou maluco — não sou?

De resto, nenhumas novidades.

Isto duma insipidez infame; uma vida chata, provinciana (ó pasmo) bem pior do que a de Lisboa. Paris da província — e não Paris da Guerra como eu escrevia outrora... Ao mesmo tempo o meu pai, de Lourenço Marques, escreve-me que as ruas lá são asfaltadas...[1]

Agora uma coisa da maior importância — por que é que você se reduziu de súbito a um silêncio sepulcral? Desde o fim de Julho que não me escreve — e estamos a 20 de Agosto!

Francamente não percebo!...

Literatura — Mandei-lhe há três dias uns versos. "Taciturno". Recebeu? Esqueceu-me então de juntar esta sextilha sem importância que tinha feito antes:

— Sugestão —

As companheiras que não tive
Sinto-as chorar por mim, veladas,
Ao pôr do sol, pelos jardins...
Na sua mágoa asul revive
A minha dôr de mãos finadas
Sobre setins...

Paris — Agosto de 1914.

A *Grande Sombra* que esteve interrompida durante duas semanas — recomecei antes de ontem trabalhando-a. Tenho-a apurada até ao "Domínio do Mistério" inclusivamente. Assim conto-a ter pronta por meados de Setembro — se não interromper mais o meu trabalho como espero.

Meu Amigo suplico-lhe de novo que volte às suas admiráveis cartas, cuja falta eu tenho sentido neste ambiente desolado, numa agonia de desamparo.

Diga-me se recebeu uma carta onde eu lhe explanava um conto *Elegia* (antigo *Triste Amor*)?

Adeus. Novos agradecimentos pela sua ilimitada gentileza e mil, mil abraços o seu

Mário de Sá-Carneiro

Saudades do C. Franco.

Paris — Agosto 1914
Dia 24

Meu Querido Amigo,

— Uma resolução súbita, nascida esta manhã às 6 horas — e logo posta em prática: parto para Barcelona!...[1] Não posso com efeito aguentar o ambiente de Paris — o que não posso em verdade é aguentar-me! E daí um desejo — um rubro desejo de fazer qualquer coisa...

Sucede que ontem, sem esperar, sem saber para quê, sem saber de quem, recebo um vale telegráfico de 500 francos expedido pelo sr. Santos Viana (ni vu, ni connu!...). É claro que isto é dinheiro seguramente enviado pelo meu pai por intermédio de alguém... E amanhã parto para Barcelona...

É claro que não sei mais nada... Vou telegrafar ao meu pai que fico lá enquanto a guerra durar. Mas não sei... Sobretudo horroriza-me voltar a Lisboa... E daí não propriamente... Mas parto amanhã para Barcelona... Vamos a ver quanto tempo lá me demoro... Você escreva já, na volta do Correio, para a posta-restante se antes disso eu não lhe telegrafar o meu endereço. A *Grande Sombra* vai caminhando apesar de tudo isto, ainda que vagarosamente. Será lindo e Europeu se a sua "data" for esta:

Lisboa — Paris — Barcelona
Abril a Setembro de 1914.[2]

E sê-lo-á, quem sabe?...
Enfim... enfim...
Loucura... loucura...

Mas você meu querido Amigo não pode calcular o tédio destes últimos dias — uma tristeza derradeira, *suspensa*, aniquiladora a desamparo... E repito-lhe: prefiro tudo, a continuar parado. Estava mesmo decidido a partir para Lisboa... mas esta manhã lembrou-me a solução preferível em disparate a seguir para Barcelona...

Eu sei lá... eu sei lá!...

O seu, muito amigo

Mário de Sá-Carneiro

Até hoje nada seu. Por amor de todos os santos — escreva!...

Último Paris
Agosto 1914
Dia 25.

Últimos ecos de Paris!...
Parto às 19.40 Barcelona. Recebi ontem sua carta 20, meu querido Amigo. Responderei Barcelona! Escreva-me imediatamente!... O seu, seu.

Mário de Sá-Carneiro

Toulouse — Agosto de 1914
Dia 26

Resvalo Europa! Cheguei às 10 — partirei fronteira espanhola 12.45, meu querido Amigo!... Viagem regular. Guerra marcada num coronel ferido Bélgica[1] viajando meu compartimento. Mostrou-se muito pessimista. Admirável organização alemã de combate. O seu regimento aniquilado! A manutenção das tropas francesas, bem ao princípio — mas agora desorganizada. Mais de 48 horas sem comer. Admite a possibilidade dos alemães chegarem a Paris. Não será pessimismo demais — sobretudo admiro-me que um coronel (da activa, demais a mais) diga isto quando o estado-maior recomenda o maior sigilo sobre as operações. Este coronel citou lugares, generais etc. etc. — e a um estrangeiro, entre outros!... Enfim: coronel lepidóptero. Se calhar qualquer dia apareço em Lisboa. Em mim as grandes resoluções são sempre assim. Veremos.

Mil saudades e abraços de alma do seu

M. de Sá-Carneiro

(viajante ensonado, mau, com dores de cabeça)

Escreva até nova ordem Barcelona — Posta-Restante. Mas escreva o mais breve possível.

Saudades a amigos.

O Franco desapareceu há 3 dias. Ignoro o que foi feito dele. Diga ao Pacheco. Santa-Rita parte muito breve Lisboa, Porto Coimbra Serra da Estrela!...

Toulouse — 26 Ag. 1914

Ainda um postal de Toulouse após ter visto desfilar centenas de soldados feridos. E muitos abraços

o

Sá-Carneiro

Perpignan — 27 Ag. 1914

No compartimento ao lado do meu, sempre de barretinho de penhorista, descobri agora que faz viagem Mestre Guerra Junqueiro.[1]

o seu

Sá-Carneiro

Barcelona,[1] 29 de Agosto de 1914

Meu Querido Amigo,

Pois é verdade. Aqui estou em Barcelona. Por quanto tempo? Mistério... E daqui para aonde irei? Mistério ainda mas, ai, seguramente para Lisboa.

Você não imagina o meu estado de alma actual. Ah! meu

amigo — é uma crise abominável... De forma alguma estou bem e não sei o que me falta... Pergunto a mim próprio por que estou em Barcelona. Não sei bem. Foi para fazer qualquer coisa... Eu podia perfeitamente ter ficado em Paris apesar do ambiente desolador. Seria o mais "ajuizado", o mais económico — sem dúvida a solução preferível, a única — apesar de todas as contingências mesmo do possível — mas quanto a mim bem pouco provável — cerco de Paris. Mas não. Parti.

E parti — coisa estranha — numa sensação de despeito, de orgulho despeitado, melhor dizendo, e de ternura perdida. É muito singular, mas é assim — sinceramente. Não sei mais nada. O certo é que segundo ontem escrevi ao Guisado a minha vida volveu-se ultimamente numa noite de insónia. Ando agora na vida às voltas nos lençóis. Mas não logro achar posição possível. Estou mal em Paris, estou mal em Barcelona — estarei horrivelmente mal em Lisboa.

Depois a minha tristeza de hoje é uma tristeza sem entusiasmo, abatida e flácida, de carnes amarelas... Qualquer coisa também de "dose" — de cozimentos de plantas soporíferas. Daí uma contínua dispersão física — uma distracção contínua que se traduz em borrões em cartas, em enganos de palavras, etc. Cada vez me convenço mais de que não posso passar sem Paris. Mas o meu Paris hoje é também um desaparecido como eu. Porque é verdade: eu, creia, desapareci de mim, de todo. Não lhe disse nos primeiros tempos em que estive em Paris este ano que chegava o meu fim? Pois mais do que nunca creio que disse bem. Ao tempo escrevi até este verso perdido:

"O fim de mim embandeirado em arco"

Eram Paris essas bandeiras. E hoje arrearam-nas. Eu próprio as acabei de arrear, partindo incertamente... Tudo isto é muito embrulhado, tolo até, se você quer. Mas não lhe posso explicar melhor — embora talvez haja, quem sabe, outras pequeninas razões. Paris enfim meu amigo era as mãos louras, a ternura enlevada que não teve nunca a minha vida. E hoje bateram-lhe, fecharam-no em casa. Daí o meu sofrimento magoado, amoroso — é verdade: amoroso — ao relembrá-lo... Enfim não sei... não sei... Apenas sei que me sinto como nunca triste, que sou infeliz como nunca... A minha vida hoje é uma porta fechada, sobre um saguão enorme onde se roja o meu tédio.

Perdoe-me. Escreva-me em todo o caso na volta do correio para Barcelona. Se já aqui não estiver a carta não se perderá pois ma devolverão para Lisboa. O dia da minha chegada aí telegrafar-lho-ei a seu tempo. Barcelona, detestável quanto a figuração. Nesse sentido terra de província, lepidóptera, só a sub-gente. Mas belas avenidas e edifícios.

Milhões de abraços do seu seu,

Mário de Sá-Carneiro

"Palace-Hotel" ronda de S. Pedro
Barcelona.

Escreva por amor de Deus imediatamente para Barcelona!...

Barcelona, 30 de Agosto de 1914

Meu Querido Amigo,

Não sei ainda nada — nada.

Escrevo-lhe mais para fixar instantes do que para outra coisa. Amanhã devo estar com o Dr. Ribera i Rovira[1] que, não sei como, me foi deixar um bilhete ao hotel. Provavelmente leu o meu nome em alguma lista de viajantes que os jornais costumam publicar. Foi com certeza assim. Mas não se pode ser mais amável. Amanhã vou procurá-lo à redacção de *El Poble Catalá* de que ele é director. Vamos a ver o seu grau de lepidopteria. Esta manhã deitei-lhe no correio um número do *Dia Gráfico* de ontem com um artigo lepidóptero do Unamuno. Diga se recebeu. Agora que tomei contacto malfadadamente com a Espanha ainda a abomino mais do que antes. País de empata, aonde enviar um telegrama é uma epopeia e aonde os polícias usam bengala, capacete branco e casaco carmesim. Um horror! Um horror!... Aqui não fico. Estou à espera de dinheiro e depois vou-me embora. Para Lisboa, não pode deixar de ser.

Enfim... enfim... O seu, muito seu

Mário de Sá-Carneiro

Se vir o Rogério Perez[2] diga-lhe que lhe escrevi daqui, mas sem nº pois perdi o seu endereço. Dê saudades minhas, se vir o Ponce, e anuncie-lhe que perdi o seu endereço também. Mais abraços. Pergunte ao Pacheco pelo Franco. Estou ansioso por saber o que foi feito dele. Adeus! Adeus!

Recebeu a minha carta de ontem? Escreva "Palace Hotel".

Barcelona, 1 de Setembro de 1914

Dr. Ribera i Rovira

Grau de lepidopteria: -20*
Grau de amabilidade: +20
Sinais particulares: bonito homem
Observações: advogado e director d'*El Poble Catalá*

Aqui tem, meu querido Amigo a "ficha" de S. Excia.

Ui, que amável... Levou-me hoje de passeio e pagou eléctricos, gorjetas etc.!... Já me convidou para jantar em casa dele (que estopada!). Tem a preparar um livro 2º de Contistas Portugueses aonde me traduzirá!... E disse-me logo que eu fazia admiráveis coisas... E pôs-se logo a tratar-me por seu amigo: "Dá-me licença, não é verdade — perguntou — mas entendo que entre artistas!..." (Passe de largo!...). Levanta as

---

* Escala:
Lepidopteria: de 0 a -20 (logo -20, a lepidopteria máxima)
Amabilidade: de 0 a +20 (logo +20, " amabilidade   "   )

mãos aos céus Renascença e que todos os escritores portugueses a devemos circundar... Acha admiráveis os meus livros — mas foi acrescentando: maravilhosos, fortíssimos, geniais, mas talvez bizarros, obscuros demais... E o artista deve falar ao maior número possível... Já vê por aqui a lepidopteria. Para castigo qualquer dia leio-lhe os "Pauis" e recito-lhe o "Bailado"!... Isto e pequeninos detalhes na conversa, mil outras coisas fazem-me dar-lhe o coeficiente -20 de lepidopteria. Mas agora amável, você não calcula. Estou-lhe muito agradecido. E parece ser excelente pessoa. Protege até do seu bolso um médico português, emigrado político, caído na miséria com uma mulher e um filho.

— Hoje levou-me a ver a catedral, em construção, da Sagrada Família.[1] Meu amigo é

— Uma Catedral Paúlica —

Sim! Pleno paúlismo — quase cubismo até.

— Um conjunto interessantíssimo, tudo quanto se possa imaginar de mais bizarro, de menos visto. O aspecto geral agrada-me deveras. É uma catedral de Sonho, uma catedral Outra, vista noutros países, noutras intersecções. Se encontrar uma fotografia, mandar-lha-ei. No entanto receio por certos detalhes, que seja mais paúlismo do Ferro ou do Carvalho Mourão que Meu ou SEU!... Em suma, mas a impressão foi óptima porque pelo menos há ali: ânsia de novo, mistério, estranheza, audácia. Talvez não haja milagre! Mas haver tudo isto é já muito!

À última hora resolvi ficar definitivamente em Barcelona. Escreva portanto sem receio para o "Palace Hotel" ronda de S. Pedro pois este "definitivo" é pelo menos algumas semanas, juro-lhe. Adeus por hoje. Um grande, grande abraço do seu

Mário de Sá-Carneiro

Estou com muitas saudades suas. *Escreva imediatamente!...*
Então o Unamuno foi corrido de reitor da Univ. de Salamanca... Sabe?...

Barcelona — Setembro 1914
Dia 4

Noticies

"Hem tingut el goig d'estrenjer la má del nostre amic, el notable i exquisit literat português En Marius de Sá-Carneiro, que, vingut de Paris, on resideix habitualment, s'instalará a Barcelona — ciutat que moltissim li place — mentres duri la guerra. Benvingut sigui entre nosaltres"

El Poble Catalá — Dijons 3 de setembre 1914.

É claro, meu querido Amigo, que lhe escrevo agora por dá cá aquela palha — pois o preço da estampilha é a miséria dum vintém!... O Ribera i Rovira emprestou-me o último número da *Águia*. Então agora o Vila-Moura[1] também se quer ungir de Europa — de Paris! Mas logo põe uma dama tripeira no cabaret do Quat'z Arts (que nunca existiu, creio: Quat'z Arts é o baile dos pintores, escultores, arquitectos, que se realiza todos os anos). Que trecho tão lepidóptero. Há-de ser uma beleza a novela!... E a página do G. Leal da senhora dos olhos mestos, tão honestos. Aquilo só com um pau!... Que diz você?...

— O R. i R. tem em preparação um volume chamado *Poesia e Prosa* — (2ª ed.)[2] — que é uma selecta de prosadores e poetas portugueses — aonde traduzirá versos meus. Pediu-me para lhe indicar outros poetas a traduzir. É preciso que o paúlismo se manifeste, não lhe parece? Assim já pedi versos ao Guisado. E você? Você devia figurar também. Por lepidóptero que seja o R. i R. sempre traduz menos mal, parece-me, pelo que adivinhei, por exemplo, da "Elegia" do Pascoais nas *Atlantides*,[3] que — é claro — ele já me deu. Diga-me pois o que pensa sobre o assunto.

— O mesmo eterno R. i R. na sua lepidopteria pediu-me para eu escrever um artigo sobre *O Génio Peninsular*,[4] livro recém-aparecido em edição da Renascença. Não tenho remédio, é claro, senão escrevê-lo. Mas tem piada. Porque será publicado em Catalão no *El Poble*!... Seja como for sempre um pouco cosmopolita... Ah! e é claro que unjo o artigo de paúlismo, olá se o unjo!...

Pelo mesmo correio mando-lhe um jornal de Bilbau, com artigos em basco. Repare-me para esse idioma, e diga-me se não dá bem a impressão duma língua Outra. É perturbador e misterioso — língua antiquíssima, de origens ignoradas, ignoradas d'além-civilização. Eu acho impressionante!

Escreva-me o mais depressa possível e largamente como fez nos primeiros meses! Suplico-lhe! Suplico-lhe. Conte-me coisas. E averigue-me sobretudo, pelo Pacheco, o que há sobre o C. Franco. Mil abraços do seu, muito seu

Mário de Sá-Carneiro

As cartas seguem borradas, pois só amanhã tenho a minha caneta que foi a mudar de aparo!

Diga se recebeu o jornal Outro. E escreva-me! Escreva-me!

Averigue do Franco. Fale-me dessa gente, mesmo lepidóptera, daí. Pergunte ao V. Braga se recebeu uma carta que lhe enviei para a Estação do Rossio.

Mais saudades do

M. de Sá-Carneiro

Escreva!

Barcelona, 5 de Setembro de 1914

Meu Querido Amigo,

Não tenho nada a dizer-lhe senão que recebi hoje os seus dois postais. Um no meu hotel — outro na Posta-Restante. Muito obrigado. A sua carta enviada para Paris a 28 há-de cá chegar, com certeza, pois de lá ma devolverão para o hotel. Ainda hoje recebi assim uma do Guisado, de 24. Já vê pois que não é tarde para a sua. Nela fala-me você provavelmente da minha poesia "Taciturno" que lhe enviei de Paris, aí por 17 ou 18 de Agosto.

— É verdade: recebeu um postal meu de Perpignan em que lhe anunciava a descoberta do Guerra Junqueiro no compartimento ao lado do meu?... Que figuras que ele fez ali na estação durante um quarto de hora!... Primeiro comprou o *Matin* mas depois obrigou a mulher do quiosque a restituir-lhe o dinheiro porque a gazeta era antiga de 4 dias, devido às circunstâncias, é claro.

Depois chamou o homem que vendia paniers de comida (caixas de cartão com comidas frias para se comer em viagem). Fê-lo abrir a caixa (que vem lacrada). Mas achou pouco fiambre e galinha para 2 francos e 50... e não comprou! Judeu das tâmaras!... Achei-lhe imensa graça e até hoje me tem esquecido de lho contar. Ah! é verdade, você não imagina, nem por sombras, o francês do *diplomata* Guerra Junqueiro... É um francês Outro, meu Amigo; de fugir...

— Se fico por Barcelona? Mistério, mistério... Mas creio que se vão dar grandes sarilhos na minha vida. Sarilhos, é o termo... Esta guerra! esta guerra!... É fantástico como tudo me tem corrido torto! Uma desgraça.

> o seu, muito seu amigo
>
> Mário de Sá-Carneiro

Fiz agora o esboço do artigo R. i R. — aliás pouco paúlico.

Escreva!...

Barcelona — Setembro de 1914
Dia 6

Meu Querido Amigo, parto definitivamente de Barcelona para Lisboa na próxima 4ª feira. Vou, é claro, por Madrid. Conto chegar entre 6ª feira e Domingo. Telegrafar-lhe-ei. Mas não avise ninguém da minha chegada. Absolutamente ninguém. Você, se lhe for possível, esteja na estação. *Mas só você*. Adeus, meu querido Fernando Pessoa. Uma tristeza sem fim!
               o seu, seu
                    Mário de Sá-Carneiro

               Barcelona, 6 - 9º - 1914[1]

Aqui vai a catedral-paúl
             o
               M. de Sá-Carneiro

7 Set. 1914

Outra vista da Catedral paúl

o

Sá-Carneiro

Barcelona — Setembro 1914
Dia 7

Últimos ecos de Barcelona! Parto amanhã ao romper d'Alva... Hélas... àss...
E recebi agora 2 postais seus...
Céus!...
Mil abraços

do Mário de Sá-Carneiro

[Barcelona 7. Set. 14]

arriverai mercredi train quatorze 45 secret - carneiro

Lisboa, 12 Set. 1914
Meu Querido Amigo[1]

Portanto como hoje você não apareceu — na segunda-feira espero-o no mesmo local. Por outra espere-me você até às 6 horas se até aí eu não aparecer você pode-se ir embora. Mas espere-me até às 6 horas.

O seu

Mário de Sá-Carneiro

Recebi hoje sua carta 28 Paris

Lisboa, Setembro 1914
Dia 14

Você sempre está muito lepidóptero! Bem eu já não sei se você receberá este postal amanhã! Esperei-o em vão no Café da Arcada.[1]
Amanhã passo por lá às 5 $^1/_2$ e às 6.
Mas não me assento! Se não o encontrar venho-me embora.
Amanhã 3ª feira
O seu

Mário de Sá-Carneiro

[Set. 1914]

Estou hoje em Lisboa, meu Querido Amigo — e tenho *A Grande Sombra*[1] concluída. Ser-lhe-á possível estar no Martinho entre as 2 $^1/_2$ e as 3 horas? Teria um grande prazer em o ver. Sem mais, o seu muito amigo

Mário de Sá-Carneiro

Martinho — ele próprio: o grande; do Largo Camões...

Camarate — Quinta da Vitória
Outubro 1914 — Dia 6

Bem, como hoje não há jornais venho conversar um pouco com você, meu querido Fernando Pessoa. Agora tenho lido — lepidopterias. *La Faustin*[1] do Ed. Goncourt. Mau, pasmosamente. E romantismos: Balzac, G. Sand... Pasmoso! Um interseccionista!... Mas é preciso passar tempo!

É verdade: não escrevo a *Elegia* para o *Céu em Fogo*... Guardo-a para outro livro: porque não estou em disposições de a escrever agora — e seria grande — e grande já o livro está. Escreverei só mais um conto, pequeno, para ele: *Asas*, talvez — que está mesmo mais de acordo com o "ar" Europeu do livro.

Decididamente é as *Asas* que vou escrever qualquer dia — e assim terminarei o volume. Ficará com oito contos: *A Grande Sombra, O Fixador de Instantes, Mistério, Eu Próprio o Outro, A Estranha Morte do Prof. Antena, O Homem dos Sonhos, Asas, Ressurreição.*

Será um volume de 300 páginas normais. (Quero mesmo escrever as *Asas* neste volume por causa do "Além" e "Bailado", ultrapederasta assim o volume.)

O Guisado escreveu-me um soneto "Portas Cerradas". Não lho copio porque a você o mandou decerto também. Soube outro dia algumas coisas sobre o Valério[2] por pessoa que o conhece muito bem e à família: o pai vende sementes, são Roxos — e o Valério batia na irmã para ela lhe dar dinheiro. É ela mesmo quem quase sempre o tem sustentado e à mulher. Houve tempo em que o Valério dormia nas arcadas do Terreiro do Paço... Em todo o caso é isto mesmo que faz curiosa a sua personalidade.

Qualquer dia vou a Lisboa para cortar o cabelo. Avisá-lo-ei.

Dê saudades ao Vitoriano e ao Pacheco. E escreva.

Saudo-o em paúlismo (Ramos mais ou menos interseccionados)

Adeus. Um grande, grande abraço

o seu
Mário de Sá-Carneiro

Camarate — Quinta da Vitória
Outubro 1914
Dia 7

Não são Roxos — são Borrechos
— e o Valério é Francisco

o seu
Mário de Sá-Carneiro

Camarate — Quinta da Vitória
Outubro 1914
Dia 8

Ora você sempre está um lepidóptero!... Por que é que em vez do postal me não enviou o número da *Restauração?*[1] Só com um livro do Júlio Dantas na ideia do seu rosto!... E *A Águia,*[2] meu Querido Fernando Pessoa, que Alfredo Guimarães![3] Ai o L. de Vasconcelos,[4] poeta! e a Cegueta (quero dizer: a mulher do Segredo) do poeta Algarvio...[5] Ora... ora... O Resto: Teófilo & Álgebra... Nem o Parreira salva o número. Bolas!... Então, a guerra?... Bem... bem.

Adeus... Até qualquer dia Lisboa. Avisarei.

Sabe o Zagoriansky[6] queria afinal uma arte em [que] a gravidade não tivesse acção: "Esforço-me para que nos meus poemas — nas suas palavras — sobre as suas ideias, a gravidade não tenha acção". E há-de sonhar na glória de libertar o verbo Ser... Nós!...

Um grande, grande abraço
do seu muito amigo e certo

o

Mário de Sá-Carneiro

O Guisado fala-me na carta a que ontem me referi, dum poeta Caeiro[7] ou o que é que diz mal da gente e encontrou entre galegos. Se calhar é mais um lepidóptero e provinciano!

Mais saudades. O

Sá-Carneiro

Até agora não vi [a] entrevista. Julga que em Camarate há Mónacos?[8]

Última hora:
Inesperadamente vou hoje a Lisboa. Mas decerto que não terei a sorte de o encontrar! Hélas!...

Camarate — Quinta da Vitória
Outubro de 1914
Dia 17

Se não chover, meu querido Amigo, estarei depois de amanhã, segunda-feira 19, no Martinho, à tarde, entre as 3 horas e as 3 $^1/_2$. Em ponto. Ficar-lhe-ia muito, muito grato se aparecesse. Mil saudades e abraços do seu

Mário de Sá-Carneiro

Camarate — Quinta da Vitória
Outubro 1914
Dia 18

Meu querido amigo, recebi ontem o seu postal. Você diz sábado-segunda Alhandra. Provavelmente virá, na 2ª, de manhã, com o Vitoriano, para o trabalho. Não sei. Em todo o caso amanhã lá estarei no Martinho, entre as 3 e as 3 $^1/_2$. Surja! Se lhe for possível — claro. Se não chover![1]
O seu, muito seu

Mário de Sá-Carneiro

Camarate — Quinta da Vitória
Outubro 1914
Dia 21

Peço-lhe, meu querido Amigo, que *na volta do correio* me envie a tradução da coupure que vai juntamente. E mande-me também, devolvida, a coupure, não se esqueça! Isto sem fazer de você meu

tradutor adido! Sem mais, meu querido Amigo,
sou o seu muito afectuoso e obrigado

Mário de Sá-Carneiro

Na volta do correio!
Não se esqueça!...
As *Asas*[1] vão voando.
Devolva a coupure!...

Camarate — Quinta da Vitória
Outubro 1914
Dia 23

Meu querido Amigo — um óptimo serviço de traduções!
Efectivamente hoje chegou a sua carta que muito
e muito agradeço.
Tenho tão pouco que lhe dizer... Amanhã estão
concluídas as *Asas* que lhe lerei na próxima 5ª feira — regressando a Lisboa, de todo, como lhe disse, na próxima 4ª feira.
Recebi ontem do Franco uma carta em que me
pergunta por si e lhe manda muitas saudades. A
carta é interessante e dolorosa. Coitado!
Se vir o Pacheco diga que ele nessa carta datada
de 14 de Out. me conta não ter ainda recebido coisa alguma do Pacheco. Sem mais, sou o seu muito
amigo e grato

Mário de Sá-Carneiro

> Camarate — Quinta da Vitória
> Outubro de 1914
> Dia 28

Rogava-lhe muito, meu querido Amigo, que aparecesse amanhã 5ª feira 29 no Martinho pelas 4 ¹/₂ da tarde. Em ponto. *Asas* e três poesias[1] um tanto lepidópteras. O seu, muito seu

> Mário de Sá-Carneiro
> Sem falta!

> [Out. 1914?][1]

Você, meu querido Pessoa, deixar-me-á estas provas amanhã no Martinho logo que possa, de manhã — (a não ser que lhe seja impossível). Olhe, quando vai para o escritório. Ou então — seria óptimo — entre a 1 e as 2 ¹/₂ — horas a que lá estarei. Gostava muito.

Adeus o

M. de Sá-Carneiro

Saudades ao Guisado = ao Alfredo

Lisboa 29 — Out. 1914

Então, meu querido Amigo — é verdade, onde
mora Você agora?...[1] E assim interrompidas as co-
municações!...
Oiça: amanhã 6ª feira, e depois sábado, esperá-lo-ei
no Martinho, *textualmente*, das 5 horas às 5 $1/2$. Mas
só entre essas horas. Surja!... O seu, seu

Mário de Sá-Carneiro

end. provisório: 78 Praça Restauradores

[Lisboa 30. 10. 14]

Confirmada carta sábado 5 horas Martinho Sá-
Carneiro

Lisboa 31 Out. 1914

— Homem! Nem sei já o que hei-de fazer!... Sumiu-se você também por alçapões teatrais?... Mas isto assim não pode ser — não pode! Recebido ontem o recado pelo Pacheco — telegrafei-lhe! Você nada!... Agora só a telegrafia sem fios — mas não creio que seja mais rápida que a outra — embora a mais vago.

Bem! a bout de ressources: 3ª feira — com os diabos! terça e hoje é sábado! — espero-o no Martinho às 5 h. 5 $^{1}/_{2}$. Se você não puder aparecer — um postal, com outro rendez-vous: mas só à tarde ou então à noite, a partir das 9 $^{1}/_{2}$.

Isto é: às 10 horas em ponto.

Morro d'ânsia e ouro por o ver. Escreva pois!... 2ª feira à tarde, adjudicado eu por um Dr. lepidóptero[1] adaptação *Primo Basílio* a apresentar Mário Duarte.[2] Mas noite livre. E depois sempre livre tarde e noite! Marque pois em postal rendez-vous ou então 3ª feira [à] tarde Martinho 5 horas.

O seu, muito seu amigo e grato

Mário de Sá-Carneiro
78 Pr. Restauradores

De resto todas as tardes e noites tenho estado no Martinho.[3]

[Nov. 1914][1]

Peço-lhe a tradução, meu querido Amigo, tão breve quanto os seus negócios e códigos lho permitirem, das coupures juntas. Mera tradução avulsa — só para eu saber que dizem tais notícias. Desculpe-me, por amor de Deus, a maçada. A resposta sobrescrite-a para *78 Praça dos Restauradores.* Adeus.
Não se esqueça — e de novo, mil perdões.
O seu, seu

Mário de Sá-Carneiro

Devolva por favor as coupures.

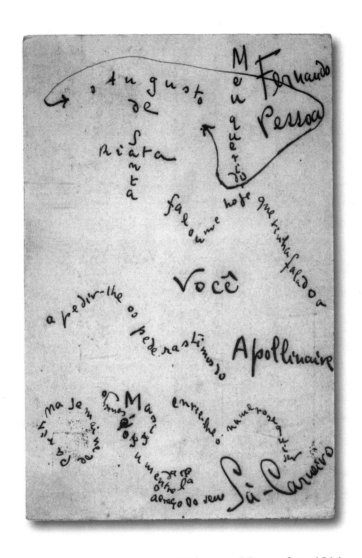

Lisboa — Novembro 1914
Dia 18

Meu querido Fernando Pessoa, o Augusto de Santa-Rita falou-me hoje que tinha falado a Você a pedir-lhe os pederastismos do Apollinaire[1] na Semaine de Paris.[2] Mas isso é consigo envie-lhe o número se quiser um entrelaçado abraço do seu Sá-Carneiro

Lisboa — Dezembro 1914
Dia 2

Há o seguinte: ontem o Rui Coelho[1] e o Dom Tomás[2] lembraram-se de fazer uma sessão de música moderna sobre paúlismo: poesias minhas, suas e do Guisado. Logo foi dito que antes da audição palavras deveriam ser pronunciadas. Até aqui vai muito bem. Agora suponha você que o menino idiota A. Ferro foi hoje dizer aos maestrinos citados que o paúlismo, a sério, era o interseccionismo. Como raio o sabia ele? Perguntei-lhe. Diz que ouviu você falar muitas vezes essa palavra ao Guisado. Não sei, não sei. Mas é uma contrariedade. Pois imagine você que o Rui e o D. Tomás agora já só falam no interseccionismo e o querem lançar no tal concerto — que, bem sei, decerto nunca se realizará.

É para falar sobre este assunto — e ainda sobre uma carta Rui Coelho questão hino aos soldados recusado Luís Pereira[3] — que eu escrevi o postal que remeto juntamente, a pedido e defronte dos maestrinos. Você apareça, se quiser. Acho mesmo muito melhor aparecer. Gostava, em suma, que aparecesse. Mas já sabe o que há a respeito do interseccionismo. Estuporinho do Ferro! Enfim eu mesmo desejo falar consigo sobre este assunto. Porque não aparece amanhã à tarde, aí pelas 5 h. 5 $^1/_2$ no Martinho? A qualquer pretexto, eu ficaria só com você e falaríamos. Senão, até amanhã à noite. Seja como for está prevenido. Claro que para os maestrinos eu só escrevi o postal e você nada mais sabe — nem do concertante. Um grande abraço do seu muito grato

Mário de Sá-Carneiro

[2 de Dez. 1914][1]

Causas Rui Coelho e outras pedia-lhe a sua presença sem falta amanhã 5ª feira às 10 horas da noite no Martinho um entrelaçado abraço do seu

Mário de Sá-Carneiro

Lisboa — Janeiro 1915
Dia 8

Raio, homem — você enjeitou-nos.[1] Nem eu, nem Guisado, nem Pacheco... Em vão corro Brasileiras...[2] Em vão telefono!... Ansiamos falar-lhe. *Contemporânea*,[3] *Céu em Fogo* (*no prelo*!!!), e maravilhosos sonetos do Guisado.
Amanhã noite procurá-lo-ei Guisado que sei lhe enviar postal. Bem! Imenso a falar-lhe. Marchetado e Roxo. Adeus. E não falte ao Guisado. Imploro-lhe. Abraços

o seu seu
Mário de Sá-Carneiro

[Jan. 1915?][1]

Esperei-o, meu querido Pessoa até às 6. Segunda espere-me você até às 6. Se até a essa hora não aparecesse já não vinha. Mas espere-me. O seu

Sá-Carneiro

Lisboa — Jan. de 1915
Dia 19[1]

Mas você desculpa, não é verdade?... Sabe, é que tenho amanhã provas! Se lhe fosse possível aparecer à noite no Jansen[2] (10 horas), ficava-lhe muito grato. Mas só se lhe for possível. Enfim... O Pacheco também estará, creio. E o programa?[3] Então adeus até amanhã (20). Se não puder era favor avisar ou pelo telefone, ou por mão própria no hotel (42 R. Assunção) Aliança-Hotel recomendando para me transmitirem o recado. O seu

Sá-Carneiro

Lisboa — Janeiro 1915
Dia 20

Bem. Muito obrigado. Possível que amanhã surja Jansen. O Pacheco estará certamente. Amanhã não tenho provas. As de hoje vi-as com o D. Tomás que muito se lhe recomenda. Adeus. Agradecido o seu aviso.
O seu muito amigo e grato

M. de Sá-Carneiro

Lisboa — Janeiro 1915
Dia 29

Pedia-lhe muito meu querido Fernando Pessoa (e o Alfredo Guisado também muito lhe roga) para aparecer amanhã sábado à noite no restaurante dos Irmãos Unidos. Eu tinha muito que lhe falar.

Pedia-lhe pois intensamente para que aparecesse sem falta. É claro, exceptuando o caso de ser pesado sacrifício. Por mim conto aparecer às 10 $^1/_2$. Até amanhã então, não é verdade? Um grande abraço do seu
                                M. de Sá-Carneiro

Não se esqueça.[1]

Lisboa, Fevereiro 1915
Dia 4

Meu Querido Amigo, venho-lhe rogar o favor de — mesmo com muito sacrifício — dar-me amanhã 6ª feira (5) meia hora para uma última revisão às últimas páginas da *Grande Sombra,* as quais — como compreende — me dariam um grande desgosto se ficassem gralhadas. Tenho mesmo várias dúvidas que precisava muito discutir consigo. Espero-o a estas duas horas: da 1 às 2 $^1/_2$ no Martinho — e depois, à tarde, das 5 $^1/_2$ às 6 $^1/_2$ na Brasileira do Chiado. Repito-lhe: Mesmo com sacrifício peço-lhe muito que não me falte. Se, em todo o caso lhe for impossível de todo em todo aparecer a estas horas, rogo-lhe que me avise, telefonicamente, a hora e o local a que me pode atender para o nº 2287 (Praça dos Restauradores) — das 2 $^1/_2$ horas em diante — ou para o Aliança-Hotel[1] até às 11 $^1/_2$ manhã. Bem entendido preciso estar consigo à tarde ou de manhã pois as provas devem ficar entregues às 6 $^1/_2$ de amanhã na tipografia. Por amor de Deus, não falte. É mais um grande favor que lhe deverá o seu, muito seu

Mário de Sá-Carneiro

P.S. — Podendo aparecer no Martinho ou Brasileira é escusado telefonar pois, mesmo se o não esperasse, lá estaria.

Lisboa — Março 1915
Dia 26

Meu Querido Amigo,[1]

Não sei por que você hoje descarrilou! E fez-me um grande transtorno! O Ramos levá-lo-ia para o Incerto? Tinha que ser! Hoje desde manhã o dia me correu pessimamente. Começou por um tostão falso — acabou por a sua falta! Homem — raios o partam!... Que aborrecimento! Mas suplico-lhe que esteja amanhã às 10 e $^3/_4$ - 11 horas no mesmíssimo Montanha. A Duda vai no princípio e eu venho-me logo embora do teatro! Pelo amor de Deus não falte. Tenho provas! Mas por amor de Deus!... Amanhã sábado 27 no Montanha entre as 10 e $^3/_4$ e as 11. O seu muito amigo e grato-irmão-em-mistério.

o
Mário de Sá-Carneiro

Para onde raio teria você ido?...
Não falte amanhã!...

"conhecido poeta"[2] = castigo de ter faltado hoje! 7...

> Lisboa — Abril 1915
> Dia 4

Domingo de Páscoa,

Meu Querido Amigo

Rogo-lhe encarecidamente que amanhã em vez de estar no Jansen às 10 horas esteja às 8 $^1/_2$ — isto é: entre
as 8 $^1/_2$ e as 9. Por mim estarei lá às 8 $^1/_2$ em ponto.
É para vermos antes provas. Amanhã devo ter
imensas. Peço-lhe muito que não falte
o seu muito admirador e amigo e agradecido

> Mário de Sá-Carneiro
> (com mil desculpas)

> 9 Maio 1915[1]

Deixe-me os versos do Ângelo[2] no hotel, o mais
tardar 3ª feira. (Amanhã seria o ideal). Não se esqueça! E até quarta-feira à noite, no Guisado![3]
> S C

Rogo-lhe muito que se não esqueça — sobretudo
de copiar os versos do A. Lima. Não se esqueça!
Um grande abraço. O seu

> Sá-Carneiro

Lisboa — Maio 1915
Dia 11

Meu Querido Fernando Pessoa,

O Guisado badajozisa-se* até 5ª feira. Assim rogo-lhe que esteja no Montanha você amanhã à noite aí por as 10 ¹/₂. Sem falta! Até amanhã pois,
meu caro Pessoa, no Montanha!
Grandes abraços do seu, seu

M. de Sá-Carneiro

6ª feira 21 Maio 1915

Preciso amanhã sábado de você, meu querido Fernando Pessoa, à noite, no *Montanha*, às 10 ¹/₂ —
sem falta: visto haver provas. Sem mais o seu muito amigo

Sá-Carneiro

Lisboa 24 Maio 15

Esteja Montanha hoje 10 horas provas Sá-Carneiro

* Badajozisar-se: ir a Badajoz (cidade de Espanha).

Lisboa Junho 1915
Dia 2

Pedia-lhe, meu querido Fernando Pessoa, muito intensamente, o favor de amanhã entre as 6 e as 7 $^1/_2$

no *"Martinho"*
(o mais cedo que puder dentro destas horas)
APARECER

Sem mais — o seu muito amigo
M. de Sá-Carneiro

Lisboa — Junho 1915
Dia 13

— Olhe lá ó Fernando Pessoa você amanhã vai ao Jansen por causa da mascarada às 9 $^1/_2$ — pois não vai? É que o poeta Guisado contou-me que você ficou de ir lá amanhã a casa dele. Lapso? Eu vou à léria. Veja se você vai também — pela sua companhia: Ao menos!... E adeus. Um grande abraço do seu

Mário de Sá-Carneiro

Lisboa — Junho 1915
Dia 13

Escrevi-lhe hoje à tarde meu querido Fernando Pessoa e torno-o a fazer a informá-lo de que a mim me é afinal completamente impossível ir amanhã à noite ao Jansen. Você faça o que quiser. *Mas é melhor ir por causa do Pacheco*. Peço-lhe mesmo que vá e até que "me represente"... Adeus. Um grande abraço do seu

M. de Sá-Carneiro

Deixo-lhe Provas à tarde no Guisado

Lisboa — Junho 1915
Dia 21

Eu não percebo o Guisado. Hoje não estava. Outro dia tinha sono... Falarei com você a este respeito, e começo a dar sorte. Escrevo-lhe, de resto, meu querido Fernando Pessoa a rogar-lhe com a maior instância que esteja amanhã 3ª feira às 7 horas da tarde, sem falta no Martinho. É por causa do *Orfeu*. Inadiável o assunto. Rogo-lhe por isso que não deixe de aparecer!

Até amanhã pois, às 7 h. t. no Martinho! Adeus. Um grande abraço do seu

Sá-Carneiro
(de *Orfeu*)

Pampilhosa — Julho 1915
Dia 11

Meu Querido Amigo,

Aqui vou sem novidade.[1] Rogo-lhe muito que se não esqueça de deitar as duas cartas no correio e de entregar na 2ª feira a outra ao Herrmann[2] (Calçada do Lavra). Era favor também passar no hotel.[3] Tinha-me esquecido de lhe dizer que o estabelecimento do Herrmann, onde você deve entre-

gar a carta, é na C. do Lavra. Adeus. Sem mais sou o seu muito amigo

Mário de Sá-Carneiro

Escreva S. Sebastião
Poste Restante.

S. S. 13 Julho 1915

Mil grandes abraços do seu

Sá-Carneiro

S. S. 13 Julho 1915[1]

Funiculares,
as minhas ânsias
de Ascensão!...
    (à maneira de A. de Campos)
Saudades, mil

o seu
Sá-Carneiro

S. S. 13 Julho 1915

Mil Saudades em Aço e Volantes
        o seu, muito seu
                M. de Sá-Carneiro

13 Julho 1915

Meu Querido Amigo[1]

    S. Sebastian ainda que espanhol — plena Europa. Isto sim. Barcelona é que nunca.
    Tudo resolvido. Sem nenhuma dificuldade obtido o passaporte que o ministro lepidóptero de Lisboa negara! Você não se esqueceu das cartas? Que sarilhos!... Sigo amanhã Paris às 15.55.
    Não tenho mais nada para lhe dizer. Informe amigos, a quem só mandarei postais, que segui Paris. Se os encontrar... Mandei dois postais ao engenheiro e um para Você. Escreva brevemente Paris posta-restante. Talvez telegrafe endereço. Diga o

que há *Orfeu*. Se mais artigos, etc. *Endereço de Paris — absoluta-mente reservado,* menos Pacheco e Vitoriano e Livraria (Augusto).[2]

Grande abraço do seu

Mário de Sá-Carneiro

Paris — Julho 1915
Dia 16

Meu Querido Amigo,

Peço-lhe muita atenção para esta carta — que de resto não vai ter nenhuma importância, nem dar-lhe nenhuma maçada. Sossegue por consequência.

Em primeiro lugar: do que se possa ter aí passado com respeito a questões da minha vida particular, comunico-lhe que não quero saber coisa nenhuma, tenha havido o que houver. Suplico-lhe como um dos maiores obséquios que se porventura sabe alguma coisa a esse respeito, se o foram mesmo procurar — o que é muito natural — etc. me não diga nada, nem faça de longe referências.

É pelo sossego do meu espírito que lhe suplico este favor encarecidamente. Você bem compreenderá o que ele para mim representa. Não quero saber nada, absolutamente nada. E peço-lhe que não se refira sequer nas suas cartas a estas minhas linhas. Faça como se nenhuma destas trapalhadas tivesse existido. Fale-me só de si, de questões literárias, do *Orfeu* etc! Compreende bem, não é verdade? Por mim creio de resto as coisas a razoável caminho e estou tranquilo no momento em que lhe escrevo. Escrevi ontem uma longa e importantíssima carta ao meu Pai. Antes de receber a resposta a essa carta não sairei de Paris nem comunicarei o meu endereço a ninguém. Nem mesmo a você. Perdoe-me. Mas é capital para a minha vida que ninguém, absolutamente ninguém saiba aonde eu moro em Paris antes do meu Pai receber a minha carta e me responder. Até lá tenho dinheiro. O endereço mesmo que lhe vou pôr no fim da carta é absolutamente confidencial e só a você por enquanto o comunico. Isto porque não quero receber cartas desnecessárias e que só me viriam incomodar. Não irei mesmo à Posta-Restante, central, perguntar por elas. Em nome da sua amizade lhe rogo por consequência que oculte mesmo a todos o endereço que lhe vou dar. Aos outros dirá que eu me esqueci de lhe mandar o endereço. Enviar-lhe-ei amanhã o postal que em tempos combinámos. Ao Pacheco e ao Vitoriano, se me quiserem escrever, encarregue-se você de sobrescritar as cartas — mas evite o mais possível de lhes dizer o endereço que lhe vou dar — *muito especialmente ao Vitoriano.*

Juro-lhe que nada de importante há sobre tudo isto. Trata-se apenas de ganhar Paris, de lutar pela minha vida — e do meu sossego de espírito.

Outro assunto importantíssimo! Escrevi hoje ao Augusto (da Livraria) para — como de resto combináramos — ele promover a venda do *Céu em Fogo* até ao fim deste mês de forma que eu receba a importância sem falta até 8 de Agosto. Vá falar com ele neste sentido daqui a um ou dois dias, e veja o que ele responde. Mas isso sem falta. Pergunte-lhe também em meu nome como vai a venda do *Orfeu.* Diga-lhe que, se quiser, pode vender os *Céus em Fogo imediatamente.* Cinco exemplares em bom estado guarde-os para mim. Não se esqueça de lhe dizer isto — porque eu esqueci-me de lho dizer na minha carta. Informe-me de quando o negócio será feito. Tornarei a escrever ao Augusto a dizer-lhe que compre um cheque — que você sobrescritará para mim em carta registada. Sobre a primeira parte desta carta — *mesmo sobre toda esta carta* — suplico-lhe o maior sigilo.

Conto dever-lhe todos estes obséquios. Breve escreverei uma longa carta sobre Paris que está emocionante à noite.

Responda na volta do correio segundo as minhas instruções. Pode afinal ir procurar o Augusto no mesmo dia em que receber esta carta. Fico ansioso pela sua resposta. Escreva imediatamente. Mil agradecimentos e perdões. Um grande abraço de toda a alma do seu

Mário de Sá-Carneiro

Escreva para

Poste restante

Bureau nº 8

Boulevard des *Italiens*

(sublinhe *Italiens*)

Paris

De novo lhe suplico que cumpra à risca tudo quanto lhe peço. Dou-lhe uma grande importância.

Fale muito do *Orfeu* notícias etc.

Paris[1] — Julho 1915
Dia 17

Meu Querido Amigo,

Venho lembrar-lhe tudo quanto lhe disse na minha carta de ontem, recomendar-lhe muito que se não esqueça de passar na Livraria para falar sobre o *Céu em Fogo* a fim de eu saber de certeza se posso contar com o dinheiro dessa venda até 8 de Agosto efectivamente. Rogo-lhe também que me escreva com a maior brevidade uma das suas cartas-relatório falando-me sobretudo do *Orfeu* — e outras tricas literárias. O Leal[2] circula ainda? O Santa-Rita Pintor tem aparecido por Lisboa. Etc. etc. E é verdade o Afonso Costa afinal morreu ou não? Em San Sebastian chegou um jornal a dedicar o seu artigo de fundo ao grande estadista morto. Todos os jornais espanhóis — e os franceses — noticiavam com efeito a morte do tribuno no dia 14. Mas já li aqui no *Matin* ou no *Journal* (só num deles) um desmentido. Logo... Preocupei-me de resto com a morte do Afonso pela sua Vida, meu caro Fernando Álvaro Pessoa de Campos.[3]

Paris, então. Ah! uma glória. Outra glória — outra maravilha.

Maravilha que, de resto, para ser vibrada em todo o seu oiro necessita de influenciar alguém que tivesse conhecido a Cidade em plena paz.

É a mesma — mas em febre amortecida. Dir-se-ia que mão fantástica fechou um pouco o registo regulador do movimento-total, da "corda" que faz mover, em relojoaria, Paris inteiro. Juro-lhe que desde o próprio barulho dos automóveis deslizando nas ruas — e as suas buzinas — até aos timbres eléctricos, chamarizes dos animatógrafos e mais baiúcas, tudo se atenuou, esmaeceu, velou, diluiu — mas permaneceu em encanto — mais penetrante hoje por subtilizado, imponderalizado, cendrado — mas simultaneamente febrilizado em novas crispações. Não sei explicar-lhe o que quisera. Mas enfim, suponha isto tal e qual: uma grande cidade, as cidades da minha ânsia e dos meus livros — rútilas de Europa, largas, pejadas de trânsito e movimentos — rendez-vous cosmopolitas, farfalhantes de acção. Pois bem: suponha que assim como o guarda-freio dum eléctrico, o chauffeur ao volante dum automóvel podem acelerar ou diminuir a velocidade do seu veículo — e como também uma torneira permite que aumentemos o jorro dum repuxo a meio dum lago — seria lícito por qualquer mecanismo de sonho fazer o mesmo a toda a actividade múltipla e diversa da Grande Capital. Sim suponha isso possível. Suponha-se fechando-abrindo esse regulador. E aqui tem a mudança toda de Paris — tão real, mas tão enigmática e perturbadora na sua realidade diminuída.

Pois em resumo assim é: Paris, diminuído em grandeza, desconhecidamente ungiu-se de oculto, diluiu-se em incerto. Tanto maior o seu quebranto — que se estiliza em mágica intensidade, à noite — vincadamente. Lembra-se do *Homem dos Sonhos*, o meu conto? Pois hoje Paris, à noite — é a cidade que ele viajava em sonhos: ela própria: na treva impenetrável, toda a vida. E rasgam-se os boulevards, em verdade, numa ideia só ascendente — e desliza a vida: rolam os automóveis, os trens — desliza, nos largos passeios de asfalto citadino, a multidão dos transeuntes. E com efeito também todo este silêncio se reúne em música: não realmente em música mas na ideia de uma melodia impossível que não se ouvisse, e fosse apenas um bafo — um hálito inconstante, perfumado em espasmo — que nós aspirássemos como se o ouvíssemos em harmonia. Com efeito no medo futurista dos grandes dirigíveis imperiais e agudos — só raros, raríssimos candeeiros de gás são acesos. A ponto que é difícil transitar, ir com muita cautela no perigo até de tropeçar. Fulguram a apoteotizar todo o ambiente velado, se não há nuvens, as estrelas que se diriam de papel prateado sobre uma toga negra de mágica nos teatros de milionários. E a multidão desliza. Deve haver beijos nos recantos — e estiletes porventura se cruzarão remotamente nas esquinas mais solitárias. Enfim, é o mistério emprestado a todas as coisas — a cidade toda vivendo nas trevas impenetráveis. E mais se frisa então a impressão de incrédulo, de duvidoso e fugitivo, num Calafrio remoto a intranquilo que mais nimba arripiando-as, as sensações diluídas, de excitação agora — esquivamente. Dir-se-ia uma cidade furtiva, em suma, meu querido amigo: uma cidade fora do espaço e do tempo: existindo às escuras — colónia astral, talvez de criminosos... Não sei. Mas [com] todas estas bizarrias interseccionistas me impressiona Paris de hoje.

Perdoe toda esta péssima literatura. Sabe? São apenas fugitivos apontamentos: até esboços de apontamentos — para algumas páginas que presumível e futuramente escreverei. Uma crónica. Mas uma crónica paúlica. É verdade: e se eu desenvolvesse tudo isto e o ajustasse para o nº 3 do *Orfeu*? Como crónica, evidentemente.

Que se lhe afigura que eu posso tirar daqui?[4] Qualquer coisa interessante? Diga. E não se fie só no que lhe digo. Há muitos outros vértices.

Escreva. Por amor de Deus. E não se esqueça das minhas incumbências e de contar o que lhe disser o Augusto. Um grande abraço e um grande adeus.

o seu, muito seu
Mário de Sá-Carneiro

Poste Restante.
Bureau des Italiens
Paris

Aviso Importante: esta carta saiu, literariamente, muito lepidóptera.

Paris — Julho 1915[1]

De Paris que está soberbo lhe mando por consequência mil saudades, meu caro Fernando Pessoa. Olhe, agora não tenho tempo para mais. Mas você escreva! Homem, escreva já! Adeus. Um grande abraço. O seu, muito seu

Mário de Sá-Carneiro

Paris — Julho 1915
Dia 22

Sempre bem, meu querido Amigo. Breve lhe escreverei uma grande carta — não o fazendo antes de receber notícias suas o que calculo aconteça 2ª ou 3ª feira próximas. Escrevi hoje ao Augusto um postal rogando-lhe que não se esquecesse de vender os *Céus em Fogo* até ao fim do mês: isto é: o mais depressa possível. Rogo que passe na Livraria e fale com ele a este respeito. É assunto da maior importância para mim que recomendo à *sua amizade*. Na minha carta lhe direi como me hão-de enviar o dinheiro. O importante é realizar o dinheiro quanto antes — para mo enviarem logo que eu o diga. Peço-lhe para comunicar isto ao Augusto — juntando reserva sobre a transacção e sobre, enfim, tudo quanto eu a você ou a ele diga daqui. Estou ansioso pelas suas notícias. Informe-me do *Orfeu* e da venda do mesmo. Adeus até breve. *Não se esqueça de mim*. Conto consigo. Um grande abraço de toda a alma.

o seu muito seu

Mário de Sá-Carneiro

Paris — Julho 1915
Dia 26

Meu Querido Amigo,[1]

Ainda uma carta de negócios — e apelo para toda a sua amizade a fim de me satisfazer o que lhe vou suplicar — não se assuste: não é nada complicado — apenas lhe rogo vivamente que não deixe de fazer *no próprio* dia em que receber esta carta aquilo que vou dizer.

Escrevi hoje ao Augusto para ele me informar por *telegrama* se me pode enviar o dinheiro da venda dos *Céus em Fogo* (ou outro qualquer) de forma que eu o receba *impreterivelmente até 12 de Agosto o mais tardar.* Você compreende bem a importância que isto tem para mim: se por qualquer motivo a transacção dos *Céus em Fogo* não pudesse ter sido feita e não houvesse nenhum saldo a meu favor na Livraria — precisava de arranjar dinheiro por outro lado. Assim suplico-lhe meu querido Fernando Pessoa que assim que receba esta carta vá imediatamente à Livraria falar ao Augusto, para saber o que há — e recomendar-lhe que não deixe de fazer o que na carta que hoje lhe dirijo lhe rogo: isto é: *telegrafar-me imediatamente* se posso ou não contar com o dinheiro até à data indicada. Você que me conhece bem, sabe como a incerteza — e especialmente a incerteza nestas coisas — me é um suplício. Assim, como o maior obséquio, em nome de tudo quanto lhe mereço, lhe suplico que faça de maneira que eu não deixe de ter uma resposta *telegráfica* no mesmo dia em que esta carta chegar a Lisboa. É o maior favor que até hoje lhe tenho rogado — e espero assim que por modo algum Você mo deixe de prestar. Na carta ao Augusto mandei mesmo os textos em francês dos telegramas para as diversas hipóteses. Entretanto, se outra coisa qualquer de importante houver a dizer, você redija o telegrama. *Enfim deixo tudo isto ao seu cuidado.* Suplico-lhe também que me escreva uma carta informando-me do que tenha acontecido em volta do *Orfeu* — e a sua venda etc.

Peça na livraria os n⁰ˢ 2 do *Orfeu* que você quiser — contando que o Santa-Rita também há-de querer exemplares. Ro-

251

go-lhe que por enquanto *guarde para si* o endereço que lhe vou comunicar;

Hotel de Nice
29 rue Victor Massé.[2]

Repare bem em tudo quanto lhe suplico e *é para mim duma importância capital*. Em último caso — para prevenir todas as hipóteses — você mesmo me telegrafava e se, porventura, não tivesse consigo a importância para o telegrama pedia-a em *meu nome* ao Vitoriano Braga ou ao José Pacheco. Mas este caso decerto não se dará. Seja como for sempre hei-de ter na Livraria saldo que chegue para o telegrama. Mas é para prevenir todas as hipóteses. Por amor de Deus, meu querido Fernando Pessoa, não deixe de fazer *no próprio dia em que receber esta carta* o que lhe suplico tão vivamente. Em nome da nossa amizade: q*ue me telegrafem imediatamente se posso ou não contar com o dinheiro*. Fico ansioso. E não deixe também de me enviar uma carta circunstanciada na volta do correio. Hoje fui ao bureau dos Italianos mas não encontrei ainda carta sua. E já havia tempo para a resposta.

Enfim, meu querido Amigo, peço-lhe que me perdoe todos estes incómodos — e mais uma vez lhe suplico a máxima atenção para quanto lhe rogo. Vá imediatamente à Livraria! Que não me deixem de telegrafar. Veja bem a importância que isto tem para mim.

— Mando-lhe junto uma poesia. Não sei bem o que é. *Diga a sua opinião* — não se esqueça. Breve escreverei uma carta "psicológica". Estou ansioso por receber um dos seus "relatórios"!

Reserve por enquanto o meu endereço — que, além de a você, só comuniquei ao Augusto.

Um grande abraço de toda a Alma.

o seu, seu

Mário de Sá-Carneiro
Conto consigo!

29 rue Victor Massé
Paris — 9.ème

— Escala —

Oh! regressar a mim profundamente
E ser o que já fui no meu delirio...
— Vá, que se abra de novo o grande lirio,
Tombem miosótis em cristal e Oriente.

Cinja-me de novo a grande esperança,
E de novo me timbre a grande Lua!
Eia! que empunhe como outróra a lança
E a espada d'Astros — ilusória e nua.

Rompa a fanfarra atrás do funeral!
Que se abra o pôço de marfim e jade!
— Vamos! é tempo de partir a Grade!
Corra o palácio inteiro o vendaval!

Nem portas nem janelas, como dantes:
A chuva, o vento, o sol — e eu, A Estátua!
Que me nimbe de novo a aureola fátua —
Tirâno medieval d'Oiros distantes.

E o Principe sonambulo do Sul,
O Doge de Venezas escondidas,
O chaveiro das Tôrres poluídas,
O mitico Rajah de Indias de tule —

Me erga imperial, em pasmo e arrogancia,
Toldado de luar — scintil de arfejos:
Imaginario de carmim e beijos,
Pierrot de fôgo a cabriolar Distancia...

Num entardecer a esfinges d'ouro e mágoa,
Que se prolongue o Cais de me scismar —
Que ressurja o terraço á beira-mar
De me iludir em Rei de Persias d'água.

É tempo ainda de realçar-me a espelhos,
Travar misterios, influir Destaque.
Vamos! por terra os reposteiros velhos —
Novos brocados para o novo ataque!

Torne-se a abrir o Harem em festival,
(Harem de gaze — e as odaliscas, sêda)...
Que se embandeire em mim o arraial,
Haja bailes de Mim pela alamêda!

Rufem tambores, colem-se os cartazes!
Gire a tombola, o carroussel comece!
Vou de novo lançar-me na kermesse:
— Saltimbanco! que a feira toda arrazes!...

Eh-lá! Mistura os sons com os perfumes,
Disparata de Côr, guincha de luz!
Amontôa no palco os corpos nus —
Tudo alvoroça em malabares de lumes!

Recama-te de Anil e destempero,
Tem coragem — em mira o grande salto!
Ascende! Tomba! Que te importa? Falto
Eu, acaso?... — Animo! Lá te espero.

Que nada mais te importe. Ah! segue em frente,
Ó meu Rei-lua, o teu destino dubio:
E sê o timbre, sê o oiro, o efluvio,
O arco, a zona — o Sinal de Oriente!

Paris — Julho de 1915

Mário de Sá-Carneiro

N. B. — Escrevo aqui de novo o último verso para o caso de Você não compreender por ir borrado:

O arco, a zona — o Sinal de Oriente!

Paris — Julho 1915
Dia 27

Meu Querido Amigo,

Venho mais uma vez chamar-lhe a atenção para a importância da minha carta de ontem — suplicando-lhe assim que não deixe de fazer o que nela lhe rogo: ir à Livraria e fazer com que me telegrafem se posso contar com o dinheiro da venda do *Céu em Fogo* até 12 de Agosto *impreterivelmente*. Suplico-lhe também que não me deixe de escrever uma grande carta à sua maneira antiga falando do *Orfeu* etc. Diga-me, não se esqueça, se sabe alguma coisa duma próxima vinda do José Pacheco até aqui. Sem mais renovando todas as minhas súplicas e agradecimentos,

o seu

Mário de Sá-Carneiro

Paris — Julho de 1915
Dia 28

Meu Querido Amigo,

Voltei hoje ao bureau dos Italianos — e nenhuma carta sua. Admira-me muito, muito — embora o desarranjo dos correios. Fico inquieto. Meu querido Fernando Pessoa — por amor de Deus não se "disperse" — e não deixe de me responder *imediatamente* — mesmo que lhe seja *impossível!* — à minha carta de antes de ontem quanto ao telegrama sobre os negócios da Livraria. Juro-lhe que se trata de uma coisa de importância capital para mim. *Entrego-me nas suas mãos.* Por princípio nenhum me deixem de telegrafar — sobre se podem enviar o dinheiro dos *Céus em Fogo* de modo que eu o re-

ceba a 12 de Agosto o mais tardar. Conto consigo!
E repito-lhe: *entrego-me nas suas mãos*. Não me falte — em nome da sua amizade! Um grande abraço. O seu muito seu

M. de Sá-Carneiro

Tenha dó de mim — ESCREVA! Escreva imediatamente se ainda o não fez! O seu silêncio será a minha maior inquietação!

Paris 29 Julho 1915

Perdoe meu Querido Amigo mas ainda uma vez
lhe suplico em nome da sua amizade que não esqueça o que lhe pedi — e me escreva uma grande
carta! Adeus. Uma abraço d'Alma e Ouro. O seu

Mário de Sá-Carneiro

Paris — Agosto 1915
Dia 2

Não sei realmente meu querido Amigo como explicar o
seu silêncio. Pior: Não sei como *desculpá-lo*.

Então eu recorro a si, creia, numa circunstância grave da
minha vida — dirijo-me a si pedindo-lhe no fim de contas
uma coisa fácil, facílima — que se reduzia a passar numa lo-
ja, indagar uma coisa, fazer com que me telegrafassem. Prevejo todas as hipóteses: até a de na Livraria se recusarem a mandar o telegrama, pedindo-lhe para, nesse caso, pedir *em meu
nome* a sua importância (caso você não a tivesse consigo) ao
Vitoriano ou ao Pacheco — e tudo baldado! Você não tem um

gesto! Não se lembra da minha intranquilidade — não tem dó de mim, numa palavra! Francamente é duro, meu querido Fernando. Eu não lhe merecia esse "desmazelo" — porque a outra coisa não posso atribuir a sua falta.

Parece-me impossível, realmente! Você não sabe que, à distância, a gente põe-se a fantasiar todas as explicações para um silêncio inaudito como o seu e — vamos lá — como o da Livraria, o do Augusto, que é também inadmissível, visto que eu nada mais *suplicava* do que um telegrama de 5 tostões!!

Assim já me lembrei da sua morte, da sua prisão — da falência da Livraria — e até da destruição de Lisboa se os quiosques daqui não vendessem todos os dias o *Século* com um atraso de três datas: isto é: o *Século* dum dia 2, por exemplo, vende-se aqui, a 5! Concorde, meu caro Fernando Pessoa, que tenho razão de sobra para me queixar — tanto mais que ainda não falei do que vem agravar tudo isto: logo que cheguei aqui escrevi-lhe umas poucas de vezes (pelo menos duas cartas) suplicando-lhe que me respondesse na volta do correio para a Posta-Restante, bureau nº 8. Já lá tenho passado inúmeras vezes, sempre em balde. Para ter a certeza de que não havia qualquer extravio já por duas vezes me dirigi cartas, que sem demora nesse bureau me foram entregues!

Isto é muito, muito duro dum amigo como você! Eu não procederia assim com um indiferente. Que mal Você me fez! Se porventura se "feriu" com o eu lhe não dar logo o meu endereço, permita-me significar-lhe quão descabido isso foi — e sobretudo como foi injusta e demasida a pena a que me condenou: o silêncio!

Através de tudo o que mais me custa a acreditar é que você, conhecendo de mais a mais o meu carácter, os meus nervos, a minha impaciência — não tivesse tido *dó* de mim. *Dó*, repito, que era o que eu em todas estas circunstâncias lhe queria merecer! É espantoso! Que pena eu tenho de tudo isto, meu querido Amigo, como é duro vermo-nos de súbito abandonados por quem tanto estimamos e admiramos! Alguns anos duma camaradagem tão estreita, sobretudo duma camaradagem d'Alma, meu querido Fernando Pessoa, deviam-no ter bem conduzido a outro procedimento. Porque — repito —

não há razão possível para o seu silêncio: por muitas preocupações de qualquer ordem que o absorvam ou o atormentem. Não era razão para deixar de me escrever uma breve carta aonde me *falasse do essencial*: meia dúzia de linhas. E o mais doloroso, meu Fernando Pessoa, é que noutros tempos você não procedia assim: não tinha amigo mais diligente, que mais depressa respondesse às minhas cartas! Por exemplo: a 1ª vez que estive em Paris depois de o conhecer. Enfim, por severo que me mostre nesta carta, eu apenas deploro, funda e tristemente deploro, o seu modo de proceder para comigo. Mas estimo-o demais, admiro-o demais para lhe não perdoar as suas faltas — embora lhas não desculpe.

E agora oiça, oiça por amor de Deus — em nome dos seus ideais — suplico-lhe de joelhos! Vá à Livraria logo que receba esta. Averigue o que se passa. *Telegrafe-me!* Pelo mesmo correio escrevo ao Vitoriano pedindo-lhe para emprestar o dinheiro necessário ao telegrama. *É claro que este meu pedido só subsiste para o caso de não me haverem já telegrafado ou escrito da Livraria.* Diga-me o que se passa, por amor de Deus! O Vitoriano adiantará o dinheiro. Repare que me entrego nas suas mãos. *Você não tem o direito* de me negar o seu auxílio. *E escreva-me também, por amor de Deus.* Um simples postal, pelo menos. *Mas na volta do correio.* No próprio dia em que receber esta carta. Trata-se da minha vida. Apesar de tudo conto consigo. Um grande abraço de toda a alma. O seu, seu

Mário de Sá-Carneiro

Hotel de Nice
29 rue Victor Massé
Paris 9.ème

P.S. Afinal mando incluso o pedido ao Vitoriano[1] no caso de ser necessário ele emprestar a soma. Perdoe-me tudo — *e tenha dó de mim.*

o seu
M. de Sá-Carneiro

Paris — Agosto 1915
Dia 7

Meu Querido Fernando Pessoa,

Recebi ontem o seu postal de 2 que muito do coração agradeço.

Você decerto já me perdoou a minha última carta — mas, de joelhos por ela lhe venho suplicar perdão. Nunca julguei que uma carta pudesse levar tanto tempo de Paris a Lisboa. Assim logo que foi 6ª feira comecei a pasmar da ausência do telegrama — agravada pela falta completa de notícias suas para a Posta-Restante - Bureau nº 8, Boulevard dos Italianos... Creio bem que você compreenderá — e me perdoará essa carta. De resto escrevia-a sobretudo por uma questão de "guigne" que me é muito peculiar: sim, escrevendo aquela carta — e o sarilho hilariante dos bilhetes ao Vitoriano e aos "prezados senhores" A. Xavier Pinto & Cia. — havia mais probabilidades em que me chegasse o telegrama e a sua resposta, como de facto aconteceu — volvida inútil toda essa trapalhada. Nesse caso posso contar com o seu perdão, meu querido Fernando, não é verdade? Muito bem.

— De mim? Ah, de mim, meu pobre amigo, não sei. Olhe, cá estou. E é tudo. Já é alguma coisa, concordemos. Enfim... Espero uma resposta telegráfica do meu Pai a uma carta que lhe escrevi daqui no dia da minha chegada: 15 de Julho. Depois, não sei. Eu pedia-lhe nessa carta que me deixasse, *por tudo,* ficar aqui — pelo menos até me mandar ir para a África. Em suma, bem frisado: tudo menos Lisboa. Ignoro o que ele fará. Vamos a ver. Instabilidade! Mas prefiro-a tanto, tanto, à estagnação! África — outro naufrágio a mais. Deixá-lo — se assim for. Pelo menos, agitação, mudança. Acima de tudo me arrepia a ideia sem espelhos de, sem remédio, novamente fundear no Martinho... Não sei por quê mas esse Café — não os outros Cafés de Lisboa, esse só — deu-me sempre a ideia dum local aonde se vem findar uma vida: estranho refúgio, talvez, dos que perderam todas as ilusões, ficando-lhes só, como magro resto, o tostão para o café quotidiano — e ainda assim, vamos lá, com dificuldade. Tanto lepidopterismo! Mas você continua a perdoar... Em Paris bocejo, é claro. Mas estou melhor. É outra ilusão. Tenho a força de a manter, entanto — e isso me é lisonjeiro. Pequeninas coisas: a outra noite, o luar sobre a Praça da Concórdia, por exemplo, curou-me por uns poucos de dias. E o poder dizer mais tarde: "Quando os alemães tomaram Varsóvia, estava eu em Paris". Tão pequeninas coisas. Você pode medir bem o descalabro irremediável da minha vida, do meu espírito e da minha carne — quando, ainda assim, são estes — e os letreiros das ruas dos bairros por onde passo a primeira vez e orgulhosamente leio — os amparos únicos, os lenitivos raros à minha existência destrambelhada... Tenho chegado mesmo a suspeitar nestes últimos tempos se — de facto — já estarei doido. Parece-me que não. Mas o certo é que, mais uma vez, e positivamente, se modificou alguma coisa dentro de mim. O mundo exterior não me atinge, quase — e, ao mesmo tempo, afastou-se para muito longe o meu mundo interior. Diminuiu, diminuiu muito, evidentemente, a minha psicologia. Sou inferior — é a triste verdade — de muito longe inferior ao que já fui. Saibo-me a um vinho precioso, desalcoolizado agora, sem remédio. Estou muito pouco interessante. E não prevejo o meu regresso a mim — isso, que digo nos meus versos da "Escala" — incitação que não será seguida, parece-me. Já vê que não vamos nada bem.

— O que estou ansioso é por uma sua longa carta. Em que me fale de si — e "borde comentários" sobre o que eu lhe escrevo. É para conversarmos. Só a sua companhia me faz falta. E quer ver: muitas vezes ponho-me, de súbito, não sei por quê, a imaginá-lo, aqui num Café de Paris, comigo, em minha frente, sentado à minha mesa. Ainda outro dia, frisantemente — num bar ordinário para Montmartre. Gosto tanto de si! A menos certas "dispersões" e certos "falares baixos" você realiza para mim "aquilo que unicamente eu admito que se seja". Mas tenho-lhe dito isto tanta vez... Escreva muito, e breve — sim?...

— Junto lhe mando uma extensa versalhada.[1] Não sei bem o que aquilo é. Inferior, não há dúvida. Mas duvido se, em todo o caso, interessante. Muito antipáticas certas passagens. Mas sabe, aquilo é "relativamente". Pode crer que eu sou seu amigo, e não fiz de você chauffeur no meu afecto.[2] Literatura, claro — é preciso deitar água na fervura.

Acho mais graça à 5ª Canção. Efectivamente, sinteticamente, o que anseio pôr na minha vida é tudo aquilo. Justamente: e não imagina como me são encantadores os "defeitos duma instalação provisória".[3] a mala ficou na estação — temos que ir comprar colarinhos para mudar. E não vale a pena mandar buscar a mala, porque partimos amanhã. Assim acho pilhéria a essas quadras. Uma observação: o *Matin* fica em pleno boulevard: é todo envidraçado, vendo-se trabalhar as máquinas rotativas e as Linotype cujo barulho dos teclados se sente distintamente, amortecido, da rua. E esse barulho sintetiza para mim a ânsia do "papel impresso", a beleza das tipografias — o sortilégio moderno "da grande informação". Sinto isso tanto — tanto me embevece, quando passo em frente do *Matin*, o discreto martelar das Linotype que até deixei ficar o verso forçado, como verá.[4] É como o encanto das grandes paredes a "ripolin" e dos anúncios eléctricos pelos telhados de que falo na mesma quadra.

Seja como for os versos que hoje lhe mando são lamentáveis — um "triste produto". Mas, se tiverem qualquer interesse artístico — pouco me importa. Rogo-lhe muito assim, meu querido Fernando Pessoa, que me fale detalhadamente deles, me diga a sua opinião com a maior franqueza — e me aconselhe mesmo se devo eliminar qualquer das canções. Esses versos indicam queda, miséria — não há dúvida — sejam encarados por que lado for: moral ou literário. Assim acho muito bem o título genérico de "Sete Canções de Declínio". Não lhe parece? Enfim, fale-me largamente disso tudo — como noutros tempos fazia. Tenha pena de mim. Não me roube o seu convívio moral e literário. *Escreva-me uma grande carta!* Conto consigo!

— Cubismo: julguei em verdade que tivesse desaparecido com a guerra: tanto mais que certos jornais diziam que os cubos de caldo (bouillon kub) e da pintura eram boches. Mas no Sagod — negociante de quadros que acolheu os futuristas e os cubistas e não vende doutra mercadoria — não só estão expostos muitos quadros cubistas como — oh! pasmo! — um da guerra; última actualidade: sim: um "tank entre shrapp-nels". A rua do "marchand" é de pouca passagem, mas sempre gente parada defronte, rindo: como em face da nossa montra do *Orfeu*... A propósito: dizem-me da Livraria que não se tem vendido. Paciência.

E nada mais saiu sobre ele? Parece-me que não — caso contrário você não se teria esquecido de mo dizer no seu postal. Tenho muita pena.

— Óptimo, meu querido Amigo. Vou terminar. Ainda uma vez lhe imploro mil perdões pela minha última carta — e de joelhos prostrado lhe suplico que escreva uma grande carta-relatório. As suas cartas deste género são para Mim um complemento de Paris. E desta vez ainda não tive nenhuma! Anseio-as, tanto mais que, na incerteza do tempo que me demorarei aqui — ficaria inconsolável se nenhuma tivesse recebido. Claro que se de súbito resolver sair daqui — isto é: se de súbito a minha vida se resolver em eu sair daqui — lhe telegrafarei os meus habituais telegramas. Escreva-me pois uma Grande Carta, na volta do correio: por amor de Deus!!... (O Pacheco sempre virá a Paris? Não o tem visto?) Recomende-me muito ao Vitoriano. E para você um grande abraço de toda a Alma. O seu, seu

Mário de Sá-Carneiro

29 rue Victor Massé.

E de vida literária sua e do nosso Álvaro de Campos? Diga o que há, hein?...

Escreva uma carta-relatório!!...

Paris — Agosto 1915
Dia 8

Meu Querido Amigo

Recebi o seu postal de 3 que muito do coração
agradeço. Você fez muito bem em dar ordem para
serem entregues os *Orfeus* ao Santa-Rita. E profundamente lhe agradeço o cuidado com o telegrama
que foi devido à sua insistência com o Augusto. Vê
— que injusto fui para consigo! De novo, confun-
didamente, lhe suplico perdão!
Escreva sempre. Ontem mandei-lhe uma grande
carta. Adeus. Mil abraços.
    o seu muito dedicado
            Mário de Sá-Carneiro

Paris — Agosto de 1915
Dia 10

Meu Querido Amigo,

Recebi hoje, batendo as palmas, a sua carta de 6. Enfim
— se não que propriamente ainda um relatório, já, sem dúvida, uma carta "pessoal". Agradeço-lha vivamente pois — e
uma última vez lhe suplico perdão pela minha já tanto aludi-
da descompostura do dia 26, salvo erro. Estou-lhe muito grato por todas as suas diligências na "affaire" do *Céu em Fogo* —
bem como reconhecido ao Augusto que é na verdade um tipo
admirável! Fico sossegado: hoje recebi também o postal da Livraria — ontem um telegrama do meu Avô a quem pedi dinheiro e que mo anuncia. Agora só falta a resposta telegráfica
do meu Pai para definir o meu destino. Veremos...
    — Os meus parabéns, ah! mas os meus vivíssimos para-
béns, pelo novo papel do nosso *Orfeu* que você fez imprimir
não sei aonde. Homem, onde raio foi descobrir aquele tipo de

papel e de letra — tão Álvaro de Campos e, ao mesmo tempo, tão inglês? (sobretudo o formato do sobrescrito). Por curiosidade diga-me como foi que arranjou aquilo — sim? Provavelmente por intermédio da Livraria.

— Exorto-o intensamente a que não descure a propaganda europeia do *Orfeu* — claro com traduções[1] (talvez não necessariamente integrais — trechos bastarão, creio) sobretudo das Odes,[2] da "Chuva Oblíqua"[3] e da "Manucure".[4] Não poupe exemplares — pois para que os queremos nós?... Por mim não mandei o *Orfeu* ao movimento futurista — mesmo porque não sei o endereço. Para centralizar — *mande você*. Não lhe parece melhor? Diga. Agora o que precisa começar a preocupar-nos é o nº 3 — materialmente e "sumariamente". Quanto à 1ª questão vou até com certa brevidade escrever ao Augusto para ver se consigo o seguinte: a Livraria mandar imprimir o terceiro número do *Orfeu* à sua tipografia (Lucas) fazendo-me crédito da importância. Se houver perda eu comprometo-me a cobri-la. Todas as outras condições como eles quiserem. Faremos só 500 exemplares — sem gravuras — com o número mínimo de páginas (72) e forçosamente em papel menos caro. Um papel mais barato, mas no mesmo género, claro. O Augusto em tempos disse-me que na tipografia Lucas o primeiro do *Orfeu* não custaria mais de 65 000 réis.

Meu Querido Fernando Pessoa, bem sei que é doloroso não podermos manter o luxo, não dar gravuras — e fazermos um número menos espesso. Mas compreende que é a única forma de o fazer sair — visto que eu, tão cedo, não posso voltar à Tipografia do Comércio. O aparecimento do número nas condições acima indicadas tenho esperança que seja possível — tanto mais que ainda tenho um saldo a meu favor na Livraria que não reclamarei e que — por pequeno que seja — serve para "inspirar confiança"...

Agora quanto ao sumário: Almada Negreiros (Nota Importante: convém muito cortejar este pequeno que, em todo o caso — e com o grande interesse de ser colaborador do *Orfeu* — nos pode ajudar com uns 10 000 réis de adiantamento em qualquer ocasião — e com mais até se, no momento estiver endinheirado. Não deixe de lhe falar no *Orfeu* e na sua colaboração do terceiro número — aquela coisa soberba a que eu já esqueci o nome — a do "ergo-me pederasta"[5] etc.) Fernando Pessoa e Al. de Campos: o primeiro deve dar *versos* rimados: "Sonetos dos 7 Passos"[6] e "Além-Deus".[7] O segundo alguma coisa — que porventura tenha feito entretanto. Mário de Sá-Carneiro: Não sei propriamente, mas alguma coisa se arranjará (quanto mais não seja os versos que tenho feito e que — por inferiores — sempre são alguma coisa e irritantes na antipatia furiosa das canções 3-4 que na minha última carta enviei. Mas isto é pouco — e com que podemos mais contar? Assunto grave. Diga.

Se ficar por aqui vou trabalhar muito. De prosa sinto-me pouco disposto a escrever agora o *Mundo Interior* visto ser uma novela interessante mas "igual" a outras minhas. Gostaria de fazer agora uma coisa doutro género — e está-me atraindo este assunto: um homem que (através dum enredo outonal e romântico) lute ardentemente para merecer uma mulher: luta pela vida, luta material para ter os meios de fortuna para poder sustentar, no fim de contas, a mulher — luta por questões de família — luta mesmo, talvez — e, possivelmente, a preço de infâmias — para obter o amor dessa mulher afastando um rival. Este homem conseguirá enfim *tudo*. Mas então, suicidar-se-á ou fugirá. Isto só, brutalmente. Que lhe parece? Não sei. Mas em todo o caso é impróprio para o *Orfeu*. Se você acha duma conveniência capital o meu *Mundo Interior* para o terceiro número, diga — que o escreverei.

Suplico-lhe que me fale de tudo isto pormenorizadamente — e faço votos para que o "dia-de-cinco-mil-réis" tenha passado sem novidade... Adeus. Um grande e sincero abraço.

o muito seu

Mário de Sá-Carneiro

29 R. Victor Massé

ESCREVA!
Interessou-me o que diz da revista inglesa. Com que então quase do tamanho duma mesa?...

Paris — Agosto 1915
Dia 11

Meu Querido Amigo,

Recebi hoje o cheque de francos 60 enviado pela Livraria. Propriamente a carta chegou ontem — mas só hoje a recebi, não tendo estado em casa da 1ª vez para a assinar. Vá lá entender o correio: uma carta de 7 a 10: como pelo Sud-Express. Outras: uma semana! Bolas! Uma informação interessante: O Pacheco escreveu-me numa carta recebida hoje que os Delaunay[1] (o casal do simultanismo e orfismo: derivações cubistas) está em Portugal e mai-lum[2] pintor americano Samuel Halpert[3] que eu não sei quem seja. Agora que andam pelo Norte com o Viana — e que no Inverno querem aí fazer um festival em que o nosso *Orfeu* terá parte. É a gente a explorar para a propaganda da revista no estrangeiro — pois valham o que valerem são gente aqui lançada. A *Comoedia* publicou muitos artigos sobre eles: marido e mulher. Mas que raio irão fazer em Portugal com tanta demora? *Escreva*. Mil abraços.

O Pacheco não vem a Paris. Escreva!
A amigos etc. pode dar o endereço. Diga na Livraria que recebi o cheque.

Paris — Agosto 1915
Dia 13
6ª feira

Meu Querido Amigo,

Recebi a sua carta de 9 que muito do coração agradeço. Quanto à minha deplorável de 2 já lhe supliquei de joelhos mil perdões — e acho inútil voltar ao assunto. No entanto ainda uma vez me ajoelho diante de você — "S. Fernando Pessoa", lembra-se, como eu lhe chamava o ano passado — a implorar-lhe a sua absolvição. Posso contar com ela, não é assim? Óptimo, então.

— Francamente tenho muito pouco a dizer-lhe neste dia astrologicamente terrível de Sexta-feira e *13*. Mas a propósito: Sabe que me está deveras assustando o tal sarilho do atravessamento do Sol em mau aspecto lunar? E por isto: *é que as coisas me estão correndo muito razoavelmente*. Com efeito veja este exemplo (e não lhe posso dar outro melhor visto tratar-se de "finanças"): esperava 40 francos da Livraria — 50 que pedira ao meu avô. Pois bem: da Livraria, recebi 60 — do meu avô 100... E eu receio mais, palavra, quando as coisas me correm bem do que quando me seguem mal! O que peço a você — não tenha receio em dizer-me, por amor de Deus — é que se debruce mais sobre os meus Astros e veja as circunstâncias que vão actuar no meu destino dos próximos meses. Quanto mais não seja para exercermos um contrôle que será muito interessante. Quando tiver pachorra rogo-lhe pois que se debruce — *e não hesite em me informar*. Combinado? Muito bem, você é um anjo.

— Na galeria Sagod, o templo cubista-futurista de que lhe falei já numa das minhas cartas, comprei ontem um volume: *I Poeti Futuristi*.[1] É uma antologia abrangendo o Marinetti e muitos outros poetas: Mário Betuda, Libero Altomare etc. etc. Em acabando de ler o catrapázio (uma semana) vou-lho mandar em presente. Já lá descobri uns Fu fu... cri-cri... cucurucu... Is-holá... etc. muito recomendáveis. Vamos a ver...

A propósito: não se esqueça por princípio nenhum de mandar com brevidade 2 exemplares do *Orfeu* (ou 3) para o movimento futurista. (A propósito: não haveria meio de saber se ainda existe — ou apenas está interrompida pela guerra — a revista internacional de literatura *Poesia*[2] dirigida pelo Marinetti e, segundo anúncio inserto no volume que ontem comprei — colaborada por italianos, franceses, belgas, espanhóis e ingleses?)

De resto por passeiistas[3] e futuristas: D'Annunzio[4] e Verhaeren[5] colaboraram por exemplo. Pode, por exemplo, mandar vir à minha conta pela Livraria um ou dois números. Isso é com você. Mas estas linhas servem de ordem para o Augusto — se você quiser. Se a revista existisse — nós poderíamos muito possivelmente ser colaboradores. Por tudo isto, não deixe de enviar o *Orfeu* aos homenzinhos.

— Outro pedido: telefone já ao Vitoriano agradecendo-lhe muito da minha parte o seu cuidado — mas lamentando que não me tivesse ainda escrito um postal. Não deixe de lhe telefonar — e mil agradecimentos. Adeus. *Nunca se esqueça de mim!* ESCREVA SEMPRE! Um grande abraço d'alma.

o seu, muito seu

Mário de Sá-Carneiro

P.S. — Se não arquivou a coupure do *Diário de Notícias* diga-me, que lha devolvo.

Paris, este sábado 21 de Agosto do ano de N. S. J. C.
1915

Meu Querido Fernando Pessoa, desde 2ª feira última que espero a carta anunciada no seu postal de *11* que nesse dia recebi. Mas trabalhou a dispersão e... "fundo silêncio respondeu às trovas" — "extinguiram-se os ecos do salão".* Assim lhe venho escrever este postal para lhe dizer três coisas que encerram dois pedidos
a) No seu postal você pergunta-me se eu recebi a sua carta de 29 (Julho) e postal de 2 Agosto. A carta não a recebi. De resto a esse tempo você não sabia o meu endereço... E já me disse que não escrevera para o bureau por ser muito complicado. Logo — não percebo. O seu postal devo tê-lo recebido. Mas, neste momento, não sei ao certo.

* Tomás Ribeiro. *D. Jaime.*[1]

b) Diga na Livraria para enviarem o nº 2 do *Orfeu* ao Franco, sem selo: em cima escreve-se "Correspondence Militaire". Novo endereço do Franco *que está bem*: 2ème Régiment Étranger, 2ème R. de Marche, Bataillon G, 3ème Section, 4ème Compagnie Secteur postal nº *109* — France.

c) *Escreva-me por amor de Deus* na volta do correio. Mil saudades e um grande abraço de toda a alma.

o seu, seu

Mário de Sá-Carneiro

Recebi já dinheiro de L. Marques.
Teria você recebido as "Sete Canções de Declínio"?
ESCREVA!

Paris — Agosto 1915
Dia 22

Meu Querido Amigo,

Recebi hoje o seu postal de 18 que muito agradeço. Amanhã irei ao bureau dos Italianos ver se ainda lá encontrarei a sua carta de 29 p. p. Com efeito quando em 29 R. Victor Massé recebi a sua primeira correspondência julguei por uma frase onde você aludia à complicação do endereço posta-restante e às desculpas de não ter escrito — que, em verdade, nunca houvesse escrito para o bureau e assim por lá nunca mais passei a indagar. Veremos se amanhã consigo obter a sua carta. Mas parece-me já tarde. Que pena! Ansioso fico esperando a sua carta-relatório. Oxalá ela não demore muito.

— Ontem enviei-lhe um postal queixando-me já do seu silêncio. Perdoe-me. Mas se você soubesse como as suas cartas me são necessárias! É que você, meu querido Fernando Pessoa, é, em verdade completa, o meu único camarada. E longe sinto-o melhor — e longe, tendo cartas suas, essa camaradagem parece-me talvez mais estreita, mais próxima. Seguramente a época da minha vida em que vivi mais ao lado do meu Pai — foi no ano em que estive em Paris e nos escrevíamos todos os dias. Belas saudades dessa época! Tanta glória! Paris revelado — tão mais belo, por novo — e surpresa! Depois o meu espírito que se desvendava — as minhas obras que se projectavam — tanta perspectiva em minha face! Dois anos só — e tão longe... tão longe... Que vontade de chorar, meu querido amigo. Escreva-me então muito, sim?

— Recebi já dinheiro do meu Pai, de Lourenço Marques: 250 francos, que foi o que eu lhe pedi para me dar por mês. Isto parece indicar que concorda na minha permanência aqui. Entretanto receio que surjam complicações. Vamos a ver. Nada sei pois ainda ao certo. Mas antes dum mês não sairei daqui. Podemos, pelo menos, contar com isso... (O meu Pai apenas me mandou o dinheiro telegraficamente — mas por intermédio dos bancos, sem juntar nenhuma resposta — o que se compreende pelo preço elevadíssimo das palavras: do envio porém justamente da soma mensal que lhe pedi concluo o seu assentimento. Mas vamos a ver as complicações)

— Mais de mim: Sabe você, muito pouco. Entretanto seria feliz, quer ver como: se me dessem a garantia de nunca mais sair daqui, tal e qual como estou — mesmo até numa ordem de prisão que me estabelecesse o termo de Paris como residência. Figurei-me outro dia num Café que era assim tal e qual — e senti-me feliz: Vida solitária, sem conhecer ninguém e sem acidentes, parada de alma e corpo. Mas garantida. Depois de escrever mais dois ou três volumes seria até um fim de vida muito belo. Que nunca mais se soubesse de mim... Que vivia entanto, e estava em Paris. Aonde? Perdido. Solitário e pelos Cafés baratos. Mas esta mesma tristeza é ilusão. E a minha vida seguirá à tona de rios que sejam ora travessas ora becos sem saída — mas, vamos lá, tenhamos ainda essa esperança — de água limpa... Parece-me em todo o caso que a minha alma, definitivamente, fugiu pela Torre Eiffel acima...[1] (Ao Franco escrevi ontem que ela não era hoje mais do que uma bexiga de Carnaval estoirada...)

Apesar de tudo, cá ando... E com tanta vontade de me segurar.

Na minha primeira carta lhe direi um novo projecto literário de novela: *Novela Romântica*. Coisa esquisita: suponha você um Lúcio, um Inácio de Gouveia — enfim um dos meus personagens-padrão — lançado em pleno período romântico, vivendo um enredo ultra-romântico: *um Antony interseccionista*, numa palavra. Na minha próxima carta lhe falarei largamente da história — que, esta, me parece que vou escrever — pela sedução do cenário e do ambiente.

Adeus meu querido Fernando Pessoa. *Não se esqueça de mim*. Um grande, grande Abraço.

o seu
Mário de Sá-Carneiro

C. Rodrigues ainda está em Lisboa?

Decididamente o Guisado cortou as relações connosco?

O endereço completo do Franco a quem eu pedi enviassem *Orfeu 2*, é este: Matricule 750 2ème Regiment Étranger, 2ème Regiment de Marche Bataillons. 3ème Section. 4ème Compagnie Secteur postal nº 109 — France.

Mais saudades!

o Sá

Escreva!... Escreva!...

Paris — Agosto 1915
Dia 23

Meu Querido Amigo,

Mais vale tarde que nunca. E assim venho hoje acusar-lhe a recepção da sua "estimada de 29 p. p.". Com efeito passei hoje no bureau e lá estava a sua missiva! Deu-me muito prazer a sua leitura pois ignorava todas as coisas muito interessantes que nela me diz: Ri sobretudo às bandeiras despregadas com a notícia do *Carnet Mondain* do *Diário de Notícias*! Impagável, genial — plena *Petite Semaine* e da melhor. O Santa-Rita Pintor, só por ela, mostra a sua grandeza! Quanto ao Sr. João da Neiva[1] (cuja carta desconheço) é, não há dúvida, um pequeno simpático ainda que lepidóptero. Quanto à sua personalidade apenas lhe tenho a dizer isto: seja como for esse nome (sem dúvida pseudónimo) já o li em qualquer parte. Será talvez aquele Sr. Barradas Teles de Aviz? É muito presumível. Mas já vi aquele nome, isso é que não há dúvida.

— Pelas coisas que me diz terem saído vejo que se falou bastante do *Orfeu* — muito sintomático do sucesso a venda pública — logo: como "negócio" — dum panfleto[2] sobre o caso. Embora sem interesse gostava de o ver. Decerto você o arquivou no entretanto. Peço-lhe muito que não descure o rebuscamento dos jornais. O *Século Cómico* convém examiná-lo sempre. Achei graça ao "Pablo Perez futurista-electricista".[3] O Mourão deve ter publicado um artigo sobre o *Orfeu 2* no *Jornal de Estremoz*.[4] Era conveniente pedir-lho quando o encontrasse bem como o jornal em que ele publicou um artigo sobre o meu livro que me chegou a mostrar. Peço a você que, da minha parte, lho requisite. Você o cortará e colocará no caderno do meu arquivo pessoal que está também em seu poder.

Fale-me de colaboração literária para o *Orfeu 3*. Se na verdade como nesta sua carta de 29 você diz se venderam 400 exemplares, devo ainda ter a meu favor na Livraria um saldo de 30 000 réis — o que me garante decerto a execução do 3º fascículo da nossa revista nas condições em que lhe falei numa das minhas cartas passadas.

Oiça agora o esboço do "cenário" da *Novela Romântica* de que na minha carta de ontem lhe falei.

Devo observar-lhe que é apenas ainda um esboço de enredo, um núcleo em volta do qual se virão ajustar muitos detalhes — e presumivelmente até, qualquer pormenor capital. Oiça em todo o caso e *diga a sua opinião*. Não se esqueça que fundamentalmente é *um meu personagem* posto a viver em 1830. Quero que haja mesmo anacronismos psicológicos: isto é: pormenores que, por forma alguma, se poderiam suscitar

na alma dum homem de 1830. Mas isso muito propositadamente. Assim como que criarei um "romantismo outro" —
enfim: um dos meus personagens interseccionistas mascara-
do de romântico: porque na verdade procede aparentemente
como um romântico. Mas a sua psicologia — dentro de toda
a fúria ultra-romanesca — fundamentalmente será a dum Lúcio Vaz, Ricardo de Loureiro, Inácio de Gouveia: e mesmo do
velado protagonista da *Grande Sombra*.

Observação muito importante: *o estilo será o meu* — e daqui virá o principal anacronismo — estilo pois interseccionista mas misturado de romantismo na sua chama, na sua violência abrasadora de "infernos" "céus" etc. Como o *Antony*.[5]

Parece-me qualquer coisa de interessante esta tentativa:
dando-nos uma impressão estrambótica, desconchavada, mas
perturbadora e bela. Creio conseguir tirar belos efeitos deste
plano: uma intersecção afinal: da alma e estilo romântico com
a alma e estilo interseccionistas. Pese bem tudo isto — *e não se
esqueça de largamente me dizer o que pensa.*

Aí vai agora o arcaboiço da novela: Heitor de Santa-Eulália brincou na sua infância com sua prima — Branca de Ataí-
de, suponhamos. Foram companheiros quotidianos até aos 15
anos mesmo. Depois a vida separou-os. Heitor nunca teve por
sua prima senão um afecto fraternal — sem "arrière-pensée"
alguma — sem lembranças de ternura amorosa por mínimas
que fossem!

Passados 10 anos Heitor regressa a Portugal depois duma longa viagem pela América. Traz o prestígio de corredor
de mundos, distinguido em perigos e façanhas — e o maior
prestígio dum volume de versos escaldantes que acaba de publicar com grande ruído (suponha as *Folhas Caídas* do Gar-
rett). Heitor chega e aloja-se no palácio senhorial dos arredores de Lisboa onde passa o verão sua irmã que casou com um
irmão de Branca — que, por seu turno, é também hoje casada.
Foi nessa quinta que Heitor e Branca correram, brincaram
juntos noutros tempos. Pois bem: Heitor chega — e de súbito,
ao ver a sua prima, nasce-lhe por ela uma paixão sem remédio (daquelas célebres paixões românticas que fariam um Alberto Savarus[6] (novela de Balzac) lutar toda a sua vida por

uma mulher que, apenas olhou, logo ficou amando sem salvação; que trariam um Antony da América depois de, para a sua amada, ter ganho uma fortuna etc. Mas esta paixão é despertada intimamente (e aparece agora aqui o "meu personagem") pela súbita recordação da infância: pelas ruas do parque, os lagos, as clareiras — tanta ternura — onde se desenrolou a sua infância.

É pois realmente dessa ternura acumulada subitamente revista (isto é: do cenário) que nasce a paixão pela figura que animou essa paisagem: Branca — paixão porém que surge exclusivamente à moda romântica, e à moda romântica se vai desenvolvendo. Os dias seguem. Coloca-se aqui num capítulo o desenvolvimento do amor: descrições dos cenários românticos da quinta, os longos passeios dos dois amorosos, as noites de luar etc. Branca compartilha decerto da paixão de seu primo. E uma noite é ela própria que audaciosamente (como a Suzon de Alfredo de Musset) se lhe vem entregar. Heitor ruge de glória estreitando-a meia-nua... Prestes a enlaçá-la, a possuí-la toda sobre o grande leito — detém-se de súbito — lança-se a seus pés chorando... Não! não! é preciso terem a força de se separarem! Branca é toda um passado de pureza — é toda a ternura cariciosa a ingénua duma infância feliz, dum passado cor-de-rosa e arminhos. Se ele a vai poluir, *todo o seu passado se poluirá também*. Só agora descobriu o seu amor — mas esse amor existia já — irremediavelmente o acredita — quando de mãos dadas os dois, afogueados, corriam pelas ruas da quinta precedidos dos galgos brancos, "tão brancos e tão ésguios como a pureza e a brevidade dessas horas venturosas, rescendendo lilás". Apenas os seus olhos estavam vendados. E por muito belo que possa ser o presente, na posse — no passado foram as mais belas horas do seu amor! Só hoje o reconhece. Mas é indubitavelmente assim. E essas horas foram as mais belas do seu amor — justamente por terem sido assim: brancas, ingénuas, e desconhecidas: *pois não sabiam então que se amavam*. A posse no adultério, na infâmia: o *adultério de Branca consumado com ele*, seriam a derrocada desse passado todo. Assim é preciso ter força *para não perder a riqueza passada hoje descoberta*! Ah! mas a esse passado ele será sempre fiel! Nunca terá fim o seu amor por Branca. Nunca. Desafia Deus e o Demónio a que alguma vez ele se esvaia...

Sua prima ouve-o pasmada, enlevada no encanto das suas palavras mas, ao mesmo tempo, com medo. O seu cérebro pequenino não pode compreender todas aquelas complicações. Mas enfim acha bem. E aturdida — no fundo quem sabe se despeitada — retira-se...

Passado pouco tempo Heitor de Santa-Eulália parte para Paris, sem tenção de voltar. É aí que vai viver o seu amor: e arrastá-lo numa vida tumultuosa de festa e orgia para melhor provar a força da sua paixão aos seus próprios olhos. Sim num contínuo turbilhão, atravessando sobre o corpo de mil mulheres — ele terá sempre na sua alma a sua paixão suprema: a razão única da sua vida. É o místico que, por assim dizer, provoca mil tentações, lê os livros da negação da sua doutrina — e através de tudo prossegue firme, inalterável na sua fé. Colocam-se aqui descrições do Paris romântico (mas do Paris romântico visto e sentido pelos *meus olhos*, hoje). Heitor escreverá no seu diário que tudo se lhe volveu teatral etc. e falando da beleza e da glória que sente em viver o período romântico lembrar-se-á da saudade que um artista [do] período das máquinas, do próximo século, deverá sentir dessa época passada onde ele nunca viveu.

— Beijará as mãos que Branca a seu pedido antes de se separarem cobriu de beijos.

— Terá obsessões à minha maneira etc.

Compreende bem, não é verdade? Um Lúcio coado por romantismo, movido por processos românticos, direi talvez melhor.

Para encurtar: Heitor vê-se porém finalmente vivendo um episódio mágico em Paris — um episódio de amor: surge um novo personagem feminino na sua vida e, pouco a pouco, ele vai descobrindo que todo o seu amor passado desapareceu. Não, já não ama Branca. Agora ama só a Outra — *e ama a outra como nunca amou Branca*. Sabe-o positivamente. E como o sabe irremediavelmente, por isso mesmo, dispara-se um tiro de pistola.

Assim nem Deus se pôde antepor no seu caminho. E —

ó sacrifício sem nome, sacrifício novo! — a sua vida e o seu amor dá-os àquela que já não ama, *pelo menos àquela que nunca amou como ama hoje a outra.*

Mas ter a força de o fazer não será inverter tudo?... Perturbadora dúvida...

Aqui está, meu querido Fernando Pessoa, o sarilho... diga você a sua opinião. Bem sei que tudo isto é incoerente e exagerado. Mas esse exagero e essa incoerência são justamente os *materiais* que eu pretendo que dêem a beleza ao conjunto.

É claro que nesta parte de Paris surgirão vários episódios classicamente românticos: um duelo com um Príncipe Polaco que depois será o confidente de Heitor etc. E o segundo amor aparecerá também num enredo complicado e bizarro que não sei ainda qual seja. (A verdade psicológica da história não será grande bem sei: mas não se esqueça que Heitor é um dos meus personagens).

Leia tudo isto com atenção meditando um pouco para além das minhas palavras e diga-me com segurança se isto tem o grau de interesse necessário para que eu o escreva. *Fico ansioso pela sua resposta.* Antes de saber a sua opinião não começarei a trabalhar nisto — que deverá ser uma Obra longa. Peço-lhe pois muito que me diga o que pensa *circunstanciada e meditadamente.* E brevemente também.

Adeus meu querido Fernando Pessoa.

Perdoe-me tanta maçada. Mil abraços.

o seu, seu
Mário de Sá-Carneiro

Recebi o seu postal de 19. Vamos a ver quando chega a sua carta! O meu endereço é público, pode dizê-lo a quem entender (menos à Tip. do Comércio). Não estou assustado pela astrologia. Escreva!

A minha carta de ontem deve você recebê-la juntamente com esta pois seguiu para o correio às 11 horas da noite.

P.S. — De Branca quase se não falará mais após a partida de Heitor. Mas vagamente sugerir-se-á que tem tido vários amantes... Heitor sabê-lo-á mesmo, quase.

                                        Paris — Agosto 1915
                                             Dia 24

Meu Querido Amigo,

Esta manhã recebi a sua admirável carta de 13/20 do corrente. Zango-me primeiro que tudo com você, muito, por supor que me pode maçar com a exposição da crise que agita o seu espírito, presentemente. Mas além da honra que a posse dessas páginas, me emociona — como é belo e grande e luminoso e perturbador (artisticamente, mesmo: o novelista em mim o garante) tudo quanto o meu querido Fernando Pessoa de si me conta.

Sobre a minha impressão — e digo-lhe tudo nela! — nunca, como lendo as suas páginas hoje recebidas, eu compreendi a misteriosa frase do protagonista do *Eu-Próprio o Outro*! *"Ter-me-ei volvido uma nação?"* Já o ano passado de resto numa carta para aqui foi você o primeiro a aplicar esta frase a si. Mas era, creio, sobretudo pelo aparecimento de Caeiro & Cia. — isto é, restritamente, da criação de várias personalidades. Enquanto que eu aplico hoje a frase, *sentia-a* lendo as suas páginas, não por essas várias personalidades, e o Dr. Mora[1] à frente, criadas: mas, em conjunto, pelo drama que se passa no seu pensamento: e por toda a sua vida intelectual, e até social, que eu conheço.

É assim meu querido Fernando Pessoa que se estivéssemos em 1830 e eu fosse H. de Balzac lhe dedicaria um livro da minha *Comédia Humana* onde você surgiria como o Homem-Nação — o Prometeu que dentro do seu mundo Interior de génio arrastaria toda uma nacionalidade: uma raça e uma *civilização*. E é bizarramente este último substantivo que me evoca toda a sua grandeza: *"toda uma civilização"* é, meu querido Amigo, o que você hoje perturbadoramente se me afigura. São ridículas talvez as frases acima — elas porém exprimem o que eu sinto: que sejam um pouco "rastas" os termos que emprego eles são os que melhor exprimem o que eu quero dizer. E é meditando em páginas como as que hoje recebi — procurando rasgar véus ainda para além delas — que eu verifico a *nossa* grandeza, mas, perante você, a minha inferioridade.

Sim, meu querido amigo — é você a Nação, a Civilização — e eu serei A Grande Sala Real, atapetada e multicolor — a cetins e a esmeraldas — em douraduras e marchetações. Nem mesmo quereria ser mais... E sê-lo-ei?

Vê: tem medo o meu querido Amigo, confia-me, na crise em que ora se debate, de *se haver enganado*: pois para si criar beleza não é tudo, é muito pouco — que "beleza" a ferro e fogo eu juro que você criou. A meus olhos, pois, o seu medo pode unicamente ser o de haver "criado beleza errada". (Estou certo que não, mesmo assim — é mera hipótese a minha suposição: um dia breve você encontrará a linha que ajustará tudo quanto volteia antagónico no seu espírito e tirará a prova real da sua "razão".) Mas o meu caso é bem mais terrível a certas horas: Para mim basta-me a beleza — e mesmo errada, fundamentalmente errada. Mas beleza: beleza retumbante de destaque e brilho, infinita de espelhos, convulsa de mil cores — muito verniz e muito ouro: teatro de mágicas e apoteoses com rodas de fogo e corpos nus. Medo e sonambulismo, destrambelhos sardónicos cascalhando através de tudo.

Foi esta a mira da minha Obra. Creio tê-la ganho às vezes. Mas a certas horas... E debruço-me então perdido sobre as minhas páginas impressas: não a ver se elas estão"erradas" — pouco importaria — mas a ver se na verdade fascinariam pelos seus lavores coloridos a criança febril que as folheasse: como eu horas esquecidas aos 9 anos passava lendo e relendo o *Gil Brás de Santilhana:*[2] *porque a edição era ilustrada com litografias multicolores...* Certo céu azul duma delas, juro-lhe que nunca o esqueci.

E isto não é literatura — será apenas expressão literária duma realidade. E quem me dirá se me enganei ou não? Perturbador enigma... Enfim... Não quero de modo algum profanar a sua carta com mais considerações pessoais. Apenas lhe digo que me emocionou profundamente, que julgo tê-la vibrado e compreendido intimamente. O drama atinge a sua culminância na aparição de duas teorias diferentes — sobre o mesmo caso — e *igualmente certas*. Seria até o assunto para um drama em romance ou teatro: assunto que por força seduziria Ibsen.

Comovidamente "obrigado" portanto pela sua carta de

hoje meu querido Fernando. Suplico-lhe é que nunca deixe de me escrever essas grandes cartas. Se soubesse como me faz bem, como sou feliz lendo-as e respondendo-as. Aqui como em Lisboa — mas aqui mais intimamente — você é o meu único companheiro. Lembre-se pois sempre de mim. Escreva-me muito, muito. Eu farei o mesmo.

Espero muito interessado a sua opinião sobre o que ontem lhe contei da *Novela Romântica*. Mas não hesite em dizer-me que não a devo tentar escrever se assim se lhe afigurar. Eu tenho muitas dúvidas, de mais a mais. Que nada o iniba portanto — peço-lhe em nome da sua amizade. (E aproveito a ocasião para agradecer as gentis primeiras linhas da sua carta sobre este capítulo de "amizade". Creia que da mesma forma, as poderia, eu, ter escrito a você).

Por hoje nada mais. Francamente não sei como se há-de organizar o *Orfeu 3*... Fale sobre este assunto, e outros mais. Ainda que mínimos.

Adeus. Mil abraços de toda Alma do seu, seu

Mário de Sá-Carneiro

Um conselho de economia: A sua carta de hoje vinha franqueada com 8 centavos. Mas olhe que me parece bem que não excedia as 20 gramas. E o Estado não nos agradece... Mais abraços.

Ciente sobre as "Sete Canções de Declínio". Vejo que lhe agradaram e isso muito me satisfaz.

Paris — Agosto 1915
Dia 30

Meu Querido Amigo,

Recebi hoje o seu postal de 27 que de todo o coração agradeço. Com a mesma ânsia de sempre espero a sua carta projectada para Domingo último (ontem). Oxalá esse projecto não se difundisse...

Fico interessadíssimo com o novo filme Álvaro de Campos, engenheiro. E inquieto: não sei se se trata com efeito de mero filme literário (obras) ou de filme de acção. E as acções do Engenheiro Sensacionista — por belas e intensas — fazem-me tremer pelo meu caro Fernando Pessoa... Não se esqueça de me contar tudo por miúdos — e na minha insistência quotidiana não deixo de lhe grafar, sublinhadamente mais uma vez, a eterna frase:

Não deixe de me escrever, por amor de Deus!

De mim: Tão pouco e tanto. Sabe você: eu creio que na verdade há um ano estou um pouco cientificamente *doido*. Com efeito há no meu espírito coisas que não havia dantes. Esta expressão é de resto um puro idiotismo pois se escrevo o que acima fica é precisamente por *não haver* no meu espírito coisas que havia dantes. Mas coisas impalpáveis. Isto é muito difícil, senão impossível, de explicar. Eu actualmente *ando sempre com a Alma de estômago vazio mas sem apetite*. É assim que, muito longinquamente, posso exprimir talvez o "fenómeno". Estou longe de mim? Não sei. Parece-me melhor que fui tomar banho — e estou há um ano esquecido na tina — por milagre a água não tendo esfriado... De resto, meu querido Fernando Pessoa, eu não tenho culpa nenhuma disto. E por o saber escrever: ora, é claro que estou no meu perfeito juízo. Depois as circunstâncias na minha vida é que têm sido muito mais doidas do que eu. Alguém pode governar o acaso? Suponha você um homem de perfeito juízo, perfeitamente normal quanto a si próprio, mas que na sua vida não encontrasse senão circunstâncias inesperadas, fenomenais, irrisórias, estrambóticas, inexplicáveis — que o envolvessem continuamente! A realidade da vida deste homem seria pois uma realidade destrambelhada, louca. E como essa realidade era a vida desse homem — esse homem, sem culpa nenhuma, de perfeito juízo — não o poderíamos em verdade chamar um doido? Creia que o meu caso é um pouco o deste hipotético figurão. E assim, aqui tem você uma talvez futura novela minha: *Para Lá!* Análise psicológica muito pessoal e, sobretudo, da minha crise presente. Receio de endoidecer em verdade. Demonstração [de] que não há esse perigo. Mas olhar em volta — e ver as "circunstâncias", as terríveis circunstâncias, positivamente de Rilhafoles...

A história seria em diário. Por fim o abandono da luta. Não mais fazer constatações. Deixar entregar-se às *circunstâncias*. Elas que decidam do seu juízo ou da sua loucura. A última frase será esta, com uma data bastante afastada da penúltima, que indicará esse abandono de luta:

"Por enquanto ainda não houve novidade..."

Eu não sei se você percebeu alguma coisa disto. Estou hoje muito lepidóptero para escrever cartas e você perdoe — e faça por perceber...

Outro projecto: uma novela género Prof. Antena (mas muito menos importante). Título: *Pequeno Elemento no Caso Fabrício.*

O Fabrício é um homenzinho que de repente se encontra *outro*, perfeitamente outro. É dado como doido, claro. O fim da novela, a processos Antena, é sugerir uma explicação real para este sarilho. Noutra carta lhe explicarei o assunto. Note que não é nenhum caso de desdobramento à *Eu-Próprio o Outro.* Trata-se dum homenzinho que de súbito aparece outro — em alma, claro: ele próprio concorda diante dum espelho que aquele que ele diz ser é louro e gordo: enquanto o espelho lhe reflecte um magro e trigueiro. De resto, meu caro Amigo, esta ideia, como as outras, pouco me seduz. Estou mesmo num período muito passivo para começar qualquer obra. Mas não é mau que surjam ideias, mesmo fracas, para treino imaginativo.

Diga em todo o caso o que pensa de tudo isto. *Não se esqueça. Escreva!*

Adeus. E um grande, grande abraço

do seu

Mário de Sá-Carneiro

P.S. A novela *Para Lá* conterá muitas coisas pelo meio: por exemplo: Fernando Passos será lá bastante falado — e Paris, a minha quinta etc. etc.

Paris — Agosto 1915
Último Dia

Meu Querido Amigo,

Recebida hoje a sua carta de 28. O correio agora está um amor... Concordo intensamente com tudo quanto você diz do *Orfeu 3*.

Claro que [é] imprescindível o nosso Engenheiro — e vincadamente pelas razões que aponta: Capital etc. O Numa...[1] uma vez que o meu caro Fernando Pessoa se responsabiliza. Sabe bem a confiança completa que tenho em si. Portanto... E tem uma vantagem: o record do cosmopolitismo: *preto português* escrevendo em *francês*. Acho óptimo. Faltavam-nos mesmo os artistas de Cor. Assim fica completo.

O Bossa:[2] é preciso falar ao Almada Negreiros introuvable agora por você. A colaboração do Bossa urge obtê-la, mesmo por fraca. O limite da fraqueza deve ser a novela do Dr. Leal[3] inserta no *Orfeu 2*. Daí para baixo nem... nem poemas interseccionistas do Afonso Costa. Mas até aí — que se não perca a colaboração do Bossa. Procure pois o desenhador A. Negreiros.

(Nota: A colaboração do Bossa — segundo ele vagamente me disse — são poemas em prosa, à Wilde.) O homenzinho militar de Portalegre acho melhor também guardá-lo por enquanto na gaveta. Deve ser muito "didáctico" pelo que você diz. Eis pelo que segundo a sua carta eu vou estabelecer o sumário[4] do *Orfeu 3*.

Fernando Pessoa	—	Poemas	15 páginas
Álvaro de Campos[5]	—	A Passagem das Horas,	15 páginas
M. de Sá-Carneiro	—	*Para os Indícios de Ouro*,[6] II série	10 páginas
Numa de Figueiredo	—	Pilhérias em Francês,	5 páginas
António Bossa	—	Pederastias,	8 páginas
Albino de Meneses[7]	—	HZOK	10 páginas
Almada Negreiros	—	Cena do Ódio[8]	10 páginas

15 + 15 + 10 + 5 + 8 + 10 + 10 = 73

São bastante escritos ao acaso a maioria destes números. No entanto como os seus versos são de estende e encolhe, e as probabilidades no geral devem ser estas de vermos o número feito — *que só deve ter 72 páginas*,[9] pelas condições que já lhe disse.

Nota: o número abunda em prosa. Não faz mal por um lado — visto os outros serem quase todos de verso. Mas se se perguntasse ao Montalvor? (A propósito: nunca mais o viu?) Ele falava numas "Canções do Narciso",[10] Adonis ou o Raio Que o Parta que estavam muito adiantadas. A este respeito proceda você como entender. A minha colaboração será definitivamente os meus versos, pois não vou agora escrever o *Mundo Interior* de afogadilho, claramente. Pus dez páginas, pois os meus versos talvez as ocupem porque são muitas quadras. Se não ocuparem 10, ocupam decerto 8. (Ainda tenho uma poesia inédita, fraca, mas que em necessidade se poderia imprimir: o "Não".[11] Recorda-se?)

Coisa muito importante: antes de escrever ao Augusto sobre a execução material do *Orfeu*, trate você de averiguar em seu ou meu nome quantos *Orfeus* 2 se venderam. *É muito importante saber isto*. Você pode perguntar como coisa sua ou dizer que fui eu que — *apenas por curiosidade* — lhe mandei perguntar de Paris. Mas o nº *quase certo*. Não se esqueça disto e com urgência. O nº 3 do *Orfeu* deve entrar no prelo, o mais tardar, nos primeiros dias de Outubro. O tempo urge por consequência. Deixo isto ao seu cuidado.

(Nota: Satisfaz-me muito os nomes novos, nem menos do que três. *É preciso adquirir a certeza da colaboração Bossa*, única incerta. Não deixe de averiguar *Orfeus* 2 vendidos).

No caso do panfleto Campos* contra Aragão[12] sair acho muito bem a forma de assinar "Director de *Orfeu*" e anunciar a revista pelas costas. Acho magnífica e justa a sua ideia. Tive a infelicidade de comprar o *Século* anunciando a chegado do herói — e quando li que o HERÓI gritara da janela do Ministério do Interior um "Viva a República! *Viva a Guerra!!*" entor-

---

* Aliás, Fernando Pessoa. Mas no caso combativo, para mim, é o Campos que existe e o Pessoa o seu pseudónimo.

nei o copo de café no vestido branco da ideia duma inglesa "tombée en enfance" que não estava a meu lado... (Muito chocha esta intersecção...)

Entretanto, meu querido Fernando Pessoa, a nossa "camaradagem republiqueira" não merece esses gestos. E, numa palavra, perdoe-me a franqueza: *por comodidade* gostava mais que você não publicasse o *filme*. Deitar pérolas a porcos. Note que a ideia em si acho-a admirável. Se eu fosse rico, você estava aqui em Paris comigo. E então eu lhe editaria, para Lisboa, esses e outros sensacionismos. Não deixaríamos descansar o João Borges!...[13] Assim, não sei. A renúncia parece-me melhor. E desculpe-me falar-lhe assim.

Interessantíssimo e Europeu o caso "Teixeira-você-sendo-lhe-apresentado-como-Director d'*Orfeu* e isso-para ele-recomendação". Seria tão bom se domesticasse o Homem...

Perturbadoramente interessante o Horóscopo *Orfeu*,[14] derivado dos nossos dois. É na verdade incrível!

Muito agradecido pelo que me diz da *Novela Romântica*. É provável que brevemente a comece a escrever — mesmo muito provável pois estou com saudades de trabalhar numa obra seguida e de enredo. Esse de mais a mais agradando-me muito. Deus queira que tenha forças para isso. Sinto um peso de mandria (o verdadeiro nome é este) sobre mim, que não sei se poderei trabalhar.

Por hoje, disse. *Você escreva sempre*, suplico-lhe. Um grande abraço d'Alma.

O seu, seu

Mário de Sá-Carneiro

Em P. S. este "mimoso" poema:

A minh'Alma fugiu pela Torre Eiffel acima,
— A verdade é esta, não nos criemos mais ilusões —
Fugiu, mas foi apanhada pela antena da T. S. F.
Que a transmitiu pelo infinito em ondas hertzianas...
(Em todo o caso que belo fim para a minha Alma!...)

M. de Sá-Carneiro

Paris, agosto 1915

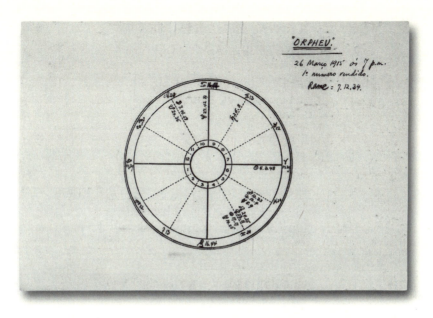

[Paris 6. 9. 1915][1]

— Serradura —

A minha vida sentou-se
E não há quem a levante,
Que desde o Poente ao Levante
A minha vida fartou-se.

E ei-la, a môna, la está
Estendida — a perna traçada —
No infindável sofá
Da minha alma estofada.

Pois é assim: a minh'Alma
Outróra a sonhar de Russias,
Espapassou-se de calma
E hoje sonha só pelucias...

Vai aos Cafés, pede um boc,
Lê o "Matin" de castigo —

E não ha nenhum remoque
Que a regresse ao Oiro antigo!

Dentro de mim é um fardo
Que não pesa mas que maça:
O zumbido dum moscardo,
Ou comichão que não passa...

Folhetim da "Capital"
Pelo nosso Julio Dantas,
Ou qualquer coisa entre tantas
Duma antipatia igual...

O raio já bebe vinho,
Coisa que nunca fazia,
E fuma — o estuporinho
Pende prá burocracia...

Qualquer dia pela certa
Quando eu mal me precate,
É capaz dum disparate
Se encontra uma porta aberta...

Pouco a pouco vai-se embora
Tudo quanto nela havia
Que tinha alguma valia —
Manteiga que se dessora.

Isto assim não pode ser...
Mas como achar um remédio?
— Pra acabar este intermedio
Lembrei-me de endoidecer:

O que era facil — partindo
Os moveis do meu hotel,
Ou para a rua saindo
De barrete de papel

Gritando "Viva a Alemanha"!
Mas a minh'Alma em verdade
Não merece tal façanha,
Tal prova de lialdade.

Vou deixa-la — decidido —
Num lavabo dum Café
Como um anel esquecido.
É um fim mais "rafinné"...

M. de Sá-Carneiro
Paris 6 setembro 1915

Paris — Setembro 1915
Dia 13

Meu Querido Amigo,

Custa-me muito a escrever-lhe esta carta dolorosa — dolorosa para mim e para você. Mas por mim já estou conformado. A dor é pois neste momento sobretudo pela grande tristeza que lhe vou causar.

Em duas palavras: temos desgraçadamente de desistir do nosso *Orfeu*. Todas as razões lhe serão dadas melhor pela carta do meu Pai que junto incluo e que lhe peço não deixe de ler. Claro que é devida a um momento de exaltação. No entretanto cheia de razões pela conta exorbitante que eu obrigo o meu Pai a pagar — o meu Pai que foi para a África por não ter dinheiro e que lá não ganha sequer para as despesas normais, quase.

Compreende que seria abusar demais, seria exceder a medida mais generosa depois duma conta tipográfica de 560 000 réis, depois da minha fugida para aqui — voltar daqui a três ou quatro meses a pedir-lhe para saldar uma conta de 30 ou 40 000 réis — na melhor das hipóteses — do nº 3 do *Orfeu*.[1]

Mas não se trata sequer disto: o simples aparecimento do nº 3 do *Orfeu* — feito ainda sob a minha responsabilidade (mesmo que eu estivesse certo de tirar toda a despesa) seria na verdade mostrar em demasia ao meu Pai a minha insubordinação. Você, meu querido Amigo, tenho a certeza que não obstante o grande dissabor que esta notícia lhe vai causar concorda em que as circunstâncias me inibem absolutamente e assim se conformará e me perdoará.

Pena ter criado ilusões, feito com que você falasse a colaboradores etc. Ao meu Pai, de resto, em desculpa eu disse-lhe que do nº 2 do *Orfeu* ainda havia dinheiro de que lhe daria contas. Não posso pois de forma alguma dispor dele. O *Orfeu* mesmo no Lucas custaria decerto 80 000 réis. A venda seria por força menor. Mas isto tudo, repito, é inútil: Eu não posso nas presentes circunstâncias, de forma alguma, continuar com o *Orfeu*. O meu Pai zangar-se-ia muito se visse aparecer outro número pois suporia sem dúvida — mesmo que assim não fosse — que o teria de pagar. A impossibilidade é pois completa.

O meu desgosto é muito grande, você sabe-o perfeitamente. Tanto mais que estava soberbo o sumário muito especialmente pelo seu carácter poliglota. É uma grande pena. Mas que lhe havemos de fazer? Sirva-lhe de consolo, meu querido amigo, o seguinte: que quando saiu o nº 2 eu lhe disse logo para não contarmos com o 3 — que se este saísse o 4 era impossível sem dúvida — fosse como fosse.

A prova maior de franqueza que lhe posso dar é enviando-lhe a carta do meu Pai, carta que recebi no dia 8 deste mês. Leia-a e devolva-ma. Como vê, apesar de tudo, ele consente que eu fique aqui e dá-me no fim de contas o que eu lhe pedi: 250 francos.

Você que conhece bem a minha vida [e] sabe as complicações que há por trás disto tudo — vê como o meu Pai é bom para mim. Por isso tanto melhor compreende — estou certo — as minhas razões. Como não há outro remédio senão resignarmo-nos, resignemo-nos. A morte do *Orfeu* você atribua[-a] unicamente a mim, explique que eu em Paris me não quero ocupar do *Orfeu* — que sou o único culpado. Desculpe-se enfim comigo perante todos quantos lhe perguntarem pela revista.

Mais uma vez lhe peço perdão e lhe suplico que não se aflija demasiadamente. Em todo o caso sempre se fizeram dois números. Mais vale pouco que nada.

Dito isto, que é a razão principal desta carta, passo a responder à sua correspondência ultimamente recebida, ontem e hoje: 2 cartas e um postal.

Quero antes de mais nada agradecer-lhe os comentários que faz sobre as minhas frases referentes às dúvidas sobre a minha obra. Defende-se você de, no momento, não estar em disposição de escrever frases belas. Mas, meu querido Amigo, essas linhas são *artisticamente* obras admiráveis e eu ter-lhas merecido a minha maior glória. Simplesmente genial as "cores que foram gente". Não me envaideci apenas — melhor, esqueci-me até que eram para mim aquelas palavras: e admirei mais uma vez o prodigioso artista. Muito comovidamente lhe agradeço pois. Devo-lhe tanto, tanto, meu querido Fernando Pessoa.

— Milhares de razões em tudo quanto diz sobre o camarada Rita Pintor. Este cavalheiro enviou-me uma carta que... uma carta em como... olhe: raios o partam! Enfim mostrando-se indignado com você, insultando-o até. Insultos dele porém não ofendem. Assim não me importo de lho dizer. De resto eu parto do princípio que aos nossos grandes amigos não devemos ocultar nunca o que outros dizem deles. Insultos é claro apenas por você lhe ter dito que por enquanto era segredo o nº 3 do *Orfeu*, que não havia dinheiro para gravuras etc. Enfim: ofendido como "dono do *Orfeu*".

A verdade é esta. Vou-lhe escrever uma carta muito seca dizendo-lhe que o *Orfeu* não se faz — mas, se se fizesse, de facto, não traria gravuras porque *nós* não queríamos. Se não fossem as impossibilidades juro-lhe que em face da atitude do futurista e da sua carta o *Orfeu* saía com bonecos, mas do José Pacheco. Isso é que ele rabiava! Infelizmente não nos podemos oferecer esta deliciosa vingança. Se você quiser ver a carta Rítica — como mero documento — estou pronto a enviar-lha. Se tiver curiosidade. E repito a justiça benevolente de todas as suas palavras acerca do referido cidadão.

— Espero com muito interesse a sua carta psicológica que lhe rogo não deixe de me enviar.

— O assunto Ferro Fernandes Carvalho é puramente deplorável. Esses meninos são insuportáveis. Ter o aplauso de lepidópteros e democráticos como esses é o pior que nos pode suceder. Veja o que sucedeu às bicicletas: artigo de luxo que, começando a ser empregado pelos democráticos, desapareceu da via pública como sport elegante. A pior recomendação dum produto de luxo é o seu consumo popular. E francamente, para a nossa arte, onde encontrar amadores mais populares que Ferro e Fernandes de Carvalho — para mais na Trafaria capital dos Pires! Raios os partam — é pois unicamente o meu comentário, afirmando-lhe que, ao invés de você, nenhum escrúpulo tenho em escrever tudo isto e em os mandar para... a Estefânia... a namorar ao lusco-fusco...

— Fico com muito interesse na sua tradução do livro teosofista.[2] Uma religião "interseccionista"! Admirável descoberta!

— Compreendo muito bem que clássicos sejam tocados pela perfeição da sua admirável "Ode Marítima". O outro dia li-a descansadamente sem interrupção — o que ainda não fizera — e além de todas as genialidades frisou-se-me a perfeição da "linha" construtiva.

(A propósito: o Pacheco conta-me numa carta ontem recebida que o Bossa lhe disse ter ouvido numa sala uma senhora recitar versos meus!!!!!! Que essa senhora tinha muita admiração pelos meus versos (o que é para agradecer) — e que o auditório ouvira com muito agrado as minhas estrofes (não exageremos em todo o caso...).

— A carta do Teles de Avis não é chuchadeira. O homenzinho é degenerado sexual (segundo o R. Lopes)[3] e doido, e epiléptico hereditário. De resto basta olhar para ele para concluir logo isto tudo. Julgo assim ter respondido às suas cartas, linha a linha.

— Mandei-lhe há dias um postal com uns versos maus.[4] Vinha bem no *Orfeu* por causa da quadra do Dantas.[5] Assim inutilizo-os para os *Indícios de Ouro*. Mesmo se não os utilizasse, cortaria a quadra do Dantas. Na minha próxima carta enviar-lhe-ei uns outros, melhores, mas pouco melhores.

E antes de terminar, meu querido Fernando Pessoa, mais uma vez lhe suplico que atenda bem a todas as minhas razões. Sofremos tantas e tantas contrariedades na vida que esta não é senão mais uma. Sobretudo, por amor de Deus, escreva-me na volta do correio pois eu fico em sobressaltos enquanto não souber como você recebe esta notícia. Repare bem meu amigo na minha situação em face do meu Pai. A única maneira de me desculpar um pouco era dizer que lhe apresentaria o dinheiro do *Orfeu 2* — o que farei logo que o receba. Seria exceder a medida continuar. Não me queira mal, pois. Vê a completa impossibilidade. Juro-lhe que o meu desgosto é infinito. Você sabe bem o meu entusiasmo por estas coisas, para o compreender. Mas o meu desgosto agrava-se com a pena que lhe causo. Juro-lhe que não digo isto por simples amabilidade. Peço-lhe que me acredite. E, em nome de tudo, meu querido Fernando Pessoa, não deixe de me responder na volta do correio. Como lhe disse atire todas as culpas para cima de mim. Não tenha *escrúpulo nenhum* em proceder assim. É a maior fineza que lhe peço. Tudo isto é muito triste, meu querido Amigo. Pura miséria! Que destino horrível este de não ter dinheiro. Mas nada podemos fazer. Logo...

Um grande abraço e mil saudade do seu,

seu

Mário de Sá-Carneiro

Saudades ao Vitoriano. Não o tem visto?

Escreva na volta do correio, por amor de Deus. Não se esqueça. (A devolução da carta do meu Pai não urge.)

Paris — Setembro 1915
Dia 18

Meu Querido Amigo,

Recebi os seus dois últimos postais: um antes de ontem — hoje o outro.

Eu propriamente não atrasei a minha correspondência:

motivo único duma série de dias sem lhe escrever, por durante eles também não chegarem notícias suas. Com efeito o correio ultimamente tem andado muito atrasado.

Não imagina a pena que me fizeram os seus postais... Que lindo *Orfeu 3* podíamos fazer! Que desgraça tudo isto! E o desgosto que com esta desilusão você sofreu. Juro-lhe, com inteira sinceridade, que é isso o que mais me preocupa. Os seus poemas em inglês, os geniais "irritantismos" do Almada, o nome do António Bossa — e a minha série de versos com a "Serradura" à frente tão embirrenta e desarticulada... Não calcula a pena que eu tenho — pena pessoal, esta — de não poder publicar a minha série das 7 Canções, da "Serradura" e das duas poesias — que hoje lhe remeto! Com efeito — não sei se já reparou — sem serem importantes, de primordial importância, elas — em conjunto — parecem-me ser novidade na minha Obra. Novidade de pouca importância — bem entendido.

Peço-lhe a sua opinião sobre os dois poemas[1] que hoje lhe envio. O "Abrigo" é a sério. Acha bem aí o meu Paris? Não se esqueça de me dizer. Agora sobre a "Serradura":

a) emendei a quadra que lhe desagrada, assim:

> O raio já bebe vinho,
> Coisa que nunca fazia
> E fuma o seu cigarrinho...
> — Em plena burocracia!...

ou:

> E fuma o seu cigarrinho
> Em plena burocracia...

Que lhe parece preferível? (O "E" pode também ser substituído por outro "Já"). A quadra em si não a elimino porque quero precisamente dizer o que nela digo. São com efeito "concessões" à normalidade o facto de hoje fumar e substituir aqui, frequentes vezes agora, a cerveja pelo vinho branco. Tudo isto é doentio — mas certo...

b) Aproveitando a poesia para os *I. de Ouro* devo eliminar a quadra do Dantas, não é verdade?

Perdoe-me a miudeza das perguntas, *mas não deixe de*

responder a elas. E perdoe-me, sobretudo, ainda ter coragem para lhe mandar "literaturas" depois do nosso desgosto. Inevitável de resto, como por certo você concorda. Desculpe-se a todos comigo, repito. E resignemo-nos. Não se zangue comigo, suplico-lhe!

Nada mais lhe tenho a dizer meu querido Fernando Pessoa. Renovo todos os meus pedidos, todos os meus agradecimentos e todos os meus perdões com um grande abraço de toda a alma.

e mil saudades do seu, seu

Mário de Sá-Carneiro

P.S. Escreva-me, por amor de Deus.

Diga o que pensa sobre os versos de hoje.

O C. Ferreira[2] não me escreveu. De resto ele dizer que vem a Paris para o próximo mês, não quer, de facto, dizer que não venha mas de modo algum significa também o contrário...

Amanhã dia trágico: "uma hora de música" no atelier do pintor-cantor Ferreira da Costa.[3] Parece-me que vou adoecer dos intestinos...

Mil abraços.

Como se escreve "Mansanilha"? Não se esqueça de me dizer. Não tenho a certeza se é mansanilha ou massanilha...

Paris, 25 Set. 1915

Meu Querido Amigo,

Recebi ontem a sua carta de 20 que de todo o coração agradeço. Você tem mil razões: O *Orfeu não acabou.* De qualquer maneira, em qualquer "tempo" há-de continuar. O que é preciso é termos "vontade".

Mas junto envio-lhe um coup-de-théatre: a carta ontem recebida do futurista Rita Pintor que *não* quer que o *Orfeu* acabe,[1] e o *continuará* com alguns haveres que possui, caso nós nos não oponhamos etc. etc. — e contando comigo e *consigo* — pois já lhe não chama nomes feios!... O caso é bicudo — especialmente para você que o tem de aturar.

Dou-lhe carta branca. O meu querido amigo diz-lhe o que entender, resolve o que entender. Por mim limito-me a escrever-lhe logo uma carta vaga: que sim e mais que também... Esse sarilho resolva-o você.

Claro que Santa-Rita "maître" do *Orfeu* acho pior que a morte. Entretanto você resolverá tudo. "Eu, aqui de longe, nada de positivo posso fazer nem decidir" — será o tema, o resumo da minha carta ao Gervásio Vila Nova.

AGORA UMA COISA muito importante: rasgaram-se-me as ceroulas, chove muito: tive de comprar portanto ceroulas e botas. Assim vi-me forçado a pedir pelo correio de ontem à Livraria que me enviassem *40 ou 50* francos o mais breve possível de maneira a que eu receba as massas a *8 ou 9* (não fazia mal que fosse a 10, mas aos homenzinhos convém falar assim — e, de resto, para meu sossego, quanto mais cedo melhor).

Assim suplico ao meu querido Fernando que vá imediatamente à Livraria indagar se foram recebidas as minhas cartas e *não me largue o Augusto*. Na volta do correio, por amor de Deus, informe-me do que lá lhe tiverem dito, se eu posso contar efectivamente com os 40 ou 50 francos até 8 ou 9 do próximo mês de Outubro. Diga ao Augusto que eu lhe escrevi que isto tem para mim muita importância. Mace-mo todos os dias. *Conto mais uma vez consigo.*

Por amor de Deus não descure este assunto. De resto a Livraria não me faz favor algum pois o tempo é já passado de sobra até para a liquidação total do *Orfeu. Isto tem para mim efectivamente uma grande importância e assim mais uma vez apelo para a sua amizade.* Informe-me por amor de Deus na *volta do correio*, num simples postal, do que lhe tiverem dito sobre o assunto. *Não se esqueça.*

E por hoje mais nada, senão esta carta estúpida de matéria. Mil abraços de toda a alma. O seu, seu

M. de Sá-Carneiro

Escusa de reenviar-me a carta S. Rita. É verdade: esqueceu-me de procurar a outra. Irá depois. Não descure o assunto Livraria. Perdoe-me!

Paris, 28 Setembro 1915

— O Lord —

Lord que eu fui de Escocias doutra vida
Hoje arrasta por esta a sua decadencia,
Sem brilho e equipagens.

Milord reduzido a viver de imagens
Pára ás montras de joias de opulencia
Num desejo brumoso — em duvida iludida.
(— Por isso a minha raiva mal contida,
— Por isso a minha eterna impaciencia)!

Olha as Praças, rodei[a]-as...
Quem sabe se ele outróra
Teve Praças, como esta, a Palacios e colunas —
Longas terras, quintas cheias,
Hiates pelo mar fóra,
Montanhas e lagos, florestas e dunas...

(— Por isso a sensação em mim fincada ha tanto
Dum grande património algures haver perdido;
Por isso o meu desejo astral de luxo desmedido —
e a Côr na minha Obra o que restou do encanto...)

Paris — Set. de 1915

Meu Querido Amigo,

Peço-lhe encarecidamente que não descure o assunto da Livraria. Devo-lhe dizer que se porventura os homens não pudessem mandar as massas até à data que eu disse (8 ou 9 Out.) isso não era uma razão para de todo não as mandarem. Pelo contrário: devem-nas mandar *com toda a urgência.* É claro que, se as não receber, eu não morro. Em todo o caso far-me-ia um grande desarranjo se elas não aparecessem. Assim, por amor de Deus, não me largue o Augusto. Tenha paciência desta estopada mais, meu pobre amigo! *Conto consigo!* Hoje recebi uma carta do S. Rita em que não alude ao *Orfeu.* Os versos que lhe mando acima já os fiz há semanas. Não têm importância alguma. Adeus meu querido Fernando Pessoa. Mil abraços. E não deixe de me escrever!
Um grande abraço. O seu, seu
Mário de Sá-Carneiro
Não me largue os livreiros!

Paris — Setembro de 1915
Dia 30

Meu Querido Amigo,

Para meu sossego venho pedir-lhe que diga na Livraria — se porventura não satisfizeram o meu pedido — para em todo o caso, *de modo algum*, deixarem de me enviar 40 francos de maneira que eu os receba sem *falta alguma* a *14* Outubro, limite máximo. Eu lhe explico: Com efeito até esse dia chega-me o dinheiro. A 15 devo receber do meu Pai — *mas há sempre um pequeno atraso*. Assim antes de 18 ou 19 (tanto mais que 17 é domingo) não receberei o dinheiro de África — precisando por consequência do de Lisboa para fazer a ponte. *Isto tem para mim uma grande importância*. Assim peço vivamente que não descuide o assunto — e mostre mesmo esta carta ao Augusto ou ao Exmo. Sr. Monteiro, explicando bem as coisas e pedindo-lhes muito em meu nome que não deixem de me enviar a importância de forma que eu a receba *com a máxima certeza* no dia 14. Para isto é necessário que ela saia de Lisboa, *o mais tardar*, no dia *9*.

30 francos bastar-me-iam caso houvesse muita dificuldade em me ser enviada a importância pedida. Creio entretanto que isso não sucederá. Mas não deixe de fazer ver bem como me seria desagradável se não recebesse algum dinheiro no *dia 14* o mais tardar. Tanto o Sr. Monteiro como todos na Livraria têm sido sempre duma tal amabilidade comigo que estou certo não me recusarão este inestimável serviço — que o meu caro Fernando Pessoa, em meu nome, muito especialmente agradecerá ao Exmo. Sr. Monteiro — a quem peço que apresente ao mesmo tempo os meus melhores cumprimentos. Sem mais, esperando que o meu querido amigo não descurará este assunto que tem para mim uma grande importância — envio-lhe mil saudades e um grande abraço de toda a Alma

o seu, seu

Mário de Sá-Carneiro

P.S. Peço também para lembrar na Livraria os volumes que pedi me enviassem.

Para certeza absoluta a carta com o dinheiro deve partir a *8* pois já tenho muita vez recebido correspondência com 6 dias de marcha.

Paris — Setembro 1915
Dia 30

Meu Querido Amigo,

Você investigue bem se da Livraria me mandaram as massas. Se os homens se puserem à malta — mostre-lhes a carta que mando junta — *sem hesitação e imediatamente.*

Não me faz diferença alguma não receber o dinheiro senão a *14* (partida de Lisboa o mais tardar a *9*) — mas far-me-ia uma *enorme* diferença se não o recebesse nesse dia. Não morria, claro: o dinheiro do meu Pai chega o mais tardar a *18* e sempre poderei pedir 10 francos a alguém e pôr por *9* o relógio no prego, vivendo assim os 4 dias. Mas compreende bem como isto é desagradável. Por consequência não me descure este caso e faça o impossível por que os homens me enviem ao menos 30 francos (até 25 frs. só) partindo de Lisboa pelo correio de *9* absolutamente o mais tardar.

Cumpre repetir-lhe que eles não me fazem favor algum — assim não tenha escrúpulo em insistir muito e mostrar-lhe a carta junta. *Conto consigo!* Por amor de Deus faça o que de joelhos lhe suplica o seu, muito seu

Mário de Sá-Carneiro

Escreva. Já me está tardando a sua carta em resposta àquela onde lhe mandei versos.

Não me poupe os homens!: 30 francos o mais tardar partidos de Lisboa a *9*.

Muito importante

Bem entendido quanto mais cedo chegar o dinheiro melhor. *Não deve pois mostrar a carta e falar do dia 14 senão em último caso.*

Paris — Outubro 1915
Dia 2

Meu Querido Amigo,

Europeamente carimbada com o selo da autoridade militar que em Bordéus a abriu recebi hoje a sua magna-carta.

Em primeiro lugar quero-lha agradecer vivissimamente. Foi uma querida meia hora que passei lendo as suas páginas. Quem me dera ter todas as semanas uma carta assim. E ela veio-me dispor tão bem quanto eu — na minha eterna desolação — posso estar bem-disposto tanto mais num dia de plena e grande constipação. E você sabe que uma destas macacoas é em mim verdadeira catástrofe. Vai-me perdoar até esta carta que será uma rápida e essencial, meramente essencial, resposta ao seu supremo relatório.

Em primeiro lugar: não aceito as suas desculpas quanto ao dispor dos números do *Orfeu* nem tão-pouco compreendo o espanto que lhe causa a "liquidação". Liquidação significa muito simplesmente que é tempo de se ver quantos *Orfeus* há vendidos — e de eu receber a importância da venda: de que já falei ao meu pai,[1] conforme julgo ter-lhe dito. Os exemplares não vendidos para que os quero? *Disponha você de quantos, mas inteiramente de quantos, entender.* Quando o *Céu em Fogo* o pagaram a 40 réis o exemplar — nem 10 réis estou certo dariam pelos *Orfeus*. Repito por consequência que estranhei deveras a sua pergunta. E faça o que quiser dos *Orfeus*. As sobras ficam na Livraria às suas ordens — peço-lhe o favor de dizer isto ao Augusto. Bem entendido se alguém as comprasse mesmo a 10 réis, podiam-se vender. Mas isso não urge de maneira alguma. *Disponha pois de quantos* Orfeus *quiser.*

— O Santa-Rita deveras é um grande maçador. Estou farto de o aturar aqui com a questão do *Orfeu*. Hoje vai uma carta para você ler e que chegou hoje mesmo. Aí já está disposto a que você dirija inteiramente a revista: ele só tem interesse em publicar os seus bonecos e do Picasso. Em primeiro lugar isto é uma chuchadeira pois eu não creio de forma alguma que o Santa-Rita vá *pagar* o *Orfeu* mesmo para publicar os seus bonecos: tanto mais que o conheço bem em questões de dinheiro: aí perfeitamente normal, tocando a economia quase. Nada o meu género ou Pacheco. O contrário até, quase. Que hei-de eu responder ao Pintor? Olhe, continuo a dizer-lhe que sim e mais que também — que se entenda com você: que eu não quero fazer o *Orfeu* — que ele é meu e de você, *unicamente*. Você mande-o para o diabo. (Mas se em todo o caso ele verdadeira e seriamente oferecesse pagar o *Orfeu* deixando inteiramente a direcção literária a seu cargo? Nem mesmo que isto se desse julgo viável o plano. Mas você decidiria. Por mim devo-lhe dizer que por uma carta que escrevi ao meu Pai não posso figurar como director do *Orfeu*! Há o seguinte: *Orfeu* saindo com o meu nome dificilmente o meu Pai acreditará nos 1os instantes (que para Lourenço Marques são 30 dias) que a parte monetária não é ainda sob a minha responsabilidade.[2] Assim, em inteira franqueza, eu preferiria que durante dois meses não saísse a revista. Depois, já o caso era diferente. Não me alongo sobre o assunto que me irrito. Atravesso demais um período de grande tristeza, de melancolia branca de não sei que saudade irrealizável. O que quero é que me deixem em paz. Mande-me o Santa-Rita para o demónio. Quanto à ideia das circulares e da publicação das plaquettes[3] — acho-a óptima, dado que se possa realizar... Óptima era também a publicação das plaquettes inglesas.[4] Mas se o seu amigo não tem dinheiro... Sempre a eterna humilhação!

— Fez muito bem em registar o nome da revista. Malandros! Malandros Rita, MontalvAr & Cia. O caso do brasão sobre o Montalvor é puramente admirável: Calino em calendário de desfolhar. Interessou-me muito a história verídica de M. de Montalvor em terras brasileiras.

— Genial a forma de publicar o *Arco de Triunfo*.[5] Anúncios, muitos anúncios: amostras de papel de Arménia (para defumar) cartões embebidos em perfumes que anunciem, amostras de fazendas até, se possível. Os bónus ideia do Pacheco admirável.

— O que porém na sua carta me fez mais rir são as últimas notas *"Coisas fantásticas"*: sobretudo o Numa-larápio-de-sobretudos-da-Escola-Médica (que complexidade!) e o Ramos pensando na licença antes de ter o emprego. Quanto à sua partida para o estrangeiro está certo: aquela gente sempre confundiu o Carneiro, o Pessoa e o Campos. Não lhe parece? E eu estou em Paris — fugido: apenas não fugido por sensacionismos... Oxalá assim fora... Termino suplicando mil desculpas por esta carta tão reles em resposta à sua admirável — e pedindo que *não descure assunto massas Livraria.*

Um grande abraço e mil saudades

o seu, seu

Mário de Sá-Carneiro

A carta Santa-Rita lê-se toda com um pequeno esforço. A sua carta ao Santa-Rita,[6] impagável simplesmente!!!!

P.S.
Escrevi ao Santa-Rita pelo mesmo correio o seguinte, em resumo: longe e atravessando demais a minha vida vários perigos (*sic*) — desinteresso-me por completo da questão do *Orfeu*, do qual — se ele continuasse — eu seria apenas um colaborador intermitente. Mas isto nada quer dizer pois por mim eu coisa alguma posso decidir. O *Orfeu* é propriedade espiritual tanto minha como sua. Eu desisti da minha parte: *logo hoje* o *Orfeu* é propriedade exclusiva de você, Fernando Pessoa — que se encontra ser assim actualmente o seu único árbitro. Digo-lhe a ruína que é a sua exploração financeira: que se ele "emprestar" dinheiro ao *Orfeu*, este nunca mais lho pagará... Acrescento que lhe mostre a minha carta. Assim você proceda como entender, *à bruta.*

— Incite Guisado e Mira à revista, tanto mais que têm dinheiro.

Não se esqueça assunto meu *dinheiro* na Livraria!
Mil saudades

Sá-Carneiro

Escusado devolver carta S. Rita.

Paris — Outubro 1915
Dia 6

Meu Querido Amigo,

Recebi hoje o seu postal de 1 Out. que muito agradeço. Tenha-me olho sobre os homens. Mesmo se eles não enviarem as massas até 14 — o que seria indesculpável — *insistisse para que as enviassem o mais depressa possível* — (embora a 15 eu receba do meu Pai). Não se esqueça disto. E pergunte também por que raio não me enviam os livros que pedi? Com efeito preciso de livros para ler. Por isso os mandei vir. Mas até hoje nada! Perdoe maçá-lo tanto, sim? Mas não se esqueça de nenhuma das minhas recomendações! Fico ansioso — como sempre — à espera da sua carta anunciada para amanhã ou depois... Adeus. Escreva sempre. Mil abraços, mil saudades

o seu, seu

M. de Sá-Carneiro

Não largue os livreiros!!!
Perdoe tudo!...

Paris — Outubro 1915
Dia 7

Meu Querido Amigo,

Recebida hoje a sua carta de 2 — breve mas interessantíssima. Delirei, positivamente delirei, do frontispício da *Cena do Ódio*. Transmita ao Almada todo o meu entusiasmo! Urge que ele faça o impossível por publicar a plaquette.[1] Não é assim tão caro. Decerto menos que 30 000 réis chegam. Faça você o possível por o entusiasmar. Eu vou-lhe escrever também breve, por minha parte.

— Interessante Burity,[2] sem dúvida, connosco, ou vejo as "perversões". Ir para o quarto com o Ramalho — de primeira ordem!!! *O Dominó*[3] é do Alberto Barbosa. Averigue como lá aparecemos pois tenho bastante curiosidade.

— Gostei das notícias do Rola. Quando vir o irmão diga-lhe que lhe transmito as minhas saudades. Impossível quase adaptar ideia de "mato" com o Rola... Enfim... A propósito de África: O D. Tomás sempre foi para Angola? Já lho perguntei mas você não me explicou. Por mim, nada a dizer-lhe. Muito obrigado por todos os esforços sobre os fundos. Vamos a ver se a massa sempre chega como o Augusto lhe garantiu... ESCREVA MUITO SEMPRE. Adeus. Mil abraços do seu muito dedicado

Mário de Sá-Carneiro

Paris — Outubro 1915
Dia 9

Querido Amigo,

Recebi hoje o seu postal de 4 que muito agradeço. O dinheiro recebi-o ontem. Assim não só chegou a tempo como o mais cedo que eu sempre contei com ele. Transmita ao Augusto os meus mais vivos agradecimentos. É claro que ontem lhe enviei um postal acusando a recepção do cheque: em todo o caso não deixe *de lhe repetir isto.* Diga ao Almada Negreiros que lhe enviei ontem uma carta para a Brasileira do Chiado. *Não se esqueça disto,* rogo-lhe muito. Mil abraços do seu

M. de Sá-Carneiro

Escreva sempre!

Paris — Outubro 1915
Dia 16

Meu Querido Amigo,

Apenas ontem às 3 da tarde recebi a sua carta de 9. Do Santa-Rita nada por enquanto me chegou. Que terrível trapalhada. Raios partam o Pintor!

Tenho pena de você pelas estopadas de que vai sendo vítima — e tem mil razões no que diz a respeito do tédio de ser necessário abordar, meter-se em contacto com tais mesquinhezas de alma! Não seja ingénuo: é claro que o caso Metzner[1] é o Santa-Rita em manobra. Não tenha a mínima dúvida a este respeito.

O 3 — disparate-malandrice genial, lá isso não posso negar! E é claro que tudo isso tem graça às pilhas porque nós *nunca* ficaremos comidos (que são os desejos e o termo do

Santa-Rita). Colaboração: Dê as minhas poesias que entender. Mas acho que é preferível dar a "Serradura", "Cinco Horas", e "Abrigo" (e o "Lord"). Assinarei assim (se você concorda):

Mário de Sá-Carneiro
Director de *Orfeu*

Se você não acha bem, e acha preferível pôr Poeta sensacionista, cabalístico, mefítico, interseccionista, opiado etc. — para mim é-me indiferente. Proceda como quiser. No entanto parecia-me bem fazer assim pois marca a individualidade do *Orfeu*. Acho mesmo que você devia também pôr sob o seu nome o mesmo dístico: "Director de *Orfeu*". É consigo.

Agradeço-lhe pela piada — que disse ao Leal sobre a imortalidade do Pintor. Ri às bandeiras despregadas. Que sorte sem nome o pintor deu por certo — se o Leal lho contou, o que duvido, pois o Leal parece-me leal...

Concordo opiparamente com a declaração assinada "comité redactorial de *Orfeu*" Sá-Carneiro, Pessoa, Pacheco, Almada. Tem espírito às carradas. O Pacheco decerto anuirá. Rogue-lhe também em meu nome. Nada que desculpar os proprietários do *Orfeu*, eu e você. Com o Santa-Rita todo o cuidado é pouco: tome a máxima cautela, ele há-de por força querer falsificar o *Orfeu*. Por mim tomo tanta cautela que pelo mesmo correio envio a seguinte carta:

Exmo. Sr. Miguel Saraiva
Tipografia do Comércio
10 Rua da Oliveira ao Carmo
Lisboa:

"Tem esta o fim de prevenir V. Excia. que se alguma pessoa se dirigir a sua casa invocando o meu nome para a impressão duma revista o faz sem minha autorização. Assim V. Excia. dever-lhe-á recusar todo o crédito.

Escrevo-lhe esta carta pois de Lisboa me previnem que isto pode suceder — a fim de pôr a salvo toda a minha responsabilidade. Sem mais etc".

— Com efeito, como do Santa-Rita espero tudo lembrei-me que ele poderia ir à Tipografia *invocando até o meu nome*, para obter crédito. Sei lá. Rogo-lhe até que se lhe constar alguma trapalhada pela tipografia do Comércio vá lá procurar o Exmo. Sr. Miguel Saraiva, servindo-lhe esta carta de credenciais. Compreende bem o grave que era se o Santa-Rita fosse lá fazer o 3 à custa do meu Pai — dizendo até, sei lá, que aquilo era o *nº* 3 do *Orfeu*. Se porventura o 3 se fizer — o que apesar de tudo não creio — você tenha olho em que a numeração das páginas comece em *1* e em que os nossos nomes sejam seguidos das qualidades que indicamos. *Olho bem vivo!*

— É claro que era óptimo que as plaquettes saíssem. Mas parece-me bem difícil a não ser que o Almada se encorajasse. Acho que você não deve sacrificar os 10000 réis do Pinto. Uma simples declaração num jornal, no *Diário de Notícias* mesmo só, paga como anúncio, basta para pôr as coisas nos devidos termos. Não há razão nenhuma para você fazer favores dessa ordem ao Almada. Rogo-lhe que pense bem nisto. É desnecessário, para manter a individualidade do *Orfeu* — creia — mesmo que a malandrice do Santa-Rita seja total. E esse sacrifício competir-me-ia bem mais a mim do que a você, se fosse necessário. Entanto confesso-lhe que não posso ceder nenhuma quantia do dinheiro que ainda tenho na Livraria para este fim. Preciso comprar várias coisas de vestuário, entre elas um sobretudo, e só posso para isso contar com esse dinheiro. Você compreende pois bem a impossibilidade e desculpe-me. Rogo-lhe muito. Envio-lhe ao mesmo tempo outra carta do meu Pai. Veja bem o que ele é. Por essa carta verá que a conta da Tipografia já está paga. Numa outra recebida ontem o meu Pai repete-me que fique por aqui... e que África não é terra para mim, só talvez Johannesburgo[2] se eu soubesse perfeitamente inglês. É por uma questão psicológica que lhe envio a carta do meu Pai — que você devolverá — e lhe conto isto. É extraordinário a *superioridade* e a bondade do meu Pai. E isso é para mim, além de tudo, um orgulho infinito. Você compreende-me, não é verdade?

— Diga ao Augusto que se não esqueça de apurar as contas do *Orfeu* e de me enviar o resultado definitivo o mais breve possível. *Não* [*se*] *esqueça de me informar do que houver a este respeito.* Creio que a nenhuma coisa importante deixei de lhe responder. Fico ansioso à espera de mais detalhes da *affaire*. Mil saudades e um grande abraço de toda a Alma.

O seu, seu

Mário de Sá-Carneiro

Não se esqueça do caso da Livraria, contar-me a resposta do Augusto. Olho vivo no Pintor! Escreva!

Paris — Outubro 1915
Dia 18

Meu Querido Fernando Pessoa,

Recebi ontem a sua carta de 12 e seu postal de 13 que muito agradeço. Também recebi o seu postal de 11.

Muito curioso o que me conta na carta, mas perfeitamente compreensível, normal. Que o Montalvorzinho ficara de "orelha" murcha comigo após a descoberta da gatunice, visualmente o percebi. Santa-Rita Pintor é de há muito um meu inimigo íntimo. Nem pode perdoar a cena do Montanha nem *Confissão de Lúcio* — e muitas outras pequeninas coisas, mesmo aqui de Paris, durante o nosso convívio. Vem de longe o fel. Mas contra você também ele existe supinamente.

Assim o *coup*, não tenho dúvida é, pelo que diz respeito ao Pintor, tão montado contra mim como contra você. E o que ele acima de tudo nos não pode perdoar é a "Estrela" que o seu génio falido se vê obrigado — entanto, por ser génio falido — a reconhecer-nos. E isto já é ser, hein?, benévolo para com o pintor. De resto a minha vitória é íntegra pois nem um ou outro me prejudicam ou amofinam. Só me amofina não ter dinheiro. E disso não são eles os culpados — hélas! Se a malandrice for flagrante, se fizerem um n° 3 do *Orfeu*, por minha parte farei publicar no *Século* uma declaração sucinta — três linhas — que no entanto porá tudo em pratos limpos. E nem cinco minutos me incomodam. Talvez logrem mais enfrentá-lo a você, pela sua maneira "a sério" de encarar a vida. A mim...

Ai, meu querido Fernando, tenho tantas mais coisas a lastimar, pequeninas dores íntimas, ausências vagas, saudades impossíveis... Meu Deus, meu Deus, que ingénuos bandalhos! Raios os partam, em todo o caso...

Agora há uma coisa com que é preciso a máxima cautela: se eles vão ter o desplante de pôr na rua um real n° 3 do *Orfeu nós não podemos colaborar*: isso seria dar o nosso tácito consentimento. Por minha parte nada me importo de negar cara a cara a colaboração, na dúvida. Você deve fazer outro tanto — mesmo numa quebra de relações. Todos os seus esforços devem orientar-se em de qualquer modo averiguar o que é que eles vão fazer — que original de frontispício se está a imprimir. Não se fie em palavras. O Santa-Rita é capaz de dizer uma coisa — e à última hora aparecer outra, quando já não tiver remédio. A máxima cautela é pouca. Precisa estabelecer um serviço de espionagem. O Júlio de Vilhena parece-me estar indicado como chefe.

Repare bem na importância disto: nós podemos e devemos colaborar mesmo no 3 mas de forma alguma no *Orfeu 3*. A propósito: parece-me melhor dar apenas para a revista — que, apesar de tudo, ainda considero hipotética — o "Lord", a "Escala" e o "Abrigo" poesias sérias, nada irritantes. Assim parece-me ser, para nós dois, a melhor táctica. Não é você desta opinião? Pense bem — *e, decididamente, de mim, dê só estas.* É tramá-los um pouco. E ponto final sobre este nojento — mas hilariante — assunto. Como nós estamos acima de tudo isto! Que dor nas costas de nos devermos curvar tanto para remexer este lixo... Entanto você vá-me informando dia-a-dia do que houver.

A propósito: eu também conheço o Faustino da Fonseca,[1] posso-lhe escrever sobre o assunto se for necessário. Ponto final, decididamente.

Mil razões. Espirituoso e "inteligente" o fado do Augusto. Ri muito — e pelo mesmo correio lhe envio um postal de felicitações. É na verdade a melhor coisa, a mais lúcida de muito longe, sobre o Estilo-Novo... Que lição aos nossos jornalistas e revisteiros!... Repita-lhe os meus parabéns.

— De mim, nada: nem disperso, nem intenso. Há projectos literários: *Novela Romântica, Para Lá, O Cúmplice* (coisa nova que lhe contarei proximamente) — mas nestes meses mais chegados não trabalharei. E cá vou fazendo minha como nunca esta quadra:[2]

> Passar tempo é o meu fito,
> Ideal que hoje me resta.
> Pra mim não há melhor festa
> Nem mais nada acho bonito...

Mas guardemos a psicologia para uma carta que lhe quero escrever proximamente.

Envio enfim a carta insultuosa do Rita. Se não fosse *dele* eu não admitia que alguém me escrevesse assim a respeito de você. Mas o meu querido Fernando Pessoa sabe que o Pintor é bicho à parte que tem licença para dizer tudo, e a gente continuar — até um certo ponto — a falar-lhe. Escusa, claro, de me recambiar o documento. *Mas guarde-o.*

E por hoje, mais nada. Escreva pois dando informes detalhados, dia-a-dia, e receba um grande abraço da Alma do seu, seu

Mário de Sá-Carneiro

P.S.

A sua carta de *13* chegou também aberta pela autoridade militar. Europa e Guerra!

Retribua saudades a Torres de Abreu com outras tantas e um abraço.

Que é feito do Vitoriano? Dê-lhe abraços. O mesmo a Pacheco e Almada.

Se o sabe, mande-me endereço africano D. Tomás.

Escreva. Mil saudades! Não recebi nada do Pintor.

Paris — Outubro 1915
Dia 19

Meu querido Amigo,

Recebido o seu postal de *14*. Lista das minhas poesias: "Escala", "Sete Canções de Declínio", "Serradura", "Abrigo", "Cinco Horas" e "O Lord". Você vai dá-las todas ao Pintor? Olhe, no fim de contas, faça como quiser, *como se os versos fossem seus* — e considere sem efeito o que lhe disse na minha carta de ontem sobre este assunto. Há só uma coisa importante: Não quero que sejam publicadas duas das canções: a 3^a e a 4^a. *Dou a isto muita importância.* Podiam entretanto sair as outras com o título de "Cinco Canções de Declínio". À ensemble dos meus versos quero este frontispício: *Poemas de Paris.* Quanto ao epíteto da assinatura faça você também como se fosse consigo. Mas não me perca de olho a troupe Pintor Montal & C^a ili.^{da}. Veja bem o que eles vão fazer conforme ontem lhe recomendei e conforme o que averiguar assim deve proceder. Adeus por hoje.
Mil saudades do muito seu

Mário de Sá-Carneiro

Na "Serradura" quero este verso assim:
A gritar: viva.
e não
Gritando: viva.

Escreva.

Paris — Outubro 1915
Domingo 24

Querido Amigo,

Estou surpreso do seu silêncio, tanto mais após o postal de há dias que anunciava para o dia seguinte uma carta. Ter-se-ia ela perdido? O Carlos Ferreira está em Paris e veio-me procurar. Escrevi para a Livraria a relembrar o pedido de massas para o começo de Novembro. Cuide-me do assunto, conforme o costume. Pedi desta vez para que chegue a 6 ou 7. Não mos largue — embora eu tenha dinheiro. Não mos largue e diga o que há. Sobretudo escreva. Mil abraços. Até breve carta.

o seu

M. de Sá-Carneiro

Paris — Outubro 1915
Dia 29

Meu Querido Amigo,

Já estava com cuidado. Habituado a receber notícias suas mais duma vez por semana — seguramente há 10 dias ou mais que não recebia nada seu — quando, particularmente, no seu último postal você me anunciava uma carta para o dia seguinte.

Rogo-lhe que faça todo o possível para evitar estes longos períodos de silêncio. Quando nada me tenha a dizer, mande-me saudades num postal. Sim? Eu farei o mesmo.

Recebi pois hoje o seu bilhete de 24 que muito agradeço. De mim nada de novo. Eu não sei se terá aparecido na *Il. Portuguesa* uma "saloperie"[1] minha a acompanhar uns mamarrachos[2] do pintor Ferreira Cardona,* digo Ferreira da Costa.

Você perdoe-me! Mas o homenzinho pediu-me muito, eu

---

* Este engano propositado de nome encare-o como uma descrição psicológica.

não gosto de negar — e depois se me dou com ele, é que, se o seu atelier não é ultraconfortável e moderno como o do Manuel Lopes da *Ressurreição*, é em todo o caso vasto e quente.

Mas há mais: o homem do *Orfeu* a assinar artigos na *Ilustração* ao lado do colega Dantas tem muito chiste, pois não tem? Será descer — mas é-o com pilhéria. E no escrito há no entretanto: "horas granates", *"legiões guturais"*, "cristal e asas", "timbrados a oiro", vários itálicos psicológicos etc. — embora a ensemble droguista, principalmente atendendo ao nome que a assina.

Queira Deus no entanto — e anima-me muito essa esperança — que o escrito tenha sido interdito pelo J. M. de Freitas (como-que-director da *Il. Portuguesa*) devido ao nome indecoroso que o assinou. Oxalá. Mas no caso contrário você perdoa-me. Pois não é verdade que me perdoa? (Lembre-se que também tem culpas no cartório: *Eh! real!*...[2] por exemplo...)

Escrevi ao Augusto dizendo-lhe desnecessário enviar-me os 50 francos que pedira há dias Com efeito estava a ver que com o dinheiro às mijinhas não conseguia nunca comprar os artigos de vestuário que necessito tanto.

Felizmente apareceu aqui o Carlos Ferreira com muito dinheiro. Assim ele emprestou-me 150 francos cujo pagamento só precisa dentro dum mês. Deste modo comprei o que tinha a comprar e torna-se desnecessário a Livraria enviar-me já o dinheiro. É imprescindível porém que mo envie em maior quantidade (pelo menos 100 francos) no fim do próximo mês de Novembro. Explique isto bem ao Augusto. Comece já a maçá-lo: ele é um santo, de resto! Pode-lhe mesmo mostrar esta carta. Eu creio (segundo a carta que em tempos você me enviou) ter ainda na Livraria uns 40-50 mil réis. Já lhe explico como:

Activo:

400 *Orf.* vendidos em Lisboa	84 000
100 *Orf.* província (hipótese)	21 000
Saldo venda *C. em Fogo*: mais do que	10 000
	115 000

Passivo:

Conta devida na Livraria	50 000
50 francos enviados este mês	15 000
	65 000

a meu favor 50 000 réis.

Você dizia-me com efeito que o Augusto o informara que eu devia na casa não mais do que 45 000 réis. 5000 a mais é o importe dos livros que depois mandei vir. Oxalá não me engane. Enfim veremos. Mas seja como for pelo menos 100 francos (30 000 réis) hei-de lá ter — e isso é que é o mínimo imprescindível de que eu necessito receber no fim do mês. Se houvesse alguém que comprasse o saldo dos *Orfeus* (guardando você quantos exemplares quisesse, por exemplo 40) mesmo a 10 réis acho que valia a pena pois para nada servem em armazém. Fale ao Augusto a este respeito também, não se esqueça. De resto brevemente lhe escreverei repetindo-lhe tudo isto. Perdoe-me tantas maçadas e tão antipáticas. A eterna miséria!!... Mas não se esqueça de me informar a este respeito, não?

Novidade gratíssima: o Carlos Franco escreveu-me dizendo que vai muito brevemente chegar a Paris com 6 dias de licença. Será para mim, como calcula, um grande prazer, todo a ouro, pois vou falar com uma Alma, o que não me sucede desde que me despedi de você na gare do Rossio. O pintor Costa — ui!, que lepidóptero. Agora o Carlos Ferreira, pobre diabo, intrujão inofensivo, bom rapaz — e que — perdoe-me a infâmia — caiu como sopa no mel a emprestar-me os 150 francos... É triste o egoísmo da vida... Mas não tenho razão?...

Adeus meu querido Amigo. Perdoe-me esta carta anti-pática em todo o sentido e não se esqueça de me responder ao que nela lhe peço. Um grande abraço de toda a alma

o seu, seu

Mário de Sá-Carneiro

O C. Ferreira — que fala de você com uma ardente sim-patia, e isto é já uma superioridade — sabendo que eu hoje lhe devia escrever pediu-me esta manhã para lhe enviar muitas saudades.

Paris — Novembro 1915
Dia 3

Meu Querido Amigo,

Recebi ontem a sua longa e interessantíssima carta de 29 Out. que de todo o coração agradeço. Foi um grande prazer, tanto mais que o seu silêncio ou o seu laconismo estende-ram-se ultimamente tanto que principiava a lembrar-me se você, por qualquer motivo astral, estaria zangado comigo.

Ilusão perfeita — claro. Mas um grande júbilo a sua in-teressantíssima carta.

O sarilho do *Orfeu*-Rita desopilante a todas as bandeiras despregadas. Mestre Rita Chefe de nós. Ui! é de arrebentar!

Curioso constatar isto: não podendo fazer sair o nosso *Orfeu* nem armar-se em nosso chefe — Santa-Rita renuncia à *sua* revista. Combine isto com o à viva força ele querer ser ser-vilmente futurista — e não "ele-próprio"... Curioso, não é ver-dade?

Novidades, nenhumas. Ideia jornal com Pacheco aplaudo as mãos ruidosas. Mas, monetariamente, será possível? Oxalá...

Claro que você publica de *mim* os versos que quiser. Disponha como se fossem produções suas.

— Óptimo pateada a Dantas publicamente-gente-do-*Orfeu*. Óptimo!

— Nesta carta vão duas poesias.[1] Eu não sei o que aquilo é ou vale. Pleno destrambelho. A desarticulação sarcástica da minha alma actual: esboçada já na "Serradura" e "Cinco Horas".

Veja-me o que dá o meu horóscopo actualmente. Interessa-me imenso. Faça o possível por o examinar — e não tenha receio de me dizer o que ele acusará. Peço-lhe isto muito: Não se esqueça!

Escreva-me rapidamente, por amor de Deus. Detalhe assunto jornal que muito me interessa. Abrace por mim o Pacheco e diga-lhe que não se esqueça de responder à carta que ultimamente lhe escrevi. O Franco deve vir em licença por todo este mês, conforme carta recebida hoje. Diga isto ao Pacheco *e que ele está bem e lhe pede para avisar a tia.*

Quanto aos meus versos: francamente diga-me se valem alguma coisa. Se assim for — e como creio que farei mais do género — farão uma parte dos *Indícios* com o título de *Colete de Forças* ou *Cabanon. Escreva!*

Adeus. Mil abraços e toda a Alma do seu, seu

Mário de Sá-Carneiro

P.S.

Decididamente parece-me que os versos não prestam para nada.

Quanto a negócios da Livraria nada tenho a adiantar à minha última carta. Nos últimos dias deste mês (ou mesmo nos 1os de Dezembro) preciso receber o mais dinheiro possível: todo seria o ideal. Vá em todo o caso falando já disto ao Augusto, a quem qualquer dia escreverei. Mais saudades. Escreva.

o Sá-Carneiro

Paris — Novembro 1915
Dia 5

Meu querido Amigo,

Recebida a sua carta de 1-2 do corrente que muito agradeço. Dê mil emboras meus ao Vitoriano Braga por a sua peça[1] ir ver finalmente os fogos da ribalta. E afirme-lhe o meu desgosto em não poder assistir à première. Mas que a minha Ideia lá estará num fauteuil da 1ª fila — e muito o irá abraçar nos intervalos aos bastidores. As minhas palmas, essas, telegrafar-lhas-ei na noite da estreia. Que belo a peça ser representada! "Alguma coisa" enfim nos nossos palcos. E o que a lepidopteria nacional e alfacinha, de colarinhos sujos na alma, vai escoucear. Ui, que função!

E o Vitoriano está em Lisboa ou por Alhandra? Abrace-o muito e que lhe vou escrever breve.

O que diz do Leal, curioso e certo, creio. É muita pena que o rapazinho seja um pouco *Orfeu* demais. Picaresco o Santa-Rita estudado[2] como vulto da nova geração. Claro que ele, só ele, o induziu a fazer todo o livro para ser "estudado" — creia, um dos ideais mais acalentados por o nosso Pintor. O Viana[3] simultanista da última hora tem também graça às pilhas: ele, o clássico, mais — o primitivo, que desertara até do impressionismo, sua 1ª fase... Simultanista — isto é: quase cubista! Interessante este lepidopterismo numa criatura entretanto, creio, de muito valor *profissional* (faça atenção: digo: muito valor *profissional*). E que raio de ideia será essa dos Delaunay eternizados "chez nous"...? Mas há o seu quê de Europa nisto tudo. Tanto melhor.

Quanto a ataques meus para o *Jornal*, nada, normalmente farei nesse género. Incidentalmente talvez (há já até a quadra da "Serradura"). Mas você, homem, chegue-lhes. O Ribeiro Lopes, muito a aproveitar. Provinciano e democrático no ataque. E como ataca todos, está bem. Está certo, é preciso disso lá.

O Santa-Rita filósofo e a falar de tempos relativos e absolutos é de morrer de gozo! Claro que o Leal anda na história. Mas não deve ter escrito nem ditado o texto. Deve ter falado. E o nosso pintor confusionado, temperado, condimentado. Admirável!

De mim: todo o meu estado psicológico nesta quadra duma poesia que não escreverei:[4]

> As duas ou três vezes que me abriram
> A porta do salão onde está gente —
> Eu entrei, triste de mim, contente,
> E á entrada sempre me sorriram...

Quadra que só lhe será percebível se você a interpretar, supondo-lhe uma continuação — de acordo com o Sá-Carneiro que o meu amigo tão bem conhece... Ai, mas por que raio, de vez, não me meterei eu para sempre na cama a ler um almanaque!...

Se o pequeno do tal livro com influências sensacionistas[5] fez alguma coisa de interessante, encomende-me o folheto na Livraria. Mas só se, por qualquer lado, for interessante.

E a revista Santarritapintoresca? Foi chão que já deu uvas — hein?

Soneto antológico Guisado agora não tenho. Farei talvez se fizer. Não tenho nada com isso mas acho restrita a ideia de só publicar sonetos. Acho mesmo um pouco tolo. É pena — porque a ideia em si é óptima.

Sobre influências sensacionistas: bastantes numa carta literária que recebi muito recentemente do Rodrigues Pereira[6] que estuda para sargento em Coimbra. Lembra-me textualmente esta (mais "Sá-Carneiro" talvez, do que sensacionista): Vá a tal bar de Montmartre *compre cocaína e quebre os espelhos do tecto*. Não pareço eu dos últimos versos que lhe enviei?...

Não deixe de pedir ao Pacheco que responda à minha carta. O Franco deve pois vir a Paris por todo este mês, conforme lhe contei.

Recebi um postal do Augusto a quem você agradecerá. Quanto a negócios de Livraria: você já sabe: preciso receber o dinheiro no começo de Dezembro. O mais possível. Todo é pouco. Hélas!...

Mil abraços de Alma.

E escreva sempre,

o seu, seu

Mário de Sá-Carneiro

Paris — Novembro 1915
Dia 8

Meu Querido Amigo,

Recebida hoje a sua carta de 4 e o *Compêndio Teosófico*[1] que muito penhoradamente agradeço. Coisa alguma de novo lhe tenho a dizer. A vida corre vazia, de alma e corpo — mas vazia de alma porque não estou para a encher. E ainda é uma consolação. A minha fase agora é de — embora a existência de forma alguma me saiba a tabaco loiro, mas antes a caporal de prisioneiro — fumá-la, indeterminadamente fumá-la. E se com alguma coisa topo — é sempre com o *erro*, destrambelhadamente e aos saltos.

Estou hoje muito triste e muito infeliz. Mas logo vou ao teatro. Sempre é atapetar a vida. O Café de la Paix também tem passadeiras... Adeus. Um grande, grande abraço de toda a Alma.

o seu M. de Sá-Carneiro

P.S. — Farei comunicado ao C. Ferreira. Ele de resto já me falou dessa affaire, e que lhe ia escrever.

Paris, 10 Novembro 1915

Meu Querido Amigo,

Afinal você prometeu-me uma carta para ontem — e nem ontem, nem hoje...

Até agora o artigo da *Ilustração* não apareceu. Tanto melhor — apesar de ter piada.

Outra coisa que tem piada: jantei e almocei hoje com o Hermano Neves[1] que me convidou para colaborador dum jornal *A Tribuna* — que vai fazer sair no 1º de Janeiro próximo!!... Tem graça há-de concordar...

Outro dia também de súbito, num music-hall, o Scala, ouvi perto de mim: "Olha, aquele é o gajo do *Orfeu*...". Três portugueses democráticos que nem de vista daí conheço...

É curioso também, pois não é? Mesmo em Paris — tantos meses passados. Uma força, Ah! sem dúvida, o nosso *Orfeu*. (O H. Neves falou de si, dizendo que se indignou só no momento com o caso do A. C. = A. C.[2] Que depois não o tornou a ver, senão se teria explicado *delicadamente* consigo, sobretudo por causa da "bebedeira"[3] que só escreveu por estar zangado, enervado no momento, mas de que ficou arrependido. Continua sempre a ter graça...

— Mando-lhe junto um soneto,[4] que não me parece muito bom — sobre o eterno *Erro*, astro directriz da minha sorte. (Pied-de-nez é o gesto garoto de pôr os dedos como trombeta sobre o nariz, fazendo troça).

Diga você o que pensa sobre o estuporinho e disponha dele se o achar aproveitável para a Antologia Guisado-Mira. Mas creio bem que não. Você dirá!

Por hoje — adeus. Escreva sempre!

Mil saudades. Um grande abraço

o muito seu

Mário de Sá-Carneiro

Abraços Pacheco e Vitoriano. Recomendações Almada N. Diga a este pequeno que venha para Paris como ele disse que ia fazer ao H. Neves.

Paris — Novembro 1915
Dia 15

Recebi hoje a sua carta de 11 que muito agradeço. Curioso que eu pensara já que você me diria não gostar do verso "seria grande estopada". Emendarei, porque estou de acordo perfeito consigo.[1] Novidades nenhumas. Do Franco não sei mais nada. Muito obrigado por ter prevenido o Pacheco do que eu lhe pedia. Curioso o berbicacho da *Luta*. E o Pintor? Nunca mais o viu; não sabe mais nada? E Leal, Montalvor & Cia.? Idem? Idem? Recebi hoje uma carta do Pacheco — desolada como sempre, pela eterna questão das massas! Maldita coisa!

A propósito de massas! escrevi ontem (digo: antes de ontem) para a Livraria explicando que quero receber o mais dinheiro possível no dia 1º de Dezembro. Sobretudo veja-me se o Augusto acaba com a liquidação para eu saber com quanto dinheiro posso contar. Isto tem muita importância para mim.

As massas, presentemente, também me preocupam bastante. Trate-me pois sem descanso destes assuntos, e perdoe-me.

Outro pedido, veja-me no anuário comercial a morada do Sr. António Pereira do Vale,[2] oficial de marinha. É qualquer coisa como Rua de Nossa Senhora à Graça, mas não sei o nº. Trata-se de um tio meu que vive com os meus avós da parte da minha mãe, gente de quem já lhe tenho falado. O meu avô (desta vez, avô verdadeiro: o pai do meu pai) escreveu-me que eles estão ofendidos etc. por eu não lhes ter mandado o *Céu em Fogo* como fiz sempre com os meus outros livros. Como isso não custa nada vou-lhes mandar um volume, daqui, mas para isso preciso saber o nº da porta. Se porventura não encontrasse no Anuário a morada não tinha importância nenhuma — não se preocupasse mais com a affaire. Tenho muita pena de não lhe ter mais nada a dizer. Só lhe suplico que escreva, sempre, sempre, sempre.

todo um grande abraço do seu

Mário de Sá-Carneiro

Informe-me na volta do correio do que houver pela Livraria.

Paris — Novembro 1915
Dia 18

Meu Querido Amigo,

Oiça: não me largue os livreiros. Eu hoje mando-lhes dois postais. Explique bem ao Augusto — para ele, por seu turno, contar ao Monteiro — que eu preciso receber o mais dinheiro possível — todo é que era o verdadeiro — em 1 de Dezembro o mais tardar, como já lhes disse por carta. Entanto era da máxima conveniência que ele chegasse dois ou três dias antes. Explique bem isto — e diga o que se passar.

Por mim nada: Vai um mundo de crepúsculo pela minha alma cansada de fazer pinos. Há capachos de esparto, muito enlameados, pelo meu mundo interior. O pior é que nem ao menos sei como os hei-de secar!

Sinto "material" literário com fartura no meu estado psíquico actual para novas obras. Mas falta-me toda a coragem, todo o incentivo — "o prémio" — para escrever, trabalhar. E eu não faço nada sem prémio. Depois estou terrivelmente constipado! Escreva-me muito por amor de Deus. É uma obra de caridade. Se ao menos o Franco aparecesse... Preciso tanto de Alguém!

E o C. Ferreira é um óptimo rapaz — tenho agora visto — mas não é mais nada. O Sr. F. da Costa — carbonário pleno. Nem mesmo isso: a *áurea mediocridade* em todo o seu esplendor. Raios partam tal malandro! Amanhã vou passar o dia com ele...

— A propósito — isto é, como sempre, a despropósito: fale-me do Guisado. É criatura ainda tratável? Faz versos em Mondariz? Eu *poder-lhe-ei* escrever? Informe-me a este respeito.

Eu, por mim, gostava muito de lhe escrever, mas não sei o que ele tem contra mim, nem as intenções em que está. Informe-me você com toda a franqueza. Sabe bem que o Guisado será sempre para mim o admirável Poeta e o excelente rapaz toldado de Burguesia. Não hesite pois em responder-me a esta simples pergunta: — Posso à vontade escrever ao Guisado — *ou é melhor não o fazer?* Compreende que não estou disposto a receber dele uma carta diplomática...

Adeus, meu querido Amigo. Não me largue os livreiros e escreva sempre o mais possível!

Um grande abraço de toda a minha Alma

o seu, seu

Mário de Sá-Carneiro

Vou talvez escrever uma poesia que começa assim:[1]

— Ah, que me metam entre cobertores,
E não me façam mais nada...
Que a porta do meu quarto fique para sempre fechada —

Que não se abra mesmo para ti, se tu lá fôres...

Lã vermelha, leito fôfo, ar viciado —
Nenhum livro, nenhum livro á cabeceira:
Façam apenas com que eu tenha sempre a meu lado
Bolos d'ovos e uma garrafa de Madeira...
....
....

(É verdade, lá vai um poema duma quadra)

— O pajem —

Sòzinho de brancura eu vago — Asa
De rendas que entre cardos só flutua...
Triste de mim que vim de Alma prá rua,
E nunca a poderei deixar em casa...

Mário de Sá-Carneiro

Paris. Nov. 1915

Paris — Novembro 1915
Dia 20

Querido Amigo

Recebida hoje a sua carta de 16 corrente. Muito
interessantes notícias: em particular rompimen-
to Leal — S. R. Pintor. A tournée Pacheco, Almada & Cia., sendo a mola real Almada, *evidentemente* não se realiza. Do que tenho pena, pois
com muito prazer veria o Pacheco[1] e o próprio
Almada, um adorável pequeno. Affaire plebis-
cito desopilante. E os olhos do B. V.!... Obrigado
pelo horóscopo. Bem sei que o sossego nunca eu

o terei... Enfim... Enfim... Não descure a Livraria. Veja se eles me podem mandar todo o dinheiro que eu lá tenho. Senão, vá-os já prevenindo para me mandarem o restante dentro de breve prazo. Mas veja se eles fazem o *impossível por me mandarem todo*. Era para mim de enorme, enorme conveniência. Mil abraços. Até breve, por carta. Escreva sempre, sempre, sempre! o seu

M. de Sá-Carneiro

Paris — Novembro 1915
Dia 24

Meu querido Amigo,

Embora tenha algumas coisas a dizer-lhe e mesmo um poema já completo a enviar-lhe, esta carta de hoje é uma simples carta de affaires. O resto fica para amanhã ou depois — quem sabe mesmo se para logo à tarde...

Oiça: assim que receber esta carta você vai imediatamente ao Crédit Lyonnais pelo seguinte — serviço, embora em nome do Carlos Ferreira, prestado a mim, pois sou directamente interessado no assunto. Eis o que você tem que expor aos homens: O sr. Lázaro Cumano, de Faro, escreveu no princípio deste mês ao Carlos Ferreira dizendo-lhe que podia sacar sobre ele no Crédit Lyonnais (de Lisboa) 350 francos — isto é, que lá estava essa quantia à sua ordem. O C. Ferreira escreveu pedindo a transferência das massas para aqui — tal como o meu caso da misteriosa quantia do Crédit National d'Escompte, que vim a receber em Lisboa o inverno passado, recorda-se? — mas até hoje não teve nenhuma resposta. No Domingo último (dia 21) tornou-se a escrever uma carta que seguiu registada — fui eu que a registei. Mas como já sei o que são os homens dos bancos para fazer transferências e responder (para receber o meu dinheiro levei mês e meio) venho escrever a você de acordo com o C. Ferreira para você ir imediatamente ao Banco perguntar, *averiguar sem falta*, o que há a este respeito — e dizer aos homens que se ainda a não fizeram, fazerem a transferência o mais breve possível ou indiquem [*sic*] o processo a seguir — se porventura não é esse — para o interessado poder receber aqui o dinheiro urgentemente. Repito-lhe, meu querido Pessoa, que isto é um serviço que você me faz a *mim*, pois me faria um grande transtorno se o C. Ferreira não recebesse estas massas o mais breve possível. Assim conto com você e rogo-lhe instantemente que, como sempre, não descure este negócio e me responda *na volta do correio*, para meu sossego. Suplico-lhe que não deixe de o fazer. O Carlos Ferreira, de resto, pede-lhe também tudo isto — e manda-lhe muitas saudades. Deu-me o bilhete junto que você poderá mostrar ao Crédit Lyonnais para indicar em nome de quem vai falar.

Creio que você percebe bem do que se trata. Em resumo: O sr. Lázaro Cumano, de Faro, mandou ao Sr. C. Ferreira 65 rue Pigalle — Paris, que sacasse sobre ele no Crédit Franco-Portugais (Crédit Lyonnais) de Lisboa 350 frs.

Como é que o Sr. C. Ferreira, que já escreveu duas vezes para esse banco, a última em 21 corrente por carta registada, pode receber esse dinheiro urgentemente em Paris?

Vá hoje mesmo ao banco! Rogo-lhe muito, agradeço-lhe como um grande serviço e peço-lhe mil, mil desculpas. *Sobretudo escreva na volta do correio.* Até amanhã ou depois. Mil abraços.

o seu, seu,

Mário de Sá-Carneiro

Perdoe tudo! Isto é que são maçadas!

Paris — Novembro 1915
Dia 27

Meu Querido Amigo,

Recebi ontem o seu postal de 20 que muito agradeço. Mando-lhe hoje versos.[1] A "Caranguejola" é um poema que fiz ultimamente. Dou-lhe esse título porque o estado psicológico de que essa poesia é síntese afigura-se-me em verdade uma verdadeira caranguejola — qualquer coisa a desconjuntar-se, impossível de se manter. Ignoro se você aprovará o título como, outrossim, ignoro mesmo se gostará da poesia. Aquilo é desarticulado, quebrado — o próprio pseudoverso desconjuntado, não se mantendo — em suma: uma verdadeira caranguejola na forma como no sentido: Diga-me você do valor do estuporinho.

Por mim creio que, das duas uma: ou é muito bom ou muito mau... Há um verso que se me volveu numa obsessão e não há forma de me agradar — é o que grafo:

"Cuidem apenas de que eu tenha sempre a meu lado".

Parece-lhe bem? Mas deve ser *de que* ou só *que*? E seria preferível tirar o *eu*? Isto é de mínima importância — mas, para meu sossego, suplico-lhe que não deixe de me dizer em que versão me devo "arrêter". A forma anterior — que lhe escrevi numa carta — era:

"Façam apenas com que eu tenha sempre a meu lado".

Mas modifiquei-a pois há muitos *fazer* próximos. Em todo o caso diga se acha preferível esta versão. Não se esqueça. Isto, claro, se achar valor à "Caranguejola" — que, sendo assim, irá para o *Colete de Forças*, bem entendido.

— Os outros dois poemas encontrei-os antes de ontem remexendo velhos papéis. "Desquite" foi a 1ª coisa que aqui escrevi, antes mesmo da "Escala". Mas amarrotei o papel parecendo-me os versos incompletos e maus. Relendo-os duvido se se podem aproveitar. Lavre Você a sua sentença — bem como ao "Ápice", cuja história é a mesma. Entre muitos outros versos soltos de poesias incompletas encontrei estas duas quadras também:

> ...De repente a minha vida
> Sumiu-se pela valeta...
> — Melhor deixa-la esquecida
> No fundo duma gaveta...

> (— Se eu apagasse as lanternas
> Pra que ninguém mais me visse,
> E a minha vida fugisse
> Com o rabinho entre as pernas?...)

Isto cheira a *Colete de Forças*. Mas parece-me que, francamente, não se deve aproveitar. Fale ainda você. Antes de saber a sua opinião sobre quanto lhe pergunto — não escreverei os versos no meu caderno.

A propósito da quadra "As duas ou três vezes que me abriram a porta do salão...", segundo as suas indicações, lembrei-me deste título "Campainhada". Que lhe parece?

E ponto, sobre literatura — mas não deixe de me responder a tudo isto com brevidade. Perdoe tanta estopada.

Orfeu mundial — Ontem de manhã o Carlos Ferreira veio a minha casa e pediu-me emprestado para ler um volume do *Céu em Fogo* que eu tinha sobre a minha mesa. Saímos, fui almoçar — e ele, que tinha que fazer, veio encontrar-se comigo, depois do almoço, num Café. Contou-me então que acabara de encontrar um português, Botica, aqui empregado há muito. Este sujeito por acaso olhou para o livro que o C. Ferreira tinha na mão e, ao ver o meu nome, exclamou: — "Ah! isso é do homem do *Orfeu*, hás-de-me emprestar isso!" O C. Ferreira que lhe respondera: "não posso, porque o livro não é meu, foi o próprio autor que mo emprestou agora mesmo". E o homenzinho, pondo as mãos na cabeça: "O quê, o *Orfeu* está em Paris? Com a breca, toca a fugir rapazes!!...".

Note que o C. Ferreira era a primeira vez que encontrava este homem que vive aqui há muito tempo... E repare que só ao ver o meu nome, o efeito foi mágico: ele evocou-lhe logo o *Orfeu*. Não é também consolador?...

— Ministério das finanças: vejo pelo seu postal que posso contar com o que pedi aos livreiros. Mas se ainda não me mandaram todo o dinheiro — urge que me mandem o restante o mais breve possível. Já de resto escrevi para o Augusto neste sentido, ontem. Mas você vá recordando!

Tenha paciência, meu querido Amigo, mais uma vez em tanto o incomodar. E não descure também o caso do Crédit Lyonnais conforme a minha última carta. Fale-me de tudo isto em volta do correio.

— Quando o Dr. Leal partir diga-me. Mas que vai ele fazer a Sevilha?[2] Você sabe? E parece-lhe que ele arranjou dinheiro? Quanto a Pacheco & Cia. ainda falam em vir? Não deixe de me informar a este respeito, pois tenho muita curiosidade. *Escreva na volta do correio!* Mil abraços.

o seu, seu

Mário de Sá-Carneiro

Nota final:
A uma dentista *europeia* (pois é sobrinha do Dr. Lombard, protagonista dum escândalo recente de falsos atestados médicos, *affaire* de que os jornais falaram largamente — e estando o titi preso) conhecida do Ferreira da Costa ouvi outro dia esta definição de *belo*, que não deve na verdade ser da clínica, mas que acho interessante e, sobretudo, definidora do belo interseccionista: "Belo é tudo quanto nos provoca a sensação do invisível". Diga também você o que pensa desta piada...

Do Franco não sei ainda mais nada.

Paris — Novembro 1915
Dia 29

Querido Amigo,

Recebi hoje o seu postal de 24 (ou 25) bem como um postal do Augusto e a carta com o cheque de

150 frs. Apesar de pelo mesmo correio escrever ao Augusto peço-lhe que transmita os meus agradecimentos. Rogo-lhe também que lhe repita que considere sem efeito o meu postal último onde lhe dizia que precisava de mais dinheiro a *10* se porventura não mo tivessem enviado todo. É que não contava que me enviassem 150 francos. Assim este pedido fica sem efeito — e convém-me muito a data que eles indicam para me enviar o resto: 15-20 Dezembro. Está assim muito bem. Curioso que ainda se venda o *Orfeu*! Até breve. Escreva! Um grande abraço.

o seu

M. de Sá-Carneiro

E a Affaire Crédit?

Paris 1º Dezembro 1915

Meu Querido Amigo,

Perdoe incomodá-lo em vão pelo Crédit. Com efeito o C. Ferreira recebeu hoje resposta de lá dizendo que não tinham lá nada à ordem dele. Foi um mal-entendido, como já se sabia por carta do Cumano. O C. Ferreira é que tem de sacar daqui sobre o homenzinho, apresentando-lhe o Crédit a letra em Faro etc. Perdoe pois a maçada. E olhe que a tal definição do belo não é da dentista, é... do Taine. Escreva sempre. Grandes abraços

o seu

M. de Sá-Carneiro

Lisboa, 6 de Dezembro de 1915.

Meu querido Sá-Carneiro:[1]

Como lhe escrevo esta carta, antes de tudo, por ter a necessidade psíquica absoluta de lha escrever, v. desculpará que eu deixe para o fim a resposta à sua carta e postal hoje recebidos, e entre imediatamente naquilo que ficará o assunto desta carta.

Estou outra vez presa de todas as crises imagináveis, mas agora o assalto é total. Numa coincidência trágica, desabaram sobre mim crises de várias ordens. Estou psiquicamente cercado.

Renasceu a minha crise intelectual, aquela de que lhe falei, mas agora renasceu mais complicada, porque, à parte ter renascido nas condições antigas, novos factores vieram emaranhá-la de todo. Estou por isso num desvairamento e numa angústia intelectuais que v. mal imagina. Não estou senhor da lucidez suficiente para lhe contar as cousas. Mas, como tenho necessidade de lhas contar, irei explicando conforme posso.

A primeira parte da crise intelectual, já v. sabe o que é: a que apareceu agora deriva da circunstância de eu ter tomado conhecimento com as doutrinas teosóficas. O modo como as conheci foi, como v. sabe, banalíssimo. Tive de traduzir livros teosóficos. Eu nada, absolutamente nada, conhecia do assunto. Agora, como é natural, conheço a essência do sistema. Abalou-me a um ponto que eu julgaria hoje impossível, tratando-se de qualquer sistema religioso. O carácter extraordinariamente vasto desta religião-filosofia; a noção de força, de domínio, de conhecimento superior *e extra-humano que ressumam as obras teosóficas perturbaram-me muito. Cousa idêntica me acontecera há muito tempo com a leitura de um livro inglês* sobre Os Ritos e os Mistérios dos Rosa-Cruz. A possibilidade de que ali, na Teosofia, esteja a verdade real me hante. *Não me julgue v. a caminho da loucura; creio que não estou. Isto é uma crise grave de um espírito felizmente* capaz de ter crises destas. Ora, *se v. meditar que a Teosofia é um sistema ultracristão — no sentido de conter os princípios cristãos elevados a um ponto onde se fundem* não sei em que além-Deus *— e pensar no que há de fundamentalmente incompatível com o meu paganismo essencial, v. terá o pri-*

meiro elemento grave que se acrescentou à minha crise. Se, depois, re-parar em que a Teosofia, porque admite todas as religiões, tem um ca-rácter inteiramente parecido com o do paganismo, que admite no seu panteão todos os deuses, v. terá o segundo elemento da minha grave crise de alma. A Teosofia apavora-me pelo seu mistério e pela sua gran-deza ocultista, repugna-me pelo seu humanitarismo e apostolismo *(v. compreende?) essenciais, atrai-me por se parecer tanto com um "paganismo transcendental" (é este o nome que eu dou ao modo de pensar a que havia chegado), repugna-me por se parecer tanto com o cristianismo, que não admito. É o horror e a atracção do abismo reali-zados no além-alma. Um pavor metafísico, meu querido Sá-Carneiro!*

V. seguiu bem todo este labirinto intelectual? Pois bem. Repa-re que há outros dois elementos que ainda mais vêm complicar o as-sunto. Quero ver se consigo explicar-lhos lucidamente...

[...]

Paris — 10 Dezembro 1915

Muito aborrecido, meu querido Amigo. Recebi hoje o seu postal de 5 em que me diz estar ainda à espera do meu poema. Ora no *dia 27* escrevi-lhe
uma longa carta onde lhe mandava não *1* mas *3*
poemas. Ter-se-ia ela extraviado? Que arrelia! Diga-mo na volta do correio. Também recebi há dias
um outro postal e uma carta. Muito obrigado por
tudo. Não tenho escrito por nada ter a dizer. Breve o farei entretanto — dissertando sobre vários
assuntos entre eles Guisado. O *Franco escreveu-me*:
que virá talvez para o Natal em licença. Avise Pacheco, rogo muito. Mil abraços. E embora tradução escreva, escreva!

o

Sá-Carneiro

Paris — Dezembro 1915
Dia 12

Meu Querido Amigo,

Morro de saudades de receber uma carta sua! Oxalá a
tradução tenha acabado a estas horas!! Antes de mais nada:
viu a última *Ilustração Portuguesa*? Se a viu, rebentou por certo à gargalhada: vem com efeito lá uma página anunciando o
número de Natal onde figuram os retratos dos colaboradores:
Júlio Dantas, Augusto de Castro etc. e... Mário de Sá-Carneiro, o homem do *Orfeu*! É fantástico! E podemos presumir que
o nosso Dantas não deve achar a coisa muito bem... Confesso-lhe que fiquei contente pela piada infinita que o caso tem.
No número de Natal você lerá o artiguelho para o qual já de
há muito lhe pedi perdão embora, de envolta com muito lepidopterismo pataqueiro, haja lá vislumbres de sensacionismo.
— Ainda sobre a nossa escola: Sabe que se representou

aí no Nacional uma comédia do Chagas Roquete[1] (que creio caiu plenamente) onde um personagem principal era amanuense... e *poeta futurista*. Está a ver: influência Órfica no caso... A peça chamava-se: *D. Perpétua Que Deus Haja.*[2] Se quiser indagar detalhes, indague-os.

— Guisado: se ele está mal quase comigo e não com você é que o motivo não é o mesmo. Com efeito, por política, foi você que mais o ofendeu — que mais longe foi contra o democratismo — sendo pelo contrário eu o signatário da carta-desmentido. Logo o homem está mal comigo por outra razão: será pela minha falta de honestidade — isto é por não ter dado contas do *Orfeu*? Não vejo, com franqueza outro motivo. Se é assim você sabe meu querido Fernando Pessoa que o meu Pai pagou à tipografia 570 000 réis. 250 000 foram do *Céu em Fogo:* logo 320 000 dos dois números do *Orfeu*. Assim se o Guisado me exproba pela minha "indelicadeza" neste sentido era bom que Você, que está ao par disto e do dinheiro que se apurou da venda dos dois números, lhe fizesse ver que, se eu apresentasse contas àquele que contribuiu com 12 000 réis para a revista — era só para lhe pedir mais dinheiro... Francamente se o Guisado está indisposto por este motivo, tem imensa graça, imensa!... (dos *Orfeus 2* venderam-se 600 = 120 000 réis. Do nº *1:* 450 = 95 000 réis: total — igualemos a conta — 220 000 réis. Para 320 000, há um déficit de 100 000 réis. Isto dito "grosso modo").

— Junto vai um soneto. Diga o que lhe parece. Hesitei em chamá-lo "Soneto de Amor" ou — como vai — "Último Soneto".[3] O que acha preferível [?] Diga-me também, não se esqueça, como pontuaria estes versos "...se deixaste a lembrança violeta que animaste, onde a minha saudade a Côr se trava", sendo "onde a minha saudade" etc. complemento do verbo "deixaste".

A minha dúvida é se será preferível pôr apenas uma vírgula em *animaste,* ou meter entre vírgulas a frase, *que animaste.* É uma coisa mínima, mas não deixe de mo dizer.

— Quanto à Livraria: que me mandem o dinheiro directamente se o meu Avô — a quem pedi 75 frs. adiantados — lá porventura não foi recebê-los (ou receber toda a importância mesmo). Fale com o Augusto a este respeito.

Não se esqueça de me dizer se lhe chegou afinal a minha carta de 27 com os poemas. E faça o impossível por me enviar um *relatório*. Fico ansioso e conto consigo. Mil abraços do seu, seu

Mário de Sá-Carneiro

escreva!

O melhor para evitar complicações é pontuar-me, segundo você, todo o último terceto.

Paris — Dezembro 1915
Dia 21

Querido Amigo,

Recebi ontem a sua carta de 12 que muito agradeço e à qual brevemente responderei. Hoje não tenho tempo. O Franco está comigo. Já escreveu uma carta ao Pacheco. Em todo o caso você previna-o. Uma coisa muito importante: Diga na Livraria que me mandem imediatamente o dinheiro se o meu avô lá o não foi buscar ou só levou parte. Não há confusão nenhuma: se lá têm dinheiro meu — *mandem-mo imediatamente*. Rogo-lhe muito que não descure este caso e que na volta do correio, *em postal*, que leva menos tempo, me diga o que há. Suplico-lhe!! Adeus.
Mil saudades do seu

M. de Sá-Carneiro

Muitas saudades do Carlos Franco[1]

Paris — Dezembro 1915
Dia 24

Meu querido Amigo,[1]

Atrasado, desta vez, na resposta à sua carta de 12 — de recepção já por postal devidamente acusada — e mesmo, vamos lá, à de 17 antes de ontem recebida, venho-lhe pedir mil desculpas. Mas a chegada do Carlos Franco, mil trapalhadas e ˋcartas mais urgentes até a escrever: como ao Dr. Leal e ao meu Pai, ao meu Avô, sei lá mais a quem fazem-me com que só hoje lhe possa escrever. Do C. Franco lhe direi que quanto a "total-psicológico-sensibilidade" o temos que definitivamente colocar num plano muito alto, quase de "criatura-superior". 7 meses de trincheiras, os combates de Arras e a ofensiva da Champagne de forma alguma lhe embotaram os nervos, o fizeram desinteressar das coisas artísticas. Entregou-me a guardar — calcule — o *Orfeu*[2] e o *Céu em Fogo*[3] que na mochila o acompanharam em todos os ataques — dos quais nunca se quis despojar! E sabe versos meus de cor, que cita a cada passo, bem como frases do *Marinheiro*, versos do Álvaro de Campos! Tudo mais quanto se dissesse significaria menos.

Devo-lhe dizer que o *Orfeu 2* não lhe chegou às mãos. Assim tive a glória de lhe dar a conhecer a sua espantosa "Ode Marítima" — com quem eu ao princípio estive um pouco zangado, por causa do tamanho; mas que reputo hoje uma obra definitiva, uma obra-prima, marcante e *clássica,* na qual acredito a ferro e fogo. Li-lhe a Ode toda, dum fôlego — e o Carlos Franco ficou entusiasmado.

— Quanto à pessoa física devo-lhe dizer que nunca foi ferido, nem constipado sequer! Está gordo, forte e de bigode e cabelo à escovinha. Deve vir de resto na *Ilustração Portuguesa*, um retrato do Sr. Ferreira da Costa — bombeiro, claro, mas que só lhe falta falar. O Franco partiu hoje antemanhã. Até à Primavera porém o seu regimento deve estar em repouso.

— Sonetos[4] do Álvaro de Campos se não serão propriamente grandes são adoráveis. O último[5] é uma coisa que eu amo até aos ossos. Que Europa, que enlevo, que ópio! Oxalá o Guisado não tenha escrúpulo em demasia e o inclua na colecção. Álvaro de Campos, meu caro amigo, não é maior com certeza que Fernando Pessoa, mas consegue ser mais interessante do que ele. Sempre que tenha versos seus, do engenheiro ou doutro qualquer menino, não deixe de mos enviar.

— A sua incarnação em Rafael Baldaya,[6] astrónomo de longas barbas é puramente de morrer a rir. Eu e o Franco rimos infinitamente! A entrevista em si na verdade pouco interessante. O medo, sempre o medo, prova real da "inferioridade". Desolador e hilariante o caso do Dr. Leal. Respondi-lhe ontem pintando-lhe em negras cores a vida dos artistas franceses e dizendo-lhe que achava da mais grave imprudência a sua vinda aqui em mira de arranjar contrato para mímicas ou cinematógrafos.

— Recebida Livraria, mandada pelo Augusto, a quem peço comunique e agradeça, um postal dum maduro qualquer galego (de Ciudad Rodrigo) que se entreteve a copiar a capa do J. Pacheco. Quem é o bicho que lhe manda saudades e de que você nunca me falou? outra incarnação?... Eu já não acredito nem no que vejo... Sobre massas repito o meu postal: que me enviem "au plus tôt" directamente o dinheiro que lá houver, ficando sem efeito tudo quanto disse sobre o meu avô, se ele porventura não foi lá.

Muito obrigado pelo que me diz sobre os meus versos. Curioso que o "Ápice" que eu tinha desprezado seja justamente um dos poemas que você acha mais belos.

Triste o editor inglês: mas amável: é já alguma coisa

— Estive ontem em casa do Homem Cristo, filho, que soube da minha estada em Paris e me escreveu pedindo para ir a sua casa. Em cilada, saí do ascensor para uma "reunião". Vários lepidópteros internacionais: um advogado belga, um funcionário do ministério dos negócios estrangeiros, um poeta russo (não era o Petrus Ivanowitch Zagoriansky) um escritor brasileiro, etc., etc. Mais uma vez *Orfeu* mundial, pois o H. Cristo contou à assistência o barulho da revista, fez circular o nº 1 (único que tem), etc. Como sempre o H. C. vive em casa atapetada, com telefone, chauffage central, telefone e cigarros de luxo.

Tive na mão uma carta do Barrès[7] a ele dirigida em que lhe agradece qualquer artiguelho que o H. C. escreveu sobre ele "a bela página que teve a bondade de me consagrar um homem como o Sr. Homem Cristo filho". Piada! Mas ergue-se na verdade em Europa esta figura do H. C. filho, nascido em Aveiro!...

— Parece-me que não tenho nada mais a dizer-lhe nem a responder. Pode ser que me esqueça qualquer coisa a responder pois não tenho as suas cartas comigo. Adeus. Escreva sempre. Mil abraços, mil saudades

o seu, seu
Mário de Sá-Carneiro

Então viu a minha infâmia na *Ilustração*?
Saudades do Carlos Ferreira.

Paris — Dezembro 1915
Dia 27

Querido Amigo,

Recebi a sua carta de...... que muito agradeço. Homem, você devia logo ter-me feito a justiça que, por muito lepidóptera que fosse a Hora, ali, no célebre artigo, há frases que eu nunca, nunca teria escrito. Aquilo não é nada meu — não há três linhas seguidas que sejam escritas por mim! O que é fantástico, o que excede tudo quanto se possa imaginar, é que se permitissem transformar por completo o meu artigo — tirar, juntar, transpor — *conservando a minha assinatura*. É um abuso de confiança revoltante, que me indignou e me incomodou vivamente — e ainda hoje me traz mal disposto. O procedimento não tem classificação — e eu, é claro, nem por sombras me passou alguma vez pela cabeça que isto pudesse acontecer — se não em caso algum enviaria o artigo. Pelo mesmo correio escrevo ao José Graça — subdirector do *Século* e *Ilustração* — um protesto: bem sei que platónico, mas que em todo o caso os meus nervos não podem deixar de fazer. É piramidal! Tratam-me como um menino de escola! E fazem-me assinar uma merda que nem faz sentido gramatical em certos períodos! Fica-me também de emenda. O mais engraçado é que me fazem isto por eu estar em Paris — senão teria ido ver as provas, como fiz com o *Sexto Sentido*[1] e o *Rodopio*.[2]

— Uma perfeita traição portanto! Peço-lhe encarecidamente *a você que conte isto a toda a gente* pois estou vexadíssimo por terem posto o meu nome naquela trampa! *Conte a toda a gente, por amor de Deus*, o mais depressa possível, sobretudo aos meus conhecidos: Santa-Rita, Pacheco, Vitoriano, Almada, Viana etc. É um grande favor que lhe fico devendo. Junto mando-lhe o meu verdadeiro artigo[3] que poderá guardar e não me devolver, ou devolvê-lo quando entender. Verá que, embora insignificante, é — parece-me — uma coisa apresentável e, apesar da sua insignificância, escrito por mim. Se puder compare com o texto que saiu na *Il. Portuguesa*. Verá que tudo quanto tinha algum interesse foi modificado. É espantoso! Até isto "a guarda imperial, abismando-se em inferno" que transformaram para "em confusão infernal"!!!...

Que pensa você de tudo isto? Compare os dois artigos e diga-me se não é um documento admirável de como na nossa maldita terra se faz jornalismo! Mas guardo um *coup de théâtre* para o fim: os desenhos do Ferreira da Costa também foram modificados!!!!! Cortaram-lhe o fundo — que fazia o conjunto mil vezes mais interessante — para isso recortaram os bonecos com uma tesoura — o que se vê olhando os desenhos com alguma atenção — distinguindo-se o traço "raide" da tesoura. Mas não é tudo: acrescentaram um bocado ao pescoço da velha o que nitidamente se distingue — provavelmente por a acharem magrinha!

Tudo isto é épico! O F. da Costa também vai escrever ao Graça pedindo para emendarem os seus desenhos à vontade mas para lhe não porem a sua assinatura! Mas acabemos com este assunto nojento!!!

— O que você me conta na sua carta é tudo muito interessante, e gostei imenso de o saber. O caso do rapazinho que quer pagar o *Orfeu 3* (?) é muito simpático, adorável. Não creio entretanto que logo por sorte esse negócio se lhe realizasse prosperamente. Deus queira que eu me engane. Nada de novo a dizer-lhe. Ponto final por isso. Adeus. Mil abraços com toda a Alma. Escreva sempre.

o seu, seu

Mário de Sá-Carneiro

A sua carta recebi-a antes de ontem mas só hoje tive tempo para responder-lhe. A *Il. Portuguesa* chegou na 6ª feira. Se o meu avô deixou dinheiro na Livraria — que mo mandem já. Mil abraços em suplemento.

O Carvalhais tinha razão mas também fez blague pois no meu artigo não se falava em mulheres violadas.

A Batalha do Marne

(Impressão de anniversário)

Por ali, a nossos pés, foi o Campo da Victoria: vitoria de ha um ano, e já hoje timbrada de legenda — aureo signo de toda a epopea. Em mitos d'elmo, é certo, diluem-se já hoje — penumbram-se, e assim se volvem mais sensíveis — as horas granates da luta de Herois, por este imenso campo de batalha... São letras fundas de inscripção, em marmore aparelhado, a ordem celebre *"une troupe qui ne peut plus avancer devra se faire tuer sur place"*... o sublime anonimato dos três-mil que, meramente obedecendo, resistiram, com efeito, em Marville, a toda uma divisão imperial... o exercito de Paris reunido a urgencia pelo governador da Cidade, enviado em reforço por automoveis de praça... e, como os elefantes da Salambôo, de subito lançando o pânico e o Milagre — então, pela altura, os aeroplanos revoando a descobrir o intervalo entre os dois exercitos germanicos, naipe decisivo da Victoria... bem como mesmo, enternecidamente, o pobre velho piano abandonado que uma noite surgiu em pleno campo de luta... e a guarda do Kaiser, em inferno, abismando-se pouco a pouco, uivo a uivo, nos pantanos de St. Gond, levando dias a sumir-se... tanta bandeira

tomada, tanto eco de clarim, tanto silencio morto... Paris salvo!
— no recuo desordenado do Grande-Ogre, até ao desaparecimento teatral, sob as trincheiras, das Legiões guturais dos capacetes ponteagudos...

Ontem, apenas: o combate, a vitoria, o pasmo; mas já
hoje, subtilmente, a Memória do triunfo — indistrinçavel, envolta a oiro e sangue, a cristal e Azas: véus de lenda heroica
para altar de Patria...

Ontem... e hoje o aniversario, o âno volvido... Silencio á
luz do crepusculo... A terra não treme neste outono — dorme,
dorme aconchegando os corpos que tombaram... E entre as flôres que nasceram depois da batalha, levantam-se as cruzes: al-
deias de campas gentis, pequeninas, que não fazem medo ás
crianças — cemiterio embandeirado e coberto de grinaldas, porque a romaria das viuvas, das noivas e das mães trouxe agora,
com as lagrimas, os presentes de ânos aos seus mortos: violetas
precoces esta irmã — lilases a noiva linda que tem Paris nos
seus crépes — rosas brancas de luxo aquela amante de teatro...

Meu Deus, tanto carinho perdido! Que vontade de chorar... Mais funda, mais desolada ainda porque essas mágoas
todas, essas dores de Ausência, o tempo — sem remedio —
um dia ha-de apagar... E tu, minha noiva gentil, que não es-
queceste uns laivos de carmim em tua boca parisiense, mesmo por este aniversário — tens vinte ânos: hás-de ainda sorrir, saberás enlaçar o companheiro próximo da tua existencia
embora as lagrimas de hoje — toda a saudade, na recordação
pungente do ultimo beijo do outro, antes de partir... e tu, minha linda irmã, irás também na vida... e tu, minha amante de
teatro, has de te dar de novo pelo coração...

Para quê, para quê, tanto luto, tanto tormento, tanto sacrifício... *Ai, se ao menos estas dôres fossem eternas...* Nesse caso sim,
talvez valesse a pena sofrê-las... E é bem pela sua efemeridade
que as acho mais crueis, que sinto melhor as minhas lágrimas...

... Entanto, ali, a amargura talvez permaneça — talvez, até
á morte, os soluços rompam: aquela velha mãe que se esqueceu
de tudo — das próprias flores que deixou cair a seu lado, em vez
de juncar a sepultura do filho — e se estiraçou alheada, perdida
em desgraça, sôbre a terra húmida... Mais longe, essa pobre viu-

va, que se diria uma avó, sustentando nos braços dois filhos pequenos... Já eram tamanhas as ralações, tão duro o trabalho que, antes dos ânos lhe embranqueceu os cabelos, lhe enrugou as faces... Mas havia o seu homem. Lá isso, pão com fartura, sempre, em sua casa... Hoje... Hoje — eis tudo — há que trabalhar por dois: tem que haver o mesmo pão em sua casa...

Enrosca-se-me um calafrio pela espinha: o sinal sagrado das grandes emoções — compreendo a vida — tenho, como nunca tive, a noção do dever — os olhos enevoam-se-me... Mas puxo pelo braço do meu companheiro, e sei apenas murmurar:

— Que belo...

Éramos dois artistas, essa tarde de outono, perto de Meaux, em pleno campo da Vitória...

Paris, outubro 1915

Mário de Sá-Carneiro

Paris — Dezembro 1915
Dia 29 (à noite)

Meu querido Amigo,

Estou-me volvendo, decididamente, num boneco muito pouco interessante. Recebi ontem a sua carta entusiástica sobre o *Sr. Mendes*[1] do Almada Negreiros. Abrace o rapazinho por mim. Hoje mando beijos para ele num postal que você provavelmente receberá antes desta carta por via da censura. Vai junto um retrato duma petite femme do Café Riche que é outra incarnação do Almada como você logo verá. Autoria do retrato: sr. Ferreira da Costa. Dê o boneco ao pequeno bem como o postal que envio ao seu cuidado pois na Brasileira o podem surripiar.

Não sei como isto há-de ser decididamente. Eu bem quero, mas não há maneira. A tômbola gira cada vez mais desordenada. Sobretudo não posso estar um momento quieto. É uma febre, uma febre. Quando vou a casa do F. da Costa escangalho sempre as franjas do tapete — e outro dia parti-lhe um cinzeiro.

Hoje saí de casa. Estive já na terrasse do Americano. Não sosseguei. Agora, não sei por quê, estou na Taverna Pousset que é um Café com que eu embirro imenso. Depois tenho o jantar. Depois outro Café. Mas que raio hei-de fazer? E antes de ontem pedi 500 francos para Lisboa. Provavelmente não mos mandam. Também não preciso deles para nada.

Mas é um horror, um horror. Uma vertigem de aborrecimento — um comboio expresso de anquilose. Aborrecimento na Alma, por todo o corpo: e o que é pior: nos intestinos. Borbulhas na testa e no pescoço.

Tudo isto, juro-lhe, provocado pelo meu estado de alma impossível, e cada vez mais sem remédio. Uma vontade imensa de me embebedar, mas nos ossos. Depois — sem literatura — de súbito, focam-se-me nitidamente coisas estrambóticas, que devem ser recordações: ontem à noite, uma galinha de vidro azul a assar no espeto — *sim de vidro azul*: e peças de bordados redondos, ocultando qualquer coisa por baixo que mexia e devia ser detestável. Os bordados eram brancos e cor-de-rosa — e mexiam, os estuporinhos, mexiam!

Onde irá isto parar — é que eu não sei. Depois o que havia em mim de interessante é hoje papel rasgado. Estou farto! farto! farto! Merecia que me pusessem um barretinho de dormir todas as noites — palavra, meu querido Amigo. E o pior é que tenho perfeitamente a noção de tudo quanto lhe escrevo — que estou em mim perfeitamente e tanto que lhe vou dizer que o Jean Finot (director da *Revue*) disse ao F. da Costa que lhe fez o retrato e entrevistou que tinha o maior prazer de inserir na sua revista artigos sobre a literatura portuguesa moderna. Isto deve mesmo sair no *Século*. Era ocasião magnífica para Você escrever um artigo sobre a "jovem literatura" aí de baixo. Mas não diga mal de ninguém. Lepidóptero claro, o Jean Finot — que lê português — acha admirável o Jean de Barros. Já vê. Mas podia só falar de nós e dos renascentes. Era interessante. Você provavelmente é que não está para isso. Em todo o caso era muito interessante. Garanto-lhe que o artigo seria publicado. Você enviar-mo-ia a mim que eu o faria chegar ao Finot. Artigo claro "sage". Ou então enviá-lo directamente se por acaso você preferisse isto: Assiná-lo com um nome qualquer: Ismael de Campos — para poder falar do Fernando Pessoa. Pense em tudo isto.

— *Orfeu* mundial: O C. Ferreira contou-me que falando ontem a um comerciante Eduardo de Azevedo em casa dele, por acaso, no meu nome — ele logo: Ah! já sei, um dos malucos do *Orfeu*: e duma gaveta ei-lo que tira brandido na mão o nosso terrível 2 prateado!

Lera a *Capital*,[2] em Nantes — onde habita normalmente — e a um amigo de Lisboa logo pedira a revisteca.

Soberbo! Soberbo!!! Olhe você perdoe toda esta carta que afinal é um desabafo. Você compreende que se eu batesse aqui um murro na mesa era um escândalo. Pois bem, as asneiras psicológicas que atrás refiro — são esse murro. Perdoe. Escreva. Dê o retrato e o postal ao Almada. Mil abraços, mil saudades

do seu, seu

Mário de Sá-Carneiro

que em todo o caso ainda não pensa em procurar contrato como artista mímico...!

Paris — Janeiro 1916
Dia 8

Meu Querido Amigo,

Recebi os seus dois postais de 3-4 que muito agradeço. Ansioso no entretanto aguardo carta.

Pouco a dizer-lhe. Mas leia essa admirável, essa genial carta do Carlos Franco que envio juntamente e você me devolverá — sem pressa. Mostre-a, sobretudo, ao Pacheco e ao Rodrigues Pereira. Não se esqueça. Diga-me o que pensa dela — e sobretudo das frases que sublinho. A do "comboio de folha" fez-me vibrar um calafrio supremo. Que dó a situação do C. Franco — e que pena que ele não execute a sua Alma numa

obra! Que admirável escritor da nossa escola se não perde nele — que admirável artista! Não me acha razão [?] Fale.

— O meu estado psicológico continua a mesma caçaro-
la rota. Agora é pagarem-lhe com um trapo quente — cada
vez estou mais convencido. Cheguei ao ponto de escrever estas quadras[1]:

> Gostava tanto de mexer na vida,
> De ser quem sou, mas de poder tocar-lhe...
> E não ha forma: cada vez perdida
> Mais a destreza de saber pegar-lhe...
>
> Viver em casa como toda a gente —
> Não ter juizo nos meus livros, mas
> Chegar ao fim do mês sempre com as
> Despesas pagas religiosamente...
>
> Não ter receio de seguir pequenas
> E convida-las para me pôr nelas.
> Á minha tôrre eburnea abrir janelas,
> Numa palavra — e não fazer mais scenas!
>
> Ter fôrça um dia para quebrar as roscas
> Desta engrenagem que emperrando vai.
> — Não mandar telegramas ao meu Pai,
> Não andar por Paris, como ando, ás moscas...

(à suivre)

Já vê o meu querido amigo... Não lhe dizia eu que estava
um boneco muito pouco interessante?... A melhor terapêutica, se
tiver forças ainda para a aplicar, é escrever a *Novela Romântica*.

Assim venho pedir-lhe um grande favor e causar-lhe
uma grande estopada: procurar a carta em que eu lhe desen-
volvi a novela pois perdi os apontamentos que tomara. Você
assim faz-me um grande favor! Vamos a ver se *ainda* posso
escrever aquela história. É o único remédio! Cada vez posso
menos deixar de ser *Eu* — e cada vez sofro mais por ser *Eu*.
Infelicidade porém que já não — como outrora — esse sofri-

mento me doire. Hoje apenas, juro-lhe, se me fosse possível, apagaria o *Oiro*... Ai, ai que caranguejola! Desculpe estes lamentos. E procure a cartinha — sim? Tenha paciência. Mas logo que possa hein?

— O José Graça escreveu-me em carta que recebi hoje. Desfaz-se em desculpas, que foi o revisor etc. e que na *Ilustração Portuguesa* vão sair umas linhas sobre o assunto. Veremos...

Em todo o caso vê-se que ficou à brocha — e é amável o pequeno, vamos lá!...

Mais nada lhe tenho a dizer — senão que pela sua imortalidade me escreva uma grande, grande carta urgentemente!!! Dê saudades, muitas, a Rodrigues Pereira, Pacheco, Rui Coelho, Eduardo Viana, Vitoriano etc. etc. ao Almada também. Adeus. Escreva!

o seu, seu

M. de Sá-Carneiro

Pergunte ao Rodrigues Pereira — para quem mando mais um abraço — se está mal comigo e com o Ferreira da Costa por não lhe termos enviado a mala. Como nunca mais nos escreveu...

Não deixar de mostrar a carta Franco a Pacheco e Rodrigues Pereira.

Paris — Janeiro 1916
Dia 13

Meu Querido Amigo,

Recebida a sua carta de 7.

Muito, muito interessantes as notícias que nela você me dá.

Deus queira que tudo isso vá por diante. Ena pai: logo 3 revistas literárias — e duas mais ou menos paúlicas: o *Centauro*,[1] o *Exílio*.[2]

Os rapazinhos têm imensa piada, valem um dinheirão.

Está como o outro mágico da Empresa Culinária que vai publicar o livro em Δ. Soberbos, e bem-vindos.

O Rodrigues Pereira detective é pendant do Dr. Leal mímico. Ao menos não sou só eu que estou doido. Porque creia, meu pobre Amigo: *eu estou doido*. Agora é que já não há dúvidas. Se lhe disser o contrário numa carta próxima e se lhe falar como dantes — você não acredite: O Sá-Carneiro está doido. Doidice que pode passear nas ruas — claro.[3] Mas doidice. Assim como o Ângelo de Lima sem gritaria. Literatura, sensacionismos — tudo isso acabou. Agora só manicómio. Sabe? Preciso cada vez tomar mais cuidado diante dos outros. Senão faço asneiras, positivamente asneiras. Ponho-me como um pimento, faltam-me as palavras e deixo cair o guardanapo. É um horror. Porque tenho noção disto tudo — noção perfeita. Estalo, estalo! Não sinto já a terra firme sob os meus pés. Dá-me a impressão que sulco nevoeiro: um nevoeiro negro de cidade fabril que me enfarrusca — e eu então volto umas poucas de vezes por dia a casa a mudar de colarinho. Claro que não mudo de colarinho na realidade — mas em "ideia" umas poucas de vezes por dia. Juro-lhe que é assim mesmo.

Tudo isto não impediu que Domingo passado no atelier do Ferreira da Costa entre cantoras e actrizes falidas se dissessem versos meus: uma tradução que o F. da Costa teimou em fazer da "N. Sra. de Paris" que ele acha muito bela — apesar de burguesão — e que não ficou má porque eu a emendei. Depois as "Îles de mes Sens" que eu acabei com quatro versos atamancados. E uma piadinha que em tempos fiz: "Les heures ont pris mon angoisse" etc. Leu tudo isto uma das actrizes falidas. Muito bem, por sinal. E houve quem gostasse: um compositor sobretudo: que achou *curiosíssimo, inteiramente novo*. Que quer fazer música para a versalhada. Também se traduziu a là diable e a là minute a "Inegualável" — que deu no goto às raparigas: por se querer uma mulher com jóias pretas e que não pudesse dar um passo. Enfim insinuações paúlicas por Paris. Amanhã vou a casa do H. Cristo que parece querer publicar um folhetim no *Éclair* sobre o *Céu em Fogo*. Naturalmente nunca mais o escreve.

Bem, adeus. Não se zangue comigo por causa desta carta — e sobretudo, sobretudo *escreva-me muito*. Como se fossem seus, *inteiramente seus*, disponha dos meus versos quanto a publicação. Carta Branca. Não tenha nenhum escrúpulo.

Mil abraços do seu pobre

M. de Sá-Carneiro

P.S.

Avise imediatamente o Rodrigues Pereira que pelo mesmo correio lhe envio uma carta para a Brasileira do Chiado onde deve hoje mesmo reclamá-la. Não se esqueça disto. E escreva — escreva grandes cartas por amor de Deus. Tenha dó de mim! Escreva!

Mais abraços do

Sá-Carneiro

(*volte*)

Mais três quadras[4] da tal poesia que me dão bem a prova se eu estou ou não doido. Diga-me o que pensa desta fantochada: não se esqueça!

Levantar-me e sair. Não precisar
De hora e meia antes de vir prá rua.
Pôr termo a isto de viver na lua —
Perder a *frousse* das correntes de ar.

Não estar sempre a bulir, a quebrar cousas
Por casa dos amigos que frequento —
Não me embrenhar por historias melindrosas
Que, em fantasia, apenas, argumento...

Que tudo em mim é fantasia alada,
— Um crime ou bem que nunca se comete —:
"Ideia", mesmo, o meu ir á retréte
Que me leva uma hora bem puxada...

(Não se zangue comigo! Escreva-me muito!)

P.S. n° 2

— Repito que disponha dos meus versos como se fossem seus quanto a colaboração nas revistecas.

— Impagável caso Vaz Pereira Que Não Quebra Um Prato!!

— Breve enviarei carta que pede Leal e escreverei com mais juízo, prometo. Mas não acredite!

Paris 21 Janeiro 1916
6ª feira

Querido Amigo,

Tenho uma grande carta a escrever-lhe que tem sido retardada em virtude de estar à espera de notícias suas as quais desta vez vão demasiadamente tardando!! Por amor de Deus não se esqueça de mim. *Escreva-me o mais breve possível — e o mais breve possível mande-me a carta que lhe pedi da Novela Romântica.* Assunto da minha próxima carta: a) *Compêndio Teosófico* b) Santarritana c) Carlos Franco d) comissão Carlos Ferreira e) *Novela Romântica:* novos detalhes do desenvolvimento f) notícias gerais. Mil abraços do seu muito dedicado

Mário de Sá-Carneiro

ESCREVA!!

26 Janeiro 1916 — Paris

Francamente é inadmissível, meu querido Amigo o seu procedimento. Não há razão nenhuma que o explique: física ou química, moral, social ou febril ou fabril. Não, mil vezes não! Tem lá umas poucas de cartas a que não me responde! Há 15 dias feitos que não recebo uma linha sua. Quem sabe até quando isto se prolongará! Coisa importante: Diga ao Pintor que lhe escrevi uma carta para o antigo endereço 11 Tr. do Rosário. Só depois me lembrei que a família mudou-se o ano passado. Mas ignoro o novo endereço. Decerto que ele não recebeu a minha carta — mas ignoro para onde lhe devo escrever. Não se esqueça de o avisar e de me ESCREVER.

o seu

Sá-Carneiro

30 Janeiro 1916

Agora já não estou só zangado meu querido amigo — estou muito inquieto. A sua falta de notícias prolonga-se de maneira tão extraordinária que receio que ela seja devida a qualquer grave contratempo-doença. Queira Deus que não. Mas estou muito assustado. Se no próximo sábado não receber notícias suas telegrafo ao Vitoriano Braga a perguntar por você. Mas oxalá eu me engane. Ontem tivemos por cá os balõezinhos imperiais — num bairro que lhe não posso dizer, nem isso o interessa, mas — sossegue — muito longe do meu. Depois coisa sem importância para quem está acostumado às nossas revoluções e tumultos. Europa e intensidade, tudo isto, no fim de contas... *Suplico-lhe que escreva.* Mil abraços do seu muito seu

Mário de Sá-Carneiro

Paris — Fevereiro 1916
Dia 1º

Querido Amigo

Recebi ontem a sua linda carta de 26 que muito agradeço. A resposta fica para depois de amanhã pois antes disso não tenho ensejo propício — eu só gosto de lhe escrever à tarde e, hoje e amanhã, estou ocupado à tarde. A resposta será de resto uma carta extensa e um mau soneto. Você, por amor de Deus, não volte a tão longos períodos de silêncio! Quando não puder escrever avise-me num postal do género deste.
Mil abraços do seu, muito seu

M. de Sá-Carneiro

Paris — Fevereiro 1916
Dia 3

Meu querido Amigo

Recebi pois no dia 31 a sua linda carta de 26 conforme já o avisara por postal. O que lhe suplico é que não repita estes longos períodos de silêncio. Quando não puder escrever-me — diga-mo num postal. Peço-lhe isto encarecidamente.

Muito obrigado pelas suas palavras sobre a minha carta desolada e os meus versos terríveis.

Claro que continua e continuará tudo na mesma até que eu desapareça por "algum alçapão de estoiro" — mas o melhor é não pensarmos mais nisso! Ah! mas como sobretudo lhe agradeço o lembrar-se de mim enternecidamente ao encomendar chapéus complicados para os costureiros célebres de Paris. Minhas fitas de cor, meus laços, minhas plumas, minhas filigranas![1] Tanto enleio perdido, tanta carícia desfeita! A Zoina, a grande Zoina sempre! Mas que lhe hei-de eu fazer?...

Vai junto um soneto. Nasceu como "O Fantasma".[2] Aquilo ou fica tal e qual assim, estapafúrdio e torcido — ou se deita fora. Eu não sei nada. Por isso o meu querido Fernando Pessoa não se esqueça de me dizer do valor do estaferminho — e se o hei-de ou não aproveitar para *os Indícios de Oiro, Colete de Forças*, claro. Quanto aos meus versos passados fez muito bem em os mostrar ao José Pacheco. Ao José Pacheco pode você mostrar tudo — porque é uma alma como o meu querido amigo muito bem diz. Quanto ao caso Rodrigues Pereira tem você perfeitamente razão: a sua atitude diante do sensacionismo é a duma mulher nova e linda, maquilhada — estrangeira de Paris, americana ou polaca, muito culta, inteligente e toquée. Olhe: o que a americana da *Confissão de Lúcio* poderia assimilar da nossa Arte. Não lhe parece assim? Hein?... Mas o António Soares,[3] esse sente os Caminhos de Ferro de lata!

Isto são insignificâncias. Mas eu gosto muito de "potins". Fale-me pois, em mescla, de todos esses pequenos e não se esqueça de me contar as coisas do Ramos etc. Acho muita graça a isso. Também leio no *Matin* os *Mistérios de New York*. Dá-me muito prazer.

Agora sobre a *Novela Romântica*.

A coisa mais importante que lhe tenho a dizer é esta — o aparecimento dum novo personagem: Com efeito em Paris, Heitor de Santa-Eulália, ao lado do conde húngaro Ludvico Bacskay, seu companheiro de grande vida, cuja amizade data dum duelo — tem outro grande amigo, de alma, esse: o escritor polaco Estanislau Belcowsky, moço artista emigrado, autor de novelas psicológicas inéditas, incompreendido e desgraçado. Estanislau Belcowsky *sou eu*.

Falará das suas estranhezas, que serão as minhas, das suas ânsias que serão as minhas. Heitor de Santa-Eulália não o compreende inteiramente, porque um homem de 1830, mesmo Heitor, não me poderia compreender — mas *pressente-o* e admira-o. Dá-lhe dinheiro a rodos, para ele gastar, pois compreende a necessidade que ele tem de viver em meios luxuosos — tem sobretudo a noção de que mais tarde, nos tempos futuros, na era das máquinas — haverá heróis de novelas *assim*, haverá uma *arte de acordo* com a psicologia, com a individualidade de Belcowsky. E Santa-Eulália embriaga-se de Oiro antevendo a maravilha, e sente que ele é também, um pouco, um precursor d'Aquela Raça. A influência de Belcowsky será uma certa sobre eles. Daí determinados pensamentos sensacionistas no seu ultra-romantismo.

Atinge bem o meu fim? Parece-me estranha e interessante esta trouvaille. Que me diz você? *Não se esqueça de me dar a sua opinião.*

Eis um exemplo das coisas que Belcowsky dirá a Santa-Eulália (linhas que de resto eu escrevi não sei se ao Franco se ao Rod. Pereira): "Agora os meus próprios sonhos fazem troça de mim. E os meus nervos — os estuporinhos — não há quem os faça largar o trapézio. Há grandes osgas transversais sobre a minha vida. Não sei bem o que isto quer dizer — mas é assim tal e qual que eu o sinto. Cada vez posso menos deixar de ser quem sou — e dia a dia sofro mais por o ser. Se ao menos estas colunas, em face de mim, de súbito, se pusessem a andar...".

Numa palavra, enquanto Heitor é um romântico pressentindo o interseccionismo (pressentindo-o através [de] Belcowsky), Belcowsky é, puramente, um Inácio de Gouveia, um Ricardo de Loureiro... um Mário de Sá-Carneiro...

Compreende bem o anacronismo "voulu"? Heitor, ouvindo isto, terá grandes espantos mudos, grandes admirações maravilhosas, embora o pressinta unicamente, embora apenas suspeite, não sabe por quê bem, *sê-lo* um pouco, melhor: *devê-lo ser mais tarde*, numa outra incarnação, talvez futura, sucessiva.

Diga-me, não se esqueça por amor de Deus, o que pensa a este respeito.

Outra coisa: mande-me um nome lindo e sombrio de mulher inglesa, lady Helena qualquer Coisa (mas Helena em inglês, que creio ser Ellen). Não se esqueça.

Outro detalhe: esta Helena é a mulher por quem ele se apaixona em Paris: a que mata a sua paixão por Branca, a que faz com que ele se suicide para respeitar o seu amor por Branca. Muito bem: ele descortinará no entanto que a sua paixão por Helena é devida, não a ela própria, mas à protagonista do drama que há na sua vida. Sim. Talvez não seja mesmo propriamente ela que ele ama: mas sim a sua história (de Helena), a sua *lenda*. No entanto isso mais lhe faz aumentar a paixão, melhor o conduz ao seu desfecho. Outros detalhes apareceram que não vale a pena mencionar-lhe.

O que lhe rogo muito é que não deixe de, o mais breve possível, procurar a carta para eu ajustar tudo e começar a escrever a novela, pelo que estou ansioso. Rogo-lhe muito. E não se esqueça de me enviar o apelido de lady Helena. Mil desculpas e agradecimentos por tudo.

— Curiosíssimo o seu "estabelecimento" como astrólogo. Oxalá não haja impedimentos e isso vá por diante. Que extraordinária e pitoresca nota biográfica para a história dum Criador de Nova Arte, como você!

— Não se esqueça de responder à questão Carlos Ferreira. O negócio é certo. O governo belga já lhe enviou os recibos para ele assinar e receber os 1600 francos de subsídio.

— Zeplins europeamente sobre Paris em 29 Janeiro — bombas em Lisboa à mesma hora. Afinal, é também europeu.

Escreva-me muito — o mais depressa possível. *Não se esqueça!*

Grande e saudosíssimo apertado abraço. Toda a Alma.

o seu, seu

Mário de Sá-Carneiro
Escreva!!!

Post-Scriptum

— Não se esqueça de dizer ao Pintor que lhe escrevi para a Tr. do Rosário e que ignoro seu endereço actual.

— O que há da antologia Guisado? Revista dele com Júlio Dantas? Será possível?... Ai, Ai... Hélas!...

— Não se esqueça das tais coisas interessantes sobre Ramos *Centauro*.

— E o *Octávio*? Quando vai à cena? Quando sai da imprensa? Muitas saudades ao Vitoriano.

— Muitos abraços também ao Pacheco. Recados ao Almada. Afinal aqui na Brasserie Cyrano também há outra mulher parecida com ele. Traz sempre um cão.

— Escreva-me largamente: muita alma, muitas notícias, muitos potins!

— Curiosíssimo artigo *Século* noite![4] Monárquicos e insexuais. Tem imensa piada!

— Suplemento de abraços e Alma

o Mário de Sá-Carneiro

Paris — Fevereiro 1916
Dia 5

Meu Querido Amigo,

Recebi ontem a sua carta de 30 e hoje a cópia dactilografada da minha carta sobre a *Novela Romântica*. Não sei como lhe agradecer tanta maçada. Você poderia muito bem ter mandado a minha carta que eu lha devolveria. Muito, muito obrigado no entretanto — pois assim evitou-me trabalho e eu tenho um papel limpo em vez das minhas garatujas!

Mas para esgotar assunto *Novela Romântica*: Depois de bem pesar o assunto e de ler, sobretudo, a minha carta — vejo que é preciso tomar cautela com a nova personagem do sr. Estanislau Belkowsky que tive a honra de lhe apresentar na carta passada. Com efeito o interesse máximo da novela reside na intersecção romântico-sensacionista da psicologia de Heitor de Santa-Eulália, que, por isso mesmo, tem que ter na sua alma pontos de semelhança com Estanislau Belkowsky. Mas este será como que o seu espelho: o espelho porém que só reflecte o que há nele de puramente sensacionista. *Heitor reconhecerá em Estanislau a parte mais estranha que há em si próprio e ele menos conhece e se pode explicar.* Estanislau será para Heitor a *prova* de que *existem* as suas estranhezas: que examinadas noutrem — mais desenvolvidas e completas, mas da mesma ordem — ele, nunca entendendo o seu mistério, melhor reconhecerá a sua beleza. Estanislau será dentro da novela *o padrão, a mira* do seu elemento interseccionista: como o romance amoroso de Heitor, o seu puro elemento romântico. E teremos assim este grupo de três personagens:

Heitor — romântico-sensacionista
Estanislau — sensacionista puro
O conde Ludovico Bacskay — romântico simples

Compreende bem o meu fim? Concorda com isto — sobretudo com o interesse da figura de Estanislau? Rogo-lhe que medite bem no assunto, que faça por compreender a minha ideia — pois antes de assentar definitiva e minuciosamente o meu plano quero ter a sua opinião sobre este ponto capital. Se porventura me engano e a figura de Estanislau é inútil, pouco interessante ou prejudicial — diga-mo com inteira franqueza. Esteja porém certo que saberei salvar o perigo que a sua introdução na novela podia oferecer quanto ao apagar a psicologia, ou antes, a intersecção psicológica, de Heitor de Santa-Eulália.

Oiça ainda: Estanislau será um fantasma às avessas: o fantasma duma criatura que ainda não nasceu: *o fantasma dos heróis de novelas duma nova arte ainda não nascida*: o fantasma, em suma, de Inácio de Gouveia, de Ricardo de Loureiro. Esta ideia ocorrerá mesmo a Heitor. E perante Heitor — repito — ele será a "chamada": alguém que o fará melhor olhar para si mesmo pelos pontos de contacto que pouco a pouco descortina com ele. Em resumo: Estanislau Belkowsky e o Conde Sérgio de Bacskay somados, darão Heitor de Santa-Eulália.

Quem diz Estanislau diz, por exemplo, Ricardo de Loureiro — quem diz o Conde Bacskay poderia dizer Antony ou Armando Duval.

Compreende bem? Tem isto interesse?

Por amor de Deus, suplico-lhe que não se esqueça de o

discutir na sua carta imediata. Esta novela interessa-me imenso — estou ansioso por escrevê-la: mas não quero principiar antes de ajustados os mínimos detalhes. Rogo-lhe pois com mil desculpas que na sua primeira carta me diga a sua opinião.

Agora ainda uma maçada: tudo quanto lhe digo nesta carta sobre a novela copiei-o para mim. Mas o mesmo não fiz com os detalhes que outro dia lhe comuniquei sobre Estanislau. Preciso deles. Tenha [a] paciência de me copiar as linhas que se referem a esse sujeito. Desculpe-me. Não mais o tornarei a incomodar.

Conto absolutamente consigo: dizer-me a sua opinião sobre o caso que hoje lhe exponho e *enviar-me o que lhe escrevi outro dia sobre o Estanislauzinho.* Não se esqueça. De joelhos — perdão e obrigado.

Mas resposta o mais urgente possível. Você é um santo!!!!

Atingi perfeitamente o que você me diz sobre teosofia.[1] E estou de acordo nos mínimos detalhes. Perturbador, com efeito, o que conta de se começar a encontrar teosofistas logo que em teosofia se pega — corroborado pelo meu aviador...

Destruir o mistério é com efeito a maior das infâmias — destruí-lo puramente, claro. E como é arrepiadora e genial, por isso mesmo, a concepção do seu Fausto!...

Vai junto uma carta do Carlos Ferreira. Ele tenciona dar-lhe 50 francos moeda francesa (ou sejam qualquer coisa como 12 a 13 mil-réis) e um suplemento pelas páginas que você traduzir conforme ele lhe fala na carta junta.

Não tenho mais nada a dizer-lhe, infelizmente. Mas você conte-me coisas. O *Exílio* sempre aparece? Não se esqueça de me enviar imediatamente um número caso apareça.

Adeus meu amigo. Responda-me, por amor de Deus, larga e brevemente.

Mil saudades e um abraço de toda a Alma.

o seu, seu

Mário de Sá-Carneiro

Distribua saudades a quem se me recomenda. Abrace sobretudo o Pacheco e o Vitoriano.

P.S.

ATENÇÃO

Aquelas quadras lamentáveis — eliminando, claro, a da retrete — devem ou não fazer parte do *Colete de Forças*? Não se esqueça de mo dizer!

P.S. sobre a *N. Romântica*

A ideia do *fantasma às avessas* ocorrendo a Heitor entusiasmá-lo-á inspirando-lhe uma grande esperança na beleza da sua própria alma — *no porvir ampliado da sua alma*: na sua grandeza total, afinal de contas. Como o homem da era das máquinas terá saudades talvez do período romântico: ele tem saudades da era em que *nascerão* os heróis de novelas como é já Estanislau. E sente os dois jactos de beleza fundirem-se-lhe a ouro na sua própria alma. Tudo isto o alcooliza e dimana.

Repito: atinge bem? Não se esqueça de me falar largamente a este respeito!

Paris — Fevereiro 1916

Dia 8

Meu Querido Amigo,

Uma carta rápida para, sobretudo, lhe enviar uma coisa extraordinária do Raul Leal que ontem recebi. Leia essas páginas, que chegam a ser belas, mas que são terríveis — um pesadelo sem sono, qualquer coisa de alucinante e miserável, de pôr os cabelos em pé. Tive na verdade calafrios ao ler essas *páginas* — determinadas passagens sobretudo. Que tragédia a dessa alma — que coisa lamentável porque, dentro do seu horror belo — é também asquerosa: e no nojo, francamente é muito difícil encontrar o belo.

Leia-a, arquive — escusa de mandar — e diga-me o que pensa a esse respeito.

Não a mostre a ninguém — claro.

Outra novidade:

"A intensidade do sensacionismo: *A Confissão de Lúcio* provoca um escândalo num Café" tal a manchette que podia vir num jornal: Com efeito lia as primeiras páginas a um rapaz Araújo[1] — de que lhe falarei mais circunstanciadamente, pois é uma ligeira sensibilidade sensacionista — quando uns fregueses nos mandaram calar: porque falávamos *Alemão*!! Protestei enervado, o rapaz Araújo fez-se cor de lagosta: os clientes levantaram-se todos... e tudo acabou mostrando-se o livro aos homenzinhos que ficaram passados... Claro que se fosse outro livro qualquer nada disto tinha acontecido: foi por ser uma obra sensacionista!

Você concorda, não é verdade?...

Por hoje mais nada. Não estou com nervos para escrever — e a minha caneta está sem tinta... Perdoe-me e *escreva* — escreva muito!

De resto esta carta foi só para lhe enviar a do Leal.

Escreva! Mil abraços. O seu muito seu

Mário de Sá-Carneiro

Paris — Fevereiro 1916
Dia 16

Meu querido Amigo, não sei por que eu já não venho ao Café Riche. Talvez porque na mesa do fundo — ali, ao canto, onde "um monsieur décoré" se embebe do *Temps* — receie encontrar o Sá-Carneiro, o Mário, de 1913, que era mais feliz, pois acreditava ainda na sua desolação... Enquanto que hoje...

Desci-a toda; no fundo é uma coisa peganhenta e açucarada, digna de lástima e só para os rapazes do liceu a receberem à tourada.

Creia o meu Amigo que é absolutamente assim — sem literatura má, sem paúlismo, afianço-lhe.

A verdade nua e crua.

Quando eu morrer batam em latas,
Rompam aos berros e aos pinotes —
Façam estalar no ar chicotes,
Chamem palhaços e acrobatas.

Que o meu caixão vá sobre um burro
Ajaezado à andalusa:
A um morto nada se recusa,
E eu quero por força ir de burro...
....
....

Mas então para fixar o instante desta minha vinda ao Café Riche onde agora já não entro com medo de encontrar o Mário — hoje felizmente ele não estava, estava só o monsieur do *Temps* — envio-lhe esta carta inútil e riscada que você perdoará, hein?

Aproveito para remeter um soneto mau.[1] Agora porém o que estou é muito interessado na confecção dum poema irritantíssimo, "Feminina" — que comecei ontem à noite, quando me roubaram o chapéu de chuva.

Pano de amostra:

Eu queria ser mulher pra me poder estender
Ao lado dos meus amigos, nas banquettes dos Cafés.
Eu queria ser mulher para poder estender
Pó de arroz pelo meu rosto, diante de todos, nos Cafés.

Eu queria ser mulher pra não ter que pensar na vida
E conhecer muitos velhos a quem pedisse dinheiro —
Eu queria ser mulher para passar o dia inteiro
A falar de modas e a fazer "potins" — muito entretida.

Eu queria ser mulher para mexer nos meus seios
E aguçá-los ao espelho, antes de me deitar —
Eu queria ser mulher pra que me fossem bem estes enleios,
Que num homem, francamente, não se podem desculpar.

Eu queria ser mulher para ter muitos amantes
E engana-los a todos — mesmo ao predilecto —
Como eu gostara de enganar o meu amante loiro, o mais esbelto,
Com um rapaz gordo e feio, de modos extravagantes...

Eu queria ser mulher para excitar quem me olhasse,
Eu queria ser mulher pra me poder recusar...

....

Como você vê — isto promete, hein? Quando arranjar por completo o poema enviar-lho-ei.[2]

Mas vá-me já dizendo as suas impressões — bem como as do péssimo soneto adjunto.

Sabe que recebi duas terríveis cartas do José Pacheco? Mandar-lhas-ei para você ver como são lancinantes. São das cartas mais terríveis, mais confrangedoras, que se podem escrever. Uma miséria, uma dor! Fazem-me ainda mais pena que a loucura total do Dr. Leal. Vai ver.

Dê muitas saudades minhas ao Pacheco. (Claro que lhe escrevi).

Você escreva muito. Faça potins: género R. carta passada etc.

E o fisionomista como vai? Mostre-lhe o meu retrato. Adeus.

Mil abraços e mil saudades. O seu, seu

Mário de Sá-Carneiro

Recebi Domingo um postal seu.

O Guisado nunca mais fez versos? Informe-me a este respeito!

Paris — Fevereiro 1916
Dia 18

Meu Querido Amigo,

Recebi a sua carta de não sei quando mas não tenho cabeça para nada. A Zoina silva sobre mim despedaçadoramente.

Fiz ontem um disparate sem nome: como se rasgasse uma nota de mil francos: talvez depois lhe conte — psicologia arrevesada e brutalidade sem nome.

Hoje, numa necessidade de dar murros e pinotes, não em resultado do que fiz ontem mas no resultado disso e mil outras pequenas coisas — nova loucura: um telegrama ao meu pai pedindo 1 000 francos para partir para Lisboa. É como dantes, em minha casa, quando partia os pratos. Não sei ainda se mandarei o telegrama.

Já o tenho escrito — mas não sei nada. Não sei se partirei. Não sei nada. Perdoe.

Recebi a sua carta ontem.

Adeus. Até breve. Abraços,

o seu, seu

M. de Sá-Carneiro

Não lhe dizia que estava doido? Vivo há semanas num inferno sem nome.

Paris, Fevereiro 1916
Dia 19

Meu Querido Amigo,

Ainda não sei nada. No entretanto não mandei o telegrama a meu Pai. Mas continuo a não saber nada. Mais calmo, nem por isso o vendaval deixa de silvar. Recebi a sua interessantíssima carta sobre o Dr. Leal. Breve escreverei longa e detalhada carta. Você não fale a ninguém da minha possível (mas ainda improvável) partida para Lisboa. Tanto mais que, em tudo isto, há uma perturbadora história de cartas que dizem *que eu não parto*. Depois lhe contarei. É muito curioso. Não se assuste. Não haverá novidade de maior. Estou acostumado a estas sezões. Adeus, mil abraços do seu

Mário de Sá-Carneiro

Paris — Fevereiro 1916
Dia 21

Meu Querido Amigo

Recebi o livro do F. Gomes[1] e postal que muito agradeço. Transmita os meus mercis ao F. Gomes. Breve escreverei longa e calmamente. Ça ne va pas du tout — mas em todo o caso vai um pouco melhor. Não telegrafei ainda ao meu Pai: mas ideia e partida não estão ainda — hélas — postas de parte. A minha vida de alma e corpo e o mais continua desorganizada. Mas não se assuste. Isto há-de ter uma solução qualquer. Não nada de *factos* — claro — é tudo distúrbio pela alma... e bolsa!... Adeus. Escreva

o seu

Sá-Carneiro

Paris — Fevereiro 1916
Dia 22

Meu Querido Amigo,

Então cá lhe venho escrever a carta mais calma.

Em primeiro lugar, meu querido Amigo, para o *fixar* sobre a minha crise actual devo-lhe dizer que ela não é mais do que um estádio na sucessão de coisas muito complicadas que, como você sabe, a minha vida contém. Daí uma inquietação eterna, um medo fixo.

A aumentar tudo isto a inconstância sempre duma situação e dum futuro: suponha você que o meu Pai casou com a pessoa que o meu amigo sabe[1] e a tem, desde Dezembro, em Lourenço Marques. Porém a casa da P. dos Restauradores existe da mesma maneira, vivendo lá a minha Ama e os gatos e uma criada. Tudo isto porém há-de ter um fim — e eu pergunto-me que *lugar* irei preencher nesse fim.

O meu Pai ora diz, por exemplo, que L. Marques não é terra para mim — ora, pelo contrário, sugere que gostaria muito de me ter lá, depois da guerra.

Você compreende bem o despenhadeiro que seria para mim esta solução — não é propriamente L. Marques o pavor: mas a convivência que eu aí iria ter — e à qual me receio muito condenado.

Nem uma vez, em cartas até hoje recebidas, o meu Pai se referiu à minha partida daqui: mas que cenas não terá que sustentar para a continuação da minha situação presente.

Acresce que eu não posso ter juízo. Pedi ao meu Pai 250 francos por mês. Actualmente recebo 280: mas, como em Lisboa, eu não sei viver, *eu não tenho coragem* para viver com menos de 350-400 francos. Resultado: a minha situação é presentemente idêntica à de Lisboa (situação financeira, bem entendido). Sabe que uma das razões pelas quais deliberei partir foi a impossibilidade de não pedir dinheiro ao meu Pai.

Sucede-me hoje o mesmo: preciso de 300 francos. Ou lhos pedirei simplesmente — não sei com que pretexto — ou lhe pedirei 800 para partir para Lisboa. Daí as minhas cartas anteriores.

Uma pequena circunstância veio a semana passada sugerir-me a solução da partida para Lisboa. Essa circunstância porém hoje não existe — ou, melhor: existe modificada — *pode ainda existir*. De forma que não tomei, por enquanto, uma resolução definitiva, tendo só necessidade do dinheiro para

15 do mês próximo. No momento presente está escolhida esta cobarde coisa: "ganhar tempo".

Note que eu não me importaria muito de ir para Lisboa, visto que a dificuldade maior está arredada com a única presença da minha Ama em Lisboa. Gostaria até de partir para Lisboa — *se não tivesse pena de me ir embora de Paris*! Mas eu nem sei se ao meu Pai convém a minha partida para aí. Com efeito isso pode trazer novas complicações: a pessoa que o meu amigo sabe[1] — eu conheço-a bem — não quererá por forma alguma que eu entre em casa dela. Ia para o hotel, claro. Mas havia de ir ver a minha Ama. *Ela não terá confiança na minha Ama para me não receber*: e daí nova cena que o meu Pai terá que sofrer com o meu "telegrama" pedindo 800 francos para partir.

Compreende talvez longinquamente esta infinita trapalhada, feita de microrganismos, que me desbarata o espírito, os nervos e o corpo.

A minha tristeza não tem limites, a criança triste chora em mim — ascendem as saudades de ternura — sopra a Zoina sempre, sempre. Como partia pratos em minha casa, quando me zangava com a minha ama — tantos mais quanto maior número tinha começado por partir — acumulo agora disparates sobre disparates num desejo de perversidade: melhor: num desejo de que suceda qualquer coisa, seja o que for: que uma nova fase da minha vida se encete. E creio até que preferia receber um telegrama do meu Pai mandando-me partir para L. Marques — apesar de todo o horror — do que não receber *novidade* alguma.

Tudo isto e as minhas desolações conhecidas me torturam, me despedaçam: "A tômbola anda depressa/ não sei onde irá parar —/ aonde pouco me importa —/ o importante é que pare".[2]

Infelizmente creio que nunca mais parará...

Estas coisas infelizmente, nos seus detalhes, só se podem explicar em conversa: e assim, o meu Amigo, mesmo afastando-as e ultrapassando-as não sei se longinquamente me compreenderá.

Não se assuste em todo o caso — tenha apenas muito dó de mim. Eu sairei disto, de qualquer forma: corrido, pode ser

— mas nunca espancado nem ferido. Sempre no fundo "o cobarde rigoroso".

Aqui tem. Seja como for, no entretanto, a minha estada aqui não se prolongará por muito tempo — disto estou seguro, inteiramente seguro. É uma questão de mais mês, menos mês. Em resumo: *não sei nada*.

É pouco. Mas é já alguma coisa...

Livro F. Gomes: uma interessante mixórdia. *O Homem de Fumo*[3] parece-me escrito por alguém que poderá ter Alguém lá dentro... o mesmo sobre o *Vácuo* que é na verdade interessante pela ideia da animação dos personagens do bule e do quadro saindo da caixa e da tela. Há aqui interseccionismo sem dúvida. Outros contos porém são absolutamente ridículos ou ingénuos — ah! mas absolutamente.

Do conjunto não posso avaliar coisa alguma senão isto: que a nossa arte em todo o caso "melhora" aqueles que têm o génio de nos seguir. Creio que você em tempo me disse que o livro do F. Gomes tinha ligeiras influências interseccionistas. Para mim tem-nas flagrantíssimas, minhas frisantemente nos termos: sonhos roxos, coisas de platina, "fê-lo, positivamente o fez" (a minha colocação do advérbio) etc. Em resumo para mim o livro de F. G. que é apenas um interessante *apontamento* vale como uma nossa influência. Tanto melhor. Agradeça ao rapaz — e traduza-lhe em linguagem amável, se quiser, tudo isto.

Frase interessante duma carta do Rogério Perez hoje recebida "...e penso: será a maneira do Sá-Carneiro a quase definitiva, a melhor, a perfeita?... E posso eu julgar o Sá-escritor, o Sá-cosmopolita, o 'Sá-Europa', como o Ramalho e o Eça?". "Não." (A destacar a expressão Sá-Europa, não acha você?)

Para outra vez lhe mandarei as cartas do Pacheco. Não sei onde demónio as meti.

Ignoro se me tem esquecido de lhe responder a qualquer parte das suas últimas cartas. Se assim é perdoe-me e repita-me a pergunta.

Pedido do C. Ferreira: Tomar nota dos títulos das gravuras insertas no volume do Pedro Muralha *A Bélgica Heróica*. Veja se o pode fazer na Livraria.

Escreva-me muito, muito, sim? Diga-me coisas sem importância. É-me tão agradável na presente conjuntura entreter-me com pequeninas coisas...

Creio que o Barradas[4] (desenhador) vem muito brevemente para Paris. E o Almada Negreiros? Esse é que me seria muito agradável ver aqui, quanto mais não fosse para fazer escândalo nos Cafés... Dê-lhe saudades e diga-lhe isto. Abrace muito o Pacheco e o Vitoriano. Conte-me muitas coisas. Escreva-me muito. Adeus. Mil abraços de toda a Alma.

o seu, seu

Mário de Sá-Carneiro

26 Fev. 1916 Paris

Bem. Recebi a sua carta em que fala do artigo E. Seabra etc. Hoje não lhe posso dizer mais nada. Mil abraços do seu, seu

M. de Sá-Carneiro

Paris 29 Fevereiro 1916

Meu querido Amigo, Recebi as suas cartas de 23 e 24. Muito interessante o negócio Seabra. Acho excelente ideia antologia sensacionista.[1] Assim houvesse quem a editasse. Mas por que não, abrindo, uma "notícia" sobre a escola — calma e friamente, sem blague, feita? Não escrevo carta pois a minha crise continua. Tenho já três cartas escritas sobre ela mas que lhe não envio por um motivo de superstição. Você me desculpará portanto. O perturbador, o arrepiante, é que o Mariano Sant'Ana[2] teve razão — que eu tenho a preocupar-me a cabeça — além de tudo o mais — o que ele diz. De resto você já o terá adivinhado. Hoje estou melhor — estou mais calmo, mais "adaptado" — é esta a verdade — à minha crise. Seja como for devo viver os últimos dias coloridos da minha vida. Tant pis... Cada vez se me afigura mais provável, mais certa a minha partida para Lisboa — embora não tivesse ainda telegrafado ao meu Pai nesse sentido. Decerto que não me demoro aqui mais do que um mês. Suplico-lhe que me escreva muito. Neste momento as suas cartas são as minhas maiores alegrias. Escreva, pois, muito, muito. Adeus. Mil abraços do seu

M. de Sá-Carneiro

Paris — Março 1916
Dia 5

Meu querido Amigo,

Trata-se dum caso de importância *capital*, mas *capital*, para mim. Não lhe explico nada e desculpe-me que empregue o menor número de palavras possíveis.

Logo que receber esta carta vá procurar a minha Ama à Praça dos Restauradores nº 78 (3º andar). (Como já lhe disse, creio, a minha Ama está só em Lisboa pois a mulher do meu Pai está em L. Marques.) Mostre-lhe a carta que mando junto para ela, leia-lha e encarregue-se de tudo. Perdoe-me a "sâle affaire" de que o encarrego mas não posso lançar mão doutro meio. Você empenhará o cordão pelo maior preço que lhe derem: vá a uma casa da rua da Trindade fazendo esquina para a rua do Teatro do Ginásio e mesmo em frente do Ginásio. Aí pagam muito bem e os juros são pequenos. Pague dois meses de juros e entregue a cautela à minha Ama depois. O dinheiro envia-mo imediatamente em cheque telegráfico Crédit Lyonnais. Perdoe-me ainda isto: se tiver muita necessidade de 5 000 réis (as suas crises habituais) tenho muito prazer em lhos emprestar. Desculpe-me mas eu sou sempre franco.

Se porventura a minha ama não fizesse o que eu lhe peço — o que é inverosímil — ou se tivesse o cordão já empenhado você corria a procurar o meu Avô: José Paulino de Sá-Carneiro, no edifício do Terreiro do Trigo — Direcção-Geral das Alfândegas — e dizia-lhe que em nome do meu Pai pedisse ao Herrmann ou ao Rosa o envio telegráfico de 200 francos.[1]

Acrescentava-lhe que se tratava dum caso da maior importância, e que eu estaria perdido se não recebesse com a maior urgência esse dinheiro — *que já gastei*. Mas tudo se passará bem com a minha Ama. Vá pois imediatamente procurá-la, leia-lhe bem a carta junta e trate de tudo, de tudo, no próprio dia em que receber esta carta. Repare que se trata duma circunstância *capital* — quase de vida ou de morte. Entrego-me mais uma vez nas suas mãos. Perdoe-me tudo, humildemente e de joelhos lho imploro meu querido Amigo. Fico ansioso. Trate-me de tudo isto com a maior urgência. Não se assuste em demasia mas trata-se dum caso gravíssimo. Explique bem isto à minha Ama.

Bem entendido, pelo mesmo correio, eu previno-a da sua visita. Pergunte pela sra. Ama e diga que é o sr. Pessoa que a vai procurar em nome do menino Mário: 78 Pr. dos Restauradores (3º). Você compreende tudo, não é verdade? Encarregue-se de tudo, combine tudo com a minha ama: contanto que o dinheiro me seja enviado o mais breve possível. *O meu Avô só em último caso deve ser posto a par disto*: explico-o mesmo à minha Ama. Adeus. Conto consigo. Mil saudades de toda a minha pobre Alma,

o M. de Sá-Carneiro

Leia também esta carta à minha Ama.
Perdão por tudo!

P.S.

Sem efeito o que digo sobre o meu Avô. Mesmo se a minha ama não tivesse o cordão você não ia procurar o meu avô — mas pelo telégrafo avisava-me que a minha ama não pudera dar o cordão. Redigiria o telegrama assim

Sá-Carneiro 29 Rue Victor Massé
Impossible   Pessoa.

Peça em meu nome o dinheiro para o telegrama ao Vitoriano ou na Livraria. Inste bem com a minha Ama sobre o cordão — ela dá-lho com certeza se o tiver — que é o mais provável, o certo...

Combine bem tudo com ela. Se ela falar no meu avô diga-lhe que ele não deve saber nada. Faça por compreender bem tudo. Conto consigo.

Sá-Carneiro.

Siga à risca as minhas instruções.

Mais saudades do seu

Sá

[Paris 7. 3. 1916]

É duma importância capital o que lhe pedi por carta. Diga-o bem à minha Ama. Siga à risca as minhas instruções. Cheque telegráfico Crédit Lyonnais. Tenha dó de mim. *Quando mandar o cheque telegrafe-me para meu sossego um "oui".* Conto consigo. Entrego-me nas suas mãos. Mil saudades e abraços e perdões do

M. de Sá-Carneiro

Lisboa, 14 de Março de 1916

Meu querido Sá-Carneiro:[1]

Escrevo-lhe hoje por uma necessidade sentimental — uma ânsia aflita de falar consigo. Como de aqui se depreende, eu nada tenho a dizer-lhe. Só isto — que estou hoje no fundo de uma depressão sem fundo. O absurdo da frase falará por mim.

Estou num daqueles dias em que nunca tive futuro. Há só um presente imóvel com um muro de angústia em torno. A margem de lá do rio nunca, enquanto é a de lá, é a de cá; e é esta a razão íntima de todo o meu sofrimento. Há barcos para muitos portos, mas nenhum para a vida não doer, nem há desembarque onde se esqueça. Tudo isto aconteceu há muito tempo, mas a minha mágoa é mais antiga.

Em dias da alma como hoje eu sinto bem, em toda a minha consciência do meu corpo, que sou a criança triste em quem a Vida bateu. Puseram-me a um canto de onde se ouve brincar. Sinto nas mãos o brinquedo partido que me deram por uma ironia de lata. Hoje, dia catorze de Março, às nove horas e dez da noite, a minha vida sabe a valer isto.

No jardim que entrevejo pelas janelas caladas do meu sequestro, atiraram com todos os balouços para cima dos ramos de onde pendem; estão enrolados muito alto; e assim nem a ideia de mim fugido pode, na minha imaginação, ter balouços para esquecer a hora.

Pouco mais ou menos isto, mas sem estilo, é o meu estado de alma neste momento. Como à veladora do "Marinheiro", ardem-me os olhos, de ter pensado em chorar. Dói-me a vida aos poucos, a goles, por interstícios. Tudo isto está impresso em tipo muito pequeno num livro com a brochura a descoser-se.

Se eu não estivesse escrevendo a você, teria que lhe jurar que esta carta é sincera, e que as coisas de nexo histérico que aí vão saíram espontâneas do que me sinto. Mas você sentirá bem que esta tragédia irrepresentável é de uma realidade de cabide ou de chávena — cheia de aqui e de agora, e passando-se na minha alma como o verde nas folhas.

Foi por isto que o Príncipe não reinou. Esta frase é inteiramente absurda. Mas neste momento sinto que as frases absurdas dão uma grande vontade de chorar.

Pode ser que, se não deitar hoje esta carta no correio, amanhã, relendo-a, me demore a copiá-la à máquina, para inserir frases e esgares dela no Livro do Desassossego. *Mas isso nada roubará à sinceridade com que a escrevo, nem à dolorosa inevitabilidade com que a sinto.*

As últimas notícias são estas. Há também o estado de guerra com a Alemanha, mas já antes disso a dor fazia sofrer. Do outro lado da Vida, isto deve ser a legenda duma caricatura casual.

Isto não é bem a loucura, mas a loucura deve dar um abandono ao com que se sofre, um gozo astucioso dos solavancos da alma, não muito diferentes destes.

De que cor será sentir?

Milhares de abraços do seu, sempre muito seu

Fernando Pessoa

P.S. — Escrevi esta carta de um jacto. Relendo-a, vejo que, decididamente, a copiarei amanhã, antes de lha mandar. Poucas vezes tenho tão completamente escrito o meu psiquismo, com todas as suas atitudes sentimentais e intelectuais, com toda a sua histero-neurastenia fundamental, com todas aquelas intersecções e esquinas na consciência de si próprio que dele são tão características...

Você acha-me razão, não é verdade?

Paris — Março de 1916
Dia 15

Meu Querido Amigo,

Recebi hoje os 160 francos e antes de ontem o seu telegrama.

Muito obrigado, de joelhos, por tudo. Já escrevi à minha Ama. Também recebi dinheiro do meu Pai. Não tenho cabeça para lhe escrever. Não sei nada. Não se assuste em todo o caso nem deixe de se assustar. Cá irei. Não tenha medo, juro-lhe. Mas não sei coisa nenhuma. Devia partir e não parto. Darei sinais de vida por postais — é tudo: não lhe posso escrever. Mas você vá-me escrevendo sempre como se não fosse nada consigo. Dê-me notícias, potins etc.

Eu é que lhe não posso responder, meu querido Amigo. Breve de resto estarei com certeza aí em Lisboa — ou no raio que me parta — mas em Lisboa com certeza, não há dúvida.

Escreva, escreva — e não se assuste, repito. Por mim já sabe: postais. E repito-lhe do fundo da Alma todos os meus perdões, toda a minha infinita gratidão. Mil saudades e mil abraços do seu, seu

Mário de Sá-Carneiro

Paris — Março 1916
Dia 24

Meu Querido Amigo,

Recebi a sua admirável carta.[1] Que Alma, que Estrela, que Oiro! Infelizmente a Zoina silva cada vez mais forte — lisonjeira, meu Deus, lisonjeira toda mosqueada a loiro e roxo: por isso mesmo cada vez mais Cobra — cada vez maior, mais perigosa. Não sei onde isto vai parar — Será possível que as engrenagens me não esmaguem? Mas é tão belo fazer asneiras:

Atapetemos a Vida
Contra nós e contra o mundo...[2]

E pensar que tudo seria tão fácil, tão fácil, tão sem perigo se não fosse o eterno "dinheiro"... Então talvez que não fosse belo porque não seria perigoso. Enfim não sei nada... Não lhe posso escrever. É tudo. Mas juro-lhe que senti em toda a minha ternura a sua admirável carta. Perdoe-me. É como se estivesse bêbado.

Adeus. Escreva sempre.

Mil abraços, mil e toda a Alma do seu, sempre seu

Mário de Sá-Carneiro

Paris — 31 Março 1916

Meu Querido Amigo,

A menos dum milagre na próxima 2ª feira 3 (ou mesmo na véspera) o seu Mário de Sá-Carneiro tomará uma forte dose de estricnina e desaparecerá deste mundo.

É assim tal e qual — mas custa-me tanto a escrever esta carta pelo ridículo que sempre encontrei nas "cartas de despedida"...

Não vale a pena lastimar-me, meu querido Fernando: afinal tenho o que quero: o que tanto sempre quis — e eu, em verdade, já não faria nada por aqui... Já dera o que tinha a dar.

Eu não me mato por coisa nenhuma: eu mato-me porque me coloquei pelas circunstâncias — ou melhor: fui colocado por elas, numa áurea temeridade — numa situação para a qual, a meus olhos, não há uma outra saída. Antes assim. É a única maneira de fazer o que *devo* fazer.

Vivo há 15 dias uma vida como sempre sonhei: tive tudo durante eles: realizada a parte sexual, enfim, da minha Obra

— vivido o histerismo do seu ópio, as luas zebradas, os mosqueiros roxos da sua Ilusão.

Podia ser feliz mais tempo, tudo me corre, psicologicamente, às maravilhas: *mas não tenho dinheiro.*

Contava firmemente com certa soma que pedira ao meu Pai há 15 dias. Ela não chegou — e como resposta um telegrama à legação em que o meu Pai pergunta quanto dinheiro preciso eu para ir para Lisboa... Houve decerto um mal-entendido, ou falta de recepção dum meu longo telegrama expedido em 19. Segunda-feira preciso inadiavelmente de 500 francos. Como a menos dum milagre eles não podem chegar... aí tem o meu querido Amigo. É mesquinho: mas é assim. E lembrar-me que se não fosse a questão material eu podia ser tão feliz — tudo tão fácil... Que se lhe há-de fazer...

Mais tarde ou mais cedo, pela eterna questão *pecuniária*, isto tinha que suceder. Não me lastimo portanto. E os astros tiveram razão...

Hoje vou viver o meu último dia feliz. Estou muito contente. Mil anos me separam de amanhã. Só me espanta, em face de mim, a tranquilidade das coisas... que vejo mais nítidas, em mais determinados relevos porque as devo deixar brevemente. Mas não façamos literatura.

Pelo mesmo correio (ou amanhã) registadamente enviarei o meu caderno de versos que você guardará e *de que você pode dispor para todos os fins* como se fosse seu. Pode fazer publicar os versos em volume, em revistas etc.

Deve juntar aquela quadra: "Quando eu morrer batam em latas" etc.

Perdoe-me não lhe dizer mais nada: mas não só me falta o tempo e a cabeça como acho belo levar comigo alguma coisa que ninguém sabe *ao certo,* senão eu. Não me perdi por ninguém: perdi-me por mim, mas fiel aos meus versos:

> Atapetemos a vida
> Contra nós e contra o mundo...

Atapetei-a sobretudo contra mim — mas que me importa se eram tão densos os tapetes, tão roxos, tão de luxo e festa...

Você e o meu Pai são as únicas duas pessoas a quem escrevo. Mas dê por mim um grande abraço ao Vitoriano e outro ao José Pacheco.

Todo o meu afecto e a minha gratidão por você, meu querido Fernando Pessoa, num longo, num interminável abraço de Alma.

o seu, seu

Mário de Sá-Carneiro

Veja lá: mesmo para os Astros diga-me potins, fale-me do sensacionismo...

Adeus.

Se não conseguir arranjar amanhã a estricnina em dose suficiente deito-me para debaixo do "metro"... Não se zangue comigo.

3 Abril 1916

Adeus, meu Querido Fernando Pessoa.

É hoje segunda-feira 3 que morro atirando-me para debaixo do "metro" (ou melhor do "Nord-Sud") na estação de Pigalle. Mandei-lhe ontem o meu caderno de versos *mas sem selos*. Peço-lhe que faça o possível por pagar a multa se ele aí chegar. Caso contrário, não faz grande diferença pois você tem todos os meus versos nas minhas cartas. Vá comunicar ao meu Avô a notícia da minha morte — e vá também ter com a minha Ama à Praça dos Restauradores. Diga-lhe que me lembro muito dela neste último momento e que lhe mando um grande, grande beijo. Diga ao meu Avô também que o abraço muito.[1]

Adeus.

o seu pobre

Mário de Sá-Carneiro

P.S.
Envio-lhe como última recordação a minha carta de estudante na Faculdade de Direito de Paris — o bom tempo — com o meu retrato[2]. Um grande abraço. Adeus

o seu, seu

Mário

Paris 4 Abril 1916

Sem efeito as minhas cartas até nova ordem — as coisas não correm senão cada vez pior. Mas houve um compasso de espera. Até sábado.

o seu

Mário de Sá-Carneiro

Paris — Abril 1916
Dia 4

Meu Querido Amigo,

Neste enredo formidável de coisas trágicas e até picarescas não sei desenvencilhar-me para lhe fixar certos detalhes. Olhe, guinchos e cambalhotas sempre — e sempre, afinal, a Estrela de encontrar pessoas *que estão para me aturar.*

O milagre não se produziu, pois não se podia produzir — o meu Pai não tendo recebido o telegrama como já sei. Assim ontem de manhã deixei tranquilamente a personagem feminina[1] destes sarilhos a dormir, bem certa de que pelo meio-dia regressaria a sua casa com mil francos... Saí para escrever um pneumático longuíssimo onde contava tudo e anunciava o meu suicídio às 2 $^1/_2$ na estação de Pigalle (Nord-Sud). E que lhe deixaria o meu "stylo" na caixa de certo Café, como última recordação.

Efectivamente preparei tudo para a minha "morte". Escrevi-lhe uma última carta a você, outra a meu Pai — e a ela outro pneumático... Depois fui para deixar a caneta... E dizem-me que Mlle. fulana muito aflita andava à minha procura... (de resto eu dera-lhe rendez-vous antes de "morrer" às 2 horas noutro Café...) Ando mais, e de todos os Cafés entre a Place Pigalle e a Place Blanche me chamam...

Resolvi então — embora já tivesse comprado o bilhete — esperar até encontrá-la... De modo que quando a pobre rapariga mais uma vez aflitíssima me procurava — encontra-me... a tomar um bock e a consultar o *Bottin* num Café... Eram 4 horas... Contou-me então que destacara a irmã para a estação do Norte-Sul, e que fora ao consulado português, entretanto, donde voltava... Agora aqui aparece, quando menos se espera, quem? O *Orfeu* — meu Amigo — o *Orfeu*!... Os cônsules receberam-na risonhamente... que não fizesse caso... que sabiam muito bem quem eu era... que certa revista de doidos da qual eu fora chefe etc.... e que era um detraqué, dum grupo de tarados, embrutecidos pela *cocaína e outras drogas* (*sic*)... Hein há-de concordar que isto é de primeira ordem!

Enfim... Ficou muito contente por me encontrar — descompôs-me claro — e foi arranjar dinheiro visto que eu o não tinha... Antes disso fiz outra cena: quis partir um copo, eu, na minha cara. Ela agarrou-me a tempo a mão. Não obstante rachei um beiço... Uma beleza como você vê... Arranjou-me também dinheiro para mandar novo telegrama ao meu Pai — e em suma, até receber a resposta, será ela que — não sei como: isto é: demais o sei... — me arranjará o dinheiro.

Veja você que coisa tão contrária à minha "sorte", à minha psicologia... Agora já não é blague se se disser que eu vivi à custa duma mulher... Lindo hein? Um encanto... O termo de tudo isto: Mistério... Talvez mesmo ainda o metro... Mas não faça caso... Ui, que praga!

Perdoe todos os sustos por que o fiz passar (venho de resto de enviar-lhe um telegrama a sossegá-lo). Imagine que a rapariga teve que arranjar 60 francos que gastáramos em dois dias num restaurante e Café pois na 2ª feira eu garantira arranjar dinheiro... (não olhara a despesas porque me mataria)... Há-de concordar que tenho sorte em topar sempre com criaturas que não me mandam passear — e que no fundo gostam de mim pela minha Zoina...

Porque a verdade é esta: é a única coisa que me torna interessante. Você não acha? Soube que o meu Pai não recebera o telegrama pois aflitíssimo pedia notícias minhas à legação... Mas esta não telegrafou a resposta... pois não há verba para tais imprevistos.

Você escreva. Ria-se: mas no fundo tenha muita pena — muita, do seu, seu

Mário de Sá-Carneiro

Escreva imediatamente!   ESCREVA

[Lisboa 6. 4. 16][1]

bien — carneiro

Paris — Abril 1916
Dia 17

Meu Querido Amigo,

Recebi a sua carta e o seu postal. Não tenho nervos para lhe escrever, bem entendido. A minha doença moral é terrível — diversa e novamente complicada a cada instante. O dinheiro não é tudo. Hoje, por exemplo, tenho dinheiro. Mas você compreende que vivo uma das minhas personagens — eu próprio, minha personagem — *com uma das minhas personagens*. De forma que, se pode ser belo, é trucidante. E o pior é que é muito belo: de maneira que nem o meu admirável egoísmo me pode desta vez salvar. Ainda tenho uma esperança — mas não me parece. Não sei onde isto há-de ir parar. Porque a minha situação — encarada de qualquer forma — é *insustentável*. Um horror. Perturbante, arrepiante o que me conta do seu estado de alma nos meus dias agudos. Mas natural. Se eu penso em você? Mas a todos os momentos, meu querido Amigo. Em quem hei-de eu pensar senão em você? E é nestes momentos que eu sinto todo o afecto que liga as nossas almas. Como eu quisera tê-lo aqui ao pé de mim para lhe explicar tudo, tudo.

Sabe? Por Agosto deixei incompleta uma poesia que iniciara ainda em Lisboa, género "Inegualável". Começava assim:

> Ah, que te esquecesses sempre das horas
> Polindo as unhas —
> A impaciente das morbidezas louras
> Enquanto ao espelho te compunhas...

Escrevi muitos versos; mas a poesia ficara incompleta. Existiam nela estas quadras:

> A da pulseira duvidosa
> A dos aneis de jade e enganos —
> A dissoluta, a perigosa
> A desvirgada aos sete anos...

> O teu passado, sigilo morto —
> Tu própria quase o olvidaras —
> Em névoa absorto
> Tão espessamente o enredaras

A vagas horas, no entretanto,
Certo sorriso te assomaria
Que em vez de encanto,
Medo faria.

E em teu pescoço —
— Mel e alabastro —
Sombrio punhal deixara rastro
Num traço grosso

A sonhadora arrependida
De que passados malefícios —
A mentirosa, a embebida
Em mil feitiços...

Pois bem: previram misteriosamente a personagem real[1] da minha vida de hoje estes versos. E Você compreende todo o perigo para mim — para a minha beleza doentia, para os meus nervos, para a minha Alma, para os meus desejos — de ter encontrado alguém que realize esta minha sede de doença contorcida, de incerteza, de mistério, de artifício? "Uma das minhas personagens" — atinge bem todo o perigo? *Diga o que pensa.* E note: aqui não há amor, não há afecto: e o desejo é até a mínima prisão! Mas há todo o quebranto — quebranto para mim — que os meus versos maus longinquamente exprimem. Percebe bem o meu caso? Escreva-me — suplico-lhe — uma longa carta: e diga se mede bem o perigo, se me compreende. É um horror, um horror — porque é um grifado sortilégio. Por que é que eu se devia encontrar alguém: fui encontrar alguém — ainda que noutros vértices — igual a mim próprio? Não sei nada. Tenha pena de mim: escreva-me imediatamente uma grande grande carta. Adeus.

Mil abraços de toda a alma

o seu, seu

Mário de Sá-Carneiro

Escreva hoje mesmo. Lembre-se da minha angústia.
O meu caderno chegou?

18 abril 1916[1]

Unicamente para comunicar consigo, meu querido Fernando Pessoa. Escreva-me muito — de joelhos lhe suplico. Não sei nada, nada, nada. Só o meu egoísmo me podia salvar. Mas tenho tanto medo da ausência. Depois — para tudo perder, não valia a pena tanto escoucear.

Doido! Doido! Doido! Tenha muita pena de mim. E no fundo tanta cambalhota. E vexames. Que fiz do meu pobre Orgulho? Veja o meu horóscopo. É agora, mais do que nunca, o momento [?][2] Diga. Não tenha medo. Estou com cuidado no meu caderno de versos. De resto o meu Amigo tem cópias de todos.

Informe-me. Pelo mesmo correio um cartão que dará ao Santa-Rita[3] pois perdi-lhe o endereço.

Adeus. Mil abraços. Escreva

o
Mário de Sá-Carneiro

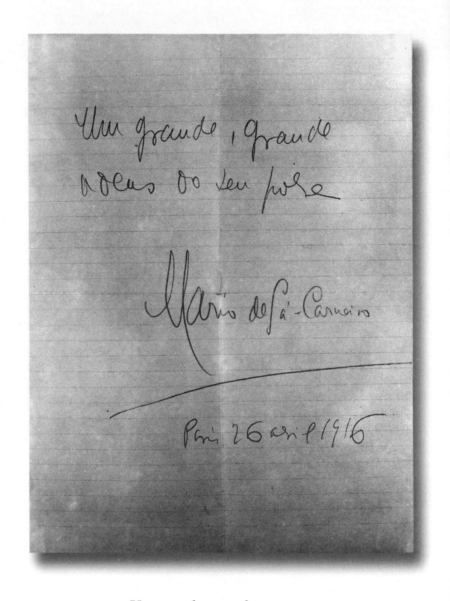

Um grande, grande
adeus do seu pobre

Mário de Sá-Carneiro

Paris 26 abril 1916[1]

Lisboa, 26 de Abril de 1916.

Meu querido Sá-Carneiro:[1]

Recebi, como lhe disse no meu postal de ontem, as suas cartas de 17 e 18, assim como a carta para o Santa-Rita, que ontem entreguei ao irmão, ao encontrá-lo na rua do Ouro.

Você há-de ter estranhado o tempo que eu tenho levado para lhe escrever. É possível que se tenha, até, ofendido um pouco comigo. Peço-lhe, por amor de Deus, que o não faça. Eu vou explicar-lhe tudo, e a explicação é bem compreensível.

Eu tenho tido, com efeito, bastante que fazer. Tenho tido, é certo, várias pequenas cousas a tomarem-me muitos pequenos bocados de tempo. Mas não é por isto que eu lhe não tenho escrito como eu-próprio desejaria ter feito.

Em primeiro lugar, tenho o espírito feito em trapos por uma série de grandes apoquentações que me atacaram, e em parte atacam, simultaneamente. Você sabe bem qual o efeito desorientador de uma acumulação de pequenas arrelias. Imagine qual será o efeito de uma acumulação de grandes apoquentações. Uma grande apoquentação, só uma, não chega, muitas vezes, a valer, para o efeito de nos dispersar e banir de nós, sete ou oito ralações mínimas. Mas olhe que uma junção de arrelias grandes opera muito mais desastradamente sobre nós.

De há meses para cá que tenho a pesar sobre mim a doença gravíssima de minha mãe. Ela teve aquilo a que se chama vulgarmente um "insulto apopléctico" e ficou com uma paralisia em todo o lado esquerdo do corpo. Vai melhorando — segundo as cartas que recebo — mas tão lentamente, tão incertamente, que eu nunca posso tirar do meu espírito a pressão fria da incerteza a respeito dela. Já esta angústia, hoje consubstanciada comigo, me apoquenta e me desvaira.

Acrescente-se-lhe o grande sofrimento que você — sem o querer, é claro — me causou com a sua terrível crise.

Não sei se você avalia bem até que ponto eu sou seu amigo, a que grau eu lhe sou dedicado e afeiçoado. O facto é que a sua grande crise foi uma grande crise minha, e eu senti-a, como já lhe disse, não só pelas suas cartas, como, já de antes, telepaticamente, pela "projecção astral" (como "eles" dizem) do seu sofrimento.

Acrescente a estas duas graves razões para eu me apoquentar esta outra — que, à parte tudo aquilo, estou atravessando agora uma *das minhas graves crises mentais. E imagine você que, para isto não ser tudo, essa crise mental é de várias espécies ao mesmo tempo, e por diversas razões.*

Sobreponha, agora, a isto tudo uma pressão de trabalho — não de um género, mas de várias espécies.

Você calcula bem o que tem sido o resultado de tudo isto... Tenho desleixado tudo, fazendo só aquele trabalho que é absolutamente impossível não fazer.

Tenho atrasado o meu trabalho de traduções. Há mais de um mês que tenho para traduzir um livro de 100 páginas pequenas, que, normalmente, eu traduziria em 5 dias. E ainda não tenho traduzidas senão 30 páginas! Vão sempre tarde as minhas cartas para a minha família. Para você, você já sabe o que tem sido. E assim com tudo, numa fúria absurda de perder tempo, de navegar pela costa do Inútil, e outras metáforas análogas — que todas são poucas para o que hoje vivo.

Isto serve para justificar a minha demora em escrever-lhe. Mas o facto de esperar ansiosamente notícias suas, para lhe escrever mais calmamente, tem, também, contribuído um pouco para esta demora. Peço-lhe, meu querido Sá-Carneiro, milhares de desculpas. Mas isto não podia ter sido senão assim.

APÊNDICE

Duas cartas a Mado Minty[1]
e um excerto, traduzido, para Luís de
Montalvor

Dois excertos traduzidos[1] dos textos:
Na Floresta do Alheamento, de F. Pessoa
O Fixador de Instantes, de M. de Sá-Carneiro

ARMENONVILLE
Bois de Boulogne

10 janvier 1913
6 heures du soir

Mademoiselle,

Par poste, recommandé, je vous envoyerai demain matin un volume de nouvelles — "Princípio" — que je viens de publier à Lisbonne.

Ce soir rêvé d'un hiver tout bleu, tout fleuri, je vous dirai la raison de mon envoi. Elle est fort simple, du reste, quoique un peu étrange et, surtout, difficile à faire comprendre à autrui. Parce qu'il ne faut pas croire, Mademoiselle, que je vais tout de go [*sic*] vous déclarer mon amour. Mon Dieu! ce serait ridicule: l'amoureux qui, pour déclarer sa flamme, envoyerait en même temps le bouquin qu'il aurait pondu...

Non, Mademoiselle, l'envoi de mon livre est, tout d'abord, un remerciement et, puis... une indélicatesse. Oh! mais ce qu'il y a de charmant pour moi dans cette indélicatesse!...

Je vous prie de bien m'écouter et d'excuser mes pauvres phrases écrites dans un français épouvantable.

Il y a une seule chose au monde que j'aime, mais celle-là je l'aime de tout mon coeur, je l'aime jusqu'à la folie, je l'aime jusqu'au meurtre — c'est la Beauté. Quand je la rencontre sur mon chemin, ce qui est bien rare d'ailleurs, un délicieux frisson énivre toute ma chair. Je suis heureux, moi, l'éternel malheureux. Un élan irrésistible m'attire vers celui qui m'a donné ce bonheur. Et j'aime, oui j'aime d'un amour véritable, d'un amour étrange et mystérieux, *d'un amour d'âme*, l'artiste génial qui a pu susciter la Grande Déesse devant mes yeux tout chauds de larmes. Car en face d'Elle je pleure toujours. Et j'ai pleuré aussi devant vous.

Ah! comme je voudrais bien connaître votre langue pour dire tout le poème sacré de votre beau corps ivre de chair, de vos yeux meurtris d'amour, de votre bouche de joie!...

Sous la lumière électrique, éclatante et banale, poussiéreuse et bien réelle, je vous ai vu surgir comme un personnage de rêve à force d'être admirable. Et puis, peu à peu, de même qu'on comprend toutes les beautés d'un vers immortel, j'ai compris l'or de votre peau, la jeunesse de vos muscles, le soleil de vos seins — toute la symphonie blonde de votre chair idéale!...

....

Votre chair... votre chair...
Ah! quelle vision phantastique...
Quelle gloire!
Votre chair mordorée où il pétille du feu...
Votre chair d'ivresse rose...
Votre chair d'amour...
Votre chair d'angoisse...

....

Enfin, Mademoiselle, vous m'aviez donné une des plus fortes sensations de ma vie. Il fallait donc vous remercier. Et voici pourquoi mon pauvre livre est tout d'abord un remerciement.

Passons à *l'indélicatesse.*

C'est tout simple.

En vous voyant si belle, si radieuse, si admirable, si lontaine — *j'ai voulu être un personnage de votre vie.*

Eh bien! Mademoiselle, à l'heure charmante où je vous écris cette lettre, je le suis devenu, ce personnage. Car désormais je peux me dire en songeant à vous: "Chez elle il y a quelque chose de moi... Nos existences se sont rencontrées tout de même!... Et ce sera très doux, très caréssant...

Un jour lointain, peut-être, par une nuit morne de tristesse, vous ouvrirez vos tiroirs pleins de souvenirs — toute rêveuse, les larmes aux yeux. Et parmi les lettres d'amour, les vieux rubans, les vieux programmes, les coupures de journaux, les fleurs sèches, peut-être — dis-je — cette feuille de papier vous tombera sous la main. Et une fois encore je serai un personnage de votre vie. *Vous vous souviendrez de moi.*

Enfin, Mademoiselle, à partir de ce jour, quand j'irai vous voir danser dans les théatres, vous ne serez plus une étrangère pour moi. *Car je saurai quelque chose de votre vie.*
Avec cette lettre j'obtiens tous ces gentils petits bonheurs. C'est ma seule excuse.

....

Hélas! Quelle misère!... De tout ça, j'en ferai peut-être une nouvelle...
Va donc! Ils sont bien empoisonnés de littérature, nos pauvres 22 ans!...

....

Plaignez-moi un peu, Mademoiselle, pardonnez l'égarement de mon âme par ce soir nuageux d'amour, et permettez que, comme adieu, j'embrasse vos jolis pieds nus.

Votre bien dévoué

Mário de Sá-Carneiro

P.S.= Je vous supplie, Mademoiselle, de bien vouloir accuser la recéption de cette lettre et de mon volume. Ce sera le gage de votre pardon.

M. de Sá-Carneiro
50, rue des Écoles.
Paris.

De uma carta a Luís de Montalvor
(12 - 1 - 1913)

[...]

Pobre de mim....
Pobres de nós!...
Gente da nossa raça não foi feita para viver a vida...

Como eu quisera correr no azul todo coroado de per-
fumes...
Luz rosa! Luz rosa!...
Nada tenho escrito. Outro dia estas linhas duma "Carta".
Gostas delas? Diz:

"Como ambicionei cantar o poema sagrado do teu lindo
corpo bêbado de carne, dos teus olhos feridos de amor, da tua
boca de alegria...
À luz eléctrica resplandecente e vulgar, poeirenta e bem
real, vi-te surgir como uma personagem de sonho à força de
seres admirável. E depois, pouco a pouco, assim como se com-
preendem todas as belezas dum verso imortal, eu compreen-
di o ouro da tua pele, a mocidade dos teus músculos, o sol dos
teus seios — toda a sinfonia loira da tua carne ideal!
A tua carne... a tua carne...
Ai que visão fantástica!
Que glória...
A tua carne dourada onde crepita fogo...
A tua carne de bebedeira cor-de-rosa...
A tua carne de amor...
A tua carne de angústia...".

....

Não desgosto destas linhas.
[...]

Paris, le 16 janvier 1913
minuit.

Mademoiselle,

Vraiment je ne saurai jamais vous remercier ces deux petits mots de votre lettre — "récrivez-moi".

Donc vous souffrez que je passe quelques minutes encore en votre compagnie! Car écrire à une princesse lointaine avec son consentement, c'est tout de même lui parler — la connaître un peu, vivre un peu avec elle.

Et je me trouve si bien, je suis si heureux ... si heureux près de vous ...

Toute votre beauté, à ces heures inéffables, je la sens dans mon âme. Elle m'enveloppe comme un baiser d'amour, comme un parfum de mystère fauve, comme une haleine de clarté... Mes yeux — quelle merveille! — ne voient que de l'or! Pour mes yeux éblouis, toutes les choses deviennent dorées! ... L'air que je respire, ce n'est plus de l'air — non, ce n'est plus de l'air! — c'est de la musique!...

Mon âme se dégage de mon corps. Ivre d'azur, elle bondit sur l'espace et s'élance dans une course éperdue vers la lumière, vers le soleil...

....

Votre beauté... votre beauté...

Ce que j'aime mieux dans votre beauté, c'est qu'elle n'est d'aucune façon une de ces gentillesses fragiles qu'on aimerait couvrir de rubans et de dentelles. Votre beauté, c'est de la force. Votre chair bien solide, bien vivante, bien musclée, c'est du marbre de Paros — elle n'est pas de la mousse de champagne. Les baisers ne vallent rien pour cette chair. Les morsures sont les seules caresses dignes d'elle.

Votre corps ne se devrait parer que de pierreries.

Ah! comme je voudrais être un milliardaire pour vous vêtir toute d'émeraudes!...

....

N'importe... Il y a des jolies choses dans la vie...

Hier je vous ai envoyé une bien triste ambassade d'oeillets frileux d'hiver. Mais quelles charmantes minutes j'ai vécu en les choisissant! *Parce que ces minutes, je les dépensais avec vous.*

Oui, je ne vous porte pas seulement dans mon âme, dans mon rêve — *j'agis pour vous.* Mais ce qu'il y a de plus adorable, c'est que vous agissez aussi pour moi. La preuve: votre lettre.

Et ces petites idées me sont si douces... Elles me font frémir, me chatouillent tout, me rendent tout fiévreux de bonheur et de tendresse...

....

Perdu dans la salle rouge de votre théâtre, hier soir je vous voyais danser. *Sur moi, j'avais quelque chose de vous.* Vous étiez la Grande Inspiratrice de mon existence actuelle — ma seule pensée d'aujourd'hui, ma seule pensée de demain...

Et pour vous je n'étais qu'un spectateur anonyme comme les autres. *Vous ne pourriez pas me deviner!* Je craignais tout de même que vos yeux ne se fixaient sur moi, car il est si joli, si joli mon rôle mystérieux de "L'Inconnu"...

Seulement, je vous assure, il faut avoir un peu de courage pour le jouer jusqu'au bout...

....

....

J'ai dit: "Les morsures sont les seules caresses dignes de votre chair". Donc, dans um baiser lointain, dans un baiser d'âme, j'ose — oui, follement j'ose! — vous mordre aux lèvres!...

....

....

Aurai-je encore votre pardon?...

bien à vous

Mário de Sá-Carneiro
50, rue des Ecoles.

Vous seriez tout à fait gentille en me disant se m

"...verti em francês alguns excertos dos meus livros e dos admiráveis trabalhos de Fernando Passos"
Asas

A Travers la Forêt de l'Absence

Je sais que je suis éveillé et que je dors encore. Mon corps ancien, las de ce que je vis, me dit qu'il est encore trop tôt... Je me sens fiévreux de loin. Je me pèse, sans savoir pourquoi...

Dans une torpeur lucide lourdement incorporel, je stagne entre le sommeil et la veille dans un rêve qui est une ombre de rêver. Mon attention flotte entre deux mondes et aveuglement voit la profondeur d'une mer et la profondeur d'un ciel, et ces deux profondeurs s'entrepenetrent, se mêllent et je ne sais ni où je suis ni ce que je rêve.

Na Floresta do Alheamento

Sei que despertei e que ainda durmo. O meu corpo antigo, moído de eu viver, diz-me que é muito cedo ainda... Sinto-me febril de longe. Peso-me, não sei por quê...

Num torpor lúcido, pesadamente incorpóreo, estagno, entre o sono e a vigília, num sonho que é uma sombra de sonhar. Minha atenção bóia entre dois mundos e vê cegamente a profundeza de um mar e a profundeza de um céu; e estas profundezas interpenetram-se, misturam-se, e eu não sei onde estou nem o que sonho.

Le Fixateur d'Instants

L'instant! L'instant!

Je ne sais pas comment les autres qui ignorent mon secret mon art peuvent vivre de la Vie. Je ne le sais guère.

Je me mourrais de regrets, lorsque par une nuit de chymère j'ai vaincu, oui j'ai vraiment vaincu, à force d'angoisse et j'ai trouvé le plus beau des arts perdus. Car je ne crois pas avoir découvert mon art. Je ne l'ai que reedifiée. Ce fut une reminiscence lointaine — d'où, je l'ignore, de très loin d'outre-rêve, peut-être, qui m'appris le secret. Je l'ai éveillé, je ne l'ai pas été. Et je tiens — je peux le crier — je tiens entre mes mains la vie qui à tous, aux plus *riches*, aux plus *heureux*, fuit effilément et se defait sans remède douleur, après douleur.

O Fixador de Instantes

O Instante! O Instante!

Não sei como os outros que desconhecem o meu segredo, a minha arte, podem viver da vida. Não sei.

Eu morria de saudade quando uma noite de quimera venci, realmente venci à força de ânsia, achando a mais bela das artes perdidas. Porque eu não creio ter descoberto a minha arte. Apenas a reedifiquei. Foi uma reminiscência longínqua — donde, ignoro — de muito longe, de além-sonho talvez, que me ensinou o segredo. Acordei-o não o fui. E tenho, é bem certo — posso gritar — tenho nas minhas mãos a vida que a todos, aos mais felizes, aos mais ricos, esguiamente foge, se desfaz sem remédio dor após dor.

Fernando Pessoa:

Horóscopo de Mário de Sá-Carneiro[1]

[Na morte de Mário de Sá-Carneiro][1]

Dois poemas:
Horae Subcessivae[1]
Sá-Carneiro[1]

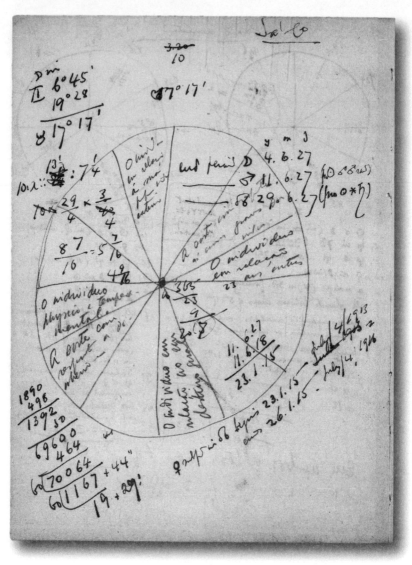

— end period
— A sorte com respeito às coisas graves da vida
— O indivíduo em relação aos outros
— O indivíduo em relação ao seu destino geral
— A sorte com respeito a dinheiro
— O indivíduo físico e temperamental
— O indivíduo em relação à sua própria vida exterior

Astral.

Hypotheses entre os significadores da Morte.

(1) Procura-se na natividade uma conjuncção de maléficos de espécie contraria (e. g. – ♂ e ☿, ☿ e ♆, ♂ e ♄, ♂ e ♆). Vê-se os signos que occupam, e a que planeta elle pertence; se a nenhum dos dois a combinação é' tanto peor. – Essa conjuncção de maléficos será mortal quando se dá' um dos casos seguintes:

(A) mau aspecto superior com o MC prorredido;

(B) mau aspecto superior com o ☉ prorredido;

(C) mau aspecto superior com uma ☽ prorredida mal-vista, ella, por mau aspecto superior de outros prorredid. [⊙⊙] (mau. ⁄ ☉).

[O papel dos transitos na Morte, é' algum ?].

(2) Se dois maléficos conjunctos se encontram no 4º quadrante, a Morte dá'-se quando o MC prorredido se conjunga com elles, ou com o segundo. N'esse caso a morte é' resultado do primeiro – de uma causa como um desgosto, uma aggressão, etc. qualquer cousa não directamente dependente do aga... mas sui do effeito sobre elle de acontecimentos exteriores e extra – individuaes. A causa especial d'essa morte, explica-a a casa em que esses maléficos estão – se na 10ª na 11ª a fullescer. de todos os socios e esperanças (a 11ª é'a casa d' elles) ou na 12ª a malicia e a furia dos inimigos. E O signo em que estão explica

Astrol.

Hipóteses sobre os significadores da Morte.

(1) Procura-se na natividade uma conjunção de maléficos de espécie contrária (e. g. — ♃ ☌ ♄, ♄ ☌ ♅, ♂ ☌ ♆, ♄ ☌ ♅). Vê-se o signo que ocupam, e a que planeta ele pertence; se a nenhum dos dois a combinação é tanto pior.

Essa conjunção de maléficos será mortal quando se der um dos casos seguintes:

(A) mau aspecto superior com o MC progredido;

(B) mau aspecto superior com o ☉ progredido;

(C) mau aspecto superior com uma ☽ progredida mal-vista, ela, por mau aspecto superior de outro progredido (mas só ☉).

[o papel dos *trânsitos* na morte, é algum?]

(2) Se dois maléficos conjuntos se encontram no $4^{\underline{o}}$ quadrante, a morte dá-se quando o MC progredido se conjuga com eles, ou com o segundo. Nesse caso a morte é resultado do primeiro — de uma coisa como um desgosto, uma agressão etc. — qualquer coisa não directamente dependente do organismo mas sim do efeito sobre ele de acontecimentos exteriores e extra-individuais. A causa especial dessa morte, explica-a a casa em que esses maléficos estão — se na 10^{a} (...), se na 11^{a} a falência de todos os desejos e esperanças (a 11^{a} é a casa deles), se na 12^{a} a malícia e a fúria dos inimigos. E o signo em que estão explica.

Génio

O génio é uma sensibilidade que sente, primeiro que outra, *a direcção da evolução social*. As suas manifestações tornam nítido à sociedade o caminho a seguir. Os instintos obscuros sociais tornam-se nítidos ao dar por essas manifestações.

[1916?]

[Na morte de Mário de Sá-Carneiro][1]

As palavras pertencem à Vida; ante a Morte não têm razão de ser. Devem ser feitos de silêncio os corredores por onde a Morte passe. É tudo claustral e secreto em torno[1] à grande Alma que desincarnou

O grande cerimonial da cessação da vida pede silêncio aos assistentes a saber dele.

Esse grande acto de magia que é a Morte.

É com um aparato (...) de silêncio que o espírito desincarna e o mundo físico cessa, como um túnel findo, aos sentidos astrais libertos e indivisos. A verdade começa quando se dobra a Morte, esse Cabo das Tormentas em que o astral liberto depois reconhece um Cabo de Boa Esperança.[2]

A Morte, tão cheia de terrores para o comum incerto dos homens, não oferece[3] ao ocultista o mesmo velado gesto. "Mesmo nesta época houve quem visse Isis sem véu."

Estas palavras de um Hermético, (...)

A esta alma toda a vida ébria de aventuras sonhadas, sem dúvida que o sonho supremo, a irrealidade solene chamada Morte, atraiu como um abismo.

Escreveu nesse gesto a mais bela página da sua obra imortal. O Presente não o pode compreender. O Futuro amará a sua grande memória, velará com amor o seu aureolado nome.

Estas palavras não são escritas por mim, que as assino. Ao escrevê-las, sou uma pura abstracção, *medium* inspirado de futuras gerações.[4]

Incarno dolorosamente sensibilidades venturosas a quem o Destino concederá que assistam a[5] um Portugal melhor.

Nada há a dizer onde só há que sentir.

Ele fez o que todo o artista devia fazer em Portugal. É preciso muita fé no futuro para poder sentir-se compatriota destes sub-homens, para poder saber-se português e não se matar ou morrer.

A maioria de nós morre lentamente, suicida-se pela vida, mata-se quotidianamente, saciado do nojo até de gozar o nojo de ter nascido em Portugal!

Tudo quanto é mau manda, tudo quanto é medíocre triunfa.

Esta pátria podre não tem por onde se ame. Só o conceito de uma pátria melhor pode dar a sombra de um alento a uma dolorosa alma contemporânea.

Sim, mesmo neste feudo abjecto[6] de Inglaterra houve almas e recordações incarnadas de tempos em que a Europa chegou até aqui.

No fundo, para o português, há só uma tragédia — que é a de ser português.

Quaisquer que fossem, para ele próprio, as razões aparentes do seu suicídio, esta foi a razão primacial. O absurdo de ser uma alma de artista e ter nascido português é uma falha sem solução

É (...) como um brazão num túmulo seu *hic jacet*:
Não foi entendido ou certo de Pátria quem foi uma das superiores figuras intelectuais duma nação.

Horae Subcessivae

Morto? Não sei que pensamento
Te ponha ao lado de morreres,
Ó companheiro que um momento
Roubou a mim, roubou a seres...

As longas noites rememoro
De vã conversa e ocioso estudo,
E dentro em mim, abstracto, choro
A sorte temporal de tudo.

Com que maligna insubsistência
Tudo não é, e tudo flui!
Ó privilégio da demência
   (...)   eternos que construe!

Pudesse eu conceber sem morte
Cada intangivel impressão
Oco triunfando da sorte,
Brandindo um ceptro de ilusão,

Entrara ao menos no futuro
Sem mais mistério que ser eu,
Vivendo sempre em sonho obscuro
O sonho obscuro que morreu...

1. 3. 24

Nesse número de Orfeu que há-de ser feito
Com sóis e estrelas em um mundo novo.

Sá-Carneiro[1]

Nunca supus que isto que chamam morte
Tivesse qualquer espécie de sentido...
Cada um de nós, aqui aparecido,
Onde manda a lei certa e a falsa sorte,

Tem só uma demora da passagem
Entre em combóio e outro, entroncamento
Chamado o mundo, ou a vida, ou o momento;
Mas, seja como for, segue a viagem.

Por isso, embora num combóio expresso
Seguisses, e adiante do em que vou,
No terminus de tudo, ao fim lá estou
Nessa ida que afinal é um regresso.

Porque na enorme gare onde Deus manda
Grandes acolhimentos se darão
Para cada prolixo coração
Que com seu próprio ser vive em demanda.

Como éramos só um, falando! Nós
Éramos como um diálogo numa alma.
Não sei se dormes   (...)   calma
Sei que, falho de ti, estou um a sós.

É como se esperasse eternamente
A tua vinda certa e combinada
Aí em baixo, no Café Arcada —
Quase no extremo deste Continente;

Ah, meu maior amigo, nunca mais
Na paisagem sepulta desta vida
Encontrarei uma alma tão querida
Às coisas que em meu ser são as reais.

Não mais, não mais, e desde que saíste
Desta prisão fechada que é o mundo,
Meu coração é incerto e infecundo
E o que sou é um sonho que está triste.

Porque há em nós, por mais que consigamos
Ser nós mesmos a sós sem nostalgia,
Um desejo de termos companhia —
O amigo enorme que a falar amamos.

[1934]

NOTAS

Postal de 16 Out. 1912
1. Sá-Carneiro permaneceu neste hotel alguns dias, antes de ingressar, em 28 de Out., no Grand Hotel du Globe, 50 rue des Écoles, onde estanciou de 1912 a 1913. A ele havia de regressar em Junho de 1914. Também na "rive gauche", na rue des Écoles, mas no nº 41, morara António Nobre quando cursava Direito em Paris.

Carta de 20 Out. 1912
1. Rodriguez Castañé. Desenhador, ilustrador e caricaturista, pintou um retrato a óleo de F. Pessoa no ano de 1912.
2. Luís da Silva Ramos usou o pseudónimo literário de Luís de Montalvor a partir de 1915, sendo já com ele que figurou como director do nº 1 de *Orpheu*. F. Pessoa, entrevistando-se a si mesmo, talvez no início dos anos 20, descrevia: "Em princípios de 1915 (se não me engano) regressou do Brasil Luís de Montalvor e uma vez, em Fevereiro (creio), encontrando-se no Montanha comigo e com Sá-Carneiro, lembrou a ideia de se fazer uma revista literária, trimestral" e o "próprio título da revista — *Orpheu*". "A direcção real era, e foi sempre, conjunta, por estudo e combinação entre nós três..."
Em fins de 1916 lançou a rev. *Centauro*, cuja "índole estranha e rara", que lhe atribuía em prefácio, seria sobretudo devida aos dezesseis poemas de Camilo Pessanha e aos catorze sonetos de "Passos da Cruz" assinados por F. Pessoa. Nesse número (primeiro e único) era ainda anunciada uma *plaquette* evocativa do "saudoso artista que foi Mário de Sá-Carneiro".
Fundador da editora Ática, empreendeu a publicação das *Obras Completas* de Pessoa sete anos após a sua morte e, em 1945, a publicação das *Poesias Completas* de M. de Sá-Carneiro, decorridos 29 anos sobre o suicídio dele.
3. Este jornal abrira, em Set. de 1912, um "Inquérito à vida literária" conduzido por Boavida Portugal. Uma das questões, "Existirá uma renascença literária em Portugal?", decorria do ensaio de estreia de F. Pessoa (iniciado em Abril de 1912) na *Águia*, acerca da "nova poesia portuguesa" e do anúncio do "próximo advento" de um poeta máximo que denominava "Supra Camões". Com um terceiro artigo — "A nova poesia portuguesa no seu aspecto psicológico" — reagia ao impacto suscitado pelos anteriores artigos de sociologia literária. Em 21. 10. 1912 ainda Pascoais podia escrever-lhe: "O seu espírito chegou pelo raciocínio à Verdade a que eu cheguei pelo instinto. Eu creio firmemente..." "...que, em nós se revelou por completo a *alma lusitana*".

4. O poeta Augusto de Santa-Rita (irmão de Santa-Rita Pintor), proto-or-feico nos excessos sinestésicos e imagéticos, havia de lançar e dirigir, em Abril de 1916, a revista *Exílio* (que Sá-Carneiro ainda refere em carta de 13 e foi número único) onde F. Pessoa publicou a "Hora Absurda" e assinou o art. *Movimento Sensacionista* a propósito da recensão de duas *plaquettes* em verso. Sá-Carneiro dedicou-lhe a novela *O Fixador de Instantes*, publicada no nº 20 de *A Águia*, 1913, e manteve a dedicatória em *Céu em Fogo*.

5. Para esta projectada novela chegaram até nós duas páginas manuscritas e bastante informes, datadas de 10 de Fev. de 1913, que François Castex publicou [*Revista da Biblioteca Nacional*, S. 2, vol. 8 (2), 1993]. Em carta de 20. 8. 1914 Sá-Carneiro referia-a já como conto com um novo título: *Elegia*.

6. O título do volume em questão era então *Perturbadoramente* e o subtítulo, *2 novelas e um episódio* (*Confissão de Lúcio* e *Gentil Amor* e uma peça — *Irmãos, Estudo a Ruivo* ou *Crime Perdido*). Só a primeira das novelas foi finalizada e dada a lume como "narrativa".

7 e 8. A revista *A Águia*, fundada em 1910 e com aquele logotipo, foi, no seu segundo período (a partir de 1. 1. 1912, com direcção literária de Pascoais e artística de António Carneiro), órgão da Renascença Portuguesa, sociedade cultural e depois movimento. O movimento, teorizado por Pascoais sob o nome de Saudosismo, era contestado, em certos meios, sobretudo lisboetas, pelo nacionalismo literário (ou como Philéas Lébesgue descrevia em 1. 1. 1913 no *Mercure de France*: "Ce mouvement littéraire se manifeste comme absolument national, sans emprunts directs d'aucune sorte") recentrado pelos artigos de F. Pessoa e pelo "Inquérito" do jornal *República*.

Para constituir "ampla e completa defesa" das críticas à Renascença e responder, de modo sistemático, aos objectores dela, Pessoa propunha-se elaborar um panfleto ou "folheto". "É com ansiedade que espero a leitura do seu folheto. Estou certo que será uma obra de justiça e ciência" instigava Pascoaes em 21. 10. 1912. Em carta de 31. 12. 1912 a Álvaro Pinto, secretário da revista, Pessoa registava: "Quanto ao meu panfleto, cá o vou fazendo e desfazendo e refazendo"; e em 4. 3. 1913 (em carta ao mesmo) advertia para os "parágrafos de crítica por vezes severa ao que considero certos defeitos de atitude na Renascença e em alguns dos seus autores".

Em 25 de Maio de 1914 (e apesar de adivinhar-se já a ruptura de F. Pessoa com o grupo de *A Águia*, que ocorreu em Novembro) ele ainda declarava, ao mesmo correspondente, a sua disposição de "pôr de pé o panfleto" no mês seguinte, dada a oportunidade da saída iminente do livro (aparecido, afinal, em 1915) em que Boavida Portugal reuniria as respostas ao "Inquérito".

Carta de 28 Out. 1912

1. Guilherme Santa-Rita, ou Santa-Rita Pintor, bolseiro em Paris, pôde aí visitar em 1912 (e desde logo aderir ao movimento inspirador) a exposição dos futuristas italianos. Apenas sete reproduções, publicadas em *Orpheu 2* e em *Portugal Futurista*, documentam a sua adesão a esta corrente, ou por haver sido destruída pela família, a seu pedido, a obra que dele existiria em 1918, ano em que morreu, ou então porque, como se lê na revista *Contemporânea* em Março de 1925: "Espírito brilhante, espírito cintilante, puro espírito" "accionou pelo espírito, pela graça e pela inteligência — não teve tempo de fazer obra material".

Personalidade controversa e rica — referida postumamente por Pessoa (na entrevista citada na Nota 2 da carta de 20 de Out.) como "inteligentíssimo e muito pitoresco" e "único futurista ligado ao *Orpheu*" (o próprio defendera, em carta de 29. 4. 1916 a Homem Cristo, publicada na *Ideia Nacional*, que "futurista declarado, em Portugal, há só um, que sou eu") — foi retratada, por Sá-Carneiro, em Gervásio Vila-Nova, personagem de *A Confissão de Lúcio*.

Em crítica inédita a esta obra F. Pessoa, após a afirmação introdutória de que "O livro todo é degenerescência", escreve, a dado passo, a propósito da "triste personagem": "Qualquer criatura não de todo destituída de perspicácia percebe que se trata duma criatura real". "Sem querer o Sr. Sá-Carneiro faz-nos um perfeito estudo do género de cretino que habita os Cafés de Paris..." "É o tipo de *blagueur* banal, como entre empregados de comércio há imensos..."

A Santa-Rita aparece dedicada a poesia *Manucure* (Maio 1915), feita, segundo o autor, com "intenções de *blague*" e cuja natureza F. Pessoa definiria, mais tarde, como "semifuturista". *Poemas sem Suporte* é o título da sequência, formada por essa poesia e por "Elegia" (Março 1915), publicada em *Orpheu 2*. Neste mesmo número a *Ode Marítima* vem dedicada ao pintor, tal como acontece em vários planos editoriais de um livro de versos, *Arco de Triunfo*, de Álvaro de Campos, único heterónimo marcado, na primeira fase, pelos ritmos e visões futuristas.

2. Bal Bullier, na "rive gauche", Bd. Saint-Michel, que com o Dôme, Rotonde e, sobretudo, a Closerie des Lilas, fazia parte dos emblemáticos cafés de Montparnasse frequentados, principalmente, pelos pintores e escultores de vanguarda (depois da exposição dos futuristas e da manifestação cubista dos Independentes) em detrimento do anterior primado intelectual de Montmartre.

3. Episódio transposto para a personagem Gervásio Vila-Nova.

4. A novela *O Homem dos Sonhos*, que F. Pessoa adjectivava, em carta a A. Pinto de fins de 1912, como "maravilhoso conto" e "magnífico conto" ("o autor é o único novo em quem está o poder de contestar a António Patrício o primeiro lugar entre os contistas"), foi publicada na *Águia*, em Maio de 1913.

Cerca de 1915, porém, na crítica inédita a *Céu em Fogo* acima referida, F. Pessoa classificaria como "*blagues*" os "espantosos parágrafos do princípio do *Homem dos Sonhos*", rematando: "Custa a compreender a que fosse artista Mário de Sá-Carneiro ao escrever estes trechos".

5. Carlos Parreira, crítico de arte e de literatura e colaborador em prosa e em verso na *Águia*, aparecera, em 1906, com o volume *Poeiras*, epigonal de Cesário Verde e de outros poetas da escola naturalista. Em 1915 publicaria na editora Renascença Portuguesa, o volume intitulado *A Esmeralda de Nero — Rezas de Espuma e de Sarcasmo* (em preparação desde 1912 e dada já em pré-publicação nas páginas da *Águia*) do qual "Outono" fazia parte. Júlio Dantas, em crítica da *Ilustração Portuguesa*, classificaria essas prosas de "angulosas, metálicas, originais, procurando convulsivamente a nota pessoal". Em 1919 C. Parreira publicou um *In Memoriam* de Santa-Rita Pintor.

6. Este autor estava em vias de deslocar-se para o Brasil (secretariando Bernardino Machado, então ministro plenipotenciário no Rio de Janeiro), e essa mudança havia de suscitar a Sá-Carneiro melancólicas reflexões em

411

carta ao próprio: "...todos nós que partimos...", "são as nossas almas que se dispersam errantes, uma aqui, outra ali, os nossos corpos que se desenraizam e nadam à toa pela água, tempestuosa para uns, estagnada para outros, como para mim. E é este boiar na água estagnada o mais doloroso".

7. Este P. S., escrito num papel solto, não se encontra catalogado no epistolário original, na sequência da carta a que pertence e cujas características materiais prolonga, mas na de 16 Nov. de 1912.

Carta de 16 Nov. 1912

1. F. Pessoa apontou no sobrescrito: "O Phileás L. já escreveu?"

2. Apesar de em carta ao avô de 1º de Maio de 1913 informar: " Com os estudos tenho-me havido razoavelmente e sei que ficarei aprovado", o estudante, que se inscrevera no curso de Direito em 14 de Nov., deixara de frequentar a Sorbonne já antes do final do ano.

3. *Quadro* homólogo daquele que, "às 8h da noite" do dia anterior, traçara em carta ao amigo Ricardo Teixeira Duarte.

4 e 5. O "tenente" era Manuel António de Almeida, que escrevia sobre a "tendência idealista na arte", e o "tipógrafo católico", José Constantino Ribeiro Coelho, que discretiava sobre a obra, "falha de ideias e critério", da "chamada Renascença Portuguesa".

Postal de [Nov. 1912]

1. Contra os seus usos, Sá-Carneiro não datou o postal. A data do carimbo dos correios de Lisboa (26. 11. 1912) remete-o para este mês.

2. Muito provavelmente Aarão de Lacerda, que, nesse mesmo ano e a expensas suas, fundara em Coimbra, com João de Lebre e Lima (autor de *O Livro do Silêncio* e amigo de F. Pessoa), a revista *Dyonisos*. Crítico de arte e futuro professor de estética e de história da arte na Faculdade de Letras do Porto, foi ele um dos promotores e principal conferencista da Exposição de Humoristas e Modernistas, naquela mesma cidade, em 1915, sendo também colaborador da *Águia* desde o nº 3 da revista.

3. O poeta Mário Beirão, embora de início próximo do misticismo panteísta de Pascoais e da exaltação dos valores lusíadas, já acusava, no seu primeiro livro (segundo Óscar Lopes), "traços precursores do neo-realismo". Tendo feito a sua estreia literária no nº 4 da *Águia*, manteve-se-lhe solidário. Amigo de Sá-Carneiro e de Pessoa, participou no júri do Prémio Antero de Quental que, em 1934, premiou *A Romaria*, de Vasco Reis, atribuindo o segundo prémio a *Mensagem*.

4. O poeta Augusto de Santa-Rita acabara de publicar *Árias, Rezas e Canções e Cantares* (I série), provavel "livro" aqui referido.

Carta de 2 Dez. 1912

1. F. Pessoa apontou no sobrescrito: "Send begining of Portugal".

Possivelmente quando *Portugal*, de origem um "poema em seis cantos", teria inflectido, com a proclamação da República, em "epic fragment", onde *Mensagem* já estaria embrionária (este título final, como se sabe, foi de atribuição tardia, substituindo, já na tipografia, em Set. de 1934, o de *Portugal*).

412

2. Uma das novelas do vol. *Princípio*, saído em 1912 na Livraria Ferreira, escrito "entre os dezoito e os 22 anos" e dedicado ao pai.

3. Paul Bourget, aqui convocado com a ironia de ter alguma vez "florescido", há-de ser proscrito como um dos "mandarins da Europa" — "lamparineiro das partículas alheias", "reles snobe plebeu, sublinhando a régua de lascas os mandamentos da lei da Igreja" — no *Ultimatum* de Álvaro de Campos o qual esteve para ser o *Ultimatum da Escola Literária Definitiva*, em 1915 (no mesmo ano em que o Sensacionismo se cria Escola de Lisboa e não ainda movimento literário surgido como "primeira manifestação de um Portugal-Europa" "contra o pseudopetrarquismo dos tristes poetas da nossa Renascença" e "a seca emotividade" do "neo-huguismo" de Junqueiro, como se lia no respectivo manifesto).

4 e 5. Poemas publicados depois no volume *O Último Lusíada*, 1913, respectivamente em VIII-*Deus* e em III-*Paisagens*, tendo "Sintra" (pré-publicada na *Águia* com dedicatória a Teixeira de Pascoais) constituído a estreia literária do autor, no ano de 1912, em *plaquette* com o mesmo título.

Em carta de 6. 12. 1912 F. Pessoa escrever-lhe-ia a propósito: "V. hoje é tão perfeito e muito mais perfeito do que era quando escreveu 'As Queimadas'. Este paradoxo diz a verdade. O que era subtil tornou-se hipersubtil, e a perfeição da expressão acompanhou perfeitamente essa subida da sua alma".

6. Tratava-se do terceiro artigo (cf. Nota 3 à carta de 20. 10. 1912) do ensaio, já referido, sobre os aspectos que identificavam a nova poesia portuguesa pugnada pela Renascença. O ensaio foi publicado nos n°s 4-12 da *Águia*.

Postal de 3 Dez. 1912

1. Título da secção na qual Lébesgue colaborava regularmente no periódico francês.

2. O poema, publicado na revista *Centauro* com o título *Os Violoncelos* [mas que o autor realmente intitulara *Violoncelo* (ver *Clepsydra*, edição de Paulo Franchetti, Relógio D'Água, 1995)] é composto em quintilhas. Os versos deste enorme poeta simbolista circulavam de boca em boca, à mesa dos cafés de Lisboa, divulgados sobretudo por Carlos Amaro (jornalista e crítico literário a quem, precisamente, aquele poema foi dedicado) antes de ter havido uma primeira compilação, em 1920, com o título *Clepsydra*. Camilo Pessanha havia aderido ao grupo *Os Nefelibatas*, em 1890, com Eugénio de Castro, autor de *Oaristos*, obra inaugural do Simbolismo português. Em 1894, ressentido com o estado pátrio, Pessanha transferiu-se para Macau e lá morreu em 1926, tendo exercitado, com inspiração e rigor pessoalíssimos, a proclamação de Verlaine em *Jadis et Naguère*, emblemática do Simbolismo: "De la musique avant toute chose".

3. O soneto "Quem poluiu, quem rasgou os meus lençóis de linho?".

Carta de 10 Dez. 1912

1. F. Pessoa apontou no sobrescrito:

> — Send *Inquérito*
> — o panfleto de G. Pulido[1]
> — Poesias do C. Pessanha
> — Meus versos

---

1. O "panfleto" de Garcia Pulido contra a Renascença chamou-se *Rompendo Fogo — A Renascença e o Inquérito* (Coimbra, 1912).

"Outro estudo de mim. O que mandei será aperfeiçoado, um eu entre raciocinante e inspirado."

2. F. Pessoa concertava, entretanto, com Álvaro Pinto, a publicação do conto na *Águia*.

3. Possivelmente "Trila na noite uma flauta", cujo título terá sido "Flauta Nocturna", antes de "Canção", também atravessada pelo sopro do antiquíssimo instrumento. Um dos rascunhos remete a canção para 19. 5. 1913, porventura data do momento conclusivo dela.

4. Polemista político foi jornalista e paginoso memorialista. Por largos anos redactor do jornal *O Povo de Aveiro*, por ele mesmo fundado em 1882, o "formato género Povo de Aveiro" constituiu-se até como modelo, nos sonhos editoriais de Pessoa, para um *"Periódico da Cultura Superior* (a aparecer sempre que for preciso)".

5. Colega de Sá-Carneiro desde o liceu e personalidade íntima da geração de *Orpheu* na sua vertente mais vanguardista, *A Confissão de Lúcio*, saída em 1914, foi-lhe dedicada, bem como "Pauis de roçarem...", estreia poética de F. Pessoa.

Ponce de Leão, que tinha em casa um teatro de *Márionnettes* e bom talento dramático, escreveu, de parceria com Sá-Carneiro, a peça em um acto *A Alma*, em Agosto de 1913, traduzindo ambos *Les Fossiles* de François de Curel (autor de linha ibseniana que fora a adoptada pelo *Théatre Libre* de Antoine). De parceria com o actor Mário Duarte escreveu o drama *O Passado* em 1916. A partir de Jan. de 1916 assinou também acutilantes críticas de teatro no jornal *A Vanguarda*, em coluna denominada *Se Gil Vicente Voltasse...*, que depois reuniu em livro com esse mesmo título. Em 1918 foi uma das vítimas da pneumónica.

6. De ascendência judia e um dos pais do movimento modernista, publicara, em 1912, *Les Oeuvres Burlesques et Mystiques de Frère Matorel*.

Postal do Natal de 1912
1. O carimbo postal de Lisboa tem a data de 22 de Dez.

Carta 31 Dez. 1912 (Último Dia)
1. F. Pessoa apontou no sobrescrito: Resp. 4/1/1913.

2. Alberto da Veiga Simões — que escrevera em 1910, com João de Barros, *A Escola de Coimbra* — iniciara uma carreira diplomática em 1911 tendo publicado, nesse mesmo ano, *A Nova Geração — Tendências Actuais da Literatura Portuguesa* e, em 1912, *Elegia da Lenda. Livro das Saudades*. Foi também colaborador da *Águia*.

3. Limoeiro, então estabelecimento prisional também conhecido Aljube, junto à Sé de Lisboa.

4. Em carta de 7 de Dez. a Teixeira Duarte, Santa-Rita fora referido como "produto tão triste, tão desprezível, e ao mesmo tempo tão interessante".

5. Em 12. 1. 1913, em carta a L. de Montalvor, avançava a mesma ideia: "E depois narrará o sonho-viagem que fez a um país aonde há muitos sexos, possuindo-se esses entes de maneiras diversas, diversas de cor e alma, e deliciosas, enervadoras", rematando: "O Fernando Pessoa, segundo me escreveu, acha muito bela esta ideia".

6. Philéas Lebègue, poeta simbolista, lusófilo e correspondente da *Águia* em Paris, vem referido nesta, em fins de 1913 (certamente pela pena de Pas-

coais, talvez por isso objecto do remoque de Sá-Carneiro em carta de 23. 6. 1914: "O Pascoais desatou a chamar grandes poetas a todos os lepidópteros da França") "como um dos mais ilustres redactores do *Mercure de France* e um dos mais belos poetas franceses" e era então geral o apreço dos autores "renascentes" por ele. Assinou em 1. 1. 1913 o art. *La Nouvelle Génération* em "Lettres Portugaises", secção do semanário.

7. Este primeiro volume de novelas era saudado, ainda na correspondência de Pessoa a A. Pinto, como "belo e revelador livro", definindo-se o "construtor do enredo" como "mais que uma promessa". E embora já na época F. Pessoa lhe contrapusesse *O Homem dos Sonhos* como "superior em construção", na Tábua Bibliográfica de Mário de Sá-Carneiro (*Presença*, Nov. de 1928) F. Pessoa excluía *A Amizade*, peça em três actos (1912) e *Princípio*, novelas (1912), da "publicação definitiva" da obra do poeta, então falecido havia doze anos.

Na *Águia* escrevia-se, entretanto, a propósito, pouco depois da chegada do volume às bancas: "Outra leitura encantadora pela sinceridade, viveza de impressões, e sentido amoroso das almas".

8. *Mercure de France*, último número de Dez. 1912, reproduzido na *Águia*, vol. III, 2ª Série, 1913.

Postal de Ano Novo
1. O carimbo postal de Lisboa tem a data de 31. 12. 1912.

Carta 7 Jan. 1913
1. F. Pessoa apontou no sobrescrito: R. 27/1/1913.

2. Pessoa desenvolvia então contactos com a Poetry Society em cujo órgão, *Poetry Review,* ele pretendia divulgar a nova poesia portuguesa e o movimento poético. O poema dramático *Pátria* (1896) de Guerra Junqueiro seria paradigma e emblemático começo.

3. Em numerosos projectos editoriais Pessoa atribuiu o título *Gládio* a um livro de versos que, possivelmente, incluiria o poema com o mesmo nome. O "plano de publicação" a que se referia Sá-Carneiro seria, porventura, aquele em que esse título figura lado a lado com outros dois (e os respectivos poemas iniciais): *Ascensão* e *Ruínas.*

4. Título que F. Pessoa alternou com "Sonata em X" antes de o ter fixado como "Gládio". Um e outro aparecem em diferentes listas de poemas para colectâneas de versos.

5. O livro em questão era *Princípio.*

6. Evidentemente "Orpheu — Sinfonia" tal como aparece citado em projectos editoriais de Pessoa.

7. Nas pp. 4 e 9 da carta, ambas por escrever, Sá-Carneiro acrescentou respectivamente: "A distracção fez deixar em branco esta página" "...e o mesmo sucedeu a esta..." , tendo ainda acrescentado, nessas mesmas folhas em branco, este apontamento autocrítico que na presente edição se transporta para este lugar final.

Carta de 21 Jan. 1913
1. F. Pessoa apontou no sobrescrito: R. 27/1/1913.

2. António Ferro, nascido em 1895, também compôs poesia, sobretudo em

verdes anos, embora tenha depois enveredado pelo jornalismo. Sá-Carneiro que se lhe dirigia "Meu caro António Ferro, poeta, em Lisboa" em carta de 25 de Nov. de 1912, referia, então, os "belos versos" e as "estrofes geniais".

Tendo acompanhado, desde sempre, as questões literárias, aproximara-se das personalidades de vanguarda e por isso figurou como editor de *Orpheu* nos dois números publicados da revista. F. Pessoa evocaria o episódio (na entrevista ref. na nota 2 da carta de 20. 10. 1912), ilustrativo do gosto orfeico de Sá-Carneiro pela marginalidade: "...olhe lá, que serviço é este de o António Ferro figurar como editor. Ele não pode ser editor, porque é menor". "Ah não sabia, mas assim tem muito mais piada!" "E o Ferro não se importa com isso?" "O Ferro? Então você julga que eu consultei o Ferro?" "Mas de facto, informou-se o Ferro e ele não se importou com a sua editoria involuntária nem com a ilegalidade dela", concluía o entrevistado.

3. Na carta de 6. 4. 1913 a R. Teixeira Duarte rematava, depois de analisar a sua igual retracção perante hábitos e vícios: "Daí a eterna desorganização da minha vida, que é impossível de arrumar e de fixar. Com efeito *eu não me sei fixar*".

4. Foi depois a novela *Mistério*, datada de Agosto e dedicada a José Pacheco.

Carta de 21 Jan. 1913 (10h da noite)
1. Por lapso Sá-Carneiro escreveu: 1912.
2. F. Pessoa apontou no sobrescrito: Resp. 28/1/1913.
3. Este vol. de novelas veio a público logo a seguir ao nº 1 de *Orpheu*, mas sob o título de *Céu em Fogo* (1915). Apesar de na publicação de *O Homem dos Sonhos* (publicado no mesmo número da *Águia* em que Pessoa assinava *As Caricaturas de Almada Negreiros*) se assinalar: *Do livro de sonhos Além a sair no Outono*, apesar deste mesmo título persistir na página de resguardo da *Confissão de Lúcio* (1914, prevendo um total de doze novelas que acrescentava, às que afinal vieram a público, mais quatro: *Novela Errada, Claro-Escuro, Mundo Interior* e *Aquele que Estiolou o Génio*) e, por fim, apesar de se acrescentar, nessa mesma página, que iria seguir-se *Ideal*, um outro título que não chegou a concretizar-se (e devia reunir novelas que também não se viabilizaram: *O Homem que Foi Deus, Algumas Cartas de Amor, A Vitória, Triste Amor* e *Um Génio*).
4. Alguns dos títulos que seguem dispõem de algarismos entre parêntesis, explicados assim por Sá-Carneiro: (*os números correspondem a conselhos que adiante lhe pedirei*). Nem a numeração foi sucessiva, nem sistemática, nem afinal foram pedidos os tais conselhos, pelo que a numeração é suprimida na presente edição.
5. "O que eu sonhei morri-o" é o segundo verso da terceira quintilha da canção "No entardecer da terra", que, no original, tem a data de 15. 5. 1910.
6. Obviamente Pessoa persistiu em *O Homem dos Sonhos*, que foi publicado com essa dedicatória na *Águia*.

Carta de 3 Fev. 1913
1. F. Pessoa apontou no sobrescrito: Recebida a 6 de Fev./ Resp. a 15 de Fev.
2. Este poema aparece referido em vários projectos editoriais de F. Pessoa

e o título é um verso retirado do livro 6 da *Eneida* de Virgílio: Manibus o da-te lilia plenis.

3. "Abismo" é o primeiro dos cinco poemas do conjunto intitulado *Além-Deus* (que, por sua vez, foi título de um poema de 22. 2. 1914) e num dos seus borrões, com a data de 2. 1. 1913, aparece nomeado "Sensação do Mis-tério".

4. Trata-se do soneto "Abdicação" e quinto de seis sonetos que tinham *Abdicação* como designação genérica. Este soneto é referido, em carta a Mário Beirão de 1. 2. 1913, como exemplo de "fenómeno curioso de desdobramen-to", pois o poema, do "género calmo", fora ideado em momento "perturba-díssimo" quando o poeta, sofrendo do pânico das trovoadas, caminhava apressado para casa a fim de evitar uma delas.

5. "Dobre", composto, conforme o original, em 20. 1. 1913.

6. "Fio d'Água" surge em projectos editoriais de F. Pessoa, constando en-tre poemas, ora para *Cancioneiro,* ora para *Exílio,* ora ainda para *Itinerário* onde geralmente aparece, em sucessão, com "Abismo" e "Dobre".

7. Poema que nos projectos editoriais pessoanos, ora se destina a *Exílio,* ora a *Itinerário.*

8. Em 7. 3. 1913 F. Pessoa dava-lhe indirectamente razão no seu diário: "De noite na Brasileira falando com o João Correia de Oliveira...", "... falá-mos imenso, íntima, interessantemente. Recitei-lhe os meus versos de que ele gostou bastante, ao que parece. Surpreendeu-o o facto de eu ser poeta".

9. Este fragmento, que depois se chamou "Além" (Janeiro de 1913) foi publicado pela primeira vez na revista *A Renascença,* Fev. 1914 (onde o Paú-lismo teve o seu poema inaugural "Pauis de roçarem ânsias...") com uma nota explicativa.

Apareceria, junto com "Bailado" (Março de 1913) na novela *Asas,* datada de Camarate, Quinta da Vitória, Out. de 1914. Ambos os fragmentos poéti-cos eram atribuídos ao "extraordinário artista, poeta admirável", russo, Pe-trus Ivanovitch Zagoriansky, sendo as "interpretações portuguesas" do autor da novela. Embora nesta correspondência, e em carta de 5. 5. 1913 a António Ferro — na qual o autor associava na mesma "estranheza" os "versos" de "Be-bedeira" (que foi, depois, "Álcool") e os de "Bailado" — ele desse o frag-mento por inutilizado e integradas, como efectivos versos de poemas maio-res, algumas das suas "frases soltas".

10. O poeta confundiu-se. Na segunda estrofe do poema "Contrarieda-des" Cesário escrevia: "Amo, insensatamente, os ácidos, os gumes / E os an-gulos agudos."

11. "e borrada" foi acrescentado depois, em aparte suscitado pela folha com várias manchas de tinta.

12. *O Último Lusíada* saiu em edição da Renascença Portuguesa em 1913 (nos 23 anos do autor), tendo já *A Águia* publicado alguns dos seus versos anteriores. Dois deles figuram no livro dedicados ao visconde de Vila-Mou-ra, que, nesse mesmo ano, publicava *Doentes da Beleza.*

13. Aluno de pintura de Columbano, irmão do escultor Francisco Franco e, como ele, pensionista do legado Valmor em Paris, onde expôs, com êxito, durante dois anos.

Postal de 20 Fev. 1913
1. F. Pessoa apontou no verso do postal: Resp. 24/2/13.

Postal de 22 Fev. 1913
1. Alusão aos versos "O Poste Telegráfico" (enviado a Milton de Aguiar em 20. 7. 1910) e a cuja incipiência Pessoa teria reagido desfavoravelmente.

Carta de 26 Fev. 1913
1. F. Pessoa apontou no sobrescrito: Resp. 7/3/13.
2. A "poesia" era uma primeira versão (com o título "Simplesmente...") do poema que foi depois intitulado "Partida" e composição de abertura do vol. *Dispersão*, uma vez substituída, por uma única quadra, a primeira parte, constituída por treze "quadras naturais" à maneira de Cesário Verde.
Em 3. 3. 1913 Sá-Carneiro escreveria a A. Ferro: "Terminei uma extensa poesia (26 quadras) que enviei ao Pessoa e a quem você pode dizer que lha leia..." anunciando-lhe, depois, que o aparecimento dela estaria para breve na *Ilustração Portuguesa*. No dia seguinte foi a vez de Teixeira Duarte ter notícia da "extensa poesia que te deve agradar" e do seu próximo lugar de publicação, que não se verificou.
3. Peça estreada em Portugal, no ano de 1872, com representação do ilustre actor José Carlos dos Santos.
4. Por lapso Sá-Carneiro escreveu "Não".
5. Tratava-se do III e V dos "cinco pequenos poemas completos" do conjunto *Além -Deus* (que chegou a estar impresso para *Orpheu 3*). Acerca deste Pessoa escreveu em breve nota inédita de 3. 10. 1915: "Quando eu não tivesse escrito senão o *Além-Deus*, ainda assim a minha obra seria espantosa".
6. Existem dois originais e duas datas para este V poema do referido conjunto: 2. 2. 1913 e 11/12. 3. 1913 (*early morning*). Sá-Carneiro recebera, portanto, a primeira versão.
7. A data original do III poema de *Além-Deus* é 8. 2. 1913.
8. Um apontamento solto desta data consigna que a concretização da viagem dependeria de um eventual empréstimo.

Postal de 9 Março 1913
1. Esta data é a do registo dos correios de Paris do dia em que o postal foi enviado, ratificada, de resto, pela carta do dia seguinte, sendo 12. 3. 1913 a data do carimbo postal de Lisboa.
2. Trata-se do art. *Naufrágio de Bartolomeu* (satirizando *Bartolomeu Marinheiro*, de Lopes Vieira, que acabava de aparecer) publicado no semanário *O Teatro, Revista de crítica* (nº 1), dirigido por Boavida Portugal. A Álvaro Pinto (secretário da *Águia*, onde Lopes Vieira colaborava regularmente e na qual se aplaudiam as "tentativas de educação nacionalizadora" da obra), em carta de 4 de Março, F. Pessoa justificava o escrito: "...creio que compreenderá que nada há que espiritualmente relacione a Renascença com os disparates que o Lopes Vieira atira à cabeça das crianças", acrescentando considerar seu "dever atacar o que de seita ou *coterie* se tem misturado com os altos propósitos e a fundamental verdade nacional da Renascença".

Carta de 10 Março 1913

1. F. Pessoa apontou no sobrescrito: Resp. 20/3/13.

Com esta carta seguia a cópia (em dezesseis pequenas folhas) de *O Homem dos Sonhos*, datado de *Paris-Março de 1913* e com a seguinte indicação antes da assinatura: (*Do livro de sonhos* Além *a sair no Outono*). Dedicado a F. Pessoa na rev. *A Águia*, o conto apareceu em terceiro lugar no vol. *Céu em Fogo*, mas então dedicado a Paulino de Sá-Carneiro, avô do autor, enquanto *A Grande Sombra* passava a sê-lo a F. Pessoa.

2. Ester Durval, actriz de teatro (desenhada na revista *O Teatro* por Amarelhe, que era o caricaturista da publicação) a quem, por sua vez, o poeta Augusto Santa-Rita, em meados de Fev., enviou uma carta aberta no *Novidades* dela tendo dado conhecimento a Pessoa que o refere no breve diário de 1913.

3 e 4. Jornalista que assinava o art. *O "Cubismo" Nacional — Guilherme Santa-Rita*, juntando uma reprodução de Picabia e o título *O silêncio num quarto sem móveis*, cujo conhecimento lhe teria chegado via Pessoa antes da correcção ulterior de Sá-Carneiro.

Com malícia o jornalista concluía: "Desvanece-me a ideia de ser eu — o mais insignificante dos seus amigos — que venha a público com o aplauso entusiástico às primícias do seu talento de pintor. Que nunca pintaria, diziam. Pois aí está como se quebram os dentes à *calúnia*".

5. De ideias anarquistas na baixa juventude por oposição ao pai, já se encontrava em Paris aos vinte anos, onde se fez baptizar e se declarou monárquico. Dedicado ao jornalismo (colaborou, entre outra imprensa, na *Comoedia*, quotidiano teatral francês) regressou a Portugal por causa da guerra. Fundou *A Restauração* na cidade de Aveiro em 1914 e, em 1915, *A Ideia Nacional*, que passou para Lisboa, como revista ilustrada, em 1916.

6. Francis Picabia, um dos fundadores do movimento Dada depois do seu encontro de 1915, em Nova Iorque, com Marcel Duchamp.

7. Entre "faroleiro" (pop. palrador) e "frioleiras" (pop. frivolidades) Sá-Carneiro terá formado o neologismo "faroleiras".

8. Tradução literalizada de *fumistier*.

9. Sob o pseudónimo de Adoré Floupette, Gabriel Vicaire e Henri Beauclair parodiaram, em 1885, a poesia de Rimbaud, Mallarmé e Verlaine numa obra intitulada *Déliquescences*.

10. Da recepção do texto dava conta F. Pessoa a Garcia Pulido em carta de 18. 3. 1913: "Recebi há dias de Mário de Sá-Carneiro um conto magnífico que lhe hei-de ler". "Neste conto está bem toda a ânsia de Além, a tortura de estar aqui que o autor, comummente connosco, vive. É muito interessante."

11. Um apontamento de F. Pessoa de 26. 3. 1913 regista que nesse dia lera o conto, no Martinho, a Garcia Pulido e a Lacerda.

12. Mado Minty terá inspirado a Sá-Carneiro duas cartas redigidas em francês. (Ver Apêndice)

13. De Phrynée, cortesã grega que Praxíteles imortalizou em mármore tomando-a para modelo das suas Afrodites.

14. Último verso da quinta quadra da segunda parte do poema.

15. O *pastiche* deriva do poema "A débil" em treze quadras "naturais".

16. O poema não chegou a ser publicado sob esta primeira forma.

17. Existem no espólio de F. Pessoa dois rascunhos com as duas versões a que Sá-Carneiro alude, ambas com a mesma data. Não aparentam, no entanto, ter sido escritas no mesmo dia. Em 1. 3. 1913 o autor anotava numa agenda: "a alteração da 'Voz de Deus' por concordar com a crítica do Sá-Carneiro".

18. A crítica do mesmo ao poema II de *Além-Deus* não foi acatada: o último dístico, nas provas para *Orpheu 3*, é o seguinte: "O universo é o seu rasto.../ Deus é a sua sombra...".

19. "Poente", que se conserva ainda inédito e é de fins de Fev. de 1913, tem como primeiro verso: "A hora é de cinza e de fogo".

20. A referida quadra final do poema IV é exactamente: "Além-Deus! Além-Deus! Negra calma.../ Clarão de Desconhecido.../ Tudo tem outro sentido, ó alma,/ Mesmo o ter-um-sentido...".

21. *Auréola* foi também título de um poema, de Abril de 1913, com um primeiro verso "Em torno à minha fronte que descora", e é título, por sua vez, de um volume que reuniria algumas listas de poemas que se encontram no espólio de Pessoa.

22. Ver Nota 2 do postal de 9 Março 1913.

Carta de 25 Março 1913

1. No primeiro Suplemento da revista *Contemporânea* (Março de 1925) pode ler-se, escrito talvez por José Pacheco: "Amadeu de Sousa Cardoso pertenceu ao grupo dos mais avançados teoristas da arte, pintores e poetas de Paris. Ao grupo de Picasso, de Guillaume Apollinaire".

E depois de referir-se o seu *Álbum* [de desenhos] "como uma das obras fundamentais desse momento" concluía-se que "ficará como um dos mais activos demolidores e renovadores da nossa mentalidade artística". Almada via nele "a primeira descoberta de Portugal na Europa do século XX" e em 1959 escrevia ainda: "Em Portugal, no nosso século, dois gritos de Poesia se ouviram: Mário de Sá-Carneiro e Amadeu de Sousa-Cardoso. Poesia das letras e Poesia das Cores". F. Pessoa, por seu lado, na importante entrevista já várias vezes citada nestas notas, advertia por sua vez: "De resto, sei só de três futuristas em Portugal — Santa-Rita, Amadeu de Sousa-Cardoso (e esse não sei bem se era propriamente futurista)[2] e José de Almada Negreiros".

2. "Em ninguém que me cerca eu encontro uma atitude para com a vida que *bata certo*"[...] "com tudo quanto constitui o fundamental e o essencial do meu íntimo ser espiritual. Encontro, sim, quem esteja de acordo com actividades literárias que são apenas dos arredores da minha sensibilidade", escreveria Pessoa a Cortes-Rodrigues, na justamente célebre carta de 19. 01. 1915, a propósito da incompatibilidade dessas actividades, enquanto "mera-arte" (onde cabe a "bebedeira de palavras" contra a qual o próprio Sá-

---

2. Amadeu corroborava algures: "As escolas estão mortas. Nós, os jovens, procuramos a originalidade. Sou impressionista, futurista, abstraccionista, de tudo um pouco".

Carneiro se insurgia na carta de 21. 4. 1913), com a "terrível e religiosa missão que todo o homem de génio recebe de Deus com o seu génio".

3. Título do panfleto ou folheto que F. Pessoa e Garcia Pulido então planeavam, com vários "números", a distribuir entre ambos, contra determinados alvos. Afonso Costa e França Borges já se encontravam sob mira.

G. Pulido colaborava então nas revistas *Dyonisos* e *Rajada* (fundada em 1912 sob a dir. de Afonso Duarte). F. Pessoa registava, neste mesmo mês de Março, que os dois tinham "um comum ponto de vista — republicano, antiafonsista, anti-socialista".

G. Pulido publicaria, no ano seguinte, 1914, *Nos Braços da Cruz*.

4. Acerca de Teixeira de Pascoais resume Jacinto Prado Coelho exemplarmente: "O verdadeiro amor de Pascoais dirigia-se à natureza, ao silêncio, ao mistério, aos fantasmas". Não admira assim que nas páginas da revista *A Águia* (orgão do movimento da Renascença Portuguesa) que ele dirigiu de 1912-16, o poeta e pensador tenha divulgado a filosofia do saudosismo como identitária da alma portuguesa.

5. Hotel de France et de Bretagne, cujo Café Sá-Carneiro frequentava e que, como outros, fornecia papel timbrado aos seus clientes.

6. Em crítica inédita a *Céu em Fogo*, F. Pessoa referia de passagem: "E o autor, que tem notas duma simplicidade tão comovida e directa como as dos poemas 'traduzidos' de Zagoriansky...".

Carta de 29 Março 1913

1. F. Pessoa apontou no sobrescrito: — Gomes Leal.

— não recebi ainda *Mercure*.

2. Frase que Sá-Carneiro repetiu, em carta de 6 de Abril seguinte, a Teixeira Duarte (como dizia ter feito junto "àquele rapaz Pessoa de que te falei aí e que hoje é um dos meus principais amigos, sendo as suas *longas e abundantes cartas* as minhas melhores conversas desde que aqui estou") acrescentando: "em Paris, estou mais no meu país do que em Lisboa" e "este isolamento em companhia é uma tortura medonha".

Carta de 1 Abril 1913

1. O art. do *Mercure de France* de 1. 1. 1913 referia: "Il convient d'insister quelque peu, toutefois, sur cette tendance au *néronisme*, qui caractérise beaucoup d'artistes méridionaux. Elle est assez nette chez António Patrício, l'auteur de l'*Homme aux Fontaines*, et voici que le jeune conteur de *Princípio*, Mário de Sá-Carneiro, dans toute la grâce voluptueuse de son imagination passionnée, nous révèle à son tour un penchant analogue. *Folie, Inceste* sont deux études de pathologie sensuelle, que l'on aimerait plus resserrées, mais qui détaillent certaines névroses avec un art déjà sûr. Ces tragédies ne sont pas de la vie ordinaire et — trait bien méridional — le héros est toujours un artiste, un contemplatif, jamais un homme d'action pure".

O termo "neronismo", criado por Ph. Lebèsgue, decorreria da obra de Carlos Parreira já referida: *A Esmeralda de Nero*.

2. Médico e diplomata, a sua obra poética, dramática e em prosa situa-o entre o Simbolismo e o Saudosismo.

Carta de 21 Abril 1913
1. A propósito da formação do "eu artístico" de Sá-Carneiro, F. Pessoa respondeu, em Dez. 1931, a Gaspar Simões, que indagara acerca do influxo literário de Camilo Pessanha em Sá-Carneiro: "Uma grande admiração não implica uma grande influência, ou, até, qualquer influência", assim negando quer as influências dele próprio, quer as demais que o visado, aliás, sempre admitiu.
2. O art., publicado em *Teatro*, 2, de 8 de Março, com caricatura de Amarelhe, tinha por título *Coisas estilísticas que aconteceram a um gomil cinzelado, que se dizia ter sido batido no céu, em tempos da velha fábula, por um deus amoroso*, e era a propósito do romance *Gomil dos Noivados*, escrito pelo crítico de arte Manuel de Sousa Pinto. Este dirigira, com João de Barros, a revista *Arte & Vida*, entre 1904 e 1906, ligados ambos ao grupo *vitalista* de Coimbra e ambos elementos das "côteries" que fariam à Renascença "guerra esquerda e assolapada" (segundo Pessoa escrevia em carta de 7. 3. 1913 a Álvaro Pinto, justificando a razão por que "desta vez rompo fogo[3] contra o Manuel de Sousa Pinto").
3. No princípio do ano, tendo chegado ao conhecimento da Renascença Portuguesa as dificuldades de subsistência do poeta Gomes Leal (grande lírico ultra-romântico, mas, como crítico, estudioso da escola realista. Anticlerical e republicano exprimiu-se também como planfletário *enragé* dilacerado por um visionarismo ocultista que o acompanhou até à morte), a sociedade tomara a iniciativa de abrir uma "folha de subscrição". Denominando "sagrado intuito" tal decisão, Pessoa acedeu logo a colaborar com Álvaro Pinto. Em carta de 3 de Maio, ainda ao mesmo correspondente, e de algum modo fazendo o balanço da recolha, ele próprio concluía que "relativamente a certas subscrições inglesas no género que conheço, esta não me parece nada má".

Carta de 3 Maio 1913
1. F. Pessoa apontou no sobrescrito: R. 7/5/13.
2. A data certa da composição do poema foi, pois, 1 e 2. 5. 1913.
3. Antes, porém, escrevera em *O Fixador de Instantes*: "dessa Rússia onde, estranhamente, vive qualquer coisa de mim".

Postal de 4 Maio 1913
1. Escrito a 3, o postal só seguiu no dia seguinte, como o comprova o carimbo dos correios de Paris e a notação final, posterior à escrita dele.
2. Designado ainda por "Soneto", na carta do mesmo dia, o título foi depois "Escavação".

Carta de 4 Maio 1913
1. F. Pessoa apontou no sobrescrito: R. 7/5/13.
2. *Dispersão, 12 poesias*, "feixe de versos entre as minhas prosas", foi distribuída em edição de autor em 1914 e com a data de prelo de 26 de Nov. de 1913.
3. O título definitivo foi "Álcool".

---

3. Expressão paródica formada a partir do panfleto de Garcia Pulido já mencionado: *Rompendo fogo.*

Postal de 6 Maio 1913

1. O carimbo dos correios de Paris indica 6. 5. 13, embora a escrita do postal tenha seguido imediatamente a do poema.

Carta de 6 Maio 1913

1. "Pauis" vem assim intitulado no borrão e com a data de *29-III-1913* (*madrugada*). Mais tarde há-de aparecer uma sucessão poemática destinada a *Auréola*: "Pauis I", "Pauis II" e "Pauis III".

Em Janeiro de 1915, porém, o autor destacava, em carta a Cortes-Rodrigues, a "noção de gravidade e do mistério da vida" nos escritos de Caeiro, Reis e Campos, tendo por "insinceras as coisas feitas para fazer pasmar e as coisas que não contêm uma fundamental ideia metafísica..." "E por isso — exemplificava — não são sérios os 'Pauis'."

2. "Oh que mudo grito de ânsia põe garras na Hora!", escreveu realmente Pessoa; e o verso que se lhe segue termina com um ponto de exclamação.

3. Maiúscula no original. No verso seguinte o autor escreveu: "O Mistério sabe-me a eu ser outro..." etc.

4. Neste verso aparece um traço no lugar de *e*; "finca" era o predicado; a primeira parte do verso seguinte terminava com reticências.

5. "E recordar tanto o Eu presente que me sinto esquecer!...", lê-se no original.

6. Com a classificação de "nebulosos" Pessoa estaria a contrapor estes versos a um certo fazer voluntarista e "inteligente" denunciado por Sá-Carneiro relativamente às suas próprias prosas?

7. Pessoa criticava, no nº 3 de *Theatro*, três publicações (a segunda delas do Porto) recém-aparecidas: "Uma é a 'revista de arte' *Teatralia,* outra a de 'literatura e arte' *Gente Moça* e há também um periódico, *O Talassa*, semanário, ao que parece, e humorístico".

A respeito deste último o crítico salientava o "novo género de caricatura que consiste em nos fazer crer que aquele político [António José de Almeida e, por extensão, todo o *homo politicus*] não é parecido consigo próprio".

Carta de 10 de Maio 1913

1. O *Jardim das Tormentas*, livro de contos com o qual se estreou Aquilino Ribeiro (e surge como *Jardim das Delícias* na recensão da *Águia*), sai com o seu autor exilado em Paris por causa do regicídio em 1908. Até 1910, data da implantação da República, muitos foram os conspiradores republicanos que procuraram escapar à vindicta do regime agonizante, exilando-se.

2. Por lapso o poeta grafava *coara*-se, predicado que vai, no entanto, aparecer certo na primeira publicação.

3. Não se encontra junto à carta nem disperso no epistolário.

Carta de 14 Maio 1913

1. Dos poemas enviados, "Cortejo Fúnebre" continua inédito, e Sá-Carneiro transcrevia, com algumas imprecisões, sete versos avulsos dele (que, nesta edição, são destacados uns dos outros). Tal como imprecisamente transcrevia um verso de "Espuma", poema que, embora no original não tenha título, sempre é assim citado pelo autor (e sempre em conjunto com

"Hora Morta" e "Cortejo Fúnebre") em listas de poemas para a formação de volumes poéticos.

2 e 3. "Lenta e lenta a hora" começa o poema (que, em alternativa, esteve para chamar-se "Hora Lenta" ou "Hora de Morte") que com "Espuma", "Cortejo Fúnebre" e alguns mais também poderia ter constituído a Sala VI ("A sala onde morreu a princesa") de um volume poético intitulado *As Sete Salas do Palácio Abandonado*, que nos anos 1914-5 foi projecto poético de Pessoa.

4. A composição que se inicia "O céu é calmo" (a incluir ou em *Exílio* ou em *"Sete Salas..."*) também continua inédita.

5. Poeta, licenciado em Direito por Coimbra e filho do romancista Carlos Lopes, que usou o pseudónimo literário de Pedro Ivo.

6. Cortes-Rodrigues, poeta açoriano de algum modo "descoberto" por Pessoa, que o levou para a *Águia*[4] ("Mando-lhe uma página de verso. É outro que principia, e creio útil auxiliá-los, especialmente quando, como este, entram em casa das Musas com o pé direito", escrevia em 24. 2. 1913 a A. Pinto) e depois para *Orpheu* ("ele é directamente de *Orpheu*", recordaria ainda Pessoa na revista *Sudoeste* em 1935, "e os poemas de cuja personalidade inventada, Violante de Cisneiros, são uma maravilha subtil de criação dramática"), tendo mantido com ele significativa correspondência ("...você é, como eu, fundamentalmente um espírito religioso") durante os anos pré-orfeicos e orfeicos. Em 1935, pública e amigavelmente, ainda o prevenia dos riscos de se "ir embrenhando no catolicismo campestre" e assim se juntar ao "número de vítimas literárias da pieguice fruste e asiática de S. Francisco de Assis". "Guardo esses cinco anos [1910 a 1915] de convívio diário na intimidade do belo espírito do grande poeta, como a melhor recordação da minha vida", lembraria Cortes-Rodrigues, por sua vez, em 1953, em entrevista ao *Século*.

Sá-Carneiro, seu amigo e seu correspondente também, dedicou-lhe *A Estranha Morte do Prof. Antena*, sexta novela de *Céu em Fogo*.

7. A composição foi primeiro publicada, sem título, em 1914, no número único da revista *Renascença*, juntamente com "Ó sino da minha aldeia" e sob a designação geral de *Impressões do Crepúsculo*.

8. Joaquim Leitão, por muitos anos secretário da Academia das Ciências (foi a ele que Pessoa endereçou a *Mensagem* destinada à instituição, sendo então presidente Júlio Dantas, que agradeceu, por carta, o "belo livro", referindo o autor como "um dos mais brilhantes poetas modernistas"), desenvolvera um empreendimento historiográfico com o título genérico *Uma Época — História do Meu Tempo*, iniciado em 1908 com o vol. I — *D. Carlos, o Desventuroso*. Escrevera ainda *Os Cem Dias Funestos*, 1912 (história política do último ano da monarquia) e a novela *O Varre-Canelhas*, 1915, que mereceu a atenção escrita de F. Pessoa.

9. Álvaro Chagas, jornalista monárquico que, em 1909, coligira em *Notas de Um Lisboeta* as crónicas político-literárias (assinadas sob o pseudónimo Anselmo no *Diário Ilustrado*), publicara, em 1913, dois volumes intitulados *O Movimento Monárquico*.

10. F. Pessoa escreveu toda a vida para *Fausto*, que começou por ser um

---

4. Onde, em Fev. de 1913, publicava "Sinfonia do Amor" assim identificado: ("Do livro *Sinfonias*, em preparação").

poema dramático à maneira de Goethe (com um *Primeiro*, um *Segundo* e um *Terceiro Fausto*) tendo, contudo, prevalecido sob a forma de monólogo como *Tragédia Subjectiva*. O texto foi publicado em 1988,[5] no centenário do nascimento do autor, reunindo a totalidade dos fragmentos numa montagem principalmente consequente com os projectos editoriais que, para ele, redigiu o autor.

11. Um poema inédito com este mesmo título tem, significativamente, como *incipit*: "Essa que viu passar cem civilizações".

12. O volume, em edição de autor, teve como data de impressão 26 de Novembro de 1913.

13. Este *Post-Scriptum* não se encontra actualmente no epistolário original. Por essa razão é transcrito de *Cartas a Fernando Pessoa* (vol. I) edição de Helena Cidade Moura e Urbano Tavares Rodrigues, Ática, reimp. de 1978.

14. Tratava-se de João Maria Ferreira (segundo começou por me informar o poeta Luís Amaro), poeta menor, mas abastado, a quem chamavam o "poeta Sevilha". "Sabe quem ornamenta actualmente o *boulevard*? O príncipe dos queixos portugueses", "O João Maria Sevilha", escrevia, entretanto, Sá-Carneiro a António Ferro em 5 de Maio de 1913.

15. Fernando de Azevedo e Silva (conde de Azevedo e Silva), poeta, músico e diplomata, republicara em 1913, na Livraria Ferreira, a tradução dos sonetos de Camões que a Imprensa Nacional editara em 1911. Ainda em 1913 a E. FlamMárion lançara, em Paris, *Les Lusiades* em "Traduction nouvelle de F. d'Azevedo".

Carta de 31 Maio 1913

1. Tradução literal de uma das mais famosas pinturas de Leonardo da Vinci, *La Gioconda*, sediada no Museu do Louvre, mais conhecida então, entre nós, por *Mona Lisa* e cujo roubo provocara geral emoção.

Postal de 26 Agosto 1913

1. Por não se efectuar então o anunciado regresso de Luís Ramos em 27 desse Agosto (só acontecido, afinal, em Jan. de 1914) a tia do viajante prevenira Sá-Carneiro.

Postal de 2 Out. 1913

1. Alfredo Pedro de Meneses Guisado, poeta, jornalista e crítico literário (dirigiu, muitos anos, o suplemento literário do jornal *República*), assinou os seus escritos ora como Alfredo Pedro Guisado, ora como Pedro de Meneses, ora ainda com o pseudónimo Filomeno Dias. A sua família era proprietária do Restaurante e Café Irmãos Unidos (Rossio, 112), um dos lugares emblemáticos das tertúlias modernistas. Sá-Carneiro ainda pôde ler deste poeta *Rimas da Noite e da Tristeza*, 1913, e as *plaquettes Distância*, 1914, e *Elogio da Paisagem*, 1915, "breve e magistral colheita de sonetos", segundo F. Pessoa em recensão de Abril de 1916 na revista *Exílio*.

Em carta que lhe dirige em 20. 7. 1914, Sá-Carneiro acentuava com entusiasmo: "O meu Amigo é um grande, um enorme Poeta. Não imagina como

---

5. Fernando Pessoa, *Fausto, Tragédia Subjectiva*, edição de Teresa Sobral Cunha, Presença, 1988.

me orgulho das suas poesias se incluírem na mesma escola que as minhas obras e as do Fernando Pessoa".

Asas, quarta novela de *Céu em Fogo*, foi-lhe dedicada.

Postal de 8 de Out. 1913
1. Provas do volume poético *Dispersão*.

Bilhete de 24 de Out. 1913
1. Não existe o original deste bilhete em que Sá-Carneiro intercedia por ele mesmo. Reproduz-se de cópia dactilografada em anexo ao epistolário onde, por eventual engano de quem dactilografou, se registava como sendo 1914 o ano em curso. Ora, em Out. de 1914 Pessoa estava prestes a deixar a Rua Pascoal de Melo (para onde se mudara em Junho com a Tia Anica e família), e é Rua Passos Manuel, 24 (anterior endereço) o endereço que a mesma cópia reproduz.
2. Paródia ao título da penúltima novela escrita para *Céu em Fogo: Eu Próprio o Outro* (Nov. de 1913).

Bilhete de 28 de Out. 1913
1. O poeta (como sempre ocorria nos fins de Outubro) regressava, da quinta de Camarate, à Praça dos Restauradores, 78, 3º, onde habitava com o pai e a ama.
2. Tratar-se-ia do artigo "O Teatro Arte", depois publicado em *O Rebate*.

Postal de 22 Dez. 1913
1. Personagem central de *A Estranha Morte do Prof. Antena*.

Carta de F. Pessoa [Dez. 1913?]
1. Nos primeiros meses de 1913 a Renascença Portuguesa publicava *O Último Lusíada*, estreia, em livro, do poeta Mário Beirão ("Já o Mário Beirão caiu em escrever..."). Em fins desse mesmo ano Sá-Carneiro fazia imprimir, em edição de autor, *Dispersão* (poesias) e *A Confissão de Lúcio* (novela) ("...e agora até vem você e publica-se."), para distribuir e pôr à venda no ano seguinte, sem prejuízo de alguns jornais, a quem o autor previamente enviou exemplares, se terem ido pronunciando criticamente já em Dezembro. Nesta carta — que provavelmente não passou de um desabafo e do estádio de rascunho, já que o destinatário se encontrava então em Lisboa — F. Pessoa reagiria à desadequação da imprensa que o visado retratou em "Torniquete" nos fins de 1915: "Meses depois as gazetas/ Darão críticas completas/ Indecentes e patetas/ Da minha última obra". Apesar do apreço por M. Beirão, expresso em diferentes oportunidades, F. Pessoa opõe aqui à dele, e por extensão à literatura "renascente", a escrita não "lusitanista" de Sá-Carneiro ("você escreve europeiamente").
2. Este período, inscrito no topo da segunda página da carta e chave quer para o entendimento do conteúdo, quer para mais consequente aproximação cronológica, não foi incluído na primeira publicação da carta.[6]

6. Fernando Pessoa — *Correspondência* (1905-1922), edição de Manuela Parreira da Silva, Assírio & Alvim, 1998.

Postal de 8 Fev. 1914

1. De Carlos Maúl, poeta e dramaturgo brasileiro que colaborou regularmente na *Águia* e cuja obra a revista acompanhava com recensões (as de *Canto Primaveril* e do poemeto *Ankises — Versos dramáticos*, p. e., foram publicadas em Maio de 1914). Em carta de 12. 1. 1913 Sá-Carneiro anunciava a Luís Ramos o recente envio de *Princípio* àquele mesmo poeta.

2. À irmã de Petrus Ivanowitch Zagoriansky, personagem central de *Asas*, "extraordinário artista, poeta admirável, legítimo criador de uma Arte inteiramente nova", dedicaria o novelista as "interpretações portuguesas" dos seus fragmentos poéticos "Além" e "Bailado", realizadas, precisamente, em "Paris, 50 rue des Écoles"!

3. Escrito lateralmente no postal, prenunciava o gosto pela grafia fantasista que o autor utilizou depois, mais completamente, com a escrita caligramática.

Carta de 25 Fev. 1914

1. *Ressurreição*, última das novelas de *Céu em Fogo*, é dedicada a Vitoriano Braga e datada de *Lisboa, Janeiro-Março de 1914*.

Postal de 28 Fev. 1914

1. De Frédéric Amiel, autor de um *Journal Intime,* que foi obra de referência de Fernando Pessoa e da sua geração.

Postal de 20 Março 1914

1. Deste dramaturgo, que publicara *A Bi* em 1911, Sá-Carneiro conheceu também *Octavio* (cuja edição, porém, só ocorreria em 1916) classificado por F. Pessoa como "drama representativo" tendo escrito sobre ele abundantes páginas que lhe foram pretexto para continuadas reflexões sobre teatro.

Postal de 8 Junho 1914

1. Sá-Carneiro, regressado a Paris, regressava, também, ao Grand Hôtel du Globe, 50 rue des Écoles.

Carta de 12 Junho 1914

1. José Pacheco, que se dizia "arquitecto pela graça de Deus" (e que desde fins de 1909 ocupava o *atelier* nº 21 de *la cité* Falguière, cedido por Amadeu de Sousa Cardoso), encontrava-se em Paris a pretexto de um curso de arquitectura que talvez nem tenha encetado! Artista plástico e gráfico, foi um dos renovadores do grafismo português.

Responsável pela direcção artística de *A Ideia Nacional*, da *Contemporânea* (com um número zero em 1915) e da *Revista da Solução Editora*, colaborou literariamente na *Atlântida* (revista luso-brasileira dirigida em Portugal por João de Barros) e em *Portugal Futurista*, foi cenógrafo da *Princesa dos Sapatos de Ferro*, fundou a Sociedade Portuguesa de Arte Moderna em 1919, decorou a Brasileira do Chiado, o Teatro Novo ou o Bristol Club etc.

Foi o autor das capas de *Dispersão*, de *Céu em Fogo* e dos nos 1 e 2 de *Orpheu*. *Mistério*, segunda novela de *Céu em Fogo*, foi-lhe dedicada.

Carta de 15 Junho 1914

1. Nome científico da borboleta e "criação de Mário de Sá Carneiro, na aplicação — como descreveu Almada no desdobrável *Orpheu 1965* de que foi autor — a todo o fingimento de individuar categoria de excepção". Teria sido "a mais profunda das três criações de vocábulos pejorativos usuais em dias de *Orpheu*" — ainda segundo Almada —, sendo a primeira, "bota de elástico", criação de Cristiano Cruz, e "literatura" o termo usado para denominar o texto pretensamente literário.

2. Era conhecida a fobia de F. Pessoa às trovoadas, e Almada recordou-a até no desdobrável orfeico mencionado na nota anterior.

3. Esta *plaquette* poética de Alfredo Pedro Guisado (dada a lume em 1914) identificava-se com a estética designada por Paúlismo. Lourenço Cayola, secretário-geral do *Diário de Notícias*, também se pronunciou sobre a publicação.

4. Pela primeira vez Alberto Caeiro é referido nesta correspondência. Na famosa carta de 13. 1. 1935 a Casais Monteiro, dita *sobre a génese dos heterónimos*, Pessoa havia de ficcionalizar, em páginas célebres, o "dia triunfal" do seu aparecimento, 8 de Março de 1914, como "poeta bucólico de espécie complicada", inventado para "fazer uma partida ao Sá-Carneiro".

5. A Ode era *Laura de Anfriso*, único volume de Manuel da Veiga (Tagarro), presbítero evorense, datando a primeira edição de 1627.

Carta de 23 Junho 1914

1. Na carta a Casais Monteiro, citada na nota 4 da carta anterior, descrevia-se, diferentemente, o "nascimento": "Aí por 1912, salvo erro (que nunca pode ser grande), veio-me à ideia escrever uns poemas de índole pagã. Esbocei umas coisas em verso irregular, e abandonei o caso". "(Tinha nascido, sem que eu soubesse, o Ricardo Reis.)"

2. O nº 30 da segunda série da *Águia*, 1914, dedicava duas recensões a Sá-Carneiro: uma a *Dispersão* ("Podemos não concordar com a maneira do poeta, com a sua concepção de poesia; o que não podemos negar-lhe é que na sua forma, no que traçou, entre delírios e labirintos, desvairos e rodopios, fez um livro singular"); a outra à *Confissão de Lúcio* ("Cremos nós que o assunto de qualquer trabalho literário ou artístico é fundamental para a questão do juízo crítico a fazer da obra. Rafael a pintar uma cena de filicídio ou de estupro seria sempre malvisto. Shakespeare a tomar como tema dominante duma sua obra repugnâncias semelhantes seria igualmente reparado. Nas devidas proporções o Sr. Sá-Carneiro não foi feliz na escolha do seu assunto. Tratou-o com talento e original expressão, não obstante a febre tumultuária das duas ou três noites em que o escreveu, mas não pode ter a nossa simpatia pelo processo que seguiu").

3. Nicolas Beaudin criara, com outros poetas, a escola paroxista, definindo a *acção* como a alma da nova poesia francesa. No nº 30, da segunda série da *Águia*, 1914, Teixeira de Pascoais assinara o texto *O Paroxismo*.

4. Nem o postal se encontra no epistolário, nem até nós chegou mais nenhuma poesia de Sá-Carneiro em francês, embora duas outras venham referidas na carta de 13. 1. 1916: "Îles de Mes Sens" e "Les Heures Ont Pris Mon Angoisse".

5. É conhecido o secretismo inicial de Pessoa quanto à criação de Caeiro,

para esse fim chegando a fomentar episódios com a cumplicidade de gente da sua confiança. Sá-Carneiro, que aqui o sossegava em relação a José Pacheco, acusar-se-ia, poucos dias volvidos, de nem sempre conseguir a mesma discrição.

6. O papel timbrado do Café de France, au Boul. St. Denis, confirma a verdade da expressão afectuosa.

Carta de 27 Junho 1914

1. Seis odes de Ricardo Reis foram escritas em 12. 6. 1914, duas em 16 do mesmo mês e mais três em 19, somando assim, com efeito, as onze cuja recepção Sá-Carneiro acusava nesta carta. Só em 11 de Julho R. Reis voltou a compor. Mas foi outra, que não a cronológica, a ordem com que Pessoa pela primeira vez deu a público o *Livro Primeiro* das odes (revista *Athena*, vol. I, Out. 1924 - Fev. 1925).

2. A primeira seria aquela que invoca Alberto Caeiro ainda em vida deste: "Mestre, são plácidas".

3. *Lapsus calami?* Sá-Carneiro talvez pretendesse, no seu entusiasmo, nomear *Rei* quem tinha Reis por apelido.

4 e 5. A segunda ode tem por *incipit:* "Os deuses desterrados", a oitava: "Só o ter flores pela vista fora", a sexta: "Vem sentar-te comigo, Lídia, à beira do rio", a 11ª: "Sábio é o que se contenta com o espectáculo do mundo", sendo a terceira ode ("tão pequenina, tão graciosa") aquela de nove versos que principia: "Coroai-me de rosas".

6. Tomás de Almeida, autor dramático e poeta colaborou, nesta última condição, no nº 3 de *Orpheu*. Em Abril de 1913 Pessoa anotava: "...D. Tomás de Almeida, que não conheço senão de vista, e que fala sempre, tendo graça obscena, mas, no fim, dolorosamente irritante".

Postal de 28 Junho 1914

1. Claramente a Ode que homenageia Epicuro e o epicurismo: "A palidez do dia é levemente dourada".

Postal de 29 Junho 1914

1. Este postal, que não está datado pelo autor, tem a data do carimbo dos correios de Paris.

Carta de 30 Junho 1914

1. Data lida desde a primeira edição como sendo 20 de Junho, não obstante os seus conteúdos. Ex: a segunda nota de rodapé escrita pelo poeta refere o soneto "Apoteose", que é de 28 de Junho; na mesma nota a "poesia de hoje" (lida até aqui *poesia "Quasi"*) é "Distante melodia", também ela datada de 30 de Junho.

2. A "Ode Triunfal". Na mesma carta a Casais Monteiro (já citada) pode ainda ler-se: "Aparecido Alberto Caeiro, tratei logo de lhe descobrir — instintiva e subconscientemente — uns discípulos. Arranquei do seu falso paganismo o Ricardo Reis latente, descobri-lhe o nome, e ajustei-o a si mesmo". "E, de repente, e em derivação oposta à de Ricardo Reis, surgiu-me impetuosamente um novo indivíduo. Num jacto, e à máquina de escrever,

sem interrupção nem emenda, surgiu a 'Ode Triunfal' de Álvaro de Campos — a Ode com esse nome e o homem com o nome que tem".

A colaboração poética de Pessoa no nº 1 de *Orpheu* foi, exclusivamente, Álvaro de Campos: "Opiário" (*1914, Março. No Canal de Suez, a bordo*) e a "Ode Triunfal" (*Londres, 1914, Junho*). A única composição dedicada foi, porém, esta penúltima, precisamente "ao senhor Mário de Sá-Carneiro".

3. Álvaro de Campos havia de defender em *Apontamentos para uma estética não aristotélica* (*Athena*, 4, 1925) que esta Ode e a "Ode Marítima", "os assombrosos poemas de Walt Whitman" e "os poemas mais que assombrosos do meu mestre Caeiro" eram as "três verdadeiras manifestações de arte não-aristotélica".

4. "Platão" é citado em vários momentos da Ode. Mas o "burro puxando à nora" remete para a estrofe que começa "Na nora do quintal da minha casa/ O burro anda à roda, anda à roda" etc.

5. Nome que vigorou, entre os amigos, para a revista em projecto até se ter fixado em *Orpheu*. Também Alfredo Guisado escrevia, pela mesma época, a F. Pessoa: "A *Europa* é absolutamente necessário que saia" e Sá-Carneiro reafirmava-o, em 1º de Agosto seguinte, a propósito da teorização de Pessoa, em carta de 28. 7. 14, sobre os vários "conflitos" literários a introduzir na revista *Europa*.

6 Isadora Duncan, bailarina norte-americana criadora da chamada "dança livre", com a qual buscava a essência primitiva desta arte.

7. Segundo palavras, talvez de José Pacheco, no primeiro suplemento da *Contemporânea* (Março de 1925), Carlos Franco, "espírito de uma intuição assombrosa", "atravessou um momento Paris, improvisou-se por genial intuição pintor cenógrafo e com tal capacidade que colaborou com Bailly, o grande cenógrafo da Opéra". "Fundamente indisciplinado e antimilitar, vai morrer na guerra como um herói" "tendo deixado escrito: 'prefiro morrer de uma bala alemã, a morrer de tédio na minha terra'".

A novela *Eu Próprio o Outro* foi-lhe dedicada e bem assim *O Marinheiro*, "drama estático" de F. Pessoa.

Carta de 3 de Julho 1914

1 e 3. Por lapso o autor escreveu Junho, em vez de Julho. Se não bastassem os conteúdos da carta e do respectivo P.S. (até aqui agregado à carta de 2. 8. 1915, apesar do conteúdo dar continuidade ao da carta e das afinidades do papel e da escrita) que alertavam para o erro, o sobrescrito (dirigido à R. Pascoal de Melo, onde Pessoa viveu de Junho a Out. de 1914) e a data do carimbo dos correios de Paris (3. 7. 1914) deveriam ter conduzido à rectificação.

2. Arthur Scott Craven (1875-1917), romancista e dramaturgo.

Carta de 5 Julho 1914

1. "Dois Excertos de Odes". No dactiloscrito original destes a data é 30 de Junho de 1914.

2. Quando F. Pessoa quis exemplificar a sua mãe, em carta de 5. 6. 1914, como se dispersava "a gente com quem lido", incluiu Alfredo Guisado, de ascendência galega, na dispersão (iniciada, afinal, com Sá-Carneiro): "vai para a Galiza, para lá estar bastante tempo, um outro rapaz muito meu amigo".

3. Fernando Carvalho Mourão, colaborador de numerosas revistas literárias e autor teatral, fundou a revista *A Renascença* em 1914. Amigo de alguns dos poetas orfeicos a ele veio dedicado, no nº 4 de *Alma Nova* (Faro, Dez. 1917) o poema "Não" indicado como: "Um inédito que Mário de Sá-Carneiro oferecera à *Alma Nova*".

4. Em "Dois Excertos de Odes" (I):"Apanha-me do *meu* solo, malmequer esquecido."

5. Do mesmo texto: "...o resto de mim/ Atira ao Oriente,/ Ao Oriente donde vem tudo, o dia e a fé,/ Ao Oriente pomposo e fanático e quente, / Ao Oriente excessivo que eu nunca verei,/ Ao Oriente budista, bramânico, sintoísta,/ Ao Oriente que é tudo o que nós não temos,/ Que é tudo o que nós não somos,/ Ao Oriente onde — quem sabe? — Cristo talvez ainda hoje viva,/ Onde Deus talvez exista realmente e mandando tudo...".

Carta de 13 Julho 1914

1. Cortes-Rodrigues, na já citada entrevista de 1953 ao *Século*, lembrava ainda: "Convivi, também com intimidade, com Mário de Sá Carneiro, sempre que ele estava em Lisboa. Bastas vezes subi as escadas da sua casa do Largo do Carmo para lhe ouvir os poemas ou os capítulos dos seus livros de prosa".

2. O soneto "Apoteose" (Paris 28 Jun. 1914) figurou como o último poema da série *Para os "Indícios de Oiro"* no nº 1 de *Orpheu*.

3. Gilberto Rola Pereira do Nascimento foi, como Tomás Cabreira, colega de Sá-Carneiro no Liceu Camões e seu companheiro nas lides teatrais. *Incesto*, última das "Novelas Originais" de *Princípio*, era-lhe dedicado.

4. Tomás Cabreira Júnior, que, com Sá-Carneiro, escreveu *Amizade*, peça em três actos, datada de Dez. 1909-Abril 1910, representada no Clube Estefânia em 23 de Março de 1912 e editada nesse mesmo ano. F. Pessoa excluía a peça de "publicação definitiva" quer na Nota Bibliográfica da *Presença* em Nov. 1928, quer na carta a Gaspar Simões de 30. 9. 1929, onde a refere como "peça... que nunca li, por imposição do próprio Mário de Sá-Carneiro". Cabreira Júnior publicara já um primeiro livro de versos quando se suicidou, em Janeiro de 1911, aos dezenove anos, na escada do liceu Camões, depois de queimar os seus trabalhos literários e de ter deixado cartas de despedida aos amigos Sá-Carneiro e Rola Pereira.

O poema de circunstância "A um suicida", dedicado *À memória de Tomás Cabreira Júnior*, foi escrito em 3 Set. e 1º Out. 1911 e publicado em 1914 no jornal académico *Alma Nova*, de António Ferro.

5. "E há Platão e Virgílio dentro das máquinas e das luzes eléctricas/ Só porque houve outrora e foram humanos Virgílio e Platão/ E pedaços do Alexandre Magno do século talvez cinquenta", "Andam por estas correias de transmissão e por estes êmbolos e por estes volantes, ...".

6. Segunda e terceira quadras duma totalidade de seis, completada em Barcelona, com o título "Ângulo". "Ah fiz outro dia estas duas quadras lepidópteras para qualquer poesia futura", anunciava Sá-Carneiro a A. Guisado a 20 deste mesmo mês.

7. Santa-Rita Pintor, cujo projecto parisiense havia sido escrever sobre o rei D. Carlos artista, regressava a Lisboa com o intuito de publicar os mani-

431

festos de Marinetti, que conhecera, pessoalmente, nas conferências que ele realizara na Galerie Bernheim-Jeune de Paris.

O poeta açoriano Rebelo Bicudo publicara no *Diário dos Açores*, em Agosto de 1909 (sem qualquer repercussão no continente) o *Manifesto* de Marinetti (*Figaro*, Paris 20. 2. 1909) e a entrevista do mesmo à *Comoedia*, apresentando-o como o "criador da nova escola literária". O movimento futurista português, contudo, só eclodiria em 1917, com o número único da revista *Portugal Futurista*.

Na mesma entrevista a si mesmo, referida nestas notas, Pessoa lembrava: "Santa-Rita, que era inteligentíssimo e muito pitoresco, e nos moeu o juízo a todos com a sua mania de converter o *Orpheu* numa revista futurista, não esteve ligado ao *Orpheu* senão no número 2".

Carta de 18 Julho 1914
1. Frederico Reis escrevia então sobre a *Escola de Lisboa* herdeira, pelo espírito vanguardista, da *Escola de Coimbra*.
2. Carlos Franco acrescentava, pela sua mão, esta recomendação.

Carta de 20 Julho 1914
1. Da *Labareda* (revista mensal de literatura e arte, direcção de Narciso de Azevedo e Soares Lopes) saíram em Junho e Julho os dois únicos números. António Carneiro e Domingos Sequeira colaboravam plasticamente.

Postal — P. S. de 27 Julho 1914
1. Terá havido, de facto, uma carta de 27 de Julho, ou terá sido, ela também, substituída, sendo ainda esse o cerne do episódio de extravio epistolar a que se alude no postal do dia imediato a este?
2. Produção ficcional em prosa de que terá existido pelo menos um capítulo que F. Pessoa privilegiava, para efeitos editoriais, na Tábua Bibliográfica do autor, publicada na revista *Presença* em Nov. de 1928. Em Set. de 1918, em carta de 26 dirigida ao gerente do Grand Hotel de Nice e que talvez não tenha sido enviada, F. Pessoa ainda procurava recuperar tal capítulo, sendo intermediário o mesmo Carlos Ferreira que acompanhara, de perto, os dias finais do poeta.

Postal de 28 Julho 1914
1. A "carta pessoal de 23-25 Julho" era mais uma das malogradas cartas perdidas de F. Pessoa.
2. No original o termo Interseccionismo está representado pelas três primeiras letras do nome seguidas de triângulo formado por três pontos.
3 e 4. As notas de apresentação do *Missal de Trovas* são de vários autores: as de João de Barros, de F. Pessoa e de Sá-Carneiro têm as datas sucessivas de Abril: 16, 17 e 18.

Às "quadras férreas" "dos 17/18 anos" de António Ferro e de Augusto Cunha (nas quais era motivo central a antiquíssima quadra portuguesa de sete sílabas, nascida com a língua, e que F. Pessoa também longamente usou ao longo de toda a sua vida literária)[7] chamava o primeiro

7. Fernando Pessoa, *Quadras e Outros Cantares*, edição de Teresa Sobral Cunha, Relógio d'Água, 1997.

"livrinho ingénuo e carinhoso" em que a "emoção dos nossos cantares tradicionais revive..."; F. Pessoa elogiava: "Quem faz quadras portuguesas comunga a alma do Povo, humildemente de nós todos errante dentro de si própria. Os autores deste livro realizaram as suas quadras com destreza lusitana e fidelidade ao instintivo e desatado da alma popular"; Sá-Carneiro encenava, paulicamente, aquelas "Melodias portuguesas" ou "cantares de ternura" em "fins de tarde", "ranchos de amorosos", "rios dóceis, ao luar", "clareiras relvadas", "florestas serenas", "nostalgias e rezas".

Os depoimentos, também breves, de Afonso Lopes Vieira, João Lúcio, Júlio Dantas, Alberto Osório de Castro e Augusto Gil completavam o elenco das apresentações.

5. Tratava-se de Martinho Nobre de Melo (que foi depois ministro da Justiça no governo de Sidónio Pais), e talvez Sá-Carneiro contrapusesse uma recente publicação dele, *Teoria Geral da Responsabilidade do Estado*, ao seu livro de versos, *Ritmos de Amor e de Silêncio*, de 1913.

6. Possivelmente Carlos Lobo de Oliveira, poeta e ensaísta que se estreara na *Águia* aos dezessete anos, com poesia epigonal do Saudosismo e duma poética tradicional de cariz bucólico. Discípulo de António Sardinha, foi colaborador da revista *Athena*.

Carta de F. Pessoa [28 Julho 1914]

1. Este extracto epistolar inédito encontra-se dactilografado nos dois lados de uma folha destinada a "Trechos" da *Teoria da República Aristocrática* e onde apenas consta, com essa intenção, um curto parágrafo redigido após a sigla *Rep. Ar.*:

"O povo poderá subir muito e querer muito. Mas até onde o Povo nunca sobe é até à compreensão dum soneto de Antero de Quental ou de uma poesia simbolista".

Em 2 do Set. subsequente este projecto sociológico, já antigo e para o qual o autor foi escrevendo ao longo de anos, é mencionado a Cortes-Rodrigues (ver nota 2 da carta de 1. 8. 1914), como o fora, antes, p. e., na breve agenda de 1913. Um apontamento disperso indicia assim o seu errático processo: "Analisar, ainda que subjectivamente, a diferença que vai entre o meu antigo sistema da República Aristocrática e o actual. Ver onde está o erro, e como eles poderão concordar ou discordar".

Carta de 1 Agosto 1914

1. Portugal só entrou na guerra depois de a Alemanha no-la declarar, em Março de 1916, chegando os portugueses à frente de batalha europeia apenas em 1917.

2. F. Pessoa, em carta a Cortes-Rodrigues de 2 de Set., depois de aludir à hora que se atravessava, escreveria: "O que principalmente tenho feito é sociologia e desassossego" adiantando depois sobre aquele primeiro motivo: "Quanto à sociologia, além de ter acrescentado alguns raciocínios e análises à minha *Teoria da República Aristocrática*, tenho deliberado teorias várias sobre a guerra presente e sobre as forças sociais, nacionais e civilizacionais em acção".

Carta de 6 Agosto 1914

1. "Paris da Guerra" (que, por alguns dias, encimou cartas e postais para alguns dos correspondentes do poeta) foi título sonhado para um livro de impressões e episódios (que não chegou a concretizar-se, mas repassa ainda a entrevista *Paris e a Guerra*, dada a *A Restauração*, em 5 de Outubro de 1914) antes de se transformar em "Paris da província".

Em 10. 8. 1914, numa carta a A. Ferro, lamentava sempre: "Vibrações, estilhaços, granates, ânsias mortas a oiro triste, mãos finadas que nunca entrelacei, tapeçarias rotas impedem-me de ser longo". "Meu pobre Paris!...Tenho vontade de o acariciar!..."

2ª Carta de 6 Agosto 1914

1. "Minha Cidade", "Cidade magnífica", "Capital assombrosa", "Capital das Ânsias", "A grande Cidade" são outras tantas apóstrofes para Paris, achadas ao acaso na obra de Sá-Carneiro e desenvolvidas nesta carta. Essas invocações a Paris incluía-as F. Pessoa (em crítica inédita a *Céu em Fogo*) na categoria de *"blagues* sem qualidade".

2. "Fico ansiando o seu livro de quadras" asseverara Sá-Carneiro a A. Ferro em 3. 3. 1913 (após anunciar-lhe a "extensa poesia" em 26 quadras, com que ele próprio se descobria poeta!), reiterando dias depois (19. 3. 1913) acerca de *Missal de Trovas*: "As quadras do Cunha e suas são coisas muito lindas".

Carta de 17 Agosto 1914

1. "Taciturno" foi o primeiro poema da série *Para os "Indícios de Oiro"* no nº 1 de *Orpheu.*

Carta de 20 Agosto 1914

1. Da carta que o pai lhe enviara em 9 de Julho, mas da cidade do Cabo e acerca dela, o poeta transcrevera para o avô dez dias depois: "Aqui estamos em Janeiro; árvores sem folha, vegetação linda. Frutas iguais às de Lisboa nesta época. Eléctricos bons, mas piores do que os de Lisboa. Ruas lindamente asfaltadas, como em Paris, mas em muito maior extensão que as de aí".

Carta de 24 Agosto 1914

1. F. Pessoa escrevia a Cortes-Rodrigues em 2. 8. 1914 encadeando a rota do amigo e a rota bélica: "O Sá-Carneiro resolveu-se afinal a deixar Paris. Agora está em Barcelona, se é que não decidiu já vir para Lisboa, o que, naturalmente, mais tarde ou mais cedo acontece. Acho que ele fez bem. Como a guerra vai correndo, não parece impossível um cerco de Paris pelos alemães — o que, de resto, naturalmente, pouco altera a sua probabilíssima derrota final".

2. Os lugares e datas desta primeira novela de *Céu em Fogo* (e última a ser escrita para ele) foram, afinal, *Lisboa e Paris, Abril-Setembro 1914.*

Carta de 26 Agosto 1914

1. Este episódio foi depois evocado na entrevista de 5 de Out. de 1914 a

Sá-Carneiro, feita no jornal diário *A Restauração* (possivelmente por Almada de Lacerda), intitulada "Paris e a Guerra".

Postal de 27 Agosto 1914
1. Guerra Junqueiro foi ministro de Portugal em Berna de 1911-4. No mesmo tom satírico de Sá-Carneiro, F. Pessoa define-o, em apontamento inédito, como "grande poeta e demarcado farsante".

Carta de 29 Agosto 1914
1. Primeira carta de Barcelona, escrita do Café Au Lion d'Or, tendo sido o Palace Hotel a escolha residencial.

Carta de 30 Agosto 1914
1. Personalidade literária de vulto era correspondente da *Águia* em Barcelona (tal como Unamuno em Salamanca ou Philéas Lebèsgue em Paris) e muito estimada entre os renascentes.
2. Rogerio Garcia Perez, companheiro do liceu do autor de *A Confissão de Lúcio* e com ele empenhado em actividades teatrais, havia de fazer-se actor profissional, tal como Mário Duarte, sendo ambos frequentadores do segundo andar do nº 1 da Calçada do Carmo, onde ouviam o poeta ler as suas produções e as peças que recebia de Paris. R. Perez foi, como Sá-Carneiro, um dos animadores do grupo dramático Sociedade do Teatro Novo (mimético do parisiense Théatre Libre de Antoine), para o qual elaboraram um manifesto e que representou, em 23 de Março de 1912, a peça *Amizade*, escrita pelo poeta de parceria com Tomás Cabreira Júnior. R. Perez colaborou também no Grupo Dramático Mário Duarte e na Sociedade de Amadores Dramáticos antes de, pressionado pelo pai, se ter dedicado ao jornalismo.

Carta de 1 Set. 1914
1. Com traçado de A. Gaudí, famoso arquitecto catalão, esta igreja documenta, principalmente, uma primeira fase mais escultural das suas criações.

Carta de 4 Set. 1914
1. Tratava-se de um trecho da obra *Boémios,* que o autor fizera aparecer na *Águia*. Em fins de 1914 a Renascença Portuguesa editaria este volume de contos e novelas.
2 e 3. Na página de "Novidade Literária" da *Águia*, nº 25 da 2ª Série, vol. III, anunciavam-se três obras de Ribera i Rovira: *Atlantiques* (antologia de poetas portugueses) *Contistes Portuguesos* e *Portugal y Galicia Nacion.*
4. Enquanto o autor catalão escrevia sobre *O Génio Peninsular*, Teixeira de Pascoais reduzia o âmbito da reflexão a *O Génio Português na sua expressão poética, filosófica e religiosa,* e pré-publicava um trecho da obra na *Águia* com o título *Saudosismo e Simbolismo.*

Postal de 6 Set. 1914
1. Endereçado *Al Señor Don Fernando Pessoa,* como o poeta sempre usava quando em terras espanholas.

Postal de 12 Set. 1914
1. Actualmente não consta do acervo epistolar nem este postal nem o seguinte, salvo sob a forma de rápidas cópias dactilografadas por mão desconhecida, anexadas ao epistolário e única fonte para a sua publicação.

Postal de 14 Set. 1914
1. Café Martinho, também conhecido por Café Martinho da Arcada para o distinguir do Café Martinho do Largo D. João da Câmara e do Café Martinho do Largo de Camões.

Bilhete de [Set. 1914]
1. Em carta de 4 de Out. de 1914 a Cortes-Rodrigues F. Pessoa exultava a propósito: "O Sá-Carneiro está na sua quinta. Deve ali demorar-se até ao fim do mês. Acabou há dias *A Grande Sombra*. Acabou-a completamente, isto é, passada a limpo e tudo. É, a meu ver, a melhor coisa que ele tem feito. Magistral, meu caro, magistral".
A novela abre *Céu em Fogo*, é dedicada a Fernando Pessoa e a data da sua factura refere: *Abril-Setembro 1914*.

Carta de 6 de Out. 1914
1. *La Faustin* aparecera em 1882. Edmond Goncourt (irmão de Jules, com quem escrevera obra em comum) instituíra, em 1902, a Academia Goncourt, que passou desde então a atribuir um prémio anual pelo "melhor livro de imaginação em prosa".
2. O actor e dramaturgo Valério de Rajanto foi de seu nome completo Francisco Valério Borrecho de Rajanto de Almeida e Azevedo e, com frequência, acompanhava F. Pessoa nas suas deambulações pela cidade. (Em Fev. de 1913 este anotava no diário a propósito da controversa figura: "... estivemos a discutir Wagner e depois o Valério de Rajanto".) Em colaboração com o actor Mário Duarte, escreveu mais tarde, em 1923 e 1926, as comédias *Renascer* e *Fortúnio* e, sob o pseudónimo de W. Strong Ross, assinou romances policiais.

Carta de 8 de Out. 1914
1. Em 5 de Out. saía nesse periódico, dirigido por Homem Cristo Filho, a entrevista a Sá-Carneiro (*cf.* nota à carta de 26. 8. 1914).
2. Tratava-se do vol. VI da 2ª série da revista.
3. Poeta e crítico de arte colaborou em várias revistas, entre as quais *A Águia*. Em 1916 publicou *Livro de Saudades*.
4. O título da prestação poética do ilustre filólogo era "À vista da Torre de Lapela".
5. O poeta algarvio João Lúcio e aqui autor do poema "A mulher que tinha um segredo". Sobrinho do pintor Henrique Pousão e advogado, contou-se entre os grandes mortos de 1918 pela pneumónica.
6. Protagonista da novela *Asas*. Ver nota 2 à carta de 8. 2. 1914.
7. "Como a única pessoa que podia suspeitar, ou melhor, vir a suspeitar, a verdade do caso Caeiro era o Ferro, eu combinei com o Guisado que ele dissesse aqui, como que casualmente, em ocasião em que es-

436

tivesse presente o Ferro, que tinha encontrado na Galiza "um tal Caeiro, que me foi apresentado como poeta, mas com quem não tive tempo de falar" ou uma coisa assim..." — relatava F. Pessoa a Cortes-Rodrigues em 4. 10. 1914.

8. Na Tabacaria Mónaco, ao Rossio, Sá-Carneiro provia-se de jornais, de revistas e das novidades literárias de Paris.

Postal de 18 Out. 1914
1. Ressalva aditada no cimo do postal (assim solucionando a falta de espaço) que nesta edição se transporta a este óbvio lugar final.

Postal de 21 Out. 1914
1. Quarta novela de *Céu em Fogo*, datada de *Camarate, Out. 1914.*

Postal de 28 Out. 1914
1. Datadas de Outubro de 1914 e escritas na Quinta da Vitória em Camarate apenas há três composições: "O Resgate", "Vislumbre" e "Bárbaro". A breve quadra que constitui a segunda delas foi escolhida *Para os "Indícios de Oiro"* do nº 1 de *Orpheu.*

Bilhete de [Out. 1914]
1. Ao cimo do sobrescrito deste bilhete indicava-se *Provas,* dando-se como morada do destinatário:
           Fernando Pessoa, H'!' ∴ X.14-YV321h-ΘW
pretendendo talvez significar o mistério do novo endereço deste. Ver nota 1 do bilhete seguinte.

Bilhete de 29 Out. 1914
1. "Agora que a minha família que aqui estava foi para a Suíça, desabou sobre mim toda a casta de desastres que podem acontecer", escreveria Pessoa a Cortes-Rodrigues em 19 de Nov., depois de definir-se como "um fragmento de mim conservado num museu abandonado" e antes de interceder por notícias em vista da sua "desolação infinita".
   O poeta, "à bout de ressources", deixara a Rua Pascoal de Melo (119, 3º dtº) onde vivera com a tia Ana Luísa (a tia Anica), e passara para um quarto alugado na Rua D. Estefânia (127, r/c dtº).

Carta de 31 Out. 1914
1. Vaz Pereira, advogado e dramaturgista deste romance queirosiano.
2. Mário Duarte, cirurgião-dentista e amador dramático, foi depois actor profissional, autor e crítico de teatro (na *Vanguarda* e na *República*), tendo mesmo fundado uma revista da especialidade chamada *De Teatro.* (Ver nota 2. da carta de 30. 8. 1914.)
3. O papel de carta e o sobrescrito têm o timbre do Café Martinho.

Bilhete de [Nov. 1914]
1. O sobrescrito deste bilhete é endereçado ao escritório Lavado, Pinto & Cia., 43 Campo das Cebolas, endereço usado a partir de Out., quando Pes-

soa deixou a Rua Pascoal de Melo. "É o escritório onde pseudotrabalho — escrevia a Cortes-Rodrigues em 19. 11. 1914 — e é o lugar mais seguro para onde me escrever".

Postal de 18 Nov. 1914
1. O Manifesto *Distruzione della sintassi.* — *Immaginazione senza fili.* — *Parole in libertà* (Maio de 1913) — do qual Sá-Carneiro transportou para "Manucure" os "sons sem fio" e "palavras em liberdade" — terá concorrido para esta adopção caligramática que picturaliza a página, tal como expressamente exortava o manifesto de G. Apollinaire de 29 de Junho de 1913 — *L'Antitradizione futurista* — ao incitar a várias supressões, como seja "l'armonia tipografica" ou a sintaxe "già condannata dall'uso in tutte le lingue".
2. Equívoco de Sá-Carneiro: a publicação era realmente *Les Soirées de Paris*, onde, em 1914, foram inseridos os "ideogramas líricos" dos *Calligrammes* de Apollinaire, editados em livro apenas em 1918, ano da morte do poeta.

Carta de 2 Dez. 1914
1. Compositor, maestro e crítico musical, estudou em Berlim com o único aluno de Wagner tendo regressado a Lisboa em 1914. Em Julho desse ano apresentou a *Sinfonia Camoniana* no Teatro de S. Carlos. "Estive no Rossio muito tempo falando com o Rui Coelho, e muito entusiasmado por o ouvir descrever a sua obra agora patriótica", anotara Pessoa, em Março de 1913, porventura a este propósito.
2. Ver nota 6, carta de 27. 6. 1914.
3. Capitalista do café, empresário teatral e artístico, regressara a Portugal em 1912. Em Dez. de 1913 inaugurara o Politeama, com traçado de Ventura Terra.

Postal de 2 Dez. 1914
1. Por não se encontrar no epistolário original, este postal caligramático é transcrito a partir do seu fac-símile inserido em *Cartas a Fernando Pessoa*, edição de Helena Cidade Moura e Urbano Tavares Rodrigues (Ática, reimp. de 1979, vol. II, p. 27). A reiteração do pedido de presença pela mão de Tomás de Almeida, "sem falta, Tomás" (no centro da triângulação caligráfica), não se inclui na transcrição.

Postal de 8 Jan. 1915
1. "Dezembro foi uma noite de tempestade para mim. Nem cabeça tenho tido para escrever a alguém, mesmo à minha família", resumia Pessoa a Cortes-Rodrigues em 4 de Jan., dando-lhe conta do seu isolamento.
2. Os Cafés A Brasileira, no Chiado, e a "vil cova ou jazigo de utilidades e propósitos artísticos que dá pelo nome humano de Brasileira do Rossio" ou "Brasileira inferior" (segundo descrição de Pessoa respectivamente a Cortes-Rodrigues em 28. 6. 1914 e a J. Pacheco em 7. 11. 1915).
3. Tratava-se, provavelmente, do número *specimen* que José Pacheco fez aparecer em Março de 1915 (dedicado ao general Pimenta de Castro, colaborado por António Sardinha e com capa do Almada), sete anos antes da *Contemporânea* ter começado a publicar-se, com alguma continuidade, a partir de

Maio de 1922. Com a revista (que iria durar dez números de aparecimento ir-regular) o seu fundador pretendia revolucionar as artes gráficas em Portugal.

Bilhete de [Jan. 1915]
1. Embora sem data expressa algumas das características materiais e de conteúdo deste bilhete permitem supor o mês de Jan. para a sua redacção.

Postal de 19 Jan. 1915
1. Neste dia Pessoa redigiu a famosa "carta de género psicológico" (que fora anunciando em cartas anteriores) a Cortes-Rodrigues, onde o autor o distinguia como "único dos amigos" dotado, como ele mesmo, de "profun-da religiosidade e da convicção do doloroso enigma da Vida".
2. Cervejaria de Lisboa e um dos pontos de encontro dos poetas moder-nistas.
3. Com grande probabilidade tratar-se-ia de um programa para o lança-mento do Interseccionismo. Talvez *Orpheu* (que a 19 de Fev. Pessoa anun-ciaria, alvoroçado, a Cortes-Rodrigues, então nos Açores) tenha tido os seus começos nesse encontro.

Postal de 29 Jan. 1915
1. Alfredo Guisado acrescentava este aviso no fim da carta.

Carta de 4 Fev. 1915
1. Regressado em Setembro de Paris, Sá-Carneiro começara por alojar-se na sua residência habitual, onde apenas se encontrava Maria Cardoso, em vésperas de consorciar-se com o pai dele, já ausente em África desde Junho. Incompatibilidades de vária natureza levaram-no, porém, a mudar-se para este hotel do Chiado.

Bilhete de 26 Março 1915
1. O documento original não está no epistolário. Transcreve-se a partir da cópia dactilografada que lhe vem em anexo.
2. Expressão usada, parodicamente, no sobrescrito.

Postal de 9 Maio 1915
1. Sá-Carneiro intercedia pelos mesmos versos em um e outro lado do postal.
2. Filho de outro poeta, Pedro Augusto de Lima, que também morreu doi-do, Ângelo de Lima viveu a sua vida entre o Hospital do Conde Ferreira, no Porto, e o Hospital de Rilhafoles, sempre dedicado à poesia e à pintura.
Com poemas já publicados avulsamente, *Orpheu* foi buscar inéditos seus para as páginas do nº 2, acentuando assim, voluntariamente, o "desvio vesâ-nico", então geralmente assacado aos "paranóicos" colaboradores da revista.
Em 1935, no nº 3 da rev. *Sudoeste,* que celebrava os vinte anos de *Orpheu,* F. Pessoa referia o poeta alienado como "quem não sendo nosso, todavia se tornou nosso" e republicava dele "aquele extraordinário soneto — dos maiores da língua portuguesa — em que o poeta descreve a sua entrada na loucura": "Pára-me de repente o pensamento".
3. Com a metonímia se significava o Restaurante Irmãos Unidos.

Carta de 11 Julho 1915

1. F. Pessoa redigiu uma notícia (ainda hoje inédita) para a imprensa em que dava como finalidade da partida de "um dos directores de *Orpheu*" para Paris, "tratar da colocação no estrangeiro da revista que dirige". A notícia fecha referindo a presença na gare de "todos os colaboradores do *Orpheu*" e de "grande número de amigos e admiradores". Entre os quais, porventura, Álvaro de Campos que, quiçá no mesmo dia da redacção noticiosa, escreveu também: "O ter deveres, que prolixa coisa!/ Agora tenho eu que estar à uma menos cinco/ Na estação do Rossio, tabuleiro superior — despedida/ Do amigo que vai no Sud Express de toda a gente/ Para onde toda a gente vai, o Paris...".

2. Intermediário financeiro através do qual o pai do poeta enviava, mensalmente, à mulher e ao filho as importâncias para os respectivos gastos. Os vales telegráficos, que por aquela via lhe chegavam de Lisboa, quase sempre os assinalou Sá-Carneiro na correspondência que diversamente dirigiu.

3. O Hotel Aliança, já referido, onde o poeta habitara grande parte do tempo de *Orpheu*.

Postal de 13 Jul. 1915

Este postal e o anterior são endereçados "Al Señor Don Alvaro de Campos/ Ingeniero/ ao cuidado do Exmo. Sr. Fernando Pessoa", sendo este mesmo ilustrado com "El Cruce del funicular no Monte Igueldo em San Sebastián".

Carta de 13 Julho 1915

1. Esta breve carta e os três postais de San Sebastian que a antecedem (todos do mesmo dia) são escritos a tinta roxa.

2. Augusto da Livraria Brasileira (Rua do Ouro e propriedade de Monteiro & Cia.).

Carta de 17 Julho 1915

1. Por lapso Sá-Carneiro escrevera Lisboa.

2. Raul Leal, vítima de sífilis, foi norteado por intensa preocupação espiritual. De 1903-13 advogou e colaborou na revista *Arte Musical*. Em 1913 fez editar *Liberdade Transcendente*, fortemente contestada por Leonardo Coimbra na *Águia*. Em 1914 conheceu D'Annunzio e Marinetti em Paris. Escreveu poesia em francês; assinou, com Santa-Rita Pintor, o panfleto *O Bando Sinistro* contra Afonso Costa e foi, também, colaborador de *Orpheu* (como depois o foi das revistas *Exílio* e *Portugal Futurista*).

3. Em fins de Março de 1915 Boavida Portugal fundara o diário *O Jornal*. Pessoa era um dos colunistas da *Crónica da vida que passa*. Em 22 de Abril, dia imediato a ter assinado a sua quarta crónica, que, em tom irreverente, tematizava sobre a recém-formada Associção de Classe dos Monárquicos (o Integralismo Lusitano) foi despedido pelo director que em "Explicação Necessária" o acusava, entre outras coisas, de "frases grosseiras".

Em Julho Pessoa de novo incorreu na ira das gazetas: Afonso Costa, em queda aparatosa de um eléctrico, ficara em riscos de vida. Álvaro de Campos, "engenheiro e poeta sensacionista", que, na *Capital* do dia seguinte (6 de Julho) reagia ao anúncio escarninho de uma "récita paúlica" (em que o "*clou* do espectáculo" seria um "drama dinâmico intitulado *A Bebedeira*" representado por actores, só visíveis até aos joelhos, e por "estranhos efeitos de luz"), rectificava o título (*Os Jornalistas*, "estudo sintético do jornalismo português", sendo a representação assegurada pelos "doze pés de três jornalistas") e aplaudia, de caminho, a "hora tão deliciosamente mecânica que a própria Providência Divina se serve dos carros eléctricos para os seus altos ensinamentos". Pondo em destaque este último parágrafo logo, no mesmo número, se indignava o jornal, acusando os "futuristas do *Orpheu*" não só de "pobres maníacos", mas "agora ridículos e maus". Sentindo perigar os princípios de *Orpheu*, Sá-Carneiro saiu à liça no dia imediato em carta à *Capital* ("Ponto final..."), demarcando-se, a si e à revista (para a qual reivindicava uma "acção exclusivamente artística") de qualquer "veleidade" individual que implicasse "opinião política ou social". Mesmo se expendida por seus "colaboradores ou dirigentes, ainda quando eles adornem ou reclamem os seus nomes com o epíteto de colaboradores dessa revista".

4. Os "fugitivos apontamentos" regressariam na já referida entrevista à *Restauração* em Out. seguinte.

Postal de Julho 1915
1. O registo postal é 18. 7. 1915.

Carta de 26 Julho 1915
1. F. Pessoa apontou no sobrescrito: 1 Carta Pretória
                                                2 Sá-Carneiro. Paris
                                                   Cortes-Rodrigues
2. Exactamente a morada em que o poeta poria fim à vida, no dia 26 de Abril de 1916.

Carta de 2 Agosto 1915
1. Pessoa conservou as duas peças do que depois foi designado como "sarilho hilariante": um bilhete dirigido a Vitoriano Braga (pedindo-lhe para adiantar "a importância necessária para o telegrama que imploro ao Fernando") e um postal dirigido a A. Xavier Pinto & Cia.

Carta de 7 Agosto 1915
1. Segundo o autor expressamente indica, tratava-se das "Sete Canções de Declínio", que não se encontram no acervo epistolar.
2. Da terceira quadra da terceira Canção.
3. Da sétima quadra da quinta Canção.
4. Da décima quadra da quinta Canção.

Carta de 10 Agosto 1915
1. Em projecto editorial, registado rapidamente após um texto em inglês sobre o futurismo e o novo movimento português F. Pessoa adiantava:
Translations of: Naval Ode
                       Slanting Rain
                       Manucure

2. As Odes "Triunfal" e "Marítima", de Álvaro de Campos, haviam sido publicadas, respectivamente, nos n.ºs 1 e 2 de *Orpheu*.

3. Curiosamente, os seis "poemas interseccionistas" de *Chuva Oblíqua*, publicados em *Orpheu 2*, poderiam ter levado a assinatura de Álvaro de Campos, como se lê no sumário, se tivesse chegado a fazer-se a *Antologia do Interseccionismo*, que Pessoa anunciava a Cortes-Rodrigues em 4. 10. 1914.

4. Foi designado por "Poemas sem Suporte" o genérico que, em *Orpheu 2*, englobava os poemas "Elegia" e "Manucure", de Sá-Carneiro, e era dedicado a Santa-Rita Pintor.

5. Tratava-se de *A Cena do Ódio*, que, nas folhas impressas do n.º 3 de *Orpheu*, é assinada por *José de Almada Negreiros, Poeta sensacionista e Narciso do Egipto* e cuja epígrafe dirige a Álvaro de Campos a *dedicação intensa de todos os meus avatares*.

6. "Passos da Cruz" é um ciclo de catorze sonetos, cujas facturas, de acordo com as datas dos originais, são as seguintes:
I-III, 28. 11. 1913; IV, 4. 1. 1914; V-VI, 25. 7. 1914; VII-VIII, 14. 2. 1916; IX, 18. 3. 1915; X-XI, 23. 11. 1914; XII, s. d.; XIII, 30. 11. 1914 e XIV. s. d.
Sá-Carneiro não podia, pois, ter conhecimento da totalidade do conjunto à data desta carta. É plausível que tenha existido um primeiro ciclo de sete sonetos e que as mesmas razões numerológicas decidissem a opção final dos catorze com que os "Passos da Cruz" por fim apareceram na revista *Centauro*, 1916.

7. Sobre "Além-Deus", ver as cartas de 3 e de 26. 2. 1913, a de 10. 3. 13 e as respectivas notas.

Postal de 11 Agosto 1915

1 e 3. Robert e Sonia Delaunay — cujo "lirismo plástico" ou "orfismo" culminava, segundo Apollinaire, "l'évolution lente et logique de l'impressionisme, du divisionisme, de l'école des fauves et du cubisme" —, depois de intensa actividade criadora, de protagonizarem nos célebres cafés de Montparnasse e de reinarem num dos mais brilhantes cenáculos artísticos de Paris (o n.º 3 da rue des Grand-Augustins, onde habitavam e acolhiam um círculo de artistas do qual Amadeu de Sousa Cardoso fazia parte), foram apanhados pela declaração de guerra em Fuentearabia, Espanha. Instalados em Madrid tiveram de fugir à vaga de calor de Agosto de 1915, vindo para Lisboa, em cujo meio artístico foram introduzidos por José Pacheco, Eduardo Viana e Almada. Em Vila do Conde, numa casa a que chamaram "Villa La Simultanée", foi, porém, onde mais se demoraram (na companhia do pintor americano Sam Halpert e do pintor português Eduardo Viana), onde imaginaram as "expositions mouvantes" e onde acrescentaram às suas paletas a cor minhota e a luz atlântica.

2. Corruptela infantil e/ou popular de *mais um*.

Carta de 13 Agosto 1915

1. Esta célebre antologia do primeiro dos movimentos de vanguarda aparecera em 1913 em Milão, em cujo Corso Venezia 61 estava sediado o Movimento Futurista.

2. Também em Milão, mas em 1905, se fundara esta revista e órgão dos

442

"grandes poetas incendiários", os pré-futuristas, com quem começou a insurreição contra o passado.

3. Rápida transliteração de "passéistes", cuja tradução directa seria "passadistas".

4 e 5. Embora Marinetti clamasse contra a "poesia doentia, o sentimentalismo, a obsessão da luxúria e a obsessão do passado" do "imaginífero" D'Annunzio, os futuristas são ainda epigonais dele e também de Verhaeren.

Postal de 21 Agosto 1915

1. António Feliciano de Castilho recomendava o poema *D. Jaime*, de Tomás Ribeiro, para leitura obrigatória nas escolas em substituição de *Os Lusíadas*.

Carta de 22 Agosto 1915

1. Possivelmente terá datado deste dia o breve poema que Sá-Carneiro enviou a Pessoa com a carta de 31 de Agosto: "A minh'Alma fugiu pela Torre Eiffel acima".

Carta de 23 Agosto 1915

1. João da Neiva era, em verdade, o pseudónimo literário do jornalista e advogado Luís de Almeida Braga, co-fundador da revista integralista *Nação Portuguesa*.

2. O "panfleto" foi uma paródia de *Orpheu*, em folha avulsa, cujo título, *Orpheu afina a lira*, se terá inspirado na caricatura de Almada para a sua entrevista, "O suposto crime do *Orpheu*", de 13 de Abril a *O Jornal*: a Academia, figurada por Júlio Dantas de gatas, escutava Orpheu tangendo a lira.

3. *O Século Cómico*, suplemento humorístico do *Século* dirigido por Acácio de Paiva, publicara a respeito de *Orpheu*, entre Abril e Julho, vários comentários e paródias em verso, uma das quais, assinada por Pablo Perez, usava o jargão futurista e o título "Ode Simétrica".

4. *Terra Nostra* 14. 4. 1915.

5. Protagonista do drama do mesmo nome, de Alexandre Dumas pai, e primeiro dos grandes heróis do teatro romântico. Figura sombria, maldita, misantropa, inseparável do punhal com que porá fim a si e a Adèle, amor reencontrado que ele arrastara para o adultério e para a desonra.

6. Personagem do romance homónimo e uma das personagens mais autobiográficas da *Comédie Humaine* enquanto projecção do enamoramento de Balzac por Mme. Hanska, com quem o escritor chegou a casar.

Carta de 24 Agosto 1915

1. Álvaro de Campos havia de descrever este "continuador filosófico" numa das *Notas para a Recordação do meu Mestre Caeiro*,[8] de 1930: "O António Mora era uma sombra com veleidades especulativas". "Encontrou Caeiro e encontrou a verdade. O meu Mestre Caeiro deu-lhe a alma que ele não tinha"; "O resultado triunfal foi esses dois tratados, maravilhas de originali-

---

8. Ver Fernando Pessoa *Poemas Completos de Alberto Caeiro*, edição de Teresa Sobral Cunha, Editorial Presença, 1994, onde só então a totalidade destas notas foi reunida pela primeira vez.

dade e de pensamento, *O Regresso dos Deuses* e os *Prolegómenos a uma Reformação do Paganismo."*

2. Protagonista do romance picaresco em 4 vol, *Histoire de Gil Blas de Santillane,* de Alain-René Lesage (1668-1747), que tipifica nele o aventureiro do séc. XVIII, retirado, no fim da vida, num castelo onde escreve as suas memórias. Verdadeira "pintura dos homens e da vida" a obra inspirou artistas e ilustradores de renome.

Carta de 31 Agosto 1915

1 e 2. Não há notícia nem da colaboração de Numa de Figueiredo, nem da de António Bossa, médico de profissão e poeta amador.

3. A colaboração de Raul Leal fora *Atelier, novela vertígica* (Jan. de 1913) que referia em final: "Do livro inédito *Devaneios e Alucinações".*

4. Este sumário do *Orpheu 3* "frustrado de cima" não foi aquele que prevaleceu nas provas impressas que chegaram até nós. Nem mesmo prevaleceu um outro que, em carta de 4 de Set. de 1916 a Cortes-Rodrigues, Pessoa modelava com "versos do Camilo Pessanha", "versos inéditos do Sá-Carneiro", *A Cena do Ódio* do Almada-Negreiros ("actualmente homem de génio em absoluto"), prosa de Albino de Meneses e talvez do Carlos Parreira, "uma colaboração variada do meu velho e infeliz amigo Álvaro de Campos" e "no fim do número, dois poemas ingleses[9] meus, muito indecentes, e, portanto, impublicáveis em Inglaterra". As colaborações de Augusto Ferreira Gomes ("Por esse Crepúsculo a Morte de Um Fauno", Out. de 1916), de D. Tomás de Almeida (poema "Olhos", Agosto de 1915) e de Castelo de Morais (a composição em prosa "Névoa", de 1917, dedicada a F. Pessoa) completaram afinal, esse terceiro número (composto, necessariamente, depois da data que Castelo de Morais apôs no termo das suas páginas). Fernando Pessoa escolheu "Gládio" (que mais tarde inseriu em *Athena* integrando-o, por fim, na *Mensagem,* onde foi a segunda das "Quinas" — "D. Fernando, Infante de Portugal") e os cinco poemas completos do conjunto "Além-Deus" (sobre o qual pairaria a "mesma nuvem" que em fins de 1930 envolveu "O Último Sortilégio", enviado para a *Presença,* conforme o autor então elucidou Gaspar Simões).

5. A colaboração deste heterónimo não se verificou. Em contrapartida "Para Além doutro Oceano", dedicado *À Memória de Alberto Caeiro* e assinado por C. Pacheco, não constava destes sumários, mas aparece, no entanto, como último poema nas páginas impressas de *Orpheu 3* de que dispomos hoje.

6. O título geral "Poemas de Paris" (as "Sete Canções de Declínio", "Abrigo", "Cinco Horas","Serradura" e "O Lorde", todos de Jul., Ag. e Set. de 1915) sucedeu ao dessa série inicial.

7. A colaboração de Albino de Meneses (poeta e ficcionista nascido na Madeira que alternara com Pessoa e Nuno de Oliveira a redacção da coluna de *O Jornal — Crónica da Vida Que Passa)* consistiu numa "composição" em três páginas de prosa: *Após o Rapto,* ainda ignorada por quem traçara o sumário e o exprimia pondo letras em lugar do título.

---

9. *Antinous* e *Epithalamium,* este último já em processo de escrita em Março de 1913.

8. *A Cena do Ódio*, de Almada Negreiros, persistiu nos sumários mais conhecidos de *Orpheu 3* e em outros ainda inéditos.

9. O "número feito" apareceu com 64 páginas impressas a que talvez ainda falte uma última parte.

10. O poema "Narciso" fora publicado em *Orpheu 2*, dedicado a F. Pessoa. Nas provas impressas de *Orpheu 3* não constava colaboração de Montalvor.

11. "Não", de 14. de Dez. de 1913, só foi publicado, postumamente, no nº 4 de *Alma Nova* (Faro), Dez. 1917.

12. O panfleto de A. de Campos contra Aragão chamava-se *Carta a um herói estúpido* e o autor escreveu para ele numerosas páginas que não chegaram a ser publicadas.

O. capitão Aragão batera-se valentemente em Naulila (posto administrativo de Angola) contra as forças alemãs no ano de 1914. Regressado do cativeiro alemão, poucos dias antes do episódio narrado por Sá-Carneiro, passara, desde então, a abraçar as causas do partido de Afonso Costa.

"Quem lhe meteu na cabeça, ó desgraçado varredor das feiras africanas, que a habilidade para as arremetidas violentas facilitava, com certeza, a competência sociológica? Quem lhe insinuou, desgraçado, que o facto de ter feito frente ousada a umas tropas germânicas lhe concedia jus de opinião política?" são algumas das invectivas que dão o tom do panfleto do "engenheiro sensacionista".

13. Lapso de Sá-Carneiro que deveria ter escrito António Borges, mais conhecido por França Borges (combativo jornalista republicano e afonsista que, entre outros jornais, fundara, em 1900, *O Mundo*, frontalmente antimonárquico) que morreria em Novembro de 1915, em Davos-Platz, com pouco mais de quarenta anos. E se na *Ilustração Portuguesa* a notícia necrológica o remetia à categoria de homens que "sabem ser os amigos mais leais e os inimigos mais implacáveis" a hipótese de um monumento memorial (que havia de efectivar-se na Praça do Príncipe Real!) levava F. Pessoa a contestá-la, em *Oligarquia das Bestas*, nos seguintes termos lapalisseanos: "Um monumento a França Borges só (ao que parece) por ter tido o grande gesto de morrer quando chegou ao fim da vida".

14. Muito provavelmente foi neste horóscopo que F. Pessoa entreviu as comuns afinidades astrológicas, tendo registado a propósito (em folha independente donde se transcreve) uma defesa da "desnacionalização" da "verdadeira arte moderna", da qual ele e Sá-Carneiro seriam expoentes: "O que quer *Orpheu*? Criar uma arte cosmopolita no tempo e no espaço. A nossa época é aquela em que todos os países, mais materialmente do que nunca, e pela primeira vez intelectualmente, existem todos dentro de cada um...". "Basta qualquer cais europeu — mesmo aquele cais de Alcântara — para ter ali toda a terra em comprimido", concluindo votivamente: "Que a nossa arte seja uma onde a dolência e o misticismo asiático, o primitivismo africano, o cosmopolitismo das Américas, o exotismo ultra da Oceania e o maquinismo decadente da Europa se fundam, se cruzem, se interseccionem".

Postal de 6 Set. 1915

1. Neste postal o autor traçou, a três colunas, as treze quadras do poema.

Carta de 13 Set. 1915

1. Este número, como sabemos, não chegou a público. Mas quando esteve de novo iminente a sua saída (certamente aquela que Pessoa anunciava em Set. de 1916 a Cortes-Rodrigues) o único director de então propunha-se redigir para ele uma breve evocação de Mário de Sá-Carneiro. A inserir, contudo, na "segunda pág. de resguardo", no respeito por "aquela atitude de pura preocupação artística, excludente de todo o sentimentalismo" que era "ponto de honra da revista". Uma *Informação* aos assinantes de *Orpheu* sobre as razões da suspensão temporária da revista, terminava com o anúncio duma *plaquette*, com "composições dos notáveis e originais artistas de que o nosso Movimento é composto", a fim de "aquela restrita parte do público ledor português que ainda é capaz de ser educada para a compreensão civilizada da literatura não ficar privada da única publicação com carácter europeu que, em recentes anos, se tem produzido no nosso país".

2. F. Pessoa fazia então a primeira tradução para a Colecção Teosófica & Esotérica da Livraria Clássica Editora: o *Compêndio de Teosofia*, de C. W. Leadbeater (cuja recepção Sá-Carneiro acusou em 8 de Nov.) a que se seguiu *Os... ideais da Teosofia*, de Annie Besant, tendo saído ambos em 1915.

Para a mesma colecção F. Pessoa traduziu, em 1916, *Auxiliares Invisíveis* e *A...Clarividência* de C. W. Leadbeater, e, mais tarde, uma "versão portuguesa" de *A... Voz do Silêncio e outros fragmentos selectos do Livro de Preceitos Áureos*, bem como *Luz sobre o Caminho e o Karma*.

3. Artur Ribeiro Lopes, jurista, ensaísta e prolífico colaborador da imprensa periódica.

4. As treze quadras de "Serradura".

5. A quadra do Dantas é a sexta ("Folhetim da *Capital*"), que o autor manteve na cópia final do poema.

Carta de 18 Set. 1915

1. Os "dois poemas" eram "Abrigo" e "Cinco Horas", que não se encontram no epistolário original.

2. Carlos Alberto Ferreira frequentava em Lisboa a roda de Pessoa e de Sá-Carneiro. Em cartão de visita (existente no epistolário) identificava-se como Agent Commercial Officiel de la Republique Portugaise en Belgique. No verão de 1915 publicou *Os Alemães na Bélgica,* aplaudido pela crítica. Foi, com José Araújo, quem mais de perto acompanhou os últimos meses de Sá-Carneiro.

3. Homem de letras e pintor de certa voga, era conhecido nos meios artísticos parisienses por Jean Da Costa. Pensionista do Estado, fixara-se em Paris em 1904, onde foi, entre outras coisas, correspondente da *Ilustração Portuguesa* em França, para a qual realizou, durante a Guerra, reportagens gráficas de mérito.

Carta de 25 Set. 1915

1. Exactamente em 21 de Set. F. Pessoa respondera a Santa-Rita Pintor rejeitando, delicadamente, a proposta, na parte que lhe cabia enquanto "um dos fundadores espirituais" da publicação: "A revista *Orpheu* representa uma determinada corrente, a cuja testa estão Mário de Sá-Carneiro e eu. A transferir para alguém essa revista só podia ser, como no exemplo baconia-

no da *traditio lampadis* dos antigos, *ad filios*, aos discípulos, na carinhosa frase empregada" "(num sentido oculto) pelos teosofistas".

"De resto", acrescentava mais adiante, "*Orpheu* não acabou. *Orpheu* não pode acabar" e lembrando o "aquático escrúpulo" com que o rio procura o mar mesmo quando o percurso se torna subterrâneo, assim ele visionava igual destino para a "revista sensacionista".

Carta de 2 Out. 1915

1. Com efeito, em carta para o pai, datada de 3 do mês seguinte e escrita do Café Riche (onde declarava ser "Paris o único motivo da minha pobre satisfação") pode ler-se em dado passo: "Outro assunto: A livraria mandou o apuramento da liquidação do *Orpheu* 2. Tenho lá 34 250 réis (conta certa)".

2. Ainda em carta de 20 desse mesmo Outubro asseverava: "O meu querido Pai pode estar certo de que me não meto em 'empresas'. Mesmo não imagina como estou farto dessas 'empresas' — e o tédio que tinha ultimamente, já em Lisboa, de *Orpheus* etc. Para me ver livre de tudo isso, creia que foi uma das razões por que vim para aqui".

3. Não, certamente, o manifesto que Santa-Rita preparara e Raul Leal dera a ler a Pessoa na parte que referia o Sensacionismo (como se pode depreender da carta de Pessoa a Santa-Rita em 21. 9. 1915), mas pequenas iniciativas intercalares relativas a *Orpheu* para impedir que o acontecimento fosse esquecido.

4. As "*plaquettes* inglesas", *35 Poems* e *Antinous*, apenas seriam editadas em 1918; o suplemento literário do *Times* e o *Glasgow Herald* referiram-nas criticamente.

5. A única menção pública deste título, registado em vários dos projectos editoriais de Pessoa para a publicação de Álvaro de Campos, aparece em *Orpheu 1* para integrar a "Ode Triunfal": "Dum livro chamado *Arco de Triunfo,* a publicar".

6. Ainda na carta de 21 de Set. de 1915 a Santa-Rita (com cópia para Paris), Pessoa endossava a Sá-Carneiro a inteira responsabilidade financeira da revista, o que o inibiria de qualquer poder negocial. Tais argumentos inspiraram, por sua vez, Sá-Carneiro para a "operação" (logo comunicada ao Pintor) da cedência a Pessoa da sua parte da propriedade espiritual. O "sócio" reagiu retaliando, subtil, o poeta em Paris e o pintor em Lisboa: por um lado disponibilizando muito mais colaboração do que aquela que, nas circunstâncias, Sá-Carneiro aconselhava, induzindo este a semelhante disposição; por outro facultando a Santa-Rita uma produção que não ia no previsível sentido dos seus interesses (cartas ao mesmo de 23 e de 24 de Out.), exactamente como fez Sá-Carneiro ao escolher para ele "poesias sérias, nada irritantes".

Postal de 7 Out. 1915

1. *A Cena do Ódio* esteve para sair em separata de *Orpheu 3* (ver carta a J. Pacheco de 11. 7. 1917 onde F. Pessoa alude a diligências para "essa tiragem especial"), mas foi o nº 7 da *Contemporânea* (Jan. de 1923) que, embora não integralmente, o acolheu sob essa forma.

2. Pseudónimo do jornalista Joaquim Madureira, que, em 1915, publicava *De Esguelha. Perfis Contemporâneos*.
3. Revista de teatro.

Carta de 16 Out. 1915
1. Eduardo Metzener, poeta e jornalista cujo reconhecido talento serviu uma prosa revolucionária e intensamente pessimista. Nesse ano de 1915 publicara *Os Bárbaros do Norte*.
2. Johannesburg, naquela mesma África do Sul onde F. Pessoa fizera a sua "educação toda inglesa".

Carta de 18 Out. 1915
1. Como se relacionaria com o assunto em questão este jornalista de combate, republicano e historiador?
2. Quadra do poema "Cinco Horas", que o poeta redigiu em sequência de escrita e que aqui se uniformiza para forma estrófica.

Carta de 29 Out. 1915
1 e 2. Tratava-se de um artigo evocativo da Batalha do Marne (batalha decisiva travada de 6 a 10 de Set. 1914 que deteve o avanço alemão e deu início a uma nova estratégia aliada designada por "corrida para o mar"), assim mesmo intitulado na *Ilustração Portuguesa* e com o subtítulo *Impressões de anniversário*. O artigo era ilustrado por dois desenhos de Ferreira da Costa: sobre as sepulturas dos mortos do Marne uma "pobre viúva" e uma "noiva parisiense".
3. F. Pessoa assinara *O Preconceito da Ordem* numa das "Páginas livres" de *Eh Real!, Panfleto semanal de crítica e doutrinação política*. O panfleto, dirigido por João Camoesas, visava a ditadura militar de Pimenta de Castro e o recém-formado Integralismo Lusitano. A publicação teve apenas um único número, visto a ditadura ter sido derrubada em 14 de Maio, dia imediato à saída dele.

Carta de 3 Nov. 1915
1. À data da primeira edição desta correspondência as duas poesias, "O Recreio" e "Torniquete", já não se encontravam no epistolário original, conforme os editores então advertiam.

Carta de 5 Nov. 1915
1. A estreia de *Octavio* (ver nota ao postal de 20. 3. 1914, vol. I) só ocorreu, afinal, em Maio de 1916, no Teatro Nacional.
2 e 3. Interessado desde sempre pelas artes plásticas, Raul Leal desenvolveu também ensaios sobre outros artistas, entre os quais Eduardo Viana e Mário Eloy.
4. Esta quadra "duma poesia que não escreverei" acabou por ser "um poema duma quadra" (tal como o poeta descrevia "O Pajem"), com o título "Campainhada" e datado de *Paris, Outubro 1915*.
5. Tratar-se-ia já da "interessantíssima pequena obra do Sr. Cabral do Nascimento", *As três princesas mortas num palácio em ruínas*, que na revista *Exílio* de Abril de 1916 seria uma das "*plaquettes* sensacionistas", com recensão de F. Pessoa e ilustrativas do seu artigo: "Movimento Sensacionista"?

6. Este leitor e jovem epígono de Sá-Carneiro haveria de tornar-se amigo dele e seu correspondente, tendo ingressado na roda da vanguarda literária lisboeta antes de optar pela carreira diplomática.

Carta de 8 Nov. 1915
1. Ver nota 2 da carta de 13. 9. 1915.

Carta de 10 Nov. 1915
1. O jornalista Hermano Neves, formado em Medicina pela universidade de Berlim, foi também bom desenhador e bom poeta e um dos principais redactores da *Capital*, que iniciou o moderno jornalismo entre nós. No campo jornalístico assinou grandes reportagens (realizadas, sobretudo, durante a Guerra de 1914-8) e grandes entrevistas (nomeadamente com relevantes personalidades políticas francesas).
2. Possível *lapsus calami* em outra equação: A. C. = F. P.?
3. Na sequência da carta de desagravo de Sá-Carneiro à *Capital* (ver nota 3 à carta de 17. 7. 1915) Hermano Neves acrescentara que também Almada Negreiros exprimira "a sua absoluta discordância com o Sr. Álvaro de Campos, pseudónimo literário do Sr. Fernando Pessoa", o qual teria confessado aos amigos "que no momento em que escreveu o referido artigo se encontrava em *manifesto estado de embriaguez...*".
4. O soneto "Pied-de-nez" não se encontra no epistolário original, mas existe uma cópia dele no espólio de Pessoa, possivelmente destinada à *Antologia*, dactilografada com pequenas correcções e com a data *Paris Nov. 1915*. Em último lugar, grafado por baixo do nome do autor, Pessoa acrescentava: *Sensacionista*.

Carta de 15 Nov. 1915
1. Afinal este verso de *O Recreio* ficou inalterado.
2. Na própria carta F. Pessoa apontou, a lápis, a morada "do tal capitão-de-fragata" (Rua da Nossa Senhora da Glória, 16) do ramo familiar materno de Sá-Carneiro.

Carta de 18 Nov. 1915
1. O poeta escrevia as duas primeiras quadras das nove de "Caranguejola" que depois datou *Paris. Novembro 1915*.

Postal de 20 Nov. 1915
1. A impossibilidade de um depósito de 85 000 réis inviabilizara a viagem, só realizada após o Armistício. A 7 de Nov., porém, ainda F. Pessoa escrevia a J. Pacheco: "Soube pelo Almada da sua próxima partida: felicito-o por ela porque sei quanto lhe agrada reencontrar Paris. E de mais a mais vai ver o Carlos Franco, não é verdade? Que saudades eu tenho do que lhe vai acontecer!".

Carta de 27 Nov. 1915
1. Os "versos" eram: "Caranguejola", "Desquite" e "Ápice". Nenhum deles se encontra no epistolário tendo sido, no entanto, recebidos por Pessoa:

em 24 de Dez. Sá-Carneiro reagia às considerações que sobre eles tecera o destinatário em carta de 12 de Dez.

2. Raul Leal exilava-se em Espanha em "mau estado mental".

Carta de F. Pessoa, 6 Dez. 1915
1. Esta carta, fragmentária, não se encontra no espólio do seu autor, sendo certo que já em 13 de Set. Sá-Carneiro reagia ao específico labor teosófico do amigo, não tendo, contudo, acusado a sua recepção. Reproduz-se de J. Gaspar Simões — *Vida e Obra de Fernando Pessoa* (Liv. Bertrand, 1950, vol. II, pp. 229-30).

Carta de 12 Dez. 1915
1. Dramaturgo, sobretudo comediógrafo, o alvo preferido deste autor foi a pequena burguesia lisboeta e contemporânea. Em 1914 *O Deputado Independente* e o drama *Razão mais Forte* tinham suscitado apreço geral.

2. Esta comédia e *O Senhor Roubado* foram depois publicadas em 1916.

3. Este soneto também não se encontra no epistolário original.

Postal de 21 Dez. 1915
1. Carlos Franco acrescentava, pela sua mão, as "muitas saudades".

Carta de 24 Dez. 1915
1. Esta carta não se encontra no epistolário, sendo transcrita a partir de *Cartas a Fernando Pessoa* (vol. II, pp. 131-4, Ática reimp. de 1978).

2 e 3. Conservava-os na mochila quando morreu.

4. Eram, com certeza, os três sonetos que, com *Opiário* e *Carnaval*, apareciam sob a designação maior de *Autoscopia* (exame ou auscultação de si) em alguns projectos editoriais para Álvaro de Campos: "Quando olho para mim não me percebo"; "A Praça da Figueira de manhã"; "Olha Daisy, quando eu morrer tu hás-de". E embora a datação "oficial" dos sonetos seja, respectivamente, Agosto 1913 (Lisboa), Out. 1913 (Londres) e Dez. 1913 ("a bordo do navio em que embarcou para o Oriente") e feita em função de "Opiário", sendo o conjunto dedicado a Fernando Pessoa, vários testemunhos directos do autor real, inclusive esta correspondência, remetem-nos para o ano de 1915.

5. "Olha, Daisy: quando eu morrer tu hás-de".

6. Rafael Baldaya, a quem coube redigir uma *Introdução ao Estudo do Ocultismo*, um *Tratado da Negação* e um *Tratado de Astrologia* (para o qual escreveu numerosas páginas), elaborar horóscopos e cálculos astrológicos de grande complexidade e até escrever um *Astrological Book on War*, avultava então da sombra quando o seu criador pensava estabelecer-se como astrólogo.

7. "Fora tu, Maurice Barrès, feminista da Acção, Chateaubriand de paredes nuas, alcoviteiro de palco da pátria de cartaz" etc., havia de dizer dele o "engenheiro sensacionista" Álvaro de Campos ao proscrever os "mandarins da Europa" no *Ultimatum*.

Defensor do individualismo (*Culte du Moi*) e do nacionalismo (*Le Roman de l'Énergie Nationale*) Barrès publicou romances, ensaios, inquéritos e teve inegável influência sobre os seus contemporâneos, antes que Álvaro de Campos tivesse escrito, no documento já citado, para proscrever o seu próprio tempo e anunciar o futuro: "Agora a literatura é Barrès significar".

Carta de 27 Dez. 1915

1. A novela *Sexto Sentido* (e terceira de *Princípio,* onde apareceu dedicada a Rogerio Perez) fora publicada na *Ilustração Portuguesa* de 2 de Set. de 1912.

2."Rodopio" tivera aí a sua primeira publicação em 29 de Dez. de 1913, ilustrado por Almada.

3. O artigo reproduz-se após esta carta, tal como foi enviado a Pessoa.

Carta de 29 Dez. 1915

1. A novela *Sr. Mendes,* que está inédita, anunciava-se (segundo preciosa informação de José Augusto França) numa das páginas de guarda da primeira edição de *Nome de Guerra* (romance escrito em 1925, mas editado apenas em 1938) ao lado de dois outros romances que também permaneceram inéditos: *Marta* e *O Empertigado,* "continuação do *Nome de Guerra".*

2. Logo após a saída do nº 1 de *Orpheu, A Capital* de 30 de Março inserira um longo artigo intitulado *Literatura de Manicómio — Os Poetas do Orpheu.* E transpondo para os "supostos literatos" as características da "arte do paranóico literato" (tal como Júlio de Matos as definira em 1900 a propósito dos *Pintores e Poetas de Rilhafoles*) denunciava neles "a cronofilia, o símbolo, a alegoria, a analogia, o egocentrismo, a autofilia, a linguagem de malhas perdidas, fragmentária..." os "detritos silábicos reunidos por simples aliterações ou consonâncias..." etc., e referiam-se "as espantosas expressões verbais, por vezes pornográficas..." da "Ode Triunfal", do "poeta Álvaro de Campos, que se confessa morfinómano", ou as singularidades de várias poesias de Mário de Sá-Carneiro, "que é quase um chefe de escola". Em alinhamento com este tom, Júlio Dantas intitulava a sua crítica de 19. 4. 1915 na *Il. Portuguesa* "Poetas Paranóicos" e, sem jamais a nomear, dava a revista literária como "suspeita de alienação mental". Segundo Almada, em Lisboa chegou a pedir-se, para F. Pessoa uma "camisa de forças" como se usava com os loucos furiosos.

Carta de 8 Jan. 1916

1. As primeiras quatro quadras do poema que veio a intitular-se "Crise Lamentável".

Carta de 13 Jan. 1916

1. Dirigido por Luís de Montalvor o nº 1 (e único) da *Centauro* (Out./ Nov./Dez., aparecido em Dez.) trouxe um conjunto de dezoito poemas de Camilo Pessanha facultado por Ana de Castro Osório, "a única e fiel origem dos inéditos do Poeta" que Pessoa, ainda em Set. (cf. carta de 4 de Set. a Cortes-Rodrigues a quem pedia o maior sigilo) contava inserir em *Orpheu 3.* Apesar do malogro de tais esforços e da previsível frustração, a sua colaboração na rev. fez-se com os catorze sonetos de "Passos da Cruz".

451

2. Dirigido por Augusto de Santa-Rita o nº 1 (e único) de *Exílio* apareceu em Abril, mas Mário de Sá-Carneiro não terá chegado a folheá-lo. Pessoa colaborava com "Hora Absurda" (entre Teófilo e António Sardinha) e concluía o número com o artigo e as recensões sensacionistas já referidos nestas notas.

3. Sá-Carneiro inseria-se assim, expressamente, naquela "categoria de indivíduos que a ciência definiu e classificou dentro dos manicómios, mas que podem sem maior perigo andar fora deles", segundo descrevia o jornalista da *Capital* em Março do ano anterior a propósito dos poetas orfeicos.

4. As 3 quadras finais do poema *Crise Lamentável* (com início na carta de 8 de Jan.), cujo último dístico (algo constrangedor para o próprio poeta) teve, afinal, como última formulação: E sempre o Oiro em chumbo se derrete/ Por meu Azar ou minha Zoina suada...

Carta de 3 Fev. 1916

1. Os sobrescritos do escritório A. Xavier Pinto & Cia. timbravam-se: La Saison/ Armazem de Modas/ Plumas, Flores, Veludos, Fitas, Sedas, etc. tal como pode ler-se naquele mesmo em que permaneceu a carta de 26 de Abril que F. Pessoa não chegou a enviar e se edita na p. 181.

2. Não está no epistolário.

3. Muito possivelmente o pintor e ilustrador que foi um dos promotores do modernismo artístico em Portugal.

4. A propósito da segunda edição de *Fel* e do "paúlico grupo" o jornalista escrevera em 25. 1. 1916: "Os poetas de hoje são diferentes, frios, insexuais, calculistas, incapazes de sentir e de sofrer...".

Carta de 5 Fev. 1916

1. Sobre a Teosofia ver carta de Fernando Pessoa de 6. 12. 1915 que se publica nesta correspondência.

Carta de 8 Fev. 1916

1. José Araújo, comerciante residente em Paris. Tendo conhecido Sá-Carneiro seis meses antes do suicídio, tornou-se em breve seu amigo próximo, segundo ele mesmo descreveu a F. Pessoa em carta imediata à morte do poeta. Foi ele o escolhido para testemunhar os seus últimos momentos e enviar as cartas de despedida. Foi ele ainda quem providenciou o funeral.

Carta de 16 Fev. 1916

1. O soneto "Aquele Outro", que não está no epistolário original.

2. O poema nunca chegou a ser concluído, e, apesar de "pano de amostra", impõe-se pela corajosa exposição.

Postal de 21 Fev. 1916

1. Augusto Ferreira Gomes, jornalista, poeta, autor ficcional e também qualificado gráfico, viria a dirigir a Editorial Império. Publicara em 1915 *Rajada Doentia*, que tinha como subtítulo *Apontamentos* (constituídos por dezesseis curtas narrativas, com títulos e dedicatórias individuais) e, "em frente e fecho, desenhos de António Soares".

Em 1934 publicaria o livro de versos *Quinto Império*, dedicado *A Fernan-*

do Pessoa nascido no ano certo e seu prefaciador, tendo instigado a publicação de *Mensagem*, que ocorreu nesse mesmo ano.

Carta de 22 Fev. 1916
1. Maria Cardoso (que em Nov. de 1915 casou, por procuração, com o pai de Sá-Carneiro para poder reunir-se a ele em Lourenço Marques), a "Mimi", com quem Sá-Carneiro teve grande proximidade, por quem parece ter tido desvelos de tipo amoroso e a quem endereçou algumas cartas e dezenas de postais revelados há alguns anos.[10]
2. Quatro primeiros versos de "Torniquete".
3. *Homem de Fumo* (dedicado a Eduardo Metzener) e *Vácuo* (dedicado a António Soares) são dois dos dezesseis *apontamentos* da pequena obra *Rajada Doentia*.
4. Jorge Barradas, pintor, desenhador, litógrafo e gravador, foi o renovador da cerâmica artística em Portugal.

Postal de 29 Fev. 1916
1. A *Antologia Interseccionista* fora um projecto sonhado pelos ideadores de *Europa* para substituir, "depois de acabada a guerra", uma "revista interseccionista". A eclosão orfeica alargou-lhe o âmbito para *Antologia Sensacionista*.
2. Dotado de vários poderes este magnetizador, sediado na Baixa de Lisboa, acudia a males do espírito e do corpo.

Carta de 5 Março 1916
1. Este parágrafo e o imediato (desde "Se porventura a minha ama..." até "Acrescentava-lhe que...") estão riscados no original e com a indicação: "Sem efeito. *Vide Post-Scriptum*".

Carta de F. Pessoa de 14 Março 1916
1. Carta transcrita a partir do dactiloscrito original que se encontra no espólio de Fernando Pessoa.

Carta de 24 Março 1916
1. Sá-Carneiro acusa a recepção da carta de 14. 3. 1916 aqui publicada.
2. Primeiro dístico da primeira quadra da segunda das "Sete Canções de Declínio".

Carta de 3 Abril 1916
1. Esta última frase e a anterior estão manchadas, ao que parece, de lágrimas.
2. "Tenho, felizmente, o último retrato, que é espiritualmente verdadeiro, do Autor", que "não dá o Sá-Carneiro como usualmente era, mas um Sá-Carneiro torturado (o próprio olhar o diz), um Sá-Carneiro emagrecido e final..." (Carta de F. Pessoa a J. Gaspar Simões de 30. 9. 1929.)
O cartão de estudante da Université de Paris era, contudo, o da matrícula de Sá-Carneiro na Faculté de Droit, em Nov. de 1912, ou do "bom tempo", como o retratado lembrava ao enviá-lo!

10. *Cartas a Maria e Outra Correspondência Inédita, leitura, fixação e notas de François Castex e Marina Tavares Dias. Quimera, 1992.*

Carta de 4 Abril 1916
1. Renée era o nome real da "personagem feminina", segundo Marina Tavares Dias, documentadíssima estudiosa deste poeta.

Telegrama de 6 Abril 1916
O carimbo postal do telegrama dirigido ao escritório Xavier, Pinto & Cia., retardava, em dois dias, a expedição feita em 4 de Abril de 1916.

Carta de 17 Abril 1916
1. José de Araújo, em carta de 10 de Maio, descreveria mesmo a F. Pessoa: "Foi no mês de Março" "que Sá-Carneiro teve a *infelicidade* de encontrar num dos cafés de Montmartre uma rapariga por quem teve grande *interesse*; digo interesse porque ainda hoje não sei se era amor, simpatia, ou ódio, não sei". E depois distingue a grande mudança que desde então se operara em Sá-Carneiro (passara, inclusive, a tomar grandes doses de estricnina) e a sua continuada queixa de "que não podia continuar assim, impossível, impossível, aquela mulher; um mistério, um horror".

Carta de 18 Abril 1916
1. De acordo com os respectivos carimbos postais a carta foi expedida de Paris, Bd. des Italiens, em 18. 4. 1916 e recebida em Lisboa em 23. 4. 1916
2. Não há pontuação no original, o que concita esta proposta da editora literária.
3. F. Pessoa acusou a recepção desta carta, da do dia anterior e do cartão para Santa-Rita na carta de 26, que não chegou a enviar.

Bilhete de 26 Abril 1916
1. Este adeus do poeta, dobrado em quatro e no mesmo papel de quadrícula miúda em que o autor, já retirado do circuito habitual dos Cafés, fora ainda comunicando até ao definitivo silêncio, seguiu para Lisboa, na secreta pungência das suas sete palavras, anunciado como *carta* por equívoco de quem a enviava e desconhecia o seu conteúdo.

Carta de F. Pessoa de 26 Abril de 1916
1. Documento de capital importância ele tem circulado, desde a sua primeira publicação, com os mesmos erros de leitura que figuram ainda na edição integral da *Correspondência de Fernando Pessoa*, publicada pela Assírio & Alvim em 1999. Na presente edição a carta transcreve-se a partir do manuscrito que se encontra no espólio do autor.
2. Apesar de inconclusa, a carta esteve, contudo, inserida neste sobrescrito, que se encontra junto dela, colado e endereçado e indispensável na reconstituição de algumas das suas envolvências. O original encontra-se na posse da família de Fernando Pessoa. Ver também a nota 5 do Prefácio.

APÊNDICE

Cartas a Mado Minty

1. As duas cartas (a destinatária omissa) iniciam o processo de literalização da efeméride que lhes esteve na origem. Entre as duas cartas, que o autor terá (ou não) enviado, existiu uma outra, a Luís de Montalvor, onde um excerto da primeira aparecia em versão portuguesa.

A "descrição sonora e *pintada*" de um espectáculo de dança (sentida, na ocasião, como "arte pura" e reportado a F. Pessoa, em 10. 3. 1913, com nomeação expressa da bailarina, Mado Minty) deu aso a um fragmento intitulado "Bailado". Apresentado como sendo mais "poesia do que um trecho em prosa", cujo recurso ao "ritmo e à "rima longínqua" melhor reproduziriam a realidade que o inspirava, foi dado por concluído em 28. 3. 1913. Com algumas alterações, e, junto com "Além" (datado de Jan. de 1913 e possível consequência de um primeiro espectáculo da "bailadeira nua"), ambos dados como fragmentos poéticos de Zagoriansky (protagonista da novela) em "interpretações portuguesas" do novelista a partir das traduções francesas do próprio autor, ele viria a ser integrado em *Asas*, de Out. de 1914.

Os sonetos "Salomé", Nov. de 1913 ("Ela dança, ela range..."), "Certa voz na noite, ruivamente...", Jan. de 1914 ("É só de voz-em-cio a bailadeira astral") e o poema "Bárbaro", Out. de 1914 ("Mima luxúria a nua — Salomé asiática"), são ainda tributo poético ao mesmo motivo. A contrapartida, prosaica e aparentemente real, do episódio constitui o cerne da novela *Ressurreição* ("De tout ça, j´en ferai peut-être une nouvelle...", antevira o epistológrafo) e outros ecos avulsos do mesmo dispersam-se pela obra ficcional.

As duas cartas, já publicadas[11], são transcritas a partir dos originais que constam do pequeno espólio do poeta existente na Biblioteca Nacional, sendo corrigidos os erros ortográficos do autor, em procedimento adoptado, sistematicamente, com todas as cartas da presente publicação.

Dois excertos traduzidos

1. Tradução (inédita) dos parágrafos iniciais de um trecho, com título próprio, do *Livro do Desassossego* e de um outro de uma das novelas do tradutor.

Os dois trechos completos, donde foram retirados os excertos, haviam sido publicados no mesmo número da revista *A Águia*, 2ª série, de 20.8.1913. É verosímil que as versões estivessem entre aquelas com as quais o narrador de *Asas* tão fortemente teria impressionado o protagonista, Zagoriansky, por ele ter reconhecido nelas a *ars poetica* própria. Na prática, elas destinar-se-iam a integrar o projecto de divulgação europeia dos recentes movimentos literários portugueses e ambas pertenciam ao Neo-Simbolismo, primeiro nome do Paúlismo.

Embora as traduções apareçam em sucessão numa única folha parece produtiva a intercalação delas pelos originais portugueses.

---

11. François Castex — "Sá-Carneiro, Lettres à l'Inconnue", *Nova Renascença*, Abril/Setembro de 1988, pp. 279-300.

Horóscopo:

1. Este horóscopo encontra-se num pequeno caderno de capa dura de 1915-6 (no qual F. Pessoa foi fazendo variados registos, mas de predominância astrológica) entre cálculos para o estudo dos trânsitos e reflexões sobre os significadores da morte e do génio. Seleccionam-se duas das páginas mais acessíveis ao leitor comum (excluindo as reflexões numéricas que recobrem outras), para preservação do discurso astrológico original. A transcrição das palavras do horóscopo é feita a partir de cima seguindo o movimento dos ponteiros do relógio.

[Na morte de Mário de Sá-Carneiro]:

1. Este fragmento (até agora inédito), provavelmente escrito sob a forte emoção da notícia da morte em Paris, teve um primeiro registo a tinta preta. Na mancha descontínua inicial as lacunas em branco foram preenchidas posteriormente (a lápis roxo), sendo essa redacção prolongada numa outra folha quando os dois lados da primeira se revelaram insuficientes. O texto, tal como aqui surge impresso, é o resultado do esforço para articular o discurso textual com o percurso dos gestos do escriba. Foram privilegiadas as correcções introduzidas pelo autor sobre as primeiras versões que se inserem a seguir.

[1] *1ª v. sobre a*   [2] *1ª v. quando se dobra esse Cabo das Tormentas chamado a Morte antes que, passando, lhe reconheçamos o (...) nome de Cabo de Boa Esperança.* [3] *1ª v. não aparece*   [4] *1ª v. dum futuro grandioso*   [5] *1ª v. gozarem*   [6] *1ª v. ignóbil*

Horae Subcessivae

1. Poema até agora inédito que, embora não disponha de remissão explícita para Sá-Carneiro e a identificação tenha sido, porventura, dificultada até aqui pela grafia penosa, é óbvia evocação do poeta desaparecido oito anos antes.

Sá-Carneiro

1. Poema evocativo do poeta desaparecido e do projecto, sempre acarinhado, da ressuscitação de *Orpheu* que a epígrafe sinaliza.

É duvidoso, no entanto, que fosse este o título do poema, já que, na expressão gráfica, ele aparece em situação lateral e oblíqua ao poema, sendo de redacção posterior a ele e a lápis, como que em registo momentâneo para uso próprio de quem escrevia. Foram também privilegiadas as correcções do autor e suprimidas estrofes informes, como é o caso do esboço de uma quinta (cujo primeiro verso "Hoje falho de ti converso a sós",[12] foi afinal o último da estrofe, incompleta, que o substituiu) ou como é ainda o caso do esboço de uma sétima que se iniciava "Aí onde escreveste aqueles versos", sendo o primeiro dístico duma outra oitava "E, eu, friamente falso, eu, cujo nome,/ É o nome de outro, ...".

---

12. Transcrevem-se as sucessivas alterações sofridas por este segundo hemistíquio por induzirem uma hermenêutica: "sou meio a sós", "estou só a sós", "estou eu a sós", "estou um a sós".

ESTA OBRA FOI COMPOSTA EM PALATINO PELA SPRESS E IMPRESSA PELA
GEOGRÁFICA EM OFSETE SOBRE PAPEL PÓLEN SOFT DA COMPANHIA SUZANO
PARA A EDITORA SCHWARCZ EM JUNHO DE 2004